Wolfgang Hilberg

Große Herausforderungen in der Informationstechnik

D1670370

WOLFGANG HILBERG

Große Herausforderungen in der Informationstechnik

Vom Abenteuer der Forschung

SPRACHE
U N D
TECHNIK

© 2000 Verlag für Sprache und Technik
64401 Groß-Bieberau/Odenwald, Im Geisner 11

Gesamtherstellung: Lokay-Druck, Reinheim

ISBN 3-928161-05-9

Inhaltsverzeichnis.

Vorwort

Ingenieure brauchen große Herausforderungen. Besonders, wenn sie noch jung sind oder erst Ingenieure werden wollen. Am liebsten suchen sie sich diese Herausforderungen selbst heraus. Doch sind Hinweise und Anregungen manchmal auch sehr nützlich und offenbar gerne gesehen. So erinnert sich der Autor an eine Vorlesung von Prof. Karl Küpfmüller aus den fünfziger Jahren, die er als Student besuchte und in der Küpfmüller ein vereinfachtes elektronisches Modell eines Neurons vorstellte. Das Modell war aus den damals noch ganz neuen Transistoren aufgebaut worden, worauf er ersichtlich und mit Recht sehr stolz war. Die Demonstration beendete er mit der etwas resignierten Bemerkung, daß man zwar das Neuronenmodell noch beliebig verbessern könne, was jedoch überhaupt fehle, sei eine Vorstellung darüber, wie das System der Neuronen im Gehirn aussehe. Es sei leider so dicht gepackt und so komplex, daß man kaum Hoffnung haben könne, es jemals zu ermitteln. Den Autor hat danach über etliche Jahrzehnte der Gedanke nicht losgelassen, wie man doch irgendwie einen Weg finden könne, die Struktur des menschlichen neuronalen Netzwerks zu bestimmen. Der Leser wird in diesem Buch lesen können, welchen Weg er schließlich gefunden hat und wie die Struktur dieses Netzwerks aussieht (Kapitel 9, 10, 11, 12). Damit hat man aber erst einen kleinen Zipfel des Vorhangs in die Hand bekommen, der das viel größere Geheimnis des Denkens noch verdeckt. Dieses Geheimnis zu lüften, bleibt offenbar erst der nächsten Generation vorbehalten.

Ingenieure und Naturwissenschaftler gehen ihre Aufgaben natürlich ganz unterschiedlich an. Der Naturwissenschaftler will entdecken, wie die Natur tatsächlich arbeitet, der Techniker hingegen wird sich von den naturwissenschaftlichen Erkenntnissen in seiner Erfindungstätigkeit nur leiten lassen. Er ist meist völlig zufrieden, wenn er mit Hilfe seiner Phantasie schließlich einen Apparat gebaut hat, der zu vergleichbaren oder besseren Leistungen fähig ist als der natürliche Apparat. Er muß nicht unbedingt die natürlichen Strukturen ganz genau nachbauen, denn in seiner Phantasie ist der Ingenieur völlig frei.

Der Autor wird im folgenden nur eine gewisse Auswahl an technischen Herausforderungen behandeln, nämlich nur solche, an denen er selbst in irgend einer Weise beteiligt ist. Er will dabei nicht den Fehler machen, von den wohlbekannten Herausforderungen der Vergangenheit zu reden - auch nicht von den eigenen, wie z.B. der Funkuhr - oder davon, auf welch raffinierte Weise man jeweils diese Herausforderungen bewältigt hat. Für jeden jungen Ingenieur ist das doch Schnee von gestern. Hier sollen vielmehr Themen vorgestellt werden, die noch eine wirklich große Herausforderung für heute und für die Zukunft darstellen und deren Anfänge schon sichtbar sind. Dazu gehören aber auch Betrachtungen, ohne die wir die Probleme nicht erfassen und lösen können.

Ärgerlicher als man denkt ist es z.B., daß es auch wissenschaftliche Vorurteile oder falsche Lehrsätze gibt, die den Fortschritt behindern. Hier muß zuerst einmal der Schutt der Vergangenheit beiseite geräumt werden, was zunächst sehr mühsam und undankbar ist. Denn selbst Wissenschaftler hängen lange und zähe an liebgewordenen Vorstellungen. Ob das der Grund dafür ist, daß die meisten Erfindungen und Entdeckungen von jungen Menschen gemacht werden?

Nehmen wir als Beispiel die größte Herausforderung, die der Autor sich denken kann, und die in mehreren Kapiteln ausgiebig behandelt wird, nämlich, eine intelligente Maschine zu bauen, die mit der Sprache nach Art des Menschen umgeht und die damit letztlich auch den Schritt zum Denken vollzieht. Bei der Verfolgung dieses Ziels ergibt sich, daß man auch Gedanken ermitteln sollte, das heißt, die Quintessenz dessen, was in einem oft längeren Text enthalten ist. In der Technik nennt man das eine Datenkompression. Allen Fachleuten ist bekannt - weil es in allen Lehrbüchern der Informationstheorie steht - daß es nach C.E. Shannon einen unteren Grenzwert der Datenkompression gibt, der bei einem Bit pro Buchstaben liegt. Wenn das stimmen würde, wären alle Anstrengungen nutzlos, Gedanken technisch zu gewinnen, denn Gedanken stellen eine weit höhere Datenkompression dar als sie in dem erwähnten Grenzwert enthalten ist. Ein wichtiger Teil der Arbeit an einer intelligenten Sprachmaschine besteht also darin, zuerst nachzuweisen, daß Shannon nie von einem solchen Grenzwert ausgegangen ist und daß es diesen Grenzwert in Wirklichkeit garnicht gibt (Kapitel 8).

Übrigens ist es eine in der Wissenschaft völlig neue Auffassung, "Gedanken" als eine physikalische Realität zu betrachten. Im Gehirn also als eine eigene Strukturverschaltung und in der Sprachmaschine als einen Code, ein Metawort. Ist es doch die übliche Auffassung, daß Gedanken nur in vielen Worten oder Sätzen versteckt sind.

Ein weiteres Beispiel in diesem Zusammenhang ist die durch viele physiologische Untersuchungen gestützte Überzeugung, daß man die Struktur des menschlichen Netzwerkes aus Neuronen und Nerven wegen seiner Komplexität und seiner dichten Packung nie ermitteln kann. Daher könne man auch keine intelligenten Maschinen mit einer Netzwerkstruktur bauen, die der des Menschen entspricht. Hier muß man dann darauf kommen, daß man das Ziel auf einem nichtphysiologischen Umweg dennoch erreichen kann. Indem man nämlich aus der Struktur des Textes auf die Struktur des Gehirnes schließt, welches ja diesen Text hervorbringt, das heißt, indem man von dem Erzeugnis auf die Eigenschaften des Erzeugers schließt. Und schon kann man Messungen machen, mit denen man die Netzwerkstruktur in allen Einzelheiten findet! (Kapitel 9 bis 12).

Auch scheinbar entlegenen Gebieten der Grundlagenforschung muß man sich zuwenden. Die Frage "Was ist eigentlich Information" scheint dem Computerpraktiker völlig irrelevant, denn er weiß ja, daß die Information in den Bits steckt. Ansonsten mag das eine abseitige theoretische Frage sein, mit der sich Philosophen beschäftigen sollen (siehe auch Kapitel 7). Bei Netzwerken erhebt sich aber plötzlich die sehr praktische Frage, wieviel Information in der Struktur eines Netzwerkes steckt und ob es vielleicht Strukturen gibt, die ein Maximum an Information beherbergen können. Das Beispiel des Menschen lehrt ja, daß man jedenfalls im Gehirn ein Netzwerk hat, das sehr viel Information speichern kann. Aus der Tatsache der sehr langen Evolutionszeit kann man ferner vermuten, daß die Natur schon eine sehr günstige Struktur entwickelt hat. Und in der Tat, es zeigt sich, daß das menschliche Sprachnetzwerk sogar die optimale Struktur hat (Kapitel 12).

Man muß oft gegen die Meinung eines Großteils der wissenschaftlichen Gemeinschaft ankämpfen. Das ist an sich nicht verwunderlich aber mühsam, denn im "main stream" folgt man einem Herdentrieb, der sich sogar in der Regel materiell in klingender Förder-Münze auszahlt, während man abseits der "Herde" meist ungefördert eine Durststrecke durchwandern muß. Wie Gutachter sich hier oft bei der Beurteilung neuartiger Techniken irren, sei ausnahmsweise in Kapitel 20 an einem historischen Fall, den "Lernmatrizen" von Karl Steinbuch ausgeführt. (Solche Irrtümer kann man nur an historischen Fällen zweifelsfrei erkennen und darstellen).

Ein aktuelles Beispiel zu diesem Thema ist die Entwicklung von Übersetzungsmaschinen. Die internationale "main-stream"-Gemeinschaft der Forscher stützt sich hier auf den grammatikorientierten Ansatz der Linguisten (Künstliche Intelligenz), während die querdenkenden Forscher auf den Einsatz netzwerkähnlicher Strukturen setzen (künstliche neuronale Netzwerke, Konnektionismus). Verschwindend klein ist noch die Gruppe der Konnektionisten, die hierarchische Systeme wachsender Abstraktionsebenen entsprechend dem menschlichen Vorbild einsetzen wollen. Das wird gleich in Kapitel 1 etwas vom Standpunkt der Anwendung her beleuchtet und in den Kapiteln 9 bis 16 vertieft.

Die anderen hier angesprochenen Herausforderungen sind ebenfalls groß. Dazu gehören die Realisierungen aller intelligenten Maschinen, angefangen vom Computer bis zu Sprachmaschinen, mit den Mitteln der Mikroelektronik. Immer wieder stellen sich die Fragen: "wie wird es hier weitergehen" oder "wann ist das Ende dieser Technik in Sicht". Hier ist es gut zu erfahren, wie die fast gesetzmäßige Entwicklung der Mikroelektronik weitergehen wird und daß wir grundsätzlich keine Probleme damit haben werden, die ausgedachten neuen intelligenten Systeme in kleinen Chips und dergleichen unterzubringen (Kapitel 3). Mikroelektronik ist eine Herausforderung, die in den sechziger Jahren begonnen hat, die auch bisher bewältigt wurde, die aber sicher noch zwei weitere Jahrzehnte bestehen wird.

Etwas aus dem Rahmen fällt der Aufsatz über die Unschärferelation der Informationstechnik (Kapitel 6). Er paßt insofern in den bunten Strauß der zukunftsweisenden Forschungen als es sich um ein fundamentales Gesetz handelt, das von den Lehrbuchautoren weithin noch nicht akzeptiert ist, weil man bisher kritiklos die wohlbekannte und berühmte Unschärferelation der Physik übernommen hat. Seine Anwendung wird es vermutlich bei der digitalen Signalverarbeitung finden. Es ist ein besonders deutliches Beispiel für die Trägheit der wissenschaftlichen "main-stream"-Forschung.

In einem Blumenstrauß sollen auch kleine bunte Blumen nicht fehlen. So ist auch die klassische Ingenieur-Aufgabe angesprochen worden, winzig kleine nützliche Signale aus einer überwältigend starken Rauschumgebung herausfiltern zu können (Kapitel 5). Obwohl dies eine klassische Aufgabe in einem seit langem abgeschlossenen technischen Gebiet ist, zeigt sich immer wieder, daß es auch in solchen Bereichen Überraschungen geben kann, die neue Wege eröffnen.

Bei dem Thema der Bildverarbeitungsmethoden kann der Autor selbst keine originären neuen Forschungsergebnisse vorstellen. Die etwas andere und sicher sehr einfache Einführung in dieses komplexe Gebiet, (Kapitel 2), soll vielmehr nebenher darauf aufmerksam machen, daß auch hier eine intelligente Bildverarbeitung in Zukunft dringend erforderlich ist und daß man wahrscheinlich auch hier mit am

Menschen orientierten Verarbeitungsmodellen weiter voran kommen wird. Das visuelle System des Menschen ist offenbar ganz verschieden von dem sprachlichen System. Es gibt hier kein greifbares Ergebnis, das man wie Sprache analysieren kann, so daß man nicht aus dem Erzeugnis auf die Struktur des erzeugenden Systems rückschließen kann.

Sich großen Herausforderungen zu stellen, war immer auch ein gewisses Abenteuer. Deshalb hieß der Arbeitstitel des vorliegenden Buches zunächst auch "Vom Abenteuer der Forschung in der Informationstechnik". Das bezieht sich natürlich auf den einzelnen Forscher. Denn Forschung ist spannend, sie erfordert alle Kräfte, manchmal noch ein großes Durchhaltevermögen, und man weiß schließlich nie, wie sie ausgeht. Man kann Erfolg haben, aber wohl noch häufiger Mißerfolg. Es ist nicht ungewöhnlich, daß man eine jahre- oder jahrzehntelange Forschung abbrechen muß, weil man schließlich einsieht, daß man in eine Sackgasse geraten ist. Diese Gefahr ist aber nur dann vorhanden, wenn man wirklich eine originäre Forschung betreiben will und sich nicht damit begnügt, im großen Strom akzeptierter Forschungsarbeiten mitzuschwimmen (mainstream). Bei echter Forschung schwingt auch immer so etwas wie Unvernunft mit. Denn es erscheint nicht vernünftig, Jahre seines Lebens auf etwas zu verschwenden, bei dem die Erfolgsaussichten, statistisch gesehen, so klein sind. Trotzdem zieht es viele Menschen immer wieder zu Abenteuern mit ungewissem Ausgang hin. (Der Autor denkt hierbei auch an seine Erfahrungen beim Bergsteigen, Surfen, Schilaufen, Gleitschirmfliegen und Drachenfliegen, die manchmal auch etwas diesen Reiz hatten, aber glücklicherweise nie einen endgültigen Absturz brachten). Halten wir hier fest, daß in der Forschung wirklich noch große Abenteuer auf diejenigen warten, die bereit sind, sich auf so etwas einzulassen.

Anfang der neunziger Jahre wurden bekanntlich in Nordamerika die "great challenges" der Wissenschaft propagiert. Hauptteil war die verstärkte Hinwendung zur Erforschung des menschlichen Denkens. Nach Ablauf des ersten Jahrzehnts der Gehirnforschung findet man zwar eine Unmenge an wissenschaftlichen Detailergebnissen, aber das Geheimnis des Denkens ist offenbar immer noch nicht enthüllt. Auch die Bemühungen, intelligente Denkmaschinen unter dem Stichwort "Artificial Intelligence" (AI) zu schaffen, kommen offensichtlich ebenfalls nur sehr mühsam voran. Hierzu will das vorliegende Buch neben anderem auch einen Anstoß geben, die Forschungen ein wenig in eine etwas andere Richtung zu lenken und dadurch zu einer Beschleunigung der Entwicklung beizutragen. Es wird sich dabei nicht um bloße Spekulationen handeln, sondern um ernsthafte Forschungen, die größtenteils durch Publikationen in wissenschaftlichen Zeitschriften und durch einige Doktorarbeiten abgesichert wurden.

Wenn es nicht die verständliche Forderung nach einer begrenzten Länge von Vorworten gäbe, würde der Autor gerne noch für den interdisziplinären Gedankenaustauch abstecken, was es in dem ganzen großen Bereich der Informationstechnik neben den behandelten Themen noch alles an aufregenden Dingen gibt. Nur soviel: Die Informationstechnik - im Gegensatz zur Energietechnik zu sehen - umfaßt neben dem alten Fachbereich Nachrichtentechnik, heute Kommunikationstechnik genannt, auch die moderneren Bereiche Regelungstechnik, Datentechnik, Automatisierungstechnik, Mikroelektronik, usw. und sogar die relativ junge Informatik. Für den eventuell überraschten Leser dazu zwei kurze Hinweise: a) den Begriff Informatik hat natürlich der deutsche Nachrichtentechniker Karl Steinbuch erfunden und b) die heute geläufige Einheit der Information wurde in Deutschland noch in den fünfziger Jahren nicht "Bit" sondern "Nachrichteneinheit" (NE) genannt.

Es war nicht zu vermeiden, in etlichen Kapiteln des Buches auch Formeln zu verwenden sowie mathematische Begründungen und quantitative Betrachtungen durchzuführen. Sie sind aber alle von so einfacher Art, daß man dazu keine besondere mathematische Ausbildung benötigt. Die übliche Schulmathematik, die das Abitur verlangt, müßte dazu genügen. Ohne solche mathematischen Hilfsmittel würde vieles im allgemein-unverbindlichen Bereich verbleiben, und man könnte nicht beurteilen, wie real oder irreal manche neuen Ansätze sind.

Zum Schluß eines Vorwortes darf und möchte man schließlich auch all den Menschen danken, die zum Gelingen des Ganzen beigetragen haben. Dies sind zunächst meine Mitarbeiter, die geduldig zuerst die Institutsberichte gelesen und korrigiert haben, welche dann zu Aufsätzen in wissenschaftlichen Zeitschriften und/oder zu Kapiteln dieses Buches wurden. Im einzelnen danke ich besonders Dr.-Ing. Jochen Meyer, Dr.-Ing. Frank-Marcus Steinmann, Dr.-Ing. Volker Nachtwey, Dr.-Ing. Horst-Dieter Burschel, Dr.-Ing. Donald Schulz, Dr.-Ing. Stefan Wolf, Dr.-Ing. Rolf Watzel, Dipl.-Ing. Thomas Ries, Dipl.-Ing. Gero Bassenge, Dipl.-Inf. Hans Lamberti, Dipl.-Ing. Jan Sendler, Dipl.-Ing. Claus Meder und vor allem meiner Sekretärin Frau Ilona Cordoni für die Mühe und Ausdauer, die sie sich mit der nahezu perfekten Niederschrift des Manuskriptes machte, sowie Frau Iselona Klenk für die graphische Aufarbeitung der Diagramme und Zeichnungen.

"Last but not least" möchte ich noch meiner Tochter Katja für die Anfertigung der Titelgraphik danken, die ganz vorzüglich meine Vorstellungen getroffen hat, und besonders auch meiner Frau, die mir außerordentlich geholfen hat, indem sie sich die Texte "interdisziplinär" von einem geisteswissenschaftlichen Standpunkt aus angesehen hat.

Darmstadt im Frühjahr 2000.

Wolfgang Hilberg

1

Hat die deutsche Sprache in der Wissenschaft wirklich keine Zukunft mehr?

Es scheint alles so unausweichlich. Und doch wird es anders kommen als viele glauben!

Kurzfassung. In der aktuellen Diskussion um die Anglisierung der Studiengänge an deutschen Hochschulen wird erstaunlicherweise der Einfluß der sich ändernden Technik völlig übersehen. Es gibt jedoch schon Forschungsansätze in der Informationstechnik, die ausreichen, sich vorzustellen, wie die Entwicklung in Zukunft sehr wahrscheinlich verlaufen wird, was intelligente Sprach- und Übersetzungsmaschinen in einigen Jahren zu leisten vermögen und wie sich dies auf Wissenschaft und Hochschulen in Deutschland und in aller Welt auswirken wird.

1 Einleitung

Das Schicksal scheint unausweichlich: "Abschied von der Sprache aus Heidelberg und Göttingen", so konnte man z.B. vor kurzem in der Frankfurter Rundschau lesen. In gleicher Weise lauten auch andernorts die Expertisen. Die Statistiken über den Anteil der Sprachen an den weltweiten naturwissenschaftlichen Publikationen zeigen es sogar quantitativ. Die deutsche Sprache liegt jetzt schon im 10%-Bereich. Bei weiterer Nachforschungen erfährt man, daß es fast keine deutsche wissenschaftliche Zeitschrift mehr gibt, die noch gerne Aufsätze in deutscher Sprache annimmt. Große wissenschaftliche Tagungen in Deutschland werden fast nur noch in englischer Sprache abgehalten. Dazu kommt ein Wandel in der Bildungspolitik. Unsere Universitäten und Hochschulen feiern den Fortschritt und bieten jetzt schon neben den alten Diplomstudiengängen auch die angelsächsischen Bachelor- und Master-Studiengänge in wachsender Zahl an und geben ihnen folgerichtig auch gleich englische Namen (z.B. in der Technischen Universität Stuttgart "Information Technology", usw.). Die Vorlesungen müssen dann natürlich zu einem großen Teil in Englisch gehalten werden, wobei viele deutsche Hochschullehrer ihre Schwierigkeiten haben dürften, die Feinheiten ihres Faches in der Nicht-Muttersprache darzulegen.

Dieser Trend wird sich vermutlich noch einige Zeit fortsetzen, so daß man sich am Ende wirklich fragen muß, wozu man auf Hochschulen überhaupt noch die deutsche Sprache benötigt. Logisch erscheint, daß erst dann, wenn in Deutschland alles in englischer Sprache abläuft, ein befriedigender Zustand erreicht sein wird. Viele sehen in ihren Zukunftsvisionen diese Entwicklung nicht nur auf dem Gebiet der Wissenschaft sondern in der ganzen Gesellschaft. So meint z.B. Heiner Geissler in der Süddeutschen Zeitung unter anderem "Das Europa des nächsten Jahrhunderts sollte in diesem Sinne eine multikulturelle Gesellschaft sein, mit ... einer europäischen Umgangssprache, dem Englischen." Wenn dies eintreffen sollte, würde diese Entwicklung aber sicher nicht auf Europa begrenzt sein.

In der Zeit bis zum Erreichen dieses einheitlichen englischen Sprachraums in aller Welt werden die meisten Länder mit ihrer eigenen Muttersprache, insbesondere in Forschung und Lehre, wohl ihre Probleme haben. Die Erfahrung zeigt es und jeder weiß es ohnehin, daß man in der Muttersprache gründlicher und schneller denken kann als in einer später angeeigneten Sprache. Ein klassisches Beispiel dafür sind die von den Nazis nach Nordamerika vertriebenen deutschen Wissenschaftler, die während der Kriegszeit für ihre wissenschaftlichen Arbeiten großen Wert auf die gewohnten deutschen Lehrbücher legten. Weil die Arbeiten kriegswichtig waren (Entwicklung der Atombombe), wurden damals eine Unzahl deutscher Lehrbücher kopiert. (Der Autor hat als junger Mensch nach dem Kriege noch einige dieser Bücher billig erworben). Auch gibt es viele Berichte von deutschen Juden, die noch lange lieber in deutscher als in englischer Sprache dachten und sprachen, obwohl sie doch allen Grund hatten, das "deutsche Wesen" samt Sprache zu hassen.

Trotz dieser überzeugenden Vorteile der Muttersprache scheint es derzeit vergeblich, sich der internationalen Entwicklung entgegenzustemmen. Der Vorteil einer gemeinsamen Wissenschaftssprache ist doch zu groß. Weltweit kann man sich heute nur noch auf Englisch verständigen. Das ist die Verkehrssprache der

Wissenschaft, so, wie es im Mittelalter die lateinische Sprache gewesen ist. Und was sollte man gegen eine gemeinsame Wissenschaftssprache haben?

Nun, die Praxis zeigt, daß sich bei internationalen Tagungen immer mehr ein recht rudimentäres "Küchenenglisch" einbürgert, sicher vergleichbar mit dem sprichwörtlichen "Küchenlatein" des Mittelalters. Die muttersprachlichen Angelsachsen beherrschen überall das Geschehen, denn nur sie können ohne Mühe die Nuancen auch wirklich zum Ausdruck bringen. Die Wissenschaftler einer anderen Muttersprache bleiben in beachtlicher Menge publizistisch zweitklassig. Ausnahmen bestätigen die Regel.

Auf der Suche nach der Lösung eines Problems hilft es oft weiter, wenn man sich einmal vor Augen stellt, was man sich genau genommen wirklich wünscht - unabhängig davon, ob man dabei Realisierungsmöglichkeiten sieht oder nicht. Nun, man wünscht sich doch, daß man in seiner Muttersprache denken, sprechen und schreiben kann, und daß man dabei von allen Wissenschaftlern der Welt unmittelbar verstanden wird. Dieses Glück widerfährt zur Zeit nur dem angelsächsischen Teil der Menschheit. Gibt es nun Möglichkeiten, daß der andere größere Teil der Wissenschaftler in der Welt auch in einen solchen glücklichen Zustand kommen kann, ohne vom Kindergarten an intensiv in der englischen Sprache unterrichtet zu werden? Nun, zur Zeit offenbar nicht. Kaum jemand kann sich vorstellen, daß ein solch wunderbarer Zustand auch jemals eintreten könnte.

Man sollte jedoch einmal daran denken, daß manchmal ein scheinbar unüberwindliches Problem nach einigen Jahren oder Jahrzehnten plötzlich seinen Schrecken völlig verlieren kann. Oder, daß durch das Auftauchen neuer technischer Möglichkeiten die Welt sich tatsächlich ändert.

Erlebnisse dieser Art hat der Autor im Laufe seines Lebens schon verschiedentlich gehabt. Zum Beispiel: Das Glück wollte es, daß er als junger Ingenieur in den fünfziger Jahren dabei war, als die Industrie (Telefunken) die ersten deutschen Computer entwickelte. Wir waren so begeistert von diesen "Intelligenzverstärkern", wir sahen so viele Möglichkeiten des Einsatzes, daß wir diese Neuigkeiten nicht für uns behalten konnten. Mitleidig lächelten aber die Freunde über die Enthusiasten, über ihre Voraussagen, wie sich damit das menschliche Leben, die Gesellschaft, die Industrie, die berufliche Tätigkeit verändern würden. Die Juristen, Historiker oder Pädagogen unter den Freunden hielten das bestenfalls für unausgegorenes Zeug, denn sie kannten ja die Computer damals überhaupt noch nicht. Und hätten sie die damalige lächerlich geringe Leistungsfähigkeit dieser Computer einschätzen können, hätten sie uns erst recht für Aufschneider gehalten. (Diejenigen, die das konnten, das waren z.B. die Fachleute in der Industrie, setzten noch über ein Jahrzehnt lang ihre Hoffnungen mehr auf den Konkurrenten, den Analogrechner als auf den Digitalrechner. Der war für sie eher ein exotisches Spielzeug mit begrenztem Leistungsvermögen für Mathematiker und Naturwissenschaftler). Trotzdem - wir als Ingenieure hatten das Prinzip der digitalen Maschine begriffen, wir wußten, was eine technische Entwicklung ist und was sie zu leisten vermag. Hatte nicht das Zeitalter der Düsenjets einmal mit den Vogelflugapparaten von Lilienthal und dem Motorflugzeug der Brüder Wright mit einem Flug von gerade einmal 12 Sekunden Dauer und 50 m Länge angefangen? Wir Ingenieure als Nachfahren jener Technik-Pioniere waren uns jedenfalls sicher, was uns der Computer in der Zukunft bringen würde. Überflüssig zu sagen, daß der damals noch so ungläubige Historiker hcute - 40 Jahre danach - seine Abhandlungen nur noch auf dem Laptop schreibt und seine Recherchen überwiegend mit Computerhilfe durchführt.

Wenn man, wie der Autor, Spaß am Sichausdenken neuer technischer Möglichkeiten hat, was man gemeinhin als Erfinden bezeichnet (sofern nicht schon andere vor ihm auf dieselben Ideen gekommen sind), entwickelt man wohl im Laufe der Zeit ein besonderes Gespür dafür, wie eine technische Entwicklung in Zukunft weiterlaufen wird. Im Unterschied zu einem technischen Laien läßt er sich nicht durch die unvollkommene Technik der Gegenwart irreführen. So war z.B. die Idee der Funkuhr, die der Autor in den sechziger Jahren publiziert hatte, zu einer Zeit entstanden, als die Mikroelektronik noch längst nicht so weit entwickelt war wie heute. Aber man konnte als Eingeweihter absehen, daß die technologische Entwicklung der Mikroelektronik genau in diese Richtung gehen würde, wie wir sie heute haben. Und vielleicht haben sich manche Leser in den letzten Jahren schon für ein paar Mark eine solche Funkuhr gekauft, die in der Bedienung so angenehm ist, weil sie garnicht gestellt werden muß, und die die gültige Zeit dennoch mit einer unglaublichen Genauigkeit ins Haus oder ans Handgelenk bringt. Sie war bei ihrer Einführung für viele Uhrenliebhaber einmal die Erfüllung eines Traumes, den sie vorher nicht für möglich gehalten hatten.

Diese Vorreden scheinen notwendig und nützlich zu sein, um überzeugend darauf hinweisen zu können, daß wir uns wiederum in einer Zeit befinden, in der man die Anfänge einer Technik erkennen kann, die uns die Lösung des oben skizzierten Problems der weltweiten optimalen Verständigung unter Wissenschaftlern - und überhaupt zwischen Menschen verschiedener Muttersprache - bringen wird. Wiederum kann sich der Autor hier auf eigene Erfahrungen und das Wissen um bestimmte Forschungsaktivitäten stützen.

Diese Anfänge sieht der Autor in der Entwicklung von Sprachmaschinen, die man, um sie besser von bloßen Sprechmaschinen zu unterscheiden, auch intelligente Textmaschinen nennen könnte. Es sei die Voraussage gewagt, daß man mit ihrer Hilfe in einer relativ kurzen Entwicklungszeit zu Geräten des täglichen Gebrauchs kommt, die klein und preiswert sein werden und mit denen sich Menschen unterschiedlicher Muttersprachen so unterhalten können, als ob sie dieselbe Muttersprache hätten.

Für die Entwicklung solcher Maschinen gibt es heute zwei grundverschiedene Ansätze. Der eine stützt sich stark auf die Kenntnis der Grammatik einer Sprache und will Textübersetzungen mit analytischen Methoden auf der Basis heutiger Computerstrukturen durchführen - Stichwort künstliche Intelligenz - und der andere will die menschlichen Denkprozesse im Grunde genommen nicht durch Computer simulieren sondern vielmehr modellieren, d.h. er will die Struktur einer elektronischen Netzwerk-Maschine an die vermutete Struktur des menschlichen Sprachhirns anpassen - Stichwort Konnektionismus.

Es ist die ganz persönliche Meinung des Autors, daß die gegenwärtigen Anstrengungen derjenigen Forscher, die den ersten Ansatz verfolgen, nicht zu einem großen Optimismus berechtigen. Es sind leider immer nur sprachliche Teilbereiche, in denen die heutigen Versuchsanordnungen befriedigend funktionieren, und es sieht so aus, als ob sich diese Teilbereiche nur äußerst mühsam und langwierig vergrößern ließen. Der Stand der Technik der heutigen Übersetzungscomputer wurde wiederum in der Frankfurter Rundschau unter dem Titel "Wenn der Rechner übersetzt, das neue Arbeitsfeld Computerlinguistik" recht anschaulich dargestellt. Es ist typisch, wie eine Übersetzerin ihre Arbeit sieht: "Computerlinguisten kennen die formale Seite der Sprache und haben die Fähigkeit, sie in einen Algorithmus umzusetzen. Mit anderen Worten, wir wissen, wie Sprache aufbereitet werden muß, daß der Computer sie versteht." Natürlich gibt es auch noch präzisere wissenschaftliche Definitionen für die Computerlinguistik, z.B. in den Lexika für Informatik, hier mag dies aber genügen.

Der zweite Ansatz ist eigentlich der ältere (McCulloch und Pitts 1943), er erlebte in der Zeit von Karl Steinbuch und Frank Rosenblatt Anfang der sechziger Jahre eine kurze Blütezeit, war dann wegen massiver Kritik einflußreicher Experten (Minsky und Papert) und wegen der raschen Entwicklung der konventionellen Computertechnik lange Zeit totgesagt, um schließlich wieder seit gut einem Jahrzehnt in aller Welt unter dem Stichwort "künstliche neuronale Netzwerke" oder "Konnektionismus" viele entschiedene Anhänger zu finden. Dieser Ansatz verspricht eine bessere Lösung des Problems durch Modellierung. (Der Unterschied zwischen Simulation und Modellierung ist vielen Beobachtern bei einem spektakulären Schachwettbewerb besonders deutlich geworden, bei dem der Supercomputer Deep Blue gegen den Weltmeister Garry Kasparov Schach spielte und inzwischen sogar manchmal gewonnen hat. Deep Blue "denkt" nicht im mindesten wie sein menschlicher Gegenspieler oder ein entsprechendes Modell, er schafft lediglich eine erfolgreiche Simulation durch seinen ungeheuren Geschwindigkeitsvorsprung). Strukturierungsverfahren des zweiten Ansatzes auf höherer Abstraktionsebene, die erst vor verhältnismäßig kurzer Zeit in der Fachwelt bekanntgeworden sind (Biological Cybernetics, 1997), stellen im Grunde genommen nichts anderes dar als Weiterführungen der klassischen künstlichen neuronalen Netzwerke (Perceptrons, Hopfield-Netze, Radial-Basis-Funktionen usw.).

Der grundsätzliche Unterschied zwischen den beiden Ansätzen, die man auch die symbolischen und konnektionistischen Ansätze nennt (Handbook of Brain Theory and Neural Networks 1995) kann noch an einem Beispiel verdeutlicht werden. Eine der Grundaufgaben einer intelligenten Textverarbeitung besteht darin, festzustellen, ob zwei verschiedene Wörter, zwei verschiedene Sätze oder zwei verschiedene Textabschnitte ähnlich sind oder nicht. Bei dem analytischen Ansatz der symbolischen künstlichen Intelligenz (KI) müssen dazu zuerst Linguisten eine morphologische, syntaktische und semantische Analyse (Grammatikanalyse) durchführen, an die sich eine der verschiedenen möglichen Ähnlichkeitsbestimmungen anschließt (z.B. gleiche Wortart, gleiche Deklination, gleiche Bedeutung usw.). Ohne menschlichen Lehrer ist eine solche Analyse nicht möglich. Bei dem strukturellen Ansatz hingegen wird Lerntext dazu verwendet, ohne menschliches Zutun die Struktur eines Netzwerks aufzubauen. Wörter oder Textstücke, die in diesem Netzwerk dicht beieinander liegen, bzw. die in einer bestimmten Weise miteinander assoziiert sind, werden als "ähnlich" aufgefaßt. Sie können z.B. allesamt sprachlich - nicht unbedingt bedeutungsgleich - an derselben Stelle eines Textes eingesetzt werden. Die Ähnlichkeitsbündelung besteht hier einfach darin, daß man solche Netzwerk-Bereiche in ihrer Gesamtheit ansprechen und aktivieren kann. Bei der strukturellen Methode des zweiten Ansatzes ist die Grammatik natürlich ebenfalls vorhanden, sie ist jedoch nicht explizit wie in Grammatikbüchern oder KI-Programmen greifbar, sondern sie ist implizit in der

Struktur des Netzwerkes abgebildet. Deshalb ist ein Lernen ohne Grammatikanalyse und ein Texterzeugen ohne explizite Grammatikregeln möglich. Das heißt, es handelt sich um einen Spracherwerb wie bei kleinen Kindern. (Angesichts der Schwierigkeiten der analytischen KI-Methode, zur formalen Beschreibung der natürlichen Sprache eine möglichst "vollständige" Grammatik erstellen zu müssen, liegt der besondere Reiz der strukturellen bzw. neuronalen Methode gerade in dieser impliziten Grammatik).

Der Einsatz solcher preiswerten Übersetzungsapparate ist dann so zu denken, daß man sie vielleicht in den Telefonnetzen anwählen und mieten kann. Dazu könnte man z.B. in Deutschland in ein Mikrophon sprechen, während der Gesprächspartner in Japan das Gesagte in seinem Hörer auf Japanisch hört. Umgekehrt wird der Japaner in seiner Muttersprache sprechen und der Deutsche es in seiner Muttersprache hören können. Bei einem Gespräch der Beteiligten am selben Ort wird man vielleicht die Sprachmaschine in eine Tasche stecken, mit einem Mikrophon das aufnehmen, was der Gesprächspartner sagt und mit Hilfe der Übersetzungsmaschine den übersetzten Text mit Kopfhörern hören. Den Freunden der Science-Fiction-Literatur sind solche Geräte natürlich schon lange als "Ohrenfische" bekannt. Aber die wenigsten ahnen: Zu ihrer Realisierung brauchen wir nicht auf so ferne Zeiten zu warten, in denen man als "Anhalter durch die Galaxis" reisen kann, sondern solch eine Technik wird uns schon in verhältnismäßig naher Zukunft zur Verfügung stehen. Die einsetzende Nanoelektronik und die daraus folgende Möglichkeit, äußerst komplexe Systeme noch auf viel kleinerem Raum als in der Mikroelektronik zu realisieren, können sogar die erwähnten futuristischen "Ohrenfische" in ein paar Jahrzehnten zu gängigen Produkten machen.

Es mag sein, daß sich bis dahin entgegen den Erwartungen des Autors, der ersichtlich Anhänger des konnektionistischen Ansatzes ist, die hauptsächlich von der Industrie angetriebene "mainstream"-Forschung mit ihren technischen Produkten doch rascher durchsetzen wird als die weniger bekannte strukturelle Technik in höheren Abstraktionsbereichen. In der internationalen "mainstream"-Forschung hat es spektakuläre einzelne Tests von KI-Sprachübersetzungen mit Hilfe sehr leistungsfähiger Hintergrund-Computer ja schon gegeben. Auf jeden Fall werden die oben beschriebenen preiswerten Kommunikationshilfen, so oder so, in einer nicht allzu weit entfernten Zukunft vorhanden sein. Mit dieser Ansicht steht der Autor ganz gewiß nicht alleine da, mögen sich ansonsten die Ansichten über die erfolgreichen Wege auch sehr unterscheiden.

Warum sollte man dann noch das "Küchenenglisch" als internationale Verkehrssprache jedermann zur Pflicht machen? Die englische Sprache als internationales Verständigungsmittel wird ohnehin nicht ganz verschwinden. Möglicherweise wird sie sogar gerade in der Technik noch in größerem Umfang überleben, dann nämlich, wenn man, um die Zahl der benötigten Übersetzungsmaschinen in den zahlreichen Ländern der Welt zu verringern, zuerst maschinell ins Englische und dann von dort in die andere Muttersprache übersetzt.

Wenn schließlich nur noch diejenigen Menschen Fremdsprachen lernen, die wirklich Spaß daran haben, die auch in die Denkart eines anderen Volkes eindringen und z.B. Shakespeare im Original lesen wollen, dann ist doch auch hier wieder ein recht befriedigender Zustand erreicht.

Was ergibt sich hieraus für die gegenwärtige Politik der Anglisierung unseres universitären Bildungssystems? Nun, eine gewisse Internationalisierung ist vor allem im Hinblick auf ausländische Studierende sicher zu begrüßen, man sollte es insgesamt aber nicht übertreiben. Nicht umsonst warnte vor kurzem der Präsident der Kultusministerkonferenz in der FAZ vor "dem deutschen Hang zur Maßlosigkeit". Bildungspolitik muß immer sehr langfristig angelegt werden. Die Gefahr besteht: wenn erst einmal die muttersprachliche Basis zerstört ist, wird man große Mühe haben, sie wieder aufzubauen.

Literatur

1. Hilberg, W. Neural networks in higher levels of abstraction. Biological Cybernetics 76, S.23-40, (1997)
2. Hilberg, W. Mandelbrot´s Gesetz der maximalen Entropie in natürlichen Sprachen als Folge der Struktur des neuronalen Sprachnetzwerkes. Physikertagung Heidelberg 15.-19. März 1999, Dynamische Systeme und Neuronale Netzwerke.
3. Dissertationen über dieses Thema:
   J. Meyer Die Verwendung hierarchisch strukturierter Sprachnetzwerke zur redundanzarmen Codierung von Texten. Darmstädter Dissertation, 1989
   V. Nachtwey. Textkompression auf der Basis von Wortnetzwerken und Grammatikmodellen. Darmstädter Dissertation, 1995
   F.-M. Steinmann. Netzwerkmodellierung und Segmentierung von Texten sowie Anwendungen zur Informationsverdichtung Darmstädter Dissertation, 1996
   H.-D. Burschel. Die meßtechnische Ermittlung von Assoziationen zwischen Worten in kohärentem Text und ihre Nutzung bei Prädiktionen verschiedener Reichweite. Darmstädter Dissertation, 1998
4. Hilberg, W. Theorie der hierarchischen Textkomprimierung. Teil I: Frequenz 51 (1997) 7-8, S. 196-202 Teil II: Frequenz 51 (1997) 11-12, S.280-285
5. Arbib, M.A. The Handbook of Brain Theory and Neural Networks. The MIT Press, Cambridge 1995
6. Ulrich Ammon. Abschied von der Sprache aus Heidelberg und Göttingen. Frankfurter Rundschau, 4.3.1999, Schule und Hochschule, S.6
7. Helga Ballauf. Wenn der Rechner übersetzt. Das neue Arbeitsfeld Computerlinguistik. Frankfurter Rundschau, Beilage Studium und Beruf. 16.4.1999, S.4
8. Heiner Geissler. Heimat Europa SZ am Wochenende. 10./11. April 1999, Seite I
9. H. J. Schneider. Lexikon der Informatik und Datenverarbeitung. Oldenbourg Verlag München 1991.
10. Douglas Adams. Per Anhalter durch die Galaxis. Ullstein Verlag, 1988.
11. Deutschland ist kein akademisches Entwicklungsland. FAZ, 12. Mai 1999, Seite 6.
12. Hilberg, W. Grundprobleme der Mikroelektronik. Oldenbourg Verlag München 1982.

Eine Veröffentlichung des vorliegenden Aufsatzes erfolgte unter dem Titel: "Hat die deutsche Sprache in der Wissenschaft wirklich keine Zukunft mehr?" in der Zeitschrift Forschung und Lehre, August/September 2000.

2

Eine etwas andere Einführung in moderne Bildverarbeitungsmethoden.

Was sind Bildpyramiden, zweidimensionale Filter und Wavelets? Die moderne Bildverarbeitung entdeckt wieder mathematische Methoden vom Beginn des Jahrhunderts, die lange vergessen waren!

Kurzfassung. Es wird beschrieben, wie man eine Bildzerlegung in Feinstrukturen und Grobstrukturen mit einfachsten Methoden durchführen kann. Durch eine Kombination von Mittelwert- und Differenzwertbildung in kleinsten Pixelgruppen gelingt eine vollständige Bildzerlegung in einer sog. Bildpyramide, wobei unter Benutzung gespeicherter Bestandteile die Bildzerlegung auch wieder vollständig rückgängig gemacht werden kann. Der Speicherbedarf ist dabei minimal. Die Prozesse der Mittelwert- und Differenzwertbildung, von denen zwei Varianten etwas genauer betrachtet werden, lassen sich auch mit den Begriffen der diskreten Signalverarbeitung diskutieren. Das führt zunächst dazu, sie als Prozesse der Filterung zu interpretieren (Tiefpaß, Hochpaß, Bandpaß). In den beschriebenen Prozessen kann man ferner sowohl die Walsh-Transformation als auch die Haar-Transformation erkennen. Beide Transformationsarten sind schon lange bekannt und infolge der digitalen Form der Funktionen für die Datenverarbeitung sehr geeignet. Sie spielten aber bis zur (Wieder-) Entdeckung der Wavelet-Transformation vor einigen Jahren eher eine untergeordnete Rolle. Man erkannte zwar, daß Alfred Haar grundsätzlich schon 1909 das Vorbild aller modernen Wavelet-Theorien geschaffen hatte, mit dem vorliegenden Aufsatz wird jedoch gezeigt, daß man mit den Haar-Wavelets auch heute noch die einfachste und effektivste Bildverarbeitung durchführen kann. Dazu benötigt man jeweils nur drei Wavelets. Die beabsichtigte Einführung wird damit auch zu einer Übersicht über die Prinzipien der modernen Bildverarbeitung.

1   Einleitung.

Wenn man ein Bild einem Verarbeitungsprozeß, z.B. einer Filterung, unterwirft, das Ergebnis wiederum demselben oder einem ähnlichen Prozess, und dies so weiter fortsetzt, daß eine Reihe von Bild-Ergebnissen mit immer weniger Detailinformationen entsteht, die man jeweils auf einer ständig kleiner werdenden Fläche darstellen kann, spricht man von der Erstellung einer Bildpyramide, siehe Bild 1 [1,2]. Der klassische Fall einer sog. Gaußpyramide besteht darin, daß man vermittels eines Tiefpasses zuerst die Feinheiten des Bildes wegschneidet, das verbleibende Bild in seiner Ausdehnung schrumpfen läßt, dann wiederum mit einem Tiefpaß (möglichst demselben) die nächsten Feinheiten wegfiltert, usw., bis nur noch ein sehr kleines Bild übrigbleibt, das in die Spitze einer Pyramide paßt, siehe die Veranschaulichung in Bild 7.

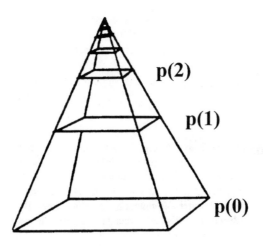

Bild 1. Veranschaulichung einer Bildpyramide (Gaußpyramide).

Der Vorteil dieses Verfahrens ergibt sich dadurch, daß mit den immer gröber werdenden Bildstrukturen meist auch die wesentlichen Teile des Bildes hervorgehoben werden und daß diese Erkenntnisse bei der Auswertung eines Bildes hilfreich sind. Dabei erfolgt bei der Gaußpyramide die Bildverarbeitung stets von der Pyramidenbasis in Richtung der Pyramidenspitze, wobei die entstandenen Teilbilder zwecks Auswertung (z.B. Segmentierung) in irgend einer Weise miteinander kombiniert werden können.

Grundsätzlich handelt es sich bei diesem bekannten Pyramidenverfahren um die Zerlegung eines Bildes in seine spektralen Komponenten, wobei die in einem Bild enthaltene Information von der Basis zur Spitze ständig abnimmt. Insbesondere ist die gesamte Bildinformation nur im Basisbild enthalten. Die Addition der Bildinformation einer Reihe von Teilbildern (von der Spitze zur Basis gesehen) führt nicht zum nächsten Teilbild. Es handelt sich daher bei der klassischen Gaußschen Bildpyramide um einen irreversiblen Zerlegungs-Prozess.

Der vorliegende Aufsatz hat im wesentlichen drei Ziele. Er stellt zum einen ein Modell vor, wie man mit einem Minimum an Speicheraufwand ein Bild iterativ in Feinstrukturen und Grobstrukturen zerlegen kann. Diese Methode ist sehr einfach und kann deshalb in der Praxis auch rasch durchgeführt werden. Zum anderen kann man mit ihm wesentliche Operationen der Bildverarbeitung (Wavelet-Transformation) geradezu beiläufig vermitteln. Das Modell kann daher auch als ein gutes Hilfsmittel für die Lehre dienen. Hier besteht ja oft die Situation, daß man Mühe hat, z.B. Studierenden in der Computertechnik, die nicht in der Filtertechnik ausgebildet sind und auch nicht die speziellen Voraussetzungen zum Verständnis moderner Transformationstheorien besitzen, in aller Kürze und trotzdem richtig zu vermitteln, wie wichtige Methoden der heutigen Signalverarbeitung funktionieren, z.B. eine Teilbandzerlegung mit Filterbänken, oder eine Wavelet-Transformation, und was sie beide gemeinsam haben, usw. Die grundsätzlichen Aspekte dieser modernen Technik sind allesamt in dem zu schildernden Verfahren angelegt und auch für den Anfänger deutlich zu erkennen und nachzuvollziehen. Als besonders überraschendes Ergebnis zeigt sich schließlich, daß das älteste aller Wavelet-Verfahren bei der perfekten Bildrekonstruktion mit nur drei Wavelets auskommt und in der Einfachheit und Schnelligkeit der Berechnungen in nichts den moderneren Wavelets nachsteht.

2   Der Ansatz.

Der Grundgedanke der im folgenden zu beschreibenden „reversiblen" Bildpyramide besteht darin, daß man die ausgefilterten feinen Strukturen des Bildes jeweils speichert. Jedes Pyramiden-Teilbild läßt sich daher in der umgekehrten Richtung (von der Spitze zur Basis) wieder so mit Informationen anreichern, daß der vollständige Inhalt des nächsten Teilbildes entsteht. Solch ein vollkommen „reversibles" Verfahren läßt sich mit einfachsten Mitteln realisieren.

Eindimensionales Problem. Dies sei zunächst einmal mit einem eindimensionalen Modell, dargestellt durch eine Zeitfunktion $p = f(x)$ oder durch ein entsprechendes eindimensionales diskretisiertes Bild, d.h. einer linearen Reihe von (Grauwert-) Bildpunkten veranschaulicht. In Bild 2a sind dazu für ein Beispiel die Pixelamplituden p_i entlang einer Koordinate x dargestellt. In Bild 2b ist veranschaulicht, wie jeweils zwei Pixelwerte zusammengefaßt werden. Dabei wird, wie Zeile 2c mit ausgefüllten Kreisen zeigt, jeweils die Summe a_i beginnend mit

$$a_1 = \frac{1}{2}(p_1 + p_2) \tag{1a}$$

und wie Zeile 2 d mit leeren Kreisen zeigt, jeweils die Differenz b_i beginnend mit

$$b_1 = \frac{1}{2}(p_2 - p_1) \tag{2a}$$

gebildet. Setzt man anstelle der Indizes 1, 2 die Indizes i, i+1 für i = 1, 3, 5 ...,
so erhält man die Formeln für alle Pixel eines vollständigen Bilddurchlaufs

$$a_i = \frac{1}{2}(p_i + p_{i+1}) \qquad , i = 1, 3, 5, ... \tag{1b}$$

$$b_i = \frac{1}{2}(p_{i+1} - p_i) \qquad , i = 1, 3, 5, ... \tag{2b}$$

Ersichtlich handelt es sich bei der Größe a_i um den bekannten arithmetischen
Mittelwert, der - was hier nur angedeutet sei - aus Sicht der Filtertheorie mit diskreten
Werten (digitale Filter) einer lokalen „Tiefpaßfilterung" einfachster Art entspricht,
und bei der Größe b_i um eine Differenz, die, ebenfalls aus Sicht der Filtertheorie,
einer lokalen „Hochpaßfilterung" entspricht [3,11]. Es sind jedoch nicht die
bekannten diskreten Tiefpaß- und Hochpaßfilterungen, da immer nur feste Gruppen
von Pixeln (hier 2, sonst aber auch 3, 4, 9, usw.) jeweils einer lokalen Abtast-
Filteroperation unterworfen werden. Üblicherweise wird ja die Filtermaske in
einzelnen Schritten (von p_i nach p_{i+1}) verschoben, gleitet also über die Gruppenkanten
hinweg (moving average, moving difference). Hier ist jedoch noch eine sog.
"Dezimation" im Spiele, d.h., man geht in einem Schritt von einem Paar von
Bildpunkten gleich zum nächsten Paar von Bildpunkten weiter.

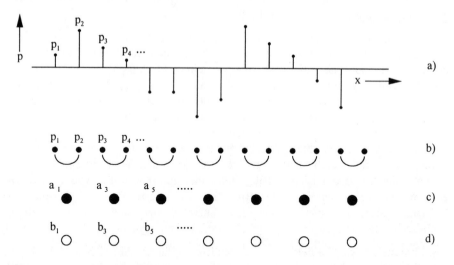

Bild 2. Ein "eindimensionales Bild" bzw. eine von einer Koordinaten x abhängige diskrete
Funktion $p_i(x)$. a) die Abtastwerte, b) die paarweise Zusammenfassung der Pixel p_i, c) die
Mittelwerte a_i, die zu je einem Pixelpaar gehören, d) die Differenzwerte b_i, die gleichfalls zu
einem Pixelpaar gehören.

Aus der Reihe der Werte a_i für i = 1, 3, 5, ... entsteht das „tiefpaßgefilterte" Teilbild,
das in Richtung der Pyramidenspitze weitergegeben wird; aus der Reihe der Werte b_i

für i = 1, 3, 5, ... ergibt sich das „hochpaßgefilterte" Teilbild, das abgespeichert wird. (Die Anführungszeichen werden hier verwendet, weil die Dezimation hierbei stets vorausgesetzt, aber nicht erwähnt wurde). In dieser Weise kann man schrittweise weiter vorgehen. Das heißt, das „tiefpaßgefilterte" Teilbild, dessen Bildelemente aus den ursprünglichen Bildelementen durch Mittelwertbildung entstanden waren, kann man einer erneuten Mittelwertbildung unterwerfen und damit zu einem Bild mit noch gröberer Struktur kommen. Das kann man wiederum mit einer "Tiefpaßfilterung" vergleichen. Die Differenzbildung, die mit einer "Hochpaßfilterung" zu vergleichen ist, führt zu Werten, die erneut abzuspeichern sind. Da aber die hochfrequenten Bestandteile schon bei dem ursprünglichen Bild (wir behandeln hier immer noch das eindimensionale Bild) ausgefiltert wurden, müssen die Differenzbildungen der zweiten und aller weiterer Pyramidenebenen genau genommen im Ergebnis mit Bandpaßfilterungen verglichen werden. Ist man in dieser Weise von Teilbild zu Teilbild in Richtung der Pyramidenspitze fortgeschritten, kann man die Richtung der Bildverarbeitung auch wieder umkehren. Es gelingt schrittweise, aus jedem niederfrequenten Teilbild mit Hilfe der gespeicherten Werte b_i. wieder das bei der Zerlegung vorangehende detailliertere Teilbild exakt zu rekonstruieren. Das sieht man bei dem ersten (eindimensionalen) Teilbild wie folgt. Aus den Gleichungen (1b) und (2b) gewinnt man bei bekanntem a_i und b_i die ursprünglichen Pixelwerte

$$p_i = a_i - b_i \tag{3}$$

$$p_{i+1} = a_i + b_i \tag{4}$$

Damit hat man das ursprüngliche Bild rekonstruiert.

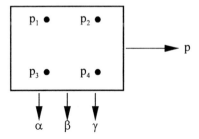

Bild 3. Die Ermittlung der Parameter p, α, β, γ aus je 4 Pixelwerten p_1, p_2, p_3, p_4.

Zweidimensionales Problem. Das verwendete Verfahren läßt sich jetzt leicht auf zweidimensionale Bilder übertragen, wofür ja eigentlich erst der Ausdruck "Pyramide" gerechtfertigt ist. Hier muß man dann jeweils Gruppen aus 4 Pixeln zusammenfassen (zwei in x-Richtung und zwei in y-Richtung). Aus diesen 4 Pixeln, deren Werte im allgemeinen (bei einem beliebigen Bild) unabhängig voneinander sind, müssen dann 4 andere Parameter gebildet werden, so daß 1.) der resultierende arithmetische Mittelwert Bestandteil des nächsten Teilbildes wird und 2.) die übrigen drei Differenzwert-Parameter abgespeichert werden (entweder in einem digitalen

Speicher oder wieder in einem zweidimensionalen Speicherbild). Das geht sehr einfach mit folgendem Ansatz, siehe Bild 3

$$p = \frac{1}{4}\left(p_1 + p_2 + p_3 + p_4\right) \tag{5}$$

$$\alpha = \frac{1}{4}\left(-p_1 - p_2 + p_3 + p_4\right)$$

$$\beta = \frac{1}{4}\left(p_1 - p_2 - p_3 + p_4\right)$$

$$\gamma = \frac{1}{4}\left(-p_1 + p_2 - p_3 + p_4\right)$$

Es bedeuten hierbei: p der arithmetische Mittelwert, d.h. die Grobstruktur, und α, β, γ die Differenzwerte, d.h. die Feinstruktur. Aus der Sicht der Filtertheorie entspricht auch bei den zweidimensionalen Bildern die Mittelwertbildung einer "Tiefpaßfilterung" und die Differenzwertbildung einer "Hochpaßfilterung".

Nun kann man Gl.(5) natürlich auch nach den Pixelwerten p_1, p_2, p_3, p_4 auflösen und erhält:

$$p_1 = p - \alpha + \beta - \gamma \tag{6}$$

$$p_2 = p - \alpha - \beta + \gamma$$

$$p_3 = p + \alpha - \beta - \gamma$$

$$p_4 = p + \alpha + \beta + \gamma$$

Die durchgeführten Rechenoperationen veranschaulicht man in der Regel durch Filtermasken. Hierzu gehen wir auf Gl.(5) zurück und notieren auf den Plätzen für p_1, p_2, p_3, p_4 die Faktoren, mit denen die Pixelwerte verarbeitet (gefiltert) werden sollen. Bei dem Ergebnis in Bild 4 ist noch der gemeinsame Faktor 1/4 herausgezogen worden. (Man müßte natürlich noch die Laufvariable i wie in den Gln.(1) bis (4) einführen, mit i = 1,5,9,... Darauf ist hier der Übersichtlichkeit wegen verzichtet worden).

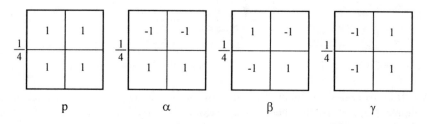

Bild 4. Filtermasken zu Gl.(5), normiert mit dem Faktor 1/4. (zugleich Walsh-Filtermasken, wobei die Masken α, β, γ den Walsh-Funktionen WAL(1), WAL(2), WAL(3) entsprechen).

Wie man sieht, sind die durchzuführenden Operationen außerordentlich einfach und können deshalb rasch ablaufen. In Bild 5 ist die Aufeinanderfolge der Ebenen (0) bis

(m) in der Pyramide dargestellt. Das Originalbild $p^{(0)}$ in der Ebene (0) unterscheidet sich z.B. von dem Mittelwertbild $p^{(1)}$ in der Ebene (1) durch die Differenzwertbilder $\alpha^{(1)}, \beta^{(1)}, \gamma^{(1)}$. Das Mittelwertbild $p^{(1)}$ in der Ebene (1) unterscheidet sich von dem Mittelwertbild $p^{(2)}$ in der Ebene (2) durch die Differenzwertbilder $\alpha^{(2)}, \beta^{(2)}, \gamma^{(2)}$, usw. Die Anzahl der Vierer-Pixelgruppen in den Teilbildern der Pyramide nimmt zur Spitze hin ab.

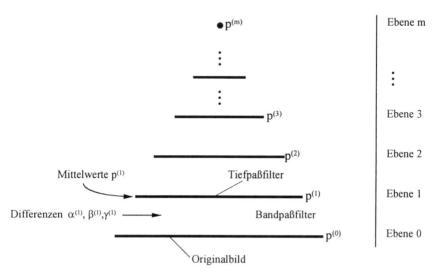

Bild 5. Die Bezeichnungen der Teilbilder in der Pyramide.

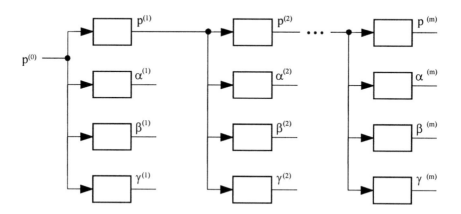

Bild 6a. Hintereinanderschaltung der Zerlegungsoperationen zu Gl.(5).

15

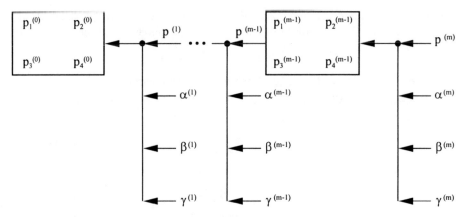

Bild 6b. Hintereinanderschaltung der Operationen bei der perfekten Rekonstruktion.

Bild 6a zeigt sodann die Hintereinanderschaltung der Zerlegungsoperationen in der Pyramide. Die Reihe der Teilbilder enthält, von der Basis zur Spitze gehend, immer tiefere Ortsfrequenzen. Zum Schluß, in der Spitze der Pyramide, bleiben insgesamt 4 einzelne Pixel $p^{(m)}, \alpha^{(m)}, \beta^{(m)}, \gamma^{(m)}$ übrig. Bei dem beschriebenen Verfahren werden keine Glättungsfilter benötigt, die bei der Wahl größerer Pixelgruppen kaum zu vermeiden sind. In umgekehrter Richtung gehend - von der Spitze zur Basis - werden die Bilder p der niedrigen Ortsfrequenzen mit den gespeicherten höherfrequenten Details α, β, γ so angereichert, daß wieder Bilder mit feineren Strukturen entstehen. In Bild 6b ist die entsprechende Hintereinanderschaltung zur Rekonstruktion dargestellt. Bild 7 zeigt noch eine Veranschaulichung der immer kleiner werdenden Mittelwertbilder p mit einem bekannten Testbild.

In Bild 8 wird dies noch durch Beispiele von Teilbildern ohne Verkleinerungen ergänzt. Das heißt, die Dezimation wird hier zwar wie beschrieben durchgeführt, aber die erhaltenen Bildpunkte werden jeweils viermal wiederholt. In dieser Form ist die Darstellung vor allem für Vergleichszwecke zwischen den Bildern verschiedener Pyramidenebenen geeignet.

Der Blick auf die Filtermasken in Bild 4 zeigt, daß man den Rechenaufwand reduzieren kann, wenn man nach Bild 9 noch einen anderen Ansatz benutzt:

$$p = \frac{1}{4}\left(p_1 + p_2 + p_3 + p_4\right) \tag{7}$$

$$u = \frac{1}{4}\left(p_1 + p_2 - p_3 - p_4\right)$$

$$v = \frac{1}{2}\left(p_1 - p_2\right)$$

$$w = \frac{1}{2}\left(p_3 - p_4\right)$$

Bild 7. Veranschaulichung der Mittelwertbildungen in der Pyramide mit einem Testbild.

a)

b)

c)

Bild 8. Die Operationen in einem Testbild ohne Verkleinerungen (Dezimation mit anschließender Expansion). a) das Ursprungsbild, b) das Mittelwertbild p in der dritten Ebene, c) das Differenzwertbild α, in der ersten Ebene.

Dazu gehören die Filtermasken von Bild 10, bei denen ebenfalls der gemeinsame Faktor 1/4 herausgezogen wurde. Die in der Pyramide ablaufenden Zerlegungsoperationen sind in Bild 11a dargestellt.

Die Rekonstruktion erfolgt nach den Beziehungen

$$p_1 = p + u + v \tag{8}$$
$$p_2 = p + u - v$$
$$p_3 = p - u + w$$
$$p_4 = p - u - w$$

Der Rekonstruktions-Ablauf ist in Bild 11b skizziert.

Im Anschluß an die obigen Betrachtungen mit den Viererpixel-Bildmasken in Bild 4 findet man die nächst größeren günstigen Filtermasken, wenn man jeweils 16 Pixeloperationen wie in Bild 12a zusammenfaßt. Später, im letzten Abschnitt, im Zusammenhang mit Bild 15, wird gezeigt werden, daß man die Filtermasken von Bild 4 als Teil einer Zerlegung nach Walsh-Funktionen auffassen kann. Überträgt man dieses Prinzip auf die Sechzehnergruppen, so ergibt sich eine Schar von 16 Filtermasken wie in Bild 12b. Damit läßt sich wieder eine perfekte Rekonstruktion erreichen. Im Vergleich zu den Vierer-Masken von Bild 4 muß man also viermal soviele Masken wie dort aufwenden. Allerdings beansprucht jedes Teilbild dann nur noch ein Viertel von Bildpunkten. Als Nachteil verbleibt daher vor allem der vergrößerte Rechenbedarf bei jeder Filterung, da jede Maske in Bild 12 viermal soviele Filterelemente (Positionen) wie die Masken in Bild 4 haben.

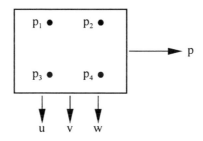

Bild 9. Die Ermittlung der Parameter p, u, v, w aus je 4 Pixelelementen p_1, p_2, p_3, p_4.

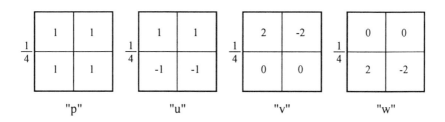

Bild 10. Filtermasken zu Gl.(7), normiert mit dem Faktor 1/4 (zugleich Haar-Filtermasken, wobei die Masken u, v, w den Haar-Wavelets w(t), w(2t), w(2t-1) entsprechen).

Man erkennt, daß "bessere" große Filtermasken den Rechenaufwand im allgemeinen nur steigern, siehe z.B. Masken nach Art von Bild 4 (oder später von Bild 12). Das dürfte neben den Verlusten bei einer gewünschten Bildkompression auch der Grund dafür sein, daß man sich in der Praxis meist mit relativ wenigen ausgefilterten Teilbildern und demzufolge mit einer angenäherten Rekonstruktion zufrieden gibt. Lediglich bei Filtermasken mit vielen Nullbesetzungen, siehe z.B. Masken nach Art von Bild 10 (oder später von Bild 17) kann man den Rechenbedarf wieder senken. Hier wollen wir die großen Filtermasken nicht weiter behandeln.

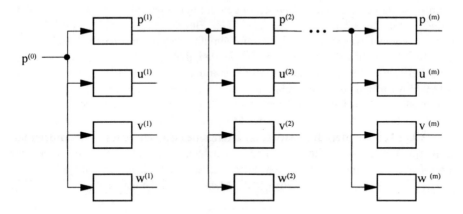

Bild 11a Hintereinanderschaltung der Zerlegungsoperationen zu Gl.(7).

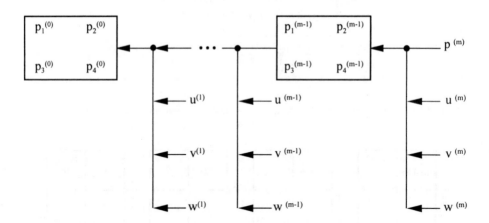

Bild 11b. Hintereinanderschaltung der Operationen von Gl.(8) bei der perfekten Rekonstruktion.

Eine vollständige Zerlegung eines Originalbildes mit insgesamt n x n Pixeln in die Teilbilder einer Pyramide ergibt Teilbilder in $\log_2 n$ Ebenen. Nimmt man zur Vereinfachung n als Zweierpotenz an, $n = 2^m$, so sind dies dann m Pyramidenebenen, wobei die letzte Mittelwert-Ebene nur noch ein Pixel enthält. Die im ursprünglichen Bild enthaltenen Informationen sind über alle diese Pyramidenebenen verteilt. Man sollte jedoch nicht denken, daß man die ermittelten Teilbilder wirklich alle wieder zur Rekonstruktion des Originalbildes benötigt. Hierzu genügen vielmehr 3 Teilbilder je Pyramidenebene. Das jeweils vierte Teilbild mit den gemittelten Pixelwerten p wird nämlich (in Richtung der Spitze zur Basis) von dem Teilbild in der vorherigen Pyramidenebene geliefert. Das heißt, man wird von dem Pixel $p^{(m)}$ an der Pyramidenspitze ausgehen, es mit den Differenzwerten $\alpha^{(m-1)}, \beta^{(m-1)}, \gamma^{(m-1)}$ der Ebene darunter anreichern, um dort die vierfache Anzahl vollständiger Pixel $p^{(m-1)}$ zu erzeugen, usw. (Das gilt auch für die Parameter u,v,w). Die gesamte Information des ursprünglichen Bildes in der Ebene (0) steckt also in den jeweils drei Differenzbildern aller Ebenen (zuzüglich des Mittelwert-Punktes in der Pyramidenspitze).

3 Vergleich mit bekannten Filtermethoden und Transformationen

Es erhebt sich die Frage, inwiefern sich die hier vorgestellte sehr elementare Bildverarbeitung von den bekannten, häufig recht komplizierten Verfahren unterscheidet. Bekanntlich werden diese, wie schon erwähnt, mit den aus der Nachrichtentechnik stammenden Begriffen „Filterung durch Tiefpaß, Hochpaß oder Bandpaß" mit nachfolgender „Dezimation" beschrieben, siehe die Skizze in Bild 5. Ferner kann man diese Filterung auch mit diskreten Werten betrachten (digitale Signalverarbeitung, DFT, FFT usw.), so daß man direkt den Übergang zu der Verarbeitung diskreter Bildelemente bzw. Pixel bekommt [3]. Um besser Vergleiche anstellen zu können, ist es günstig, auf die Darstellung der Mittelwert- und Differenzwert-Methoden, die nacheinander ablaufen, wie in den Bildern 6 und 11 in Form eines Baumes zurückzugreifen. Es sei noch nachgeholt, daß man dies auch für das eindimensionale Modell von Bild 2 tun kann, für das sich die Struktur von Bild 13a ergibt. Nach jedem Schritt entstehen zwei Teilbilder, eines mit den Mittelwerten a_i und eines mit den Differenzwerten b_i.

Für den Vergleich mit modernen Filter- und Transformationstheorien gibt es geeignete Darstellungen. So findet man z.B. in Bild 14a [4] für eine Zeitfunktion x(n) bzw. ein eindimensionales Bild eine Zerlegung in einen Tiefpaß H_0 und einen Hochpaß H_1 mit nachfolgenden Dezimationen. Zur Rekonstruktion benötigt man Expander und spezielle Synthesefilter. Bild 14b zeigt eine umfangreichere Teilbandzerlegung in einer Filterbank.

Interessanter erscheint noch der Vergleich mit einer iterativen Zerlegung eines (eindimensionalen) Bildes mit Hilfe der Wavelet-Transformation, siehe Bild 13b. Hier wird augenscheinlich ein vorgegebenes eindimensionales Signal oder ein in eine Signalsequenz zerlegtes Bild f(t) mit Hilfe von Tiefpaßfiltern H_0 und Dezimation "$\downarrow 2$" iterativ zerlegt, wobei jeweils (nach oben) die Skalierungsfunktion $\phi(t)$ entsteht, während die Hochpaßfilter H_1 mit Dezimation "$\downarrow 2$" jeweils (nach unten) den Wavelets w(t) entsprechen. Hier ist der Vergleich mit Bild 13a besonders deutlich, wobei man erkennt, daß man den Mittelwert mit der Skalierungsfunktion φ(t) und die Differenzwerte mit den Wavelets w(t) gleichsetzen kann. Unversehens sind wir also direkt auf die Grundlagen der modernsten Bildverarbeitungsverfahren gestoßen.

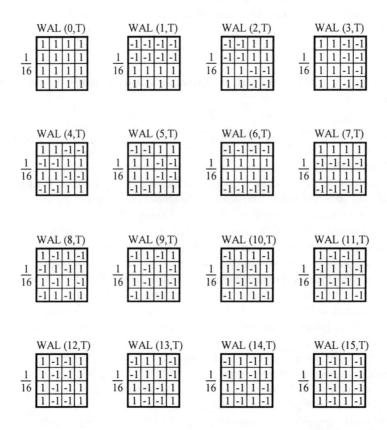

a) Positionen

b) Filterkoeffizienten

Bild 12. Filtermasken für Walsh-Funktionen in einer Sechzehnergruppe. a) Positionen, b) Filterkoeffizienten.

Einen direkten Übergang zu einer wohlbekannten konkreten Transformation erhält man, wenn man Gl.(5) betrachtet oder sich die Filtermasken des Verfahrens von Bild 4 nach Bild 15a umzeichnet. Hier sind die Filterwerte +1 und −1 der Masken in

22

Abhängigkeit von p_1, p_2, p_3, p_4 für jeden Parameter p,α,β,γ aufgetragen. Ein solches Schema ist als eine orthogonale Zerlegung nach Walsh-Funktionen bekannt, siehe Bild 15b. Das nächste Beispiel von Gl.(7) mit den Filtermasken von Bild 10 läßt sich ebenfalls als ein Satz von Funktionen veranschaulichen, siehe Bild 16a. Das Ergebnis stimmt ebenfalls mit einem bekannten Schema überein, nämlich der Zerlegung nach Haar-Funktionen [10,11,12], siehe in Bild 16b noch einige weitere Funktionen für 8 Pixel, die das Bildungsgesetz besser erkennen läßt. Alle Funktionen sind orthogonal zueinander. Das Schema beginnt, von oben gesehen, mit einem Rechteckimpuls (der sog. Skalierungsfunktion φ(t)), darauf folgen Funktionen, die stets aus einer direkten Aufeinanderfolge eines positiven und eines negativen Rechteckimpulses bestehen. Sie werden als Wavelets bezeichnet (w(t)). Das größte Wavelet in der zweiten Zeile heißt das Mutter-Wavelet. Darunter folgen dann weitere skalierte Wavelets (compression, dilation) mit sich ändernder Position (translation, shift). Sie haben dadurch einen starken begrenzten Ortsbezug. Alle Wavelets zusammen bilden einen Satz von Basisfunktionen.

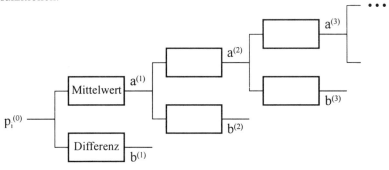

Bild 13a. Hintereinanderschaltung der Zerlegungsoperationen bei dem eindimensionalen Modell der Gleichungen (1) bis (4).

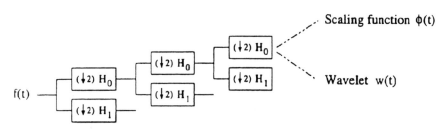

Scaling function and wavelets from iteration of the lowpass filter.

Bild 13b. Prinzip der Wavelet-Zerlegung eines eindimensionalen Signals, nach [4].

Bei den Haar-Wavelets verringert sich, wie schon erwähnt, der Rechenaufwand dadurch, daß viele Filterstellen eine Null enthalten. Das ist typisch für eine Vielzahl verschiedener neuer Wavelet-Zerlegungen, die zwar alle nach dem Prinzip von Bild 16b mit verschobenen gleichgestalteten Wavelets arbeiten, deren Form jedoch sehr unterschiedlich zu den Rechteckfunktionen der Haar-Wavelets sein können (z.B. Morlet-Wavelets, Mexican-Hat-Wavelets, Daubechies-Wavelets, Hutlets, usw.).

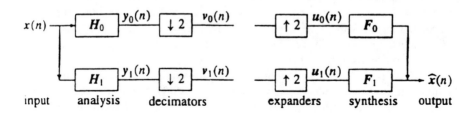

Bild 14a. Analyse und Synthese eines Signals durch Tiefpaßfilter H_0 und Hochpaßfilter H_1 und Dezimationen, nach [4].

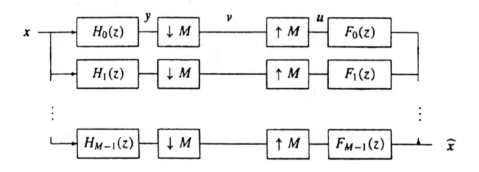

Standard form of an M-channel filter bank (maximally decimated).

Bild 14b. Teilbandzerlegung in einer Filterbank, nach [4].

Eine noch deutlichere Unterscheidung zwischen den Walsh-Funktionen und den Haar-Wavelets bzw. ihren Filtermasken zeigt sich bei Betrachtung von Sechzehnergruppen. In Bild 17 sind zur Vervollständigung auch die Filtermasken für die Haar-Wavelets im Einzelnen dargestellt. Beim Vergleich mit den Walsh-Filtermasken von Bild 12 erkennt man, daß die Haar-Wavelets nicht alle orthogonalen digitalen Varianten wie die Walsh-Funktionen nutzen und trotzdem dieselbe perfekte Rekonstruktion erlauben. Sie sind ersichtlich auch schärfer lokalisiert, wodurch man in der Regel für die Bildanalyse weniger Funktionen benötigt.

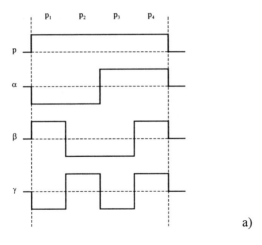

a)

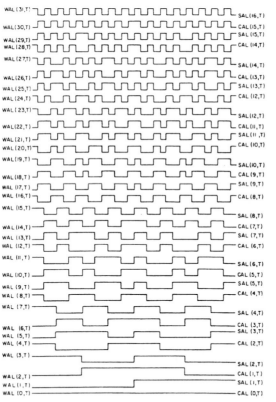

b)

Bild 15. a) Die Filtermasken von Bild 4 als Walsh-Funktionen. b) Ein größerer Satz von Walsh-Funktionen.

25

Kehren wir wieder an den Ausgangspunkt zurück. Mit den Bild-Zerlegungsprozessen in Bild 6a und in Bild 11a haben wir nichts anderes als eine Walsh-Transformation und eine Haar-Transformation durchgeführt. (Aus dem Urbild der Haar-Transformation sind dann später unter dem neuen Namen "Wavelet" gleichartige Transformationen mit unterschiedlichen Funktionsverläufen entstanden). Verblüffend bleibt hier auch für manche Fachleute noch das Faktum, daß wir mit einer Skalierungsfunktion und nur 3 zusätzlichen binären Funktionen sogar eine perfekte Rücktransformation zuwege gebracht haben. Meist sind dazu, z.B. bei der Fourier-Transformation, sehr viel mehr Funktionen, sog. "Oberwellen" nötig.

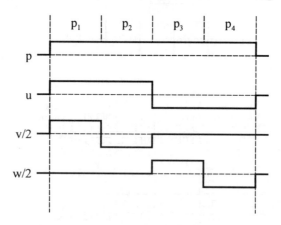

Bild 16a. Veranschaulichung der Filtermasken von Bild 10 durch einen Satz von Funktionen.

Das dargelegte Verfahren unterscheidet zwischen feineren (detailed) und gröberen (coarse) Strukturen. Hierbei ist die Mittelwertbildung eine Operation, mit der Informationen über gröbere Strukturen abgetrennt werden, und die Differenzbildung eine Operation, mit der Informationen über feinere Strukturen abgetrennt werden. Fast selbstverständlich ergibt sich aus der Gleichsetzung von Differenzwert-Bildung und Wavelet-Bildung der Satz, daß alle Wavelets gleichstromfrei sein müssen. D.h. die Fourier-Spektralfunktion zu einem Wavelet muß durch den Nullpunkt gehen. Über die ganze Pyramide hin gesehen, haben wir etwas gemacht, was man im englischen Schrifttum "Multiresolution" heißt.

Die in der vorliegenden Arbeit beschriebenen Operationen beziehen sich jeweils auf die kleinste Gruppe von Pixeln in einem Bild (bei einem eindimensionalen Bild auf 2 diskrete Werte und bei einem zweidimensionalen Bild auf das Minimum von gerade 4 Pixel). Das Analogon in der nichtdiskreten klassischen Signalverarbeitung wäre im Falle der Mittelwertbildung der elementarste Tiefpaß, z.B. realisierbar als RC-Glied. Bei der Differenzbildung wäre dies ein Hochpaß, der ebenfalls als RC-Glied darzustellen ist. Diese klassischen nachrichtentechnischen Filter sind bekanntlich sehr grob und trennen die Frequenzbereiche alles andere als gut voneinander. Man sucht deshalb üblicherweise in der Filtertechnik - ob analog oder diskret - fast immer Filter mit steilen Flanken, also Filter höherer Ordnung, einzusetzen.

Bei der praktischen Anwendung von Transformationen zur Bildverarbeitung (Beispiele sind die Cosinus-Transformation oder die Morlet-Transformation) wird bekanntlich die Bildfläche noch in eine Vielzahl von Fensterflächen (Makrozellen) aufgeteilt und für jede dieser meist rechteckigen Fensterflächen wird eine Zerlegung in Spektralkomponenten durchgeführt. Das macht meist erst Sinn für Fenster, die weit mehr als 4 Pixel enthalten (als Mindestzahl einer Makrozelle wird z.B. oft 8 x 8 = 64 angegeben). Die Spektralzerlegung ergibt hier in der Regel viele höherfrequente Spektralkomponenten (bei den Wavelets aber wegen der begrenzten Lokalität weniger als bei der Cosinus-Transformation), mit denen man dann zuerst das Fensterbild und schließlich mit allen Fensterbildern auch das ganze Bild beschreiben kann. Durch Weglassen der höheren Spektralkomponenten kann man dann bekanntlich sogar eine sehr einfache Bildkompression erreichen.

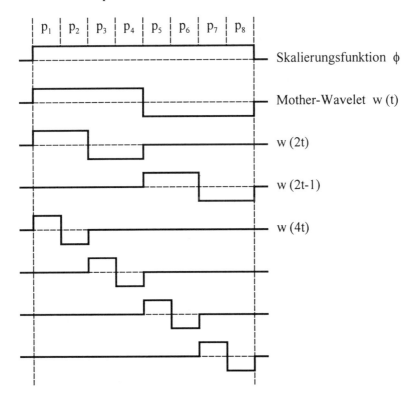

Bild 16b. Die ersten 8 Funktionen der Haar-Zerlegung. $(w_{jk}(t) = w(2^j t - k))$.

Mit der hier beschriebenen Methode der Addition und Substraktion jeweils weniger Bildpunkte kommt man dagegen mit ganz einfachen und schnell durchzuführenden Rechenoperationen aus. Man muß nicht auf irgendwelche Transformationsformeln zurückgreifen, man muß noch nicht einmal orthogonale Funktionen benutzen (das wurde hier nicht näher ausgeführt), und es sind auch nicht die bekannten Randeffekte an den Fenstergrenzen zu berücksichtigen (aliasing, imaging) [1, 4-9], weil ja keine Blockunterteilung nötig ist. Es gilt aber, daß man durch den Bezug auf die Haar-Transformation einen grundsätzlichen Übergang zu allen gängigen diskreten Filterungen und Transformationen mit Dezimation vollziehen kann. Bei der hier vorgestellten Methode einer Bildzerlegung mit Vierer-Pixelgruppen braucht man im Grunde genommen überhaupt keine Kenntnisse von Filter- und Transformations-Operationen zu haben.

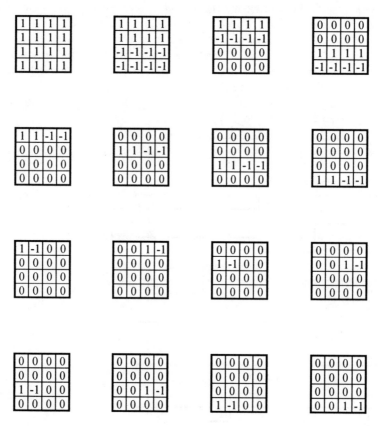

Bild 17. Die ersten 16 Filtermasken der Haar-Wavelets. Man vergleiche mit den Walsh-Funktionen von Bild 12.

Weil die Rechenoperationen so einfach sind, stets ohne (Makrozellen-) Grenzen über das ganze Bild erstreckt werden können, und in jeder Ebene der Pyramide gleich ablaufen, ist die hier vorgestellte Methode der Bildverarbeitung eine sehr schnelle Methode.

Es sei zum Schluß noch erwähnt, daß man eine zweidimensionale Wavelet-Transformation eines Bildes auch in zwei eindimensionale Transformationen zerlegen kann, wobei man einmal das Bild zeilenweise und dann spaltenweise abtastet. Im

Prinzip ist das nicht sehr unterschiedlich zu der hier besprochenen Methode mit zweidimensionalen Bildausschnitten, die aber nicht nur den Vorteil der größeren Anschaulichkeit sondern auch den Vorteil der größeren Flexibilität hat. Zum Beispiel erfordert sie nicht unbedingt die Einhaltung von Orthogonalitätsbedingungen.

Literatur

1. Jähne, B.; Digitale Bildverarbeitung. Springer Verlag Berlin, 4. Auflage 1997

2. Hilberg, W.; Codierung von Bildern. Institutsbericht Nr. 198/96

3. S.D. Stearns; D.R. Hush; Digitale Verarbeitung analoger Signale. Oldenbourg Verlag, München 1994

4. G. Strang; T. Nguyen; Wavelets and Filter Banks. Wellesley-Cambridge Press, USA, 1996

5. R. Klette; P. Zamperoni; Handbuch der Operatoren für die Bildverarbeitung. Vieweg Verlag, Braunschweig 1995

6. J.-R. Ohm; Digitale Bildcodierung. Springer Verlag Berlin, 1995

7. P. Haberäcker; Digitale Bildverarbeitung. Hanser Verlag, München 1991

8. R. Steinbrecher; Bildverarbeitung in der Praxis. Oldenbourg Verlag, München 1993

9. A. Haar; Zur Theorie der orthogonalen Funktionen-Systeme. Math. Ann. 69 (1910), 331-371

10. K.G. Beauchamp; Walsh Functions and their Applications. Academic Press, London 1975.

11. A.V. Oppenheim; R.W. Schafer; Zeitdiskrete Signalverarbeitung. Oldenbourg Verlag München, 2. Aufl. 1995.

12. A. Haar; Zur Theorie der orthogonalen Funktionensysteme. Dissertation Universität Göttingen 1909.

13. U. Meyer-Bäse; Die Hutlets - eine biorthogonale Wavelet - Familie. Frequenz, 1997, Bd 51,1-2, S. 39-49.

3

Mikroelektronik
Tiefere Einsichten in ihre Dynamik durch einfache Modelle.

Was sind die Antriebskräfte für die nahezu regelmäßige und unaufhaltsame Entwicklung der Großtechnologie "Mikroelektronik" und der kommenden "Nanoelektronik"? Seit Jahrzehnten sind sie in gleichbleibender Weise wirksam. Wer sie und ihre Dynamik kennt, kann auch in Zukunft durch die immer wiederkehrenden Erfolgsmeldungen über neue Rekordzahlen nicht mehr überrascht werden.

Kurzfassung. Im folgenden handelt es sich um den Versuch, einem fachfremden, aber naturwissenschaftlich gebildeten Leser die wesentlichen Antriebskräfte und die Dynamik der Mikroelektronik mit Hilfe einfacher mathematischer Beziehungen nahezubringen. Das Ergebnis erscheint jedoch selbst für Mikroelektronik-Fachleute geeignet, sich die gesetzmäßigen Zusammenhänge und Entwicklungstrends einmal in großen Zügen bewußt zu machen. Dabei kann und muß der Autor selbstverständlich nicht auf die ganze Fülle der interessanten Technologiefragen eingehen, er muß sich vielmehr auf die wesentlichen beschränken. Damit diese aber auch ohne entsprechende Vorbildung verständlich sind, muß idealisiert werden. Es werden also mit Hilfe vereinfachter Modelle allgemeine Beziehungen abgeleitet, welche sich auf die wichtigsten Probleme dieser heutigen Schlüsseltechnik in Herstellung und Anwendung beziehen und sie transparent machen. Überraschenderweise sind diese großen Zusammenhänge weit weniger komplex als die überaus komplexen Teilgebiete erwarten lassen. Die Überlegungen beginnen mit einer Fragestellung, die zunächst eher nebensächlich erscheint, und für die sich in den früheren Zeiten nichtintegrierter Techniken auch nur wenige Fachleute interessierten. Sie erweist sich aber als ein Angelpunkt der neuen Technik.

Lassen sich fehlerfreie Chips produzieren? (Die Chipausbeute)

Das charakteristische Produkt der Mikroelektronik, das Chip, ist ein rechteckiges Plättchen aus einkristallinem Silizium, dessen Dicke kaum 1 mm und dessen Kantenlänge heute etwa 6 bis 8 mm beträgt. Auf der Oberfläche dieses Plättchens werden in überaus feinen Strukturen eine Vielzahl von Transistoren und die sie verbindenden Leitungen aufgebracht.

Man nennt solche Systeme integrierte Schaltungen (Integrated Circuits = IC's). Der Fortschritt in den beiden letzten Jahrzehnten (bezieht sich auf das Jahr 1986) bestand darin, daß sich die Fläche der Chips und die Anzahl der Transistoren auf ihnen ständig vergrößerten. Abbildung 1 zeigt mit einer neueren Fortschreibung des sog. Moore'schen Gesetzes, wie bei digitalen Speichern die Zahl der integrierten Speicherelemente, beginnend mit einigen wenigen Elementen Ende der sechziger Jahre, bis auf etwa eine Million Elemente heute angewachsen ist [1, 5]. (Die Zahl der Transistoren ist stets etwas größer als die Zahl der Speicherelemente.) Es erscheint auf den ersten Blick verwunderlich, daß dieses Anwachsen gleichsam gesetzmäßig erfolgt. Wir werden im folgenden sehen, daß es sich natürlich nicht um ein logisch-mathematisch-naturwissenschaftliches Gesetz handelt, sondern um Zusammenhänge, die im Bereich der Technik und Wirtschaft fast ebenso zwingend wie mathematische Zusammenhänge sind.

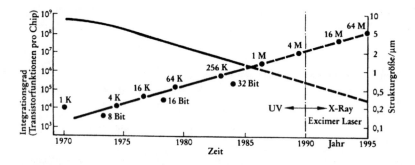

Abb. 1. Entwicklungstrend von integrierten Schaltungen mit exponentiell wachsender Kapazität von Speichern und Wortlänge von Mikroprozessoren sowie exponentiell abnehmender Strukturgröße (nach J. Ruge aus [1]). Die Anzahl wird als Zweierpotenz angegeben: $1k = 2^{10} \approx 10^3$, $1M = 2^{20} \approx 10^6$.

Die Aufgabe des Herstellers solcher integrierter Schaltungen läßt sich vereinfachend so formulieren: Es sind integrierte Schaltungen mit möglichst vielen Transistoren zu entwerfen und in einer solchen Weise zu fertigen, daß möglichst wenig Ausschuß entsteht. Das bedeutet, daß sehr viele der im Laufe der Jahre überaus komplex gewordenen integrierten Gebilde nach dem Fertigungsprozeß in allen Einzelheiten genau die Eigenschaften haben müssen, die im Pflichtenheft von ihnen verlangt werden. Hierbei gibt es große Probleme, denn schon ein einzelner Transistor ist technologisch gesehen ein nicht ganz einfaches Gebilde. Und auf einem kleinen

Plättchen nebeneinander gleich Hunderttausende oder gar Millionen von Transistoren zu produzieren, von denen nicht ein einziger fehlerhaft sein darf, ist nicht immer zu schaffen. Es reicht aber aus, wenn man unter einer Vielzahl von produzierten Chips einen genügend großen Anteil bekommt, der fehlerfrei ist. Dieser relative Anteil, d.h. die Zahl guter Chips $n_{C,gut}$ bezogen auf die Gesamtzahl $n_{C,ges}$ nennt man Chipausbeute ("Yield").

$$Y_C = n_{C,gut} / n_{C,ges}. \qquad \textbf{(1a)}$$

Die Ausbeute Y_C läßt sich bei der Produktion leicht auszählen, sie läßt sich jedoch mit ein paar elementaren Wahrscheinlichkeitsbegriffen auch leicht berechnen. Gehen wir davon aus, daß Chips mit je n Transistoren zu fertigen seien. Jeder einzelne Transistor, bzw. jedes Element, hat eine etwas weniger als 100% betragende Wahrscheinlichkeit Y_E, nach der Herstellung fehlerlos zu sein $(0 \le Y_E \le 1)$. Daher gilt für die Gesamtwahrscheinlichkeit, daß die n Transistoren auf einem Chip insgesamt fehlerlos sind, bzw. für die Wahrscheinlichkeit Y_C eines fehlerlosen Chips das Produkt der Elementwahrscheinlichkeiten

$$Y_C = Y_E^{\,n} \qquad \textbf{(1b)}$$

Die möglichen Fehler auf einem Chip kann man sich recht anschaulich und zutreffend als eine Art von Punktfehler vorstellen, die unregelmäßig auf der Siliziumoberfläche verteilt sind, denn die meisten wirklichen Fehler sind in der Tat deutlich lokalisiert. Abbildung 2 zeigt dieses Modell an Hand von sog. Wafern, das sind Siliziumscheiben mit einem Durchmesser von 10-15 cm, auf denen die einzelnen Chips in einem regelmäßigen Schachbrettmuster zu erkennen sind. Der Wafer wird schließlich zersägt, um die einzelnen fehlerfreien Chips herauslösen zu können. Die mittlere Zahl der Fehler auf einem Wafer darf dabei nicht zu groß sein, damit man überhaupt noch Chips ohne Fehler finden kann. Nennt man die Wahrscheinlichkeit für einen Transistor mit Fehlern $\overline{Y}_E$, so folgt, da ein Transistor nur gut oder schlecht sein kann

$$Y_E + \overline{Y}_E = 1. \qquad \textbf{(2)}$$

Die Elimination von Y_E aus Gleichung 1b führt zu

$$Y_C = (1 - \overline{Y}_E)^n. \qquad \textbf{(3)}$$

Nun ist die Wahrscheinlichkeit $\overline{Y}_E$ definiert als das Verhältnis der fehlerhaften Elemente zur Zahl aller Elemente, die sich auf einer (theoretisch unendlich) großen Zahl von Chips befinden. Die Untersuchung einer sehr großen Zahl von Chips mit je n Transistoren führt also praktisch zu einer mittleren Zahl von z Fehlern pro Chip, mit der man $\overline{Y}_E$ wie folgt darstellen kann:

$$\overline{Y}_E = z / n \qquad \textbf{(4)}$$

Einsetzen in Gleichung 3 führt zu

$$Y_C = (1 - z/n)^n \xrightarrow{\quad n \to \infty \quad} e^{-z}, \tag{5}$$

wobei noch von einer bekannten mathematischen Umformung Gebrauch gemacht wurde. Wenden wir diese Formel z.B. für den Fall $z = 1$ an, d.h. für den Fall, bei dem sich im Mittel schon in jedem Chip ein Fehler befindet, so findet man infolge der unregelmäßigen Fehlerverteilung immerhin noch eine annehmbare Ausbeute von

$$Y_C = e^{-1} \approx 0{,}37 \quad \text{bzw. } 37\%. \tag{6}$$

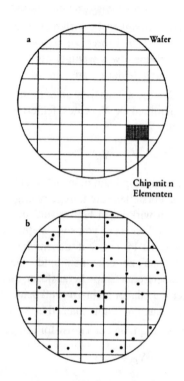

Abb. 2. a) Unterteilung des Wafers in Chips; angedeutet ist ein Chip mit n Elementen; b) gleichmäßig statistische Verteilung lokaler Fehler über dem ganzen Wafer.

Es ist vielfach günstiger, sich nicht auf Elementausbeuten Y_E wie in Gleichung 1b zu beziehen, sondern die Chipausbeute auf Flächen bzw. Flächenverhältnisse zurückzuführen, denn diese sind einfacher zu messen. Bilden wir zunächst eine Fehlerdichte D, indem wir die Fehler Z über einer sehr großen Fläche A zählen (z.B. bei sehr vielen Wafern) und sie ins Verhältnis zu dieser Fläche setzen

$$D = Z/A. \tag{7}$$

Bei der Fläche A_C eines Chips ist im Mittel die folgende Zahl z von Fehlern zu erwarten

$$z = D \cdot A_C. \tag{8}$$

Einsetzen in Gleichung 5 führt zu der wohl bekanntesten Ausbeuteformel

$$Y_C = e^{-DA_C}. \tag{9}$$

In Abbildung 3 ist das exponentielle Absinken der Chipsausbeute mit wachsender Chipfläche dargestellt. Daher ist es so schwierig, gute Chips mit großer Fläche herzustellen. Man kommt hier nur weiter, indem man die Fehlerdichte D ständig vermindert. Dies ist in den letzten Jahren in mühsamer Arbeit auch kontinuierlich gelungen (siehe z.B. Abbildung 4).

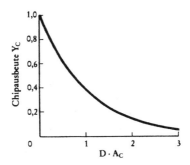

Abb. 3. Die Chipausbeute sinkt mit steigender Fehlerdichte D und Chipfläche A_C gemäß Gleichung 9 exponentiell ab.

Da die Fehlerdichte D jedoch häufig sehr schwer zu bestimmen ist, wird noch eine weitere Umformung vorgenommen. Bei einer laufenden Produktion kennt man nämlich die Chipfläche A_0 und kann die Chipausbeute Y_0 leicht auszählen. Damit kann man die Dichte D in Gleichung 9 durch diese Meßgrößen A_0 und Y_0 eliminieren ($D = -(\ln Y_0)/A_0$) und erhält (siehe auch Abbildung 5)

$$Y_C = Y_0^{A_C/A_0}. \tag{10}$$

Man prüft leicht nach, daß für den Spezialfall, bei dem die Meßgrößen A_0 und Y_0 mit den Meßgrößen A_E und Y_E für ein Element (Transistor) übereinstimmen, sich wieder die Ursprungsformel ergibt

$$Y_C = Y_E^{n \cdot A_E/A_E} = Y_E^n \tag{11}$$

Gleichung 10 ist für die Anwendungen sehr geeignet, da hier im Exponenten nur das Verhältnis zweier Flächen steht, wobei man sich nicht um die Eigenschaften der darauf befindlichen Schaltungen kümmern muß (sensitive und nichtsensitive Flächen). Genauere Ausbeuteformeln lassen sich ableiten, wenn man nicht mehr mit einer gleichmäßig statistischen Verteilung der Fehler auf dem Wafer rechnet, sondern z.B. mit einer Häufung der Fehler am Rande [2].

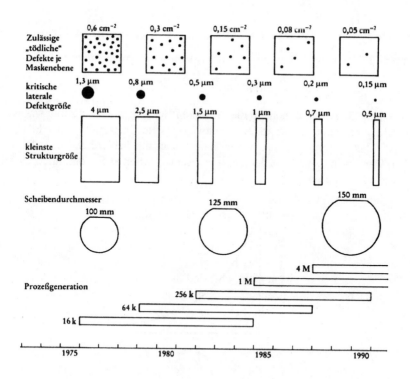

Abb. 4. Entwicklungstrends bei der Chipherstellung (Widmann und Beinvogl [4]).

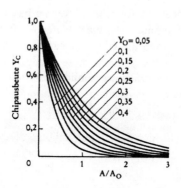

Abb. 5. Chipausbeute in Abhängigkeit der relativen Fläche A_C/A_0 für verschiedene Bezugswerte der anfänglichen Ausbeute Y_0.

Wie teuer sind integrierte Schaltungen? (Kostenreduktion durch Integration).

In einem Aufsatz von B. T. Murphy aus dem Jahre 1964, also noch ganz in der Anfangszeit der integrierten Schaltungen, wurde schon in recht allgemeiner Form bewiesen, welche Kostenvorteile mit einer ständig vorangetriebenen Integration verbunden sind. Es handelt sich erstaunlicherweise um ganz einfache Überlegungen. Murphy sammelte zuerst für alle Materialien und Arbeitsvorgänge die Kosten, berücksichtigte dabei für jeden Vorgang eine reale Ausbeutezahl (was einmal ausgeschieden wurde, braucht nicht weiter bearbeitet zu werden), und bezog die Gesamtkosten auf alle in guten Chips enthaltenen Transistoren. Das ergibt natürlich die Kosten pro verkaufsfähigen Transistor. Nennt man im einzelnen die Kosten eines Wafers einschließlich seiner Bearbeitung K_W, die für die Bearbeitung und Vorprüfung eines Chips K_C, und die für die Verkapselung und Endprüfung der Chips K_p, handelt es sich entsprechend um die Wafermengen n_W und die Chipanzahlen n_C und bedeutet n die Zahl der Transistoren in einem Chip, und sind die jeweiligen Ausbeuten Y_W, Y_C und Y_p, so ergibt sich die Gesamtzahl an Transistoren in fehlerfreien Chips zu

$$n_{ges} = (n_W \cdot Y_W)(n_C \cdot Y_C)(n \cdot Y_p). \tag{12}$$

Die Gesamtkosten betragen

$$K_{ges} = K_W \cdot n_W + K_C \cdot n_C (n_W Y_W) \tag{13}$$
$$+ K_p (n_C \cdot Y_C)(n_W \cdot Y_W).$$

Die Kosten pro Transistor folgen daraus zu

$$k = \frac{K_{ges}}{n_{ges}} = \frac{K_W}{n \, n_C \, Y_W \, Y_C \, Y_p} + \frac{K_C}{n \, Y_C \, Y_p} + \frac{K_p}{n \, Y_p}. \tag{14}$$

In dieser Formel hat Murphy nun Werte aus der Herstellungspraxis eingesetzt und Kurven gefunden, die mit wachsendem Integrationsgrad n ständig niedrigere Kostenminima ergeben [2]. Wir können uns hier von der Vielzahl der Parameter freimachen und nur den hauptsächlich für die Integrationseigenschaften verantwortlichen Term betrachten. Wir klammern dazu aus den beiden ersten Termen in Gleichung 14 den folgenden Kostenfaktor F_T aus (der dritte Term ist im allgemeinen klein gegen die zwei ersten)

$$F_T = 1/(n \cdot Y_C). \tag{15}$$

Dieser Faktor läßt sich sehr leicht diskutieren, und er ist die geeignete Basis für die folgenden Modellrechnungen. Setzt man die Ausbeuteformel 1b ein, so ergibt sich

$$F_T = 1/(n \cdot Y_E^n). \tag{16}$$

Trägt man im doppeltlogarithmischen Maßstab den Kostenfaktor F_T für verschiedene Y_E über dem Integrationsgrad n auf, so erhält man Abbildung 6. Die untere Begrenzung der Kurven ergibt sich für $Y_C = 1$ als $1/n$. Im Raum darüber gilt $Y_C < 1$, dies ist also der Raum, in dem die realen Produkte liegen. Für ein konstantes $Y_E < 1$ ergibt sich stets eine Kurve mit einem Minimum. Wählt man $Y_E = 1 - 1/n_0$, so liegt das Minimum gerade bei n_0 und hat den Wert e/n_0. Dazu gehört dann noch die Chipausbeute $Y_C = 1/e \approx 37\%$. Bei ständiger Verbesserung des Qualitätsstandards in der Halbleiterfertigung, ausgedrückt durch wachsende Werte Y_E, lassen sich also ständig niedrigere Kosten pro Transistor erreichen, wenn man nur zu immer höheren Integrationsgraden fortschreitet. Das ist, wirtschaftlich gesehen, die Hauptantriebskraft in der Mikroelektronik.

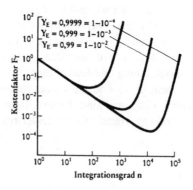

Abb. 6. Kostenfaktor F_T gemäß Gleichung 16 in Abhängigkeit vom Integrationsgrad (Elemente n pro Chip) mit der Güte der Elemente (Elementausbeute Y_E) als Parameter.

Warum muß man miniaturisieren? (Die Miniaturisierung als "conditio sine qua non")

Hat man ein neues Produkt auf den Markt gebracht, wird man es im allgemeinen eine ganze Zeitlang produzieren und verkaufen wollen, um die Entwicklungskosten wieder hereinzuholen, und um Gewinne zu machen. Irgendwann stellt sich dann aber wieder die Frage einer erneuten Innovation, d.h. die Frage nach einem weiter verbesserten Produkt. Hier die richtige Strategie zu befolgen, kann sich für den Hersteller als lebenswichtig erweisen. Um die Verhältnisse in der Mikroelektronik besser überblicken zu können, bilden wir ein vereinfachtes Modell. Ausgehend von der Beobachtung, daß weltweit charakteristische Produkte wie Halbleiterspeicher etwa alle 3 bis 4 Jahre neu auf den Markt gebracht werden, wobei sich der Integrationsgrad jeweils um den Faktor 4 erhöht, wollen wir dies noch ein wenig idealisieren und ein ganz regelmäßiges Entwicklungsraster annehmen: Entwicklungssprünge sollen alle 3 Jahre stattfinden. Damit haben wir das mittlere Verhalten über die letzten beiden Jahrzehnte sicher gut getroffen [2]. Nach Ansicht der Experten wird in den kommenden Jahren dieser Mechanismus grundsätzlich beibehalten werden, wobei nur eine

Verlängerung der Abstände auf 4 Jahre zu erwarten ist. Betrachten wir solch eine regelmäßige Entwicklung zunächst im Diagramm des Kostenfaktors F_T. Hier gibt es die mehrjährigen Zeiten, in denen wir uns auf ein Produkt mit einem festen Integrationsgrad (n Transistoren pro Chip) festgelegt haben, dessen Herstellung durch Verkleinern der Fehlerdichte D dauernd verbessert wird, sich die Chipsausbeute Y_C also kontinuierlich vergrößert. In Abbildung 7a läuft man entsprechend auf einer vertikalen Linie von oben auf die untere Grenzlinie zu. Bevor diese aber erreicht wird, entschließt man sich zur Innovation, d.h. zur Herstellung eines höher integrierten Produktes

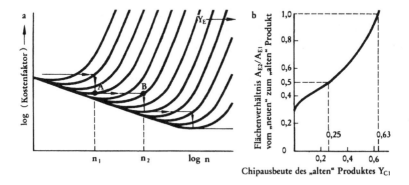

Abb. 7. a) Treppenförmige Reduktion des Kostenfaktors; horizontale Wege entsprechen der raschen Erhöhung des Integrationsgrades im Verlaufe regelmäßig erfolgender Innovationen; vertikale Wege ergeben sich durch langsame Vergrößerung der Ausbeuten in mühevoller Kleinarbeit. b) Flächenverkleinerung (Miniaturisierungsschritt im Flächenverhältnis A_{E2}/A_{E1}) in Abhängigkeit von der zuvor erreichten Chipausbeute Y_{C1} für einen Innovationssprung.

Dabei wird natürlich die Ausbeute absinken. Damit man im Wettbewerb nicht verliert, dürfen die Transistorkosten aber auf keinen Fall höher als vorher werden, was bei Betrachtung des Kostenfaktors (Gleichung 15) zu der Bedingung führt

$$F_{T1} \geq F_{T2} \quad \text{bzw.} \quad n_1\, Y_{C1} \leq n_2\, Y_{C2}. \tag{17}$$

Angesichts der marktüblichen Steigerungen des Integrationsgrades um das Vierfache und des dadurch bedingten starken Abfalles der Chipausbeute kann beim Übergang im allgemeinen gerade der Grenzfall eingehalten werden

$$n_1\, Y_{C1} = n_2\, Y_{C2}. \tag{18}$$

Damit wird im Diagramm des Kostenfaktors der Entwicklungssprung von n_1 nach n_2 in einer relativ kurzen Zeit entlang einer waagerechten Linie vor sich gehen. Danach kann der Kostenwert in jahrelanger mühevoller Kleinarbeit aller an der Produktion beteiligten Personen (durch Verkleinern von D) wieder langsam nach unten wandern. Interessant ist nun schon immer die Frage gewesen, bei welchem Ausbeutewert Y_C man auf eine neue Entwicklung umsteigen sollte. Sie wird von jedem Hersteller etwas anders beurteilt, je nachdem, ob er sich mehr in die Gruppe der technischen Vorreiter oder der Massenproduzenten einreiht. Für das prinzipielle Verhalten der Hersteller lassen sich aber aus unserem einfachen Diagramm schon eine ganze Reihe von Erkenntnissen gewinnen:

Wird der Schritt zum neuen Produkt schon bei einem verhältnismäßig kleinen Ausbeutewert Y_C vollzogen (Vorreiter), so entspricht dies in Abbildung 7a noch einem größeren Abstand zur unteren Grenzkurve. Die waagerechte Verbindung durch die Punkte A und B schneidet daher die Kurven für konstante Y_E unter großem Winkel. Der Kurvenparameter Y_E zu Ende des Sprunges ist daher deutlich höher als zu Anfang. Das bedeutet praktisch die Notwendigkeit, kurzfristig eine höhere Produktionsgüte zu schaffen, die nicht durch Senkung der Fehlerdichte (sie geht immer langsam), sondern im wesentlichen nur durch eine (erneute) Miniaturisierungsanstrengung geleistet werden kann. Die Verhältnisse lassen sich am besten mit der Ausbeuteformel (Gleichung 10) überblicken, in die man die Chipflächen A_C bzw. die Elementflächen A_E der Transistoren zu Anfang und Ende des Entwicklungsprunges einsetzt:

$$Y_{C2} = Y_{C1}^{A_{C2}/A_{C1}} = Y_{C1}^{n_2 A_{E2}/n_1 A_{E1}} . \tag{19}$$

Berücksichtigt man für den Sprung noch die Kostenbedingung 18 und setzt hieraus Y_{C2} in Gleichung 19 ein, so ergibt sich für das Verhältnis der Elementflächen

$$\frac{A_{E2}}{A_{E1}} = \frac{n_1}{n_2}\left(1 + \frac{\ln(n_1/n_2)}{\ln Y_{C1}}\right) = \frac{1}{4}\left(1 + \frac{\ln(1/4)}{\ln Y_{C1}}\right). \tag{20}$$

Das durch Miniaturisierung entstehende Flächenverhältnis A_{E2}/A_{E1} steht also in einer ganz festen Beziehung zur Chipausbeute Y_{C1} (Abbildung 7b). Je kleiner der letzte Ausbeutewert Y_{C1} des alten Produktes war, umso kleiner muß auch die neue Fläche A_{E2} im Verhältnis zur alten Fläche A_{E1} gewählt werden. Die Vorreiter der Mikroelektronik (die mit geringen Ausbeuten arbeiten) müssen also besonders viel Aktivität im Hinblick auf Miniaturisierung entfalten. In der Praxis sieht man, daß die Halbleiterhersteller beim Übergang von einem zum anderen Produkt meist eine Verkleinerung der Elementflächen auf die Hälfte geschafft haben. Mit $A_{E2}/A_{E1} = 1/2$ findet man aus Gleichung 20 oder Abbildung 7b die Ausbeute $Y_{C1} = 25\%$. Dazu gehört wegen Gleichung 18 dann $Y_{C2} = 6,25\%$. Das bedeutet, daß diese Hersteller meist gar nicht abwarten, bis sie das Minimum $Y_{C1} = 37\%$ einer Kostenkurve in Abbildung 7a erreicht haben, bevor sie das neue Produkt starten.

Solche relativ hohen Ausbeutewerte überlassen sie vielmehr den Massenproduzenten. Rein rechnerisch könnten diese zur Steigerung des Integrationsgrades sogar ohne forcierte Miniaturisierung auskommen. Denn aus der obigen Gleichung 20 oder aus Abbildung 7b findet man z.B. für $A_{E2}/A_{E1} = 1$ die Chipausbeute $Y_{C1} = 63\%$. Trotzdem ist in der Vergangenheit (und dies wird auch für absehbare Zeit so bleiben) die Erreichung sehr hoher Ausbeutewerte als Vorbedingung für einen neuen Entwicklungssprung nicht die geeignete Strategie für die Vorreiter der Mikroelektronik gewesen. Sie würden einfach zeitlich hinter anderen Herstellern zurückfallen. Außerdem müßte man bei einem Modell, bei dem man ständig mit hohen Ausbeuten arbeiten will, größere Anstrengungen aufbringen und demgemäß größere Entwicklungskosten tragen als bei relativ niedrigen Ausbeutewerten. Dies wird im Zusammenhang mit den Lernmodellen des nächsten Kapitels deutlicher werden.

Was wird im Ablauf eines Vielpersonen-Großprojektes effektiv geleistet? (Lern- und Wachstumsprozesse im technisch-industriellen Bereich)

Der ständige Fortentwicklungsprozeß der Mikroelektronik hat viel mit dem zu tun, was man Wachsen und Lernen nennt (indem man lernt, es im einzelnen immer besser zu machen). Für einen solchen Prozeß, der von vielen Menschen ständig in Gang gehalten wird, der aus einer Vielzahl verschiedener Prozeßschritte besteht, bei dem eine große Zahl verschiedener Arbeiten getan werden muß und bei dem außerdem

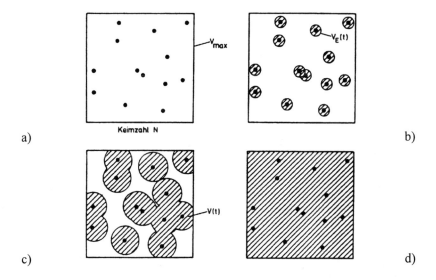

a) b) c) d)

Abb. 8. Veranschaulichung des statistischen Wachstumsmodells durch viele kleine anwachsende Bereiche; a) statistische Verteilung von Keimen; b) kleine Anfangsbereiche $V_E(t)$; c) Bereiche $V_E(t)$, welche nach einiger Zeit des Wachsens schon häufiger zusammenfließen; d) Ende des Wachstums mit $V_E(t) = V_{max}$.

ständig Verbesserungen durchgeführt werden müssen, ist ein einfaches mathematisches Modell, das "industrielle oder statistische Lern- und Wachstumsmodell" entwickelt worden [2]. Es beschreibt den kontinuierlichen Prozeß des Näherkommens an bestimmte Ziele, d.h. es bezieht sich auf statistische Wachstumsprozesse mit Begrenzung. Sei V_{max} das Arbeitsvolumen, das in seiner Gesamtheit von N_E Personen zu bewältigen ist, wobei für den einzelnen eine mittlere

Arbeitsleistung L_E gilt, so ergibt sich das zur Zeit t von der Gesamtheit aller Individuen schon bewältigte Arbeitsvolumen V(t) zu [2]

$$\frac{V(t)}{V_{max}} = 1 - \exp\left\{-\frac{N_E}{V_{max}} \int_0^t L_E \; dt\right\}. \tag{21}$$

Da die über die Zeit integrierte Leistung L_E gleich dem mittleren bewältigten Arbeitsvolumen $V_E(t)$ einer Person ist, läßt sich dies auch schreiben

$$\frac{V(t)}{V_{max}} = 1 - \exp\left\{-\frac{N_E \cdot V_E(t)}{V_{max}}\right\}. \tag{22}$$

Das Modell und seine Ergebnisse lassen sich durch das Anwachsen statistisch verteilter Elementarbereiche $V_E(t)$ veranschaulichen (Abbildung 8). Wieviel von dem vorgegebenen Arbeitsvolumen V_{max} schon bewältigt ist (in Abbildung 8 die Gesamtheit des dunkleren Bereiches, der aus einer Vielzahl elementarer, sich überlappender Einzelbereiche besteht), gibt sich selbstverständlich in der Qualität des hergestellten Produktes zu erkennen. Wie an den Extremwerten leicht nachzuprüfen ist, kann man das bewältigte relative Arbeitsvolumen in der Mikroelektronik gleich der Ausbeute setzen

$$Y_C(t) = 1 - \exp\left\{-\frac{N_E \cdot V_E(t)}{V_{max}}\right\}. \tag{23}$$

Sind für ein bestimmtes herzustellendes Produkt, z.B. für ein Speicherchip mit einer Million Elementen, zu Beginn der Fertigungsphase alle Investitionen getätigt, eine bestimmte Anzahl von Personen mit den Arbeiten betraut, und läßt man die Produktion dieses Chips über viele Jahre hin laufen, so wird man erwarten dürfen, daß im Mittel alle Personen die erforderlichen Arbeiten, auch Verbesserungsarbeiten, fleißig durchführen werden, wobei ihre mittlere Arbeitsleistung als konstant anzusetzen ist. Mit

$$N_E = N_0, L_E = L_0 \quad \text{bzw.} \quad V_E(t) = L_0 \cdot t \tag{24}$$

ergibt sich dann eine stetig wachsende Ausbeute

$$Y_C(t) = 1 - \exp\left\{-\frac{N_0 \cdot L_0}{V_{max}} t\right\} = 1 - e^{-t/\tau}, \tag{25}$$

mit der Zeitkonstanten

$$\tau = V_{max} /(N_0 L_0). \tag{26}$$

Diese "Ausbeute-Lernkurve" entspricht in sehr guter Näherung den Verhältnissen, wie man sie bei den Herstellern beobachtet (Abbildung 9).

Das Fortschreiten der Entwicklung in der Mikroelektronik durch ständige Innovationen in regelmäßigen Zeitabschnitten läßt sich nun auch anhand der

Ausbeute-Lernkurven anschaulich darstellen (Abbildung 10 oben). Die Ausbeutewerte pendeln in einer Art Sägezahnkurve zwischen den Extremwerten $Y_{C1} = Y_{Cmax}$ und $Y_{C2} = Y_{Cmin}$ hin und her, die oben schon zu etwa $Y_{Cmax} = 25\%$ und $Y_{Cmin} = 6,25\%$ berechnet worden waren. Für jedes neue Produkt (z.B. Speicher mit

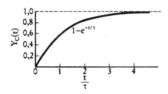

Abb. 9. Lernkurve der Chipausbeute: Am Herstellungsprozeß Beteiligte erledigen ihre Aufgabe immer besser, dadurch erhöht sich die Chipausbeute.

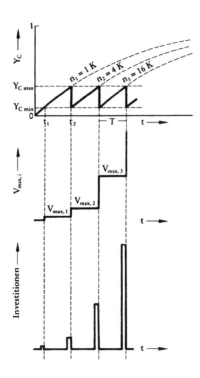

Abb. 10. Der Zusammenhang zwischen Chipausbeute-Lernkurven $Y_C(t)$ aufeinander folgender Produkte (oben), sprunghafter Anstieg der Arbeitsvolumina für jeden neuen Miniaturisierungsschritt (Mitte), und Neuinvestitionen für verbesserte Ausrüstung (unten).

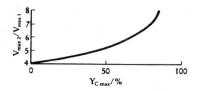

Abb. 11. Anstieg des Arbeitsvolumens bei einem Innovationssprung in Abhängigkeit der zuvor erreichten Chipausbeute, unter der Voraussetzung regelmäßig erfolgender Innovationen nach Gleichung 27 (mit gleichbleibendem Personalbestand $N_{E1} = N_{E2}$).

1K, 4K oder 16K) müssen die zu bewältigenden Arbeitsvolumina $V_{max,i}$ höher als die vorhergehenden angesetzt werden (Abbildung 10, Mitte) und bei Beginn jedes neuen Produktintervalles (von 3 bis 4 Jahren) wird man neue Ausrüstungen investieren müssen (Abbildung 10, unten).

Quantitativ erhält man aus Gleichung 22, wenn man sie für die beiden Ausbeutewerte Y_{Cmax} und Y_{Cmin} zum Zeitpunkt eines Entwicklungssprunges anschreibt, V_E eliminiert und die Kostenbedingung (Gleichung 18) noch berücksichtigt

$$\frac{V_{max2}}{V_{max1}} \cdot \frac{N_{E1}}{N_{E2}} = \frac{\ln(1 - Y_{Cmax})}{\ln(1 - (n_1 / n_2)Y_{Cmax})}. \tag{27}$$

Diese Beziehung ist in Abbildung 11 in Abhängigkeit von Y_{Cmax} aufgetragen. Man erkennt, daß sich die durch Gleichung 27 bestimmten Arbeitsvolumina (bei gleichbleibendem Personalbestand N_E) mindestens um den Faktor der Integrationsverbesserung $n_2/n_1 = 4$ erhöhen. Man sieht auch jetzt, daß es ungünstig ist, die Innovationszyklen bei hohen Ausbeutewerten betreiben zu wollen, denn dabei wird der Anstieg der Arbeitsanforderungen besonders hoch (in Abbildung 8 entstehen besonders viele nutzlose Überlappungen). Das würde sich auch stark auf die Kosten auswirken: Denn die Lohn- bzw. Personalkosten K_L innerhalb eines Produktionsabschnittes wachsen linear mit der Zeit bzw. proportional zu den individuellen Arbeitsvolumina. Durch Einsetzen von $K_L \sim V_E$ in Gleichung 23 ergibt sich die Ausbeute in Abhängigkeit dieser Kosten zu

$$Y_C = 1 - e^{-konst.K_L}. \tag{28}$$

wobei konst. eine Konstante bedeutet. Bei kleinen Ausbeutewerten erhält man demnach pro Kosteneinheit die größten Ausbeuteverbesserungen, während für große Ausbeutewerte der Einsatz einer Kosteneinheit immer weniger Verbesserungen erbringt (Abbildung 12).

Die Anwendung des industriellen Lern- und Wachstumsmodells führt noch zu weiteren Erkenntnissen. Z.B. wird, über viele Innovationszyklen betrachtet, die Arbeitsleistung L_E sicher anwachsen, da sie ja von den vorhandenen Hilfsmitteln abhängt und diese sich durch die regelmäßigen Investitionen ständig verbessern. Eine in der Praxis im Mittel wohl vorhandene prozentual gleichbleibende Verbesserung läßt sich zwischen aufeinanderfolgenden Intervallen (Zeitraum T) wie folgt darstellen:

$$L_{E2} = L_{E1} \cdot e^{\gamma T}. \tag{29}$$

Dabei ist γ ein Maß für die Steigerung der Investitionen ($\gamma = 0$ heißt keine neue Investition). Berechnet man jetzt nach Gleichung 23 die Maximalausbeute bei einem ersten Innovationssprung zur Zeit t_1 und dann bei dem folgenden Innovationssprung zur Zeit t_2, löst nach den Exponenten auf und berücksichtigt nach Abbildung 10, daß in unserem Modell $Y_{max1} = Y_{max2}$, so ergibt sich

$$\frac{L_{E2} \cdot T \cdot N_{E2}}{L_{E1} \cdot T \cdot N_{E1}} = \frac{N_{E2}}{N_{E1}} \cdot e^{\gamma T} = \frac{V_{max2}}{V_{max1}}. \tag{30}$$

Das bedeutet, daß die Gesamtleistung $N_E \cdot T$ (Mannjahre) aller beteiligten Individuen von Innovation zu Innovation mindestens um den Faktor

$$\frac{T \cdot N_{E2}}{T \cdot N_{E1}} = \frac{V_{max2}}{V_{max1}} \cdot e^{-\gamma T} \approx \frac{n_2}{n_1} e^{-\gamma T} = 4 \cdot e^{-\gamma T} \tag{31}$$

steigen muß. Würden die Arbeitshilfsmittel nicht verbessert, wäre also $\gamma = 0$ zu setzen, wüchse der zu treibende Personalaufwand von Innovation zu Innovation um den Faktor 4. Nur durch großes γ, d.h. hohe regelmäßige Investitionen, lassen sich größere Aufstockungen des Personalbestandes vermeiden. Diese wären aus Qualifikationsgründen außerdem unmöglich.

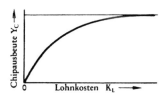

Abb. 12. Chipausbeute Y_C in Abhängigkeit der kumulierten Lohnkosten K_L.

Daß trotz des exponentiell steigenden Aufwandes die Fertigung von hochintegrierten Schaltungen für die Industrie letztendlich doch lohnend ist, findet seine Erklärung in dem ebenfalls exponentiell steigenden Absatz dieser Bausteine (siehe Abbildung 13). Ersichtlich erklärt das Modell sehr deutlich die Zwänge, in der sich ein Hersteller von Mikroelektronik-Produkten befindet. Wollte man darüber hinaus noch Vergleiche zwischen verschiedenen Herstellern anstellen, deren Mannschaften unterschiedlich qualifiziert und motiviert sind, was ein häufig diskutiertes Thema ist, kann man entsprechend viele verschiedene Berechnungen mit unterschiedlichen Parametern durchführen.

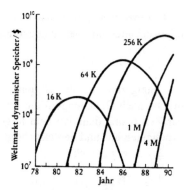

Abb. 13. Weltmarkt für dynamische Speicherchips (DRAM) nach Dataquest.

Wie lassen sich die schnellsten Kostensenkungen erreichen? (Die Kosten-Lernkurve)

Es besteht ein großer Unterschied zwischen der Kostenentwicklung für ein definiertes einzelnes Produkt (z.B. ein 4K-Speicherchip) und der Kostenentwicklung für die in der schrittweisen Weiterentwicklung aufeinander folgenden Produkte. Um dies zu erkennen, bestimmen wir zuerst die Zeitkonstante einer einzigen Ausbeute-Lernkurve. Für eine solche Kurve nach Gleichung 25 oder Abbildung 9, die durch die Punkte Y_{Cmin}, t_1 und Y_{Cmax}, t_2 geht, findet man leicht, indem man noch $t_2 - t_1 = T$ setzt

$$\frac{T}{\tau} = \ln \frac{1 - Y_{Cmin}}{1 - Y_{Cmax}}. \tag{32}$$

Einsetzen von $Y_{Cmax} = 25\%$, $Y_{Cmin} = 6{,}25\%$ und $T = 3$ Jahre liefert $\tau = 13{,}4$ Jahre. Verglichen mit dem enormen Tempo der Gesamtentwicklung ist diese Zeitkonstante für ein einzelnes Produkt eine außerordentlich lange Zeit. Die Kostenentwicklung in Abhängigkeit von der Zeit verläuft entsprechend enttäuschend. Dazu braucht man nur im Kostenfaktor (Gleichung 15) die Ausbeute-Lernkurve einzusetzen

$$F_T = \left[n(1 - e^{-t/\tau})\right]^{-1}. \tag{33}$$

Führt man die gleiche Rechnung für aufeinander folgende Innovationsprodukte durch, und trägt die Kosten in regelmäßigen zeitlichen Abständen auf, so ergibt sich der Verlauf in Abbildung 14. Für jedes Produkt beginnen die Kosten infolge der zuerst sehr kleinen Ausbeute mit sehr hohen Werten, unterschreiten irgendwann die Kosten des vorangegangenen Produktes und werden wieder nach einiger Zeit von den Kosten des folgenden Produktes unterboten. Jedes Produkt ist also nur eine begrenzte Zeit - im allgemeinen 3 bis 4 Jahre - das billigste Produkt, was die Kosten pro Transistor anbetrifft. Dies gilt vor allem für die regelmäßig verlaufende Speicherentwicklung, mit einigen Abstrichen auch für andere integrierte Produkte. Da unser Hauptaugenmerk jedoch auf die Gesamtentwicklung der Mikroelektronik gerichtet ist, müssen wir unsere Aufmerksamkeit auf die untere Kante all dieser Kostenkurven (k) richten. Die Tangente an diese Kurven oder auch die Gerade durch alle Schnittpunkte stellt eine fallende Exponentialfunktion dar

$$k_{tang} = konst \cdot e^{-t/\tau_s} \qquad (34)$$

mit der Zeitkonstanten

$$\tau_s = T / \ln(n_2 / n_1). \qquad (35)$$

Mit den oben genannten Werten ergibt dies nur $\tau_s = 2,16$ Jahre. Hier ist eine entscheidende Tatsache sichtbar geworden: Die schrittweise Entwicklung bzw. die regelmäßigen Innovationen sind ein wesentliches Element der Dynamik bzw. der raschen und starken Entwicklung der Mikroelektronik. Wer hier bei den Herstellern nicht innovationsfreudig ist und nicht dauernd mithält, hat außerordentlich rasch seine Chance für seine Produkte, und seien sie noch so hervorragend entwickelt, vertan.

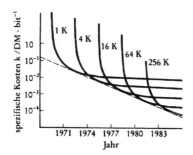

Abb. 14. Kosten-Lernkurve: Reduktion der Kosten pro bit für aufeinander folgende Generationen von Speicherchips.

Verbessert oder verschlechtert die Integration die Zuverlässigkeit? (Zuverlässigkeits-Lernkurven)

Da es so schwierig ist, hochintegrierte Produkte zu schaffen, wird häufig die Frage gestellt, ob integrierte Bausteine nicht weniger zuverlässig als nichtintegrierte Bausteine seien. Es zeigt sich, daß diese Frage zwar keineswegs ein für alle Mal mit ja oder nein zu beantworten ist, wie dies manchmal getan wird, aber die Beziehungen, auf die wir unser Urteil stützen können, lassen sich leicht durch eine Erweiterung unserer bisherigen Modellvorstellungen gewinnen.

Wir können uns hier auf die Betrachtung der Ausfallrate λ beschränken, die für Halbleiterprodukte nach einigen Frühausfällen als konstant angenommen werden darf. Sie kennzeichnet dann den prozentualen Anteil der Ausfälle pro Zeiteinheit, d.h. sie gibt an, wie häufig ein Produkt ausfallen wird, und ist bekanntlich definiert durch

$$\lambda = d(n_F / n_S) / dt, \qquad (36)$$

wobei n_F die Zahl der fehlerhaften Elemente und n_S die Zahl aller guten Elemente (und in guter Näherung die Zahl aller Elemente) ist. Die mittlere Lebensdauer t_M, d.h. die Zeit bis zu einem Ausfall, ist bei konstantem λ gerade reziprok dazu [2]:

$$t_M = 1 / \lambda. \qquad (37a)$$

Zwischen der Ausfallrate λ_C für ein Chip und der Ausfallrate λ_E für eines der n darin untergebrachten Elemente (Transistoren) besteht die Beziehung [2]

$$\lambda_C = n \cdot \lambda_E. \qquad (37b)$$

Viele Fachleute sind der Meinung, daß eine schlecht beherrschte Fertigung von integrierten Schaltungen zu Produkten führt, die im Anwendungsbetrieb entsprechend häufig ausfallen, während eine gut beherrschte Fertigung zu zuverlässigen Produkten führt. In der Praxis sind dementsprechend große Streuungen zu beobachten: Z.B. wird in [3] als Ergebnis umfangreicher Untersuchungen ein Verhältnis von 1 zu 30 zwischen dem kleinsten und dem größten Wert der Fehlerrate von Chips verschiedener Hersteller angegeben. Da die Fertigungsqualität am besten durch die Chipausbeute zum Ausdruck kommt und die Zuverlässigkeit im Betrieb durch die Ausfallrate, findet man einen Zusammenhang zwischen beiden Größen in der folgenden Form

$$\lambda_C = \lambda_p - \frac{\ln Y_C}{\kappa \cdot T_L}. \qquad (38)$$

Hierbei ist λ_p ein Wert, der durch die Eigenschaften des Gehäuses und der Verbindungstechnik für das Chip bedingt ist, κ eine Konstante, welche für ein Standardprüfprogramm das Verhältnis der entdeckten Fehler zu den latenten Fehlern kennzeichnet, und T_L die geforderte Lebensdauer des Produktes. Setzt man hier die Ausbeute-Lernkurve von Abbildung 9 ein, ergibt sich der zeitabhängige Verlauf der Ausfallrate eines Produktes eines Herstellers zu

$$\lambda_C = \lambda_p - \frac{\ln(1 - e^{-t/\tau})}{\kappa \cdot T_L}. \qquad (39)$$

Abbildung 15 zeigt, wie diese Ausfallrate für alle aufeinander folgenden Produkte der Innovationszyklen eines Herstellers von hohen Werten monoton auf den Grundwert λ_p abfällt. Den Vorteil der Integration erkennt man jedoch erst bei Betrachtung der auf das Element, den Transistor, bezogenen Ausfallrate. Durch Anwendung von Gleichung 37b ergeben sich die Kurven für die Elementausfallraten in Abbildung 16, die ganz ähnlich wie die Kostenkurven verlaufen. Die untere Kante des

Kennlinienfeldes bzw. die Tangente an die Kurven entspricht wieder einer abfallenden Exponentialfunktion mit der Zeitkonstanten τ_s. Zu einem bestimmten Zeitpunkt, z.B. für $t = t_x$ ergeben sich die Lebensdauerwerte (nach Gleichung 37a umgerechnet) in Abbildung 17. Hier ist der Vorteil der Integration in bezug auf die Steigerung der Zuverlässigkeit deutlich zu sehen, wobei diese Vorteile jedoch langsam verschwinden, wenn man zu den gerade erst auf den Markt geworfenen Produkten übergeht. Zu gewissen Zeitpunkten, z.B. für $t = t_y$ in Abbildung 16, kann es sogar geschehen, daß diese neuen Produkte (auf den Transistor bezogen) unzuverlässiger als ältere und weniger hoch integrierte Produkte sind. Im großen und ganzen ist die Behauptung jedoch zutreffend, daß die außerordentlich umfangreichen und komplexen integrierten Schaltungen der heutigen Mikroelektronik nur durch die außerordentliche Steigerung der Zuverlässigkeit überhaupt praktisch verwendet werden können. Diese Zuverlässigkeit läßt sich durch den Einsatz fehlertolerierender Methoden sogar noch um Größenordnungen steigern.

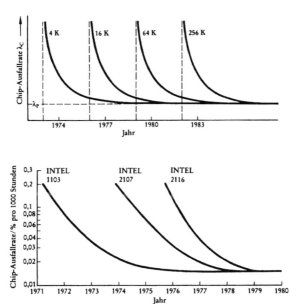

Abb. 15. Chip-Ausfallrate λ_C von aufeinander folgenden Speicherchips; a) berechnet für den Fall periodischer Innovationen; b) gemessen bei 3 Industrieprodukten.

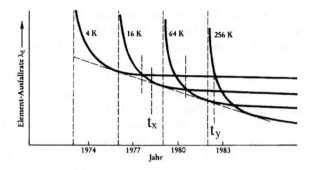

Abb. 16. Ausfallraten-Lernkurve (Element-Ausfallrate λ_E für aufeinander folgende Produkte in Abhängigkeit von der Zeit).

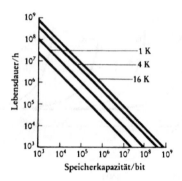

Abb. 17. Lebensdauer und Kapazität von Speichersystemen aus Chips verschiedenen Integrationsgrades, gültig für einen Zeitpunkt t_x in der Ausfallraten-Lernkurve.

Wie hängt der Fortschritt von der Menge der produzierten Güter ab? (Die betriebswirtschaftliche Lernkurve)

Es gibt ein ganz allgemeines Gesetz bei der Herstellung industrieller Güter, das man aus der Beobachtung der Massenproduktion gewinnen kann. Es besagt, daß die Herstellungskosten eines Gutes umso mehr sinken, je mehr man schon davon produziert hat und daß sie als Stückkosten über der kumulierten Menge aufgetragen in einer doppeltlogarithmischen Darstellung ziemlich genau entlang einer Geraden absinken (Abbildung 18). Verstehen läßt sich diese Beziehung, die schon vor vielen Jahrzehnten als Erfahrungskurve oder betriebswirtschaftliche Lernkurve bekanntgeworden ist, durch eine kleine Rechnung. Bezeichnet man die Kosten pro Stück mit k und die insgesamt hergestellte (d.h. kumulierte) Zahl der Güter mit m, so wird man erwarten dürfen, daß die sich immer besser einspielende Massenfabrikation zu einer Kostenermäßigung pro Stück $-dk/dm$ führt, die man z.B. über den Preis als Rabatt weitergeben kann, und die umso größer ist, je teurer die Produkte sind und umso kleiner, je mehr man schon davon produziert und verkauft (und jedesmal Rabatt gewährt) hat:

$$-dk \, / \, dm = c \cdot k \, / \, m, \tag{40}$$

wobei c eine Konstante ist. Nach Trennung der Variablen und Integration folgt aus diesem Differentialgleichungsansatz die Lösung

$$\ln k = - c \ln m + \text{konst.} \tag{41}$$

Damit man von den Absolutwerten unabhängig wird, bezieht man die Kosten und die Mengen häufig auf die Anfangswerte k_0 und m_0, und erhält mit den Relativ-Größen

$$K = k \, / \, k_0, M = m \, / \, m_0 \tag{42}$$

ebenfalls eine entsprechende Lösung

$$\ln K = -c \ln M, \tag{43}$$

siehe Abbildung 18. Solche Erfahrungskurven treffen besonders gut für die Mikroelektronik zu (Abbildung 19). Wir können sie daher dazu heranziehen, um auch die Verbindung der bisher diskutierten Größen zu der Menge der produzierten Güter herzustellen.

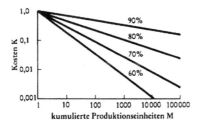
kumulierte Produktionseinheiten M

Abb. 18. Betriebswirtschaftliche Lernkurve: relative Stückkosten in Abhängigkeit der relativen Menge kumulierter Produktionseinheiten.

Gehen wir zunächst zu dem Kostenfaktor F_T in Gleichung 15 über, der ja auch die Bedeutung von Stückkosten hat. Schreibt man ihn für zwei Integrationsgrade n_1 und n_2 an und vereinfacht die Bezeichnungen etwas ($F_T(n_1) = k_1$, $F_T(n_2) = k_2$), so ergibt sich

$$k_1 = 1 \, /(n_1 \cdot Y_C), k_2 = 1 \, /(n_2 \cdot Y_C). \tag{44}$$

Betrachtet man jetzt bei beiden Produkten Zeitpunkte mit gleicher Chipausbeute Y_C und bildet die Relativ-Kosten K, so folgt

$$K = k_2 \, / \, k_1 = n_1 \, / \, n_2 = 1 \, / \, v, \tag{45}$$

wobei hilfsweise $\nu = n_2/n_1$ ebenfalls als Relativgröße mit der Bedeutung des auf einen festen Anfangswert bezogenen wachsenden Integrationsgrades gewählt wurde.

Dieses Ergebnis kann man nun mit der Erfahrungskurve in Gleichung 43 vergleichen, die, wenn man sie nach K auflöst, lautet:

$$K = 1 / M^c. \tag{46}$$

Gleichsetzen von Gleichung 45 und Gleichung 46 führt zu

$$\nu = M^c, \text{ mit } c \approx 0,74, \tag{47}$$

da für Transistoren und ihre Kosten ein Dregressionsfaktor von 60% gilt, was dem Wert der Konstanten $c = 0,737$ entspricht.

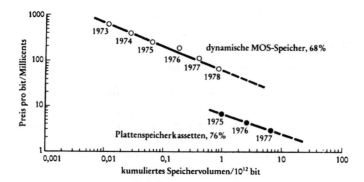

Abb. 19. Beispiele betriebswirtschaftlicher Lernkurven in der Digitaltechnik; oben Speicherchips (DRAM), unten Winchester-Wechselplatten (Cartridge Disk Drives).

(Um nicht zu groben Fehlabschätzungen der historischen Entwicklung zu kommen, sei noch bemerkt, daß bei Benutzung der Relativ-Größen der Anfangswert m_0 in der Größenordnung von 10^8 oder 10^9 anzusetzen ist, d.h. man muß schon eine gewisse Serienfertigung voraussetzen.) Der Schluß ist sicher verblüffend, aber unausweichlich: Akzeptiert man das Kostengesetz von Murphy und die Erfahrungskurve - beides sind vielfach überprüfte Beziehungen - so wächst der Integrationsgrad ν nahezu proportional zu der kumulierten Menge M aller Transistoren an.

Auch Verbesserungen der Zuverlässigkeit wird man sicher mit der kumulierten Menge an Transistoren erwarten, da hier ganz offensichtlich eine direkte ursächliche Beziehung besteht. Mit der jetzt bekannten Beziehung zwischen Integrationsgrad und kumulierter Menge in Gleichung 47 läßt sich auch der Zusammenhang mit der Zuverlässigkeit erfassen:

Betrachtet man den Verlauf der Chipausfallraten λ_C in Abbildung 15, so findet man ständig den gleichen, aber zeitverschobenen Verlauf. Für zwei verschiedene Integrationszahlen n_1 und n_2 kann man daher Zeitpunkte mit gleichem λ_C wählen. Mit Gleichung 37 gilt dann

$$\lambda_{E1} = \lambda_C / n_1, \lambda_{E2} = \lambda_C / n_2. \tag{48}$$

Daraus folgt

$$\frac{\lambda_{E2}}{\lambda_{E1}} = \frac{n_1}{n_2} = \frac{1}{\nu} \tag{49}$$

und durch Gleichsetzen mit Gleichung 47

$$\lambda_{E2} / \lambda_{E1} = 1 / M^c. \tag{50}$$

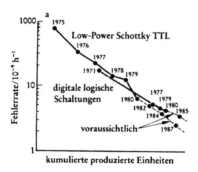

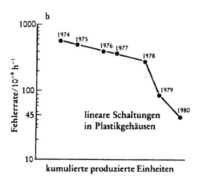

Abb. 20. Wachsende Zuverlässigkeit integrierter Schaltungen, dargestellt als Ausfallratenabfall in Abhängigkeit der kumulierten Produktionseinheiten.

Dieses Ergebnis ist leicht verständlich. Je mehr Transistoren gefertigt werden (in der Hauptsache in integrierten Einheiten), um so mehr lernt man, die Produktion zu verbessern und um so zuverlässiger werden die Transistoren. Durch Logarithmieren erhält man aus der letzten Gleichung

$$\ln(\lambda_{E2} / \lambda_{E1}) = -c \ln M. \tag{51}$$

Das ist aber die aus der Praxis bekannte Erfahrungskurve für die Zuverlässigkeit (Abbildung 20).

Warum führt der Fortschritt zu ständig schnelleren Schaltungen? (Großintegration und Hochfrequenztechnik)

Es gibt für MOS-Transistoren eine Theorie, die beschreibt, wie man die Miniaturisierung systematisch vorantreiben kann und dabei stets brauchbare Transistoren mit lediglich auf kleinere Strom- und Spannungswerte skalierten Kennlinien erhält. In dieser Skalierungstheorie von Dennard, Gaensslen et al. [2] aus dem Jahre 1974 wird dargelegt, wie man bei der Miniaturisierung die Geometrie, die Dotierung und die Betriebsspannungen aufeinander abstimmen muß:
Alle Lineardimensionen sind um den Faktor $1/\alpha$ zu verkleinern.
Die Substratdotierungen sind um den Faktor α zu erhöhen.
Die Betriebsspannungen sind um den Faktor $1/\alpha$ zu vermindern.
Wenn beispielsweise die Längen l und die Spannungen U in gleicher Weise verkleiner werden, so ändern sich die Feldstärken E in den Transistorstrukturen nicht

$$E' = \frac{U'}{l'} = \frac{U/\alpha}{1/\alpha} = E. \tag{52}$$

Da die MOS-Technik schon heute sehr bedeutend ist und in Zukunft zunehmend auch als CMOS-Technik Schrittmacher der Großintegration sein wird, erscheinen die Ergebnisse der Skalierungstheorie durchaus geeignet, die Fragen der Schaltgeschwindigkeit und ihrer Veränderung repräsentativ zu untersuchen. Wenn sich die geometrischen Längen um den Faktor $1/\alpha$ ändern, werden sich natürlich die Flächen der Elemente quadratisch ändern

$$A_E' = A_E / \alpha^2. \tag{53}$$

Wählt man speziell die Elementflächen A_{E1} und A_{E2} aufeinander folgender Produkte, kann der Skalierungsparameter α mit Gleichung 20 oder Abbildung 7b sofort als Funktion von Integrationsgrad und Ausbeute ermittelt werden. Bei der in Abbildung 7b eingetragenen schrittweisen Verkleinerung der Elementflächen auf jeweils die Hälfte, gewinnt man z.B. den Zahlenwert $\alpha = \sqrt{2}$.
Die Widerstände (Kanalwiderstände) skalierter Transistoren bleiben gleich

$$R' = \frac{U'}{J'} = \frac{U/\alpha}{J/\alpha} = R. \tag{54}$$

Die Zeitkonstante $\tau = R \cdot C$ skalierter Transistoren verhält sich dagegen wie folgt

$$\tau' = \tau / \alpha, \tag{55}$$

da die Kapazitäten wegen des Faktors A/l in der Kapazitätsformel resultierend mit $1/\alpha$ kleiner werden. Charakteristische Schaltzeiten integrierter Schaltungen (z.B. die

Zugriffszeiten zu Speichern), die sich in der Regel auf solche Zeitkonstanten beziehen lassen, werden also in gleichbleibenden Zeitabständen um den gleichen Faktor kleiner. Die Gesamtentwicklung bei typischen integrierten Schaltungen wachsender Komplexität verläuft infolgedessen in Form einer abfallenden Exponentialfunktion. Nennt man solche charakteristischen Schaltzeiten T_s, so kann man ansetzen

$$T_S = \text{konst} \cdot e^{-t/\tau_s}. \tag{56}$$

Schreibt man sich diese Zeiten für im Abstand von $T = 3$ Jahren aufeinander folgender Produkte an, bildet das Verhältnis beider Werte und berücksichtigt Gleichung 55 sowie $\alpha = \sqrt{2}$, so ist

$$\frac{T_S}{T_S'} = \alpha = e^{-(t_1 - t_2)/\tau_s} = \sqrt{2}. \tag{57}$$

Hieraus folgt für die Zeitkonstante

$$\tau_S = -\frac{2 \cdot T}{\ln 2} = 8{,}66 \, \text{Jahre}. \tag{58}$$

Man erkennt im Vergleich zu Gleichung 35, daß die Zeitkonstante für die Verkleinerung der Schaltzeiten genau 4 mal größer ist als die für die Verbilligung der Produkte (siehe auch Abbildung 21). Das Wesentliche für den allgemeinen Zusammenhang ist jedoch, daß ein systematischer Trend zur Schaffung immer schnellerer Schaltungen vorhanden ist, der sich aus der Miniaturisierung zwangsläufig ergibt.

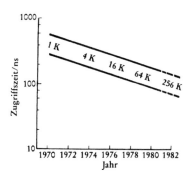

Abb. 21. Zugriffszeiten von dynamischen Speichern (DRAM) nach Dataquest.

Ähnliches gilt für die leicht zu berechnende skalierte Verlustleistung der Elemente

$$P' = U' \cdot J' = (U / \alpha)(J / \alpha) = P / \alpha^2, \tag{59}$$

sowie den Integrationsgrad der skalierten Chips (nach Gleichung 53)

$$\frac{n'}{n} = \frac{A'_C / A'_E}{A_C / A_E} = \frac{A'_C}{A_C} \cdot \alpha^2. \qquad (60)$$

was mit $A'_C / A_C = 2$ und $\alpha^2 = 2$ genau zu dem Integrationssprung $n'/n = n_2/n_1 = 4$ führt. Das heißt, Flächenvergrößerung der Chips und Miniaturisierung der Schaltungsstrukturen lassen sich in 3 bis 4 Jahren gerade so verbessern, daß eine Komplexitätssteigerung um den Faktor 4 entsteht.

Interessant ist schließlich noch, daß die Reduzierung der Schaltenergie der elementaren Schaltelemente im Zuge der Miniaturisierung auch nicht ganz mit der Kostenreduktion Schritt halten kann. Man findet nämlich aus Gleichung 55 und Gleichung 59 für das Produkt von Leistung und Schaltzeit die Skalierungsbeziehung

$$P' \cdot \tau' = \frac{P}{\alpha^2} \cdot \frac{\tau}{\alpha} = (P \cdot \tau) / \alpha^3 \qquad (61)$$

was, mit $\alpha^3 = 2\sqrt{2}$ zu einer Reduzierung um etwa den Faktor $1/(2,8)$ führt und damit zahlenmäßig etwa in der Mitte zwischen der Verkleinerung der Elementarfläche und der Verkleinerung der Transistorkosten liegt.

Es kann hier nicht mehr gezeigt werden, daß das Produkt $P \cdot \tau$ für jede Schaltkreisfamilie eine charakteristische Konstante ist [2]. Will man z.B. extrem schnelle Computer bauen, sind die Schaltzeiten sehr kurz. Dann werden aber die Verlustleistungen P groß. Die schnellsten Supercomputer ähneln also trotz Verwendung vieler integrierter Schaltungen immer mehr Heizkraftwerken und haben ernste Wärmeableitungsprobleme.

Ausblick

Die schrittweise Fortentwicklung der Mikroelektronik hält jetzt (im Jahre 1986) schon gut zwei Jahrzehnte an. Die Komplexität der Chips ist dabei von einigen Hundert auf etwa eine Million Transistoren angewachsen, was z.B. bedeutet, daß die Leistungen ehemaliger großer Rechenmaschinen, die etliche Kubikmeter Raum einnahmen, jetzt auf einem kleinen Siliziumscheibchen vorhanden sind. Vor uns liegt nun das weite Gebiet der künstlichen Intelligenz, für dessen erfolgreiche Bewältigung sehr viel mehr Rechenleistung, bzw. sehr viel komplexere Informationsverarbeitungssysteme, als sie bisher vorhanden sind, benötigt werden. Wenn die Mikroelektronik die bisherige schrittweise Weiterentwicklung beibehält - und dabei spielt es grundsätzlich keine Rolle, ob sich die Entwicklungsintervalle auf 4 oder 5 Jahre vergrößern - werden wir in einigen Jahren Chips mit Hunderten von Millionen Transistoren und mit ihrer Hilfe völlig neuartige Informationsverarbeitungssysteme haben. Vermutlich werden sich dann nur noch wenige Fachleute für "Rechner" im engeren Sinne des Wortes interessieren. Diese Entwicklung ist völlig unausweichlich, denn wie auch die vorstehenden Betrachtungen ergeben, wird man grundsätzlich keine großen Erfindungen mehr benötigen. Man benötigt mit Sicherheit aber einen hohen materiellen und personellen Einsatz, der sich in entsprechend hohen Investitionen niederschlagen muß. Selbstverständlich werden weitere Entdeckungen und Erfindungen sehr hilfreich sein. Daher benötigt man auch eine verstärkte Forschung in der Industrie und in den Hochschulen. Von physikalischen Grenzen dieser Mikroelektronik-Informationstechnik braucht man vorerst keine Angst zu haben. Die bisher bekannten Grenzen sind in den wichtigsten Parametern meist noch mindestens um zwei Größenordnungen vom Stand der Technik entfernt [2]. Und dies bedeutet ein Potential, das noch mindestens ein bis zwei Jahrzehnte lang in vollen Zügen auszuschöpfen ist.

Literatur

H.R. Franz. IC-Herstellung in der Herausforderung der Größtintegration; NTG-Fachtagung Baden-Baden, März 1985.

1. W. Hilberg. Grundprobleme der Mikroelektronik. Einführung in die technischen und wirtschaftlichen Entwicklungsgesetze der Großintegration; Oldenbourg Verlag, München 1982.

2. H. Reiner. Übersicht: Zuverlässigkeit, NTG-Fachtagung Baden-Baden, März 1985.

3. D. Widmann, W. Beinvogl. Technologie-Entwicklung für zukünftige integrierte Schaltungen; NTG-Fachtagung Baden-Baden, März 1985.

4. R.N. Noyce. Microelectronics; Scientific American, September 1977.

Eine Veröffentlichung des vorliegenden Aufsatzes erfolgte unter dem Titel: "Mikroelektronik. Tiefere Einsichten in ihre Dynamik durch einfache Modelle" in der Zeitschrift
Physik in unserer Zeit, 17. Jahrg. 1986, Nr. 1, S. 18-28.

4

Technisch-wirtschaftliches Wachstum in Form einer S-Kurve als Ergebnis kumulierter Beiträge vieler Individuen.

Neben den klassischen mathematischen Wachstumsfunktionen, welche auch die "Grenzen des Wachstums" formal beschreiben, gibt es ein kaum bekanntes neues Lern- und Wachstumsmodell, das trotz der einfachen Formel auch inhaltlich und anschaulich interpretierbar ist. Hier wird Verhalten und Erfolg einer Gruppe von Menschen (oder biologischen Objekten) aus dem mittleren Verhalten des Individuums abgeleitet. Die Anwendung dieses Modells liefert besonders im Bereich von Forschung und Entwicklung hochkomplexer technischer Produkte gute Ergebnisse.

Kurzfassung. Es wird dargelegt, wie sich kollektive Wachstumskurven mit Begrenzung, die sog. S-Kurven, aus dem oft sehr viel einfacher abzuschätzenden Verhalten vieler einzelner Individuen ableiten lassen. Die entstehende Formel für das statistische Wachstum läßt sich auf ganz unterschiedliche Probleme der Physik, Biologie, Technik und Wirtschaft anwenden. Sehr anschaulich und ergiebig ist die Anwendung auf technisch-wirtschaftliche Fragen der langjährigen Entwicklung der Mikroelektronik, die hier beispielhaft dargelegt werden. Mit dem vorgestellten Wachstumsmodell lassen sich Prognosen auch quantitativ abstützen und weit zuverlässiger machen als durch Bezug auf nur qualitative kollektive Kurven. Der vorliegende Aufsatz kann als eine eigenständige Vertiefung eines Teils des vorangehenden Aufsatzes angesehen werden.

1   Einleitung

Als Mittel zur besseren Einschätzung zukünftiger technischer Entwicklungen werden immer häufiger die S-Kurven empfohlen, jetzt sogar in der Zeitschrift IEEE-Spectrum, das für seine übersichtlichen Darstellungen wichtiger Themen der Technik bekannt ist. Das hat zweifellos seine guten Gründe, wie der Aufsatz von Asthana [1] deutlich macht. Die Diskussion leidet aber ersichtlich daran, daß die Mathematik zur Erfassung dieses Phänomens nur beschreibenden Charakter hat [2]. Es werden immer wieder altbekannte mathematische Formeln zitiert, die von Gauß, Volterra, Gompertz und anderen stammen, oder man zitiert namenlose bekannte Formeln wie z.B. die des logistischen Modells. (Einen kleinen Überblick über die klassischen Formeln findet man im Anhang A). Daneben findet man viele Arbeiten, in denen "curve fitting" mit Computer-Programmen beschrieben wird. Der grundsätzliche Mangel all dieser bekannten mathematischen Beschreibungen besteht darin, daß es sich um Gesamtbeschreibungen sehr komplexer Phänomene handelt, wobei die Formeln aus oft schwer einsehbaren Grundannahmen hergeleitet werden. Sie werden in der Regel als Differentialansätze formuliert, die ihre Rechtfertigung dann (leider allzuoft) aus dem Ergebnis beziehen. Bei der Festlegung der Parameter kann man in vielen Fällen erst dann gute Vorhersagen über den Gesamtprozeß machen, wenn der betrachtete Wachstumsprozeß genügend viele Ergebnisse zeigt, die sich messen und extrapolieren lassen.

Im folgenden soll dargelegt werden, daß man weit zuverlässigere Prognosen als bisher mit einer Formel gewinnen kann, die sich zwar nach wie vor auf das Gesamtwachstum bezieht, die aber aus dem Verhalten der einzelnen Individuen abgeleitet wird. Ein solches Einzelverhalten ist viel besser einzuschätzen und zu diskutieren als das Verhalten eines ganzen Kollektivs.

2.   Das Grundmodell

Ein besonders einfaches statistisches Modell des gleichzeitigen Anwachsens einzelner Bereiche sei im folgenden angegeben [3,4]. Obwohl es sich zuerst um den Fall eines biologischen Wachstums einzelner Bereiche mit offensichtlicher Begrenzung des Gesamtwachstums handelt, wird es sich auch auf Wachstumsvorgänge in industrieller Umgebung und sogar auf Lernvorgänge eines Kollektivs von einzelnen Individuen anwenden lassen.

Betrachten wir die begrenzte Oberfläche eines Nährbodens, auf dem wir Schimmel wachsen lassen. Das machen wir, indem wir zuerst Sporen (Samen) eines geeigneten Schimmels auf die Oberfläche stäuben. Wie jeder aus eigener Anschauung weiß, werden sich dann von diesen Sporen (Keimen) ausgehend, Schimmelflecken ausbreiten. Wie die Bilder 1a bis 1d veranschaulichen sollen, wachsen die zufällig verteilten Schimmelflecken nach allen Richtungen gleichmäßig an, werden sich dann zunehmend berühren und an diesen Stellen nicht mehr weiterwachsen können, bis schließlich die ganze Fläche mit Schimmel bedeckt ist.

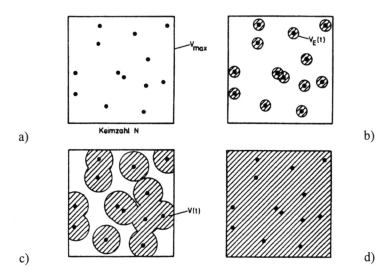

Bild 1. Ein statistisches Wachstumsmodell, welches sich mit anwachsenden Schimmelflecken veranschaulichen läßt. a) statistische Verteilung von Keimen, b) kleine Schimmelflecken, c) größer angewachsene Schimmelflecken, welche zum Teil schon zusammenfließen, d) die ganze Fläche ist mit Schimmel bedeckt, Ende des Wachstums.

Wenn man diesen Wachstumsprozeß mit Hilfe der Poisson'schen Formel berechnet, findet man für die insgesamt mit Schimmel bedeckte Fläche V_s zum Zeitpunkt t die Formel [3,4,6]

$$V_s(t) = V_{max}\left(1 - e^{-N_E \cdot V_E / V_{max}}\right) \tag{1}$$

Hierbei bedeuten: V_{max} die zur Verfügung stehende gesamte Fläche, N_E die Anzahl der Keimstellen und V_E die Fläche eines beliebigen elementaren Bereiches. (Bei anderen Beispielen eines solchen statistischen Wachstumsprozesses wurde zur besseren Veranschaulichung und Verallgemeinerung statt einer Flächen- eine Volumengröße eingeführt, was an der Formel nichts ändert; daher der Buchstabe V statt der erwarteten Flächenbezeichnung A oder F).

Einfache Beispiele zeigen, wie man von dem leicht einschätzbaren Einzelverhalten zu dem Gesamtverhalten kommt. Für die kreisförmigen Schimmelflecken ist $V_E = \pi r^2$ mit der Ausbreitungsgeschwindigkeit $v = dr/dt, r = v \cdot t$, so daß man für die sog. Durchdringung $p = V_s(t)/V_{max}$ erhält

$$p = \frac{V_s(t)}{V_{max}} = 1 - e^{-\frac{N_E}{V_{max}} \cdot \pi v^2 \cdot t^2} . \tag{2}$$

Nimmt man eine konstante Ausbreitungsgeschwindigkeit v an, und definiert wie folgt eine Konstante τ

$$\tau = \left(\frac{V_{max}}{N_E \cdot \pi \cdot v^2} \right)^{1/2} . \tag{3}$$

So läßt sich das Ergebnis wie folgt schreiben

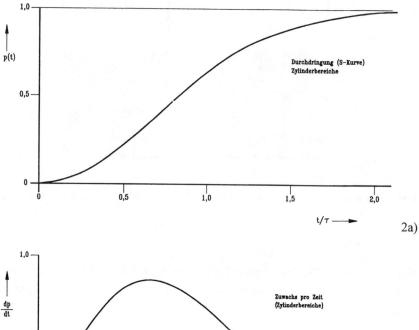

Bild 2. Beispiel eines Wachstums mit Begrenzung für Kreis- bzw. Zylinderbereiche, a) Durchdringung p(t) in Form einer S-Kurve, b) Zuwachs pro Zeit, dp(t)/dt.

$$p = 1 - e^{-(t/\tau)^2} . \tag{4}$$

Es ist in Bild 2a dargestellt und zeigt die typische S-Kurvenform. Wann sich die größten Wachstumserfolge einstellen, ergibt sich aus der Ableitung

$$\frac{dp}{dt} = 2\left(\frac{t}{\tau}\right)e^{-(t/\tau)^2}. \qquad\qquad (5)$$

Sie ist in Bild 2b dargestellt. Für Elementarbereiche, die sich unter sonst gleichen Bedingungen in allen Richtungen des Raumes ausbreiten (Kugelbereiche), ergeben sich die entsprechenden Kurven in Bild 3. Es sind Verläufe, wie sie als typisch in der

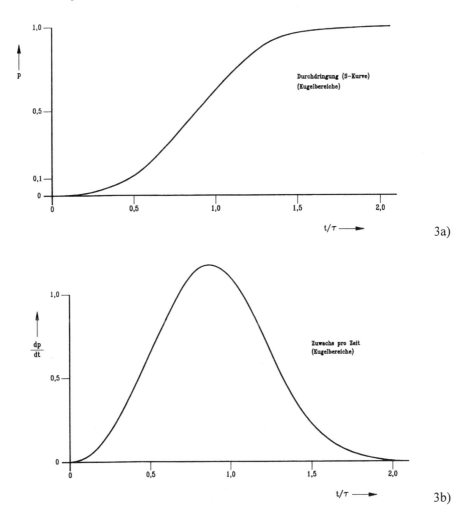

3a)

3b)

Bild 3. Prototyp des Wachstums mit Begrenzung für Kugelbereiche, a) S-Kurve p(t), b) dp(t)/dt in Form einer Glockenkurve.

Literatur dargestellt werden [1]. Es läßt sich schließlich noch zeigen, daß man durch geeignete Wachstumsvorschriften für $V_E(t)$ aus Gl. (1) jede der bekannten klassischen Wachstumsformeln mit Begrenzung des Wachstums erhalten kann [3,4].

In Gleichung (1) kann jede der drei Größen N_E, V_E, oder V_{max} von der Zeit abhängig sein. Betrachten wir z.B. den Fall, daß V_E und V_{max} Konstante seien und nur N_E eine Zeitabhängigkeit aufweise. Eine biologische Veranschaulichung wäre z.B. das Fallen der Blätter von einem Baum bei wachsender Kälte. Es sei hier V_E die Fläche eines Blattes und V_{max} eine abgegrenzte Fläche unterhalb des Baumes ($V_{max} >> V_E$). Wenn dann mit der Zeit zunehmend Blätter abfallen, z.B. $dN_E / dt = const \cdot t$, bedeckt sich der Boden V_{max} nach der in Gl. (4) und Bild 2a dargestellten S-Kurve.

3. Lernvorgänge.

Industrielle Lernprozesse werden von einer größeren Anzahl von Menschen vollzogen. Jeder Mensch muß hierbei Fortschritte im Verbessern der Einzelprozesse machen, was vor allem die technische Handhabung betrifft, oft jedoch auch nur in einem besseren Verständnis der physikalisch-chemischen Vorgänge besteht, so daß schließlich der Gesamtprozeß immer besser beherrscht wird. Es ist üblich, diesen Prozeß als einen Lernprozeß zu bezeichnen im Sinne von "Lernen, es ständig besser zu machen". Es gibt nun einen ganz charakteristischen Unterschied zwischen Lernprozessen und Wachstumsprozessen. Er besteht im wesentlichen darin, daß mehrere Individuen gemeinsame Lernobjekte haben können, d.h. daß die Zuordnung von Lernobjekt zu lernenden Individuen vieldeutig sein kann, während beim Wachstum stets eine eindeutige Zuordnung von Wachstumsobjekt bzw. Wachstumsinkrement zu einem Individuum besteht. Das ist leicht an dem obigen Beispiel zu veranschaulichen: Treffen dort zwei anwachsende Schimmelbereiche aufeinander, so ist an dieser Stelle das Wachstum sofort beendet. Nur ein freier Schimmelrand kann sich weiter vorschieben, kann weiter anwachsen. Bei einem von vielen Individuen ausgehenden industriellen Lernvorgang kann nun ein Modell gebildet werden, das fast mit dem obigen statistischen Modell identisch ist, siehe Bild 4. Jedes Individuum beginnt an einer bestimmten Stelle mit seiner Arbeit, bewältigt dort ein gewisses Arbeitsvolumen, so daß sich von dieser Ursprungsstelle aus Bereiche ausbreiten, die von dem Individuum gewissermaßen technisch und geistig durchdrungen worden sind. Wenn jetzt zwei Bereiche aufeinander treffen, behindern sie sich keineswег in ihrer weiteren Ausdehnung, das fragliche Gebiet kann ja von beiden Individuen lernend bewältigt werden. So entsteht letztlich eine vielfach überdeckte Fläche bzw. ein entsprechendes Volumen. Fragt man nach dem resultierenden Erfolg, d.h. nach dem Verhältnis von bewältigtem zu unbewältigtem Volumen, das wir oben als Durchdringung definiert haben, so gibt es in diesem Modell keinen Unterschied in dem Ergebnis eines statistischen Wachstumsprozesses und eines statistischen industriellen Lernprozesses. Unser obiges statistisches Modell ist also ein Lern- und Wachstumsmodell!

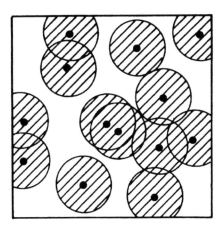

Bild 4. Veranschaulichung eines statistischen Lernmodells. Identität mit dem Wachstumsmodell in Bild 1.

4. Anwendung des Modells in der Mikroelektronik.

Einer der faszinierendsten technischen Prozesse ist in den letzten Jahrzehnten die Entwicklung der integrierten Schaltungen gewesen. Jedem Ingenieur sind die ständigen Steigerungen des Integrationsgrades bzw. der Komplexität und die gleichzeitigen und ständigen Preisreduzierungen gegenwärtig. In den Halbleiterfabriken arbeiten eine große Zahl von Menschen und die Herstellung eines fortschrittlichen modernen integrierten Schaltkreises, z.B. eines Halbleiterspeichers, ist eine anspruchsvolle und sehr teure Angelegenheit geworden. Es ist nun naheliegend, daß gerade bei der Herstellung integrierter Schaltungen, bei denen sehr viele Fachleute tätig werden müssen und bei denen sehr viele einzelne Prozeßschritte beherrscht werden müssen, die Anwendung eines wahrscheinlichkeitstheoretischen Ansatzes besonders angebracht ist. Wenden wir also unser Modell des industriellen Wachsens und Lernens hier an. Z.B. läßt sich V_{max} als Arbeitsvolumen auffassen, das bei einem Halbleiterhersteller zu bewältigen ist, wenn er, ausgehend von einem gut beherrschten Produktionsprozeß für z.B. einen 1 Megabit-Halbleiterchip, ein Produkt der nächsten Generation, d.h. einen 4 Megabit-Halbleiterspeicherchip herstellen will. An dem Herstellungsprozeß sind viele Mitarbeiter beteiligt, ihre Anzahl sei N_E. Jeder Mitarbeiter bewältigt im Mittel ein (technisch-geistiges) Arbeitsvolumen $V_E(t)$, das natürlich von der apparativen Ausstattung (Computer, Meßgeräte usw.) abhängt und mit der Zeit ständig anwächst. Die obige Gleichung (1) gibt dann an, wie das relative gesamte Arbeitsvolumen aller Mitarbeiter in Abhängigkeit der Zeit entsprechend anwächst. Der Anteil der bewältigten Herstellungsprobleme bzw. der Grad der Durchdringung schlägt sich natürlich auch in einem Herstellungserfolg nieder. Und zwar kann die relative Bewältigung des Gesamtarbeitsvolumens als proportional zur Güte der produzierten integrierten Schaltungen gesehen werden. Mit anderen Worten, eine naheliegende Annahme ist, daß die technisch-geistige Durchdringung der gesamten Herstellungsprozesse proportional zur erreichbaren Ausbeute Y_c an integrierten Schaltungen ist:

$$Y_c = p. \tag{6}$$

Hierbei bedeutet Y_c das Verhältnis der Zahl der guten Chips zur Zahl aller gefertigten Chips. Besonders einfach ist die Überprüfung dieser Hypothese an den Grenzfällen. Es führt ersichtlich $p = 0$ zu $Y_c = 0$ und $p = 1$ zu $Y_c = 1$ und genau dies muß man ja fordern. In dem Zwischenbereich wird die einleuchtende Hypothese zumindest immer eine gute Näherung darstellen. (In der Praxis gibt es natürlich immer Anfangsschwierigkeiten, die bewältigt werden müssen und die zu einer Verzögerung der ersten Ergebnisse führen. Das heißt, bei Werten von Y_c bzw. p unterhalb von etwa 10% sind die Verhältnisse in Wirklichkeit etwas komplizierter).
Aus Gl. (6) und Gl. (1) folgt

$$Y_c = 1 - e^{-\frac{N_E}{V_{max}} \cdot V_E(t)}. \tag{7}$$

Eine charakteristische Größe für jeden Arbeitsprozeß ist die pro Zeiteinheit von einer Person geleistete Arbeit. Sie wird gewöhnlich als Leistung P bezeichnet

$$P_E = \frac{dV_E(t)}{dt}. \tag{8}$$

Über Leistungen von Einzelpersonen lassen sich oft durch Erfahrung gestützte und sehr gute Schätzungen durchführen, wie an zwei weiteren Beispielen dargelegt werden soll.

5. Lernkurve für kurze Zeitabschnitte

Industrielle Entwicklungen haben ihren eigenen Zeitmaßstab. Besonders übersichtlich sind die Verhältnisse in der Mikroelektronik am Beispiel der Entwicklung und Produktion von Speicherchips. Über relativ kurze Zeit, in der Größenordnung von drei Jahren, ändern sich die Hilfsmittel pro Person meist nicht wesentlich. Die Arbeit pro Zeit, d.h. die Leistung P ist also im Mittel konstant. Aus

$$N_E = N_0, P_E = P_0 = \frac{dV_E(t)}{dt}, V_E(t) = \int P_E dt = P_0 \cdot t \tag{9}$$

findet man das Gesamtverhalten in Form der Durchdringung

$$p = 1 - e^{-\dfrac{N_0 \cdot P_0}{V_{max}} \cdot t} = 1 - e^{-t/\tau} = Y_c. \tag{10}$$

wobei für die Zeitkonstante τ gilt

$$\tau = V_{max} / N_0 P_0. \tag{11}$$

Setzt man in Gl.(10) nach (6) wieder $p = Y_c$, so entspricht dies genau der sog. "Lernkurve" für die Ausbeute, die sich erfahrungsgemäß bei den Halbleiterherstellern für ein bestimmtes Produkt, z.B. einen 1 MB-Speicherbaustein ergibt, und die man meistens auch mit einem solchen Funktionsausdruck annähert, siehe Bild 5. Es fragt sich jetzt, in welcher Relation die Zeitkonstante τ zu der relativ kurzen Zeit von drei Jahren steht, für die eine konstante Leistung P_E angenommen wurde.

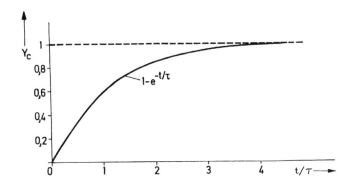

Bild 5. Lernkurve der Chipausbeute Y_c nach Gleichung 10.

6. Die periodische Fortsetzung der Chipentwicklung.

Man beobachtet bekanntlich schon seit Jahrzehnten, daß bei Speicherchips in etwa dreijährigem Abstand jeweils eine neue Speichergeneration auf den Markt kommt, wobei diese stets eine um den Faktor 4 größere Speicherkapazität als die Vorgängergeneration hat. Die Chipausbeute Y_c hat dabei einen periodischen Verlauf, wie dies Bild 6 zeigt. (Es sei noch einmal daran erinnert, daß damit die wirklichen Verhältnisse nur in erster Näherung, d.h. idealisiert erfaßt werden. Zum Beispiel werden die in Bild 6 angedeuteten anfänglichen Überschneidungsvorgänge im Bereich $Y_c < 10\%$ überhaupt nicht berücksichtigt. Auch kurzzeitige Einbrüche infolge von Anpassungen an neue Einrichtungen werden nicht betrachtet). Der Übergang von einer Generation zur nächsten bedeutet, daß man von einem Chip mit n_L Speicherzellen zu einem Chip mit n_H Speicherzellen übergeht (die Indizes H und L sollen auf "High" und "Low" hindeuten, wobei $n_H / n_L = 4$). Wegen der Kostenneutralität bei einem Entwicklungssprung muß die Murphy-Bedingung erfüllt sein [3,4,5]

$$n_L \cdot Y_H = n_H Y_L \qquad \text{bzw.} \quad n_H / n_L = Y_H / Y_L. \qquad (12)$$

Damit läßt sich die Zeitkonstante von Gl. (11) sehr leicht aus Gl. (10), angeschrieben für die zwei Zeitpunkte t_1 und t_2, berechnen:

$$\tau = (t_2 - t_1) / \ln \frac{1 - Y_L}{1 - (n_H / n_L) Y_L} = \Delta t / \ln\left(\frac{1 - Y_L}{1 - (n_H / n_L) Y_L}\right). \qquad (13)$$

Mit $t_2 - t_1 = \Delta t = 3$ Jahre und $Y_L = 5\%$, $Y_H = 20\%$ ergibt sich z.B. $\tau = 17,5$ Jahre, also ein überraschend großer Wert.

Aus dem periodischen Verlauf von Y_c in Bild 6 lassen sich jedoch noch weitere interessante Beziehungen entnehmen.

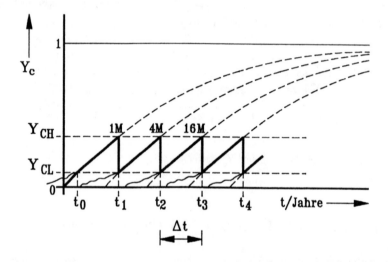

Bild 6. Lernkurven der Chipausbeute Y_c für aufeinander folgende Generationen von Speicherchips mit $\Delta t = t_i - t_{i-1} = 3 \text{Jahre}$.

Damit es überhaupt zu einem so regelmäßigen Verlauf kommt, müssen sich nach Gl. (7) und Gl.(10) die Größen $V_E(t)$ und V_{max} von Generation zu Generation in gleicher Weise verändern. Um dies zu sehen, brauchen wir nur in der Sägezahnkurve in Bild 6 alle Punkte mit gleichen Ordinatenwerten zu betrachten. Also z.B. alle Spitzenwerte mit $Y_C = Y_{CH}$. Schreibt man Gl. (7) für diese Punkte einmal zur Zeit $t_1 - \varepsilon$ und dann zur Zeit $t_2 - \varepsilon$ an, und bezeichnet der Kürze wegen die Volumina $V_{max,i}$ nur noch mit V_i so ergibt sich

$$\frac{N_E(t_2) \cdot V_E(t_2)}{N_E(t_1) \cdot V_E(t_1)} = \frac{V_2(t_2)}{V_1(t_1)} . \qquad (14)$$

Wenn man umstellt, so sieht man, daß das Verhältnis der Summe der individuellen Bereiche zum jeweils vorgegebenen maximalen Volumen im Zeitabstand Δt gleich bleibt, es ergibt sich ebenfalls ein periodischer Verlauf.

Betrachten wir als nächstes den Übergang von n_L zu n_H in der Umgebung eines Überganges, z.B. zur Zeit t_2. Hierfür gelten die Gleichungen

$$Y_{CH} = 1 - e^{-\frac{N_{E1}}{V_1} v_{E1}(t)} \qquad \text{für } t = t_2 - \varepsilon \qquad (15)$$

$$Y_{CL} = 1 - e^{-\frac{N_{E2}}{V_2} v_{E2}(t)} \qquad \text{für } t = t_2 + \varepsilon . \qquad (16)$$

Während dieses Übergangs kann sich wegen der Kürze der Zeit das individuelle Arbeitsvolumen nicht verändern, $V_{E1} = V_{E2} = V_E(t)$. (Möglicherweise wird sich aber die Ableitung nach der Zeit ändern, was aber im Rahmen des betrachteten einfachen Modells unerheblich ist). Sind neue Individuen dazugekommen, liefern sie noch keinen Beitrag. Wir können also während des Übergangs auch noch von der alten Menge der Individuen ausgehen ($N_{E1} = N_{E2} = N_E$). Aus den Gleichungen (15) (16) lassen sich daraufhin N_E und $V_E(t)$ eliminieren und es bleibt

$$\frac{V_2}{V_1} = \frac{\ln(1 - Y_{CH})}{\ln(1 - (n_L / n_H) Y_{CH})} . \qquad (17a)$$

Unter Benutzung der Reihenentwicklung $\ln(1 - x) = -x - \frac{x^2}{2} - ...$ findet man noch folgende Form mit einem Inkrement I

$$\frac{V_2}{V_1} = 4 + I(Y_{CH}) \qquad (17b)$$

siehe Bild 8. Geht man zu weiteren Steigerungen der Soll-Volumina $V_3, V_4, ...$ usw. über, so wächst wegen der Periodizität von Y_c das Soll-Arbeitsvolumen $V_{max,i} \equiv V_i$ von einem Intervall zum nächsten stets um denselben Faktor an, wie er in Gl.(17) als Funktion von Y_{CH} berechnet und wie er in Bild 8 dargestellt wurde. Er soll mit Hilfe einer e-Funktion wie folgt ausgedrückt werden:

$$\frac{V_2}{V_1} = \frac{V_3}{V_2} = ... = e^{c_v} . \qquad (17c)$$

Es entsteht eine Treppenkurve, siehe Bild 7, deren Einhüllende $y(t)$ eine e-Funktion ist:

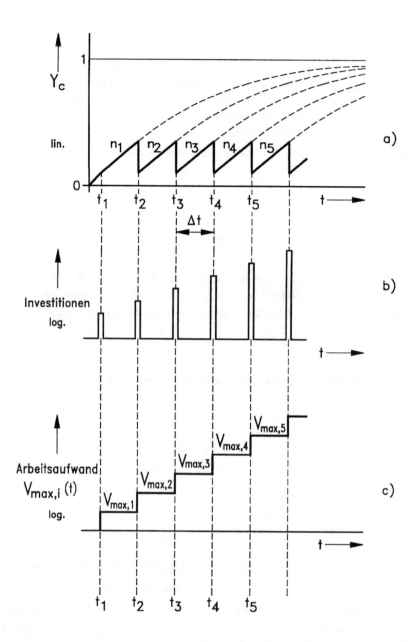

Bild 7. Veranschaulichung des Zusammenhanges zwischen den periodischen Lernkurven Y_c, den ansteigenden Investitionen bei Beginn jeder Speichergeneration und den ebenfalls ansteigenden Arbeitsvolumina.

$$y_v(t) = e^{\alpha t}, \text{ mit einer Konstanten } \alpha. \tag{18a}$$

Setzt man hier die Zeitpunkte t_1 und t_2 ein, so erhält man die entsprechenden Treppenstufenwerte $y_v(t_1) = V_1$ und $y_v(t_2) = V_2$. Bildet man das Verhältnis V_2 / V_1 der beiden aufgestellten Zahlengleichungen, so folgt unter Beachtung von $t_2 - t_1 = \Delta t$ nach Gl.(17c) und Gl.(18a) zuerst

$$\alpha = c_v / \Delta t \tag{18b}$$

und dann

$$y_v(t) = e^{(c_v / \Delta t) \cdot t}. \tag{18c}$$

Das kann man unter Benutzung einer Zeitkonstanten $\tau_v = \Delta t / c_v$ auch noch schreiben

$$y_v(t) = e^{t / \tau_v} \tag{18d}$$

Führt man jetzt nach Gl.(17c) die Konstante $c_v = \ln(V_2 / V_1)$ ein, die sich nach Gl.(17a) als Funktion von Y_{CH} ergibt, und berücksichtigt, daß nach Bild 8 der Wert V_2 / V_1 stets oberhalb von $n_2 / n_1 = 4$ liegt, genauer, daß

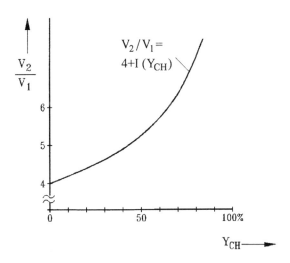

Bild 8. Erhöhung der Arbeitsvolumina von V_1 auf V_2 um einen Term I, der nach Gl.(17) sich zum Wert 4 addiert und von der maximalen Chipausbeute abhängt.

$$c_v = \ln(V_2 / V_1) = \ln(4 + I(Y_{CH})) \tag{19a}$$

wobei das Inkrement I bei relativ kleinen Werten von Y_{CH} klein gegen 1 ist, so findet man schließlich die Näherung:

$$\tau_v = \Delta t / c_v \approx 3 / \ln 4 . \tag{19b}$$

Den Anstieg von V_i / N_{Ei} in Bild 7 kann man vergleichen mit dem Anstieg des Integrationsgrades n. Er läßt sich ebenfalls durch eine Treppenfunktion darstellen, siehe Bild 9. Seine Einhüllende ergibt sich mit der Definition

$$\frac{n_2}{n_1} = \frac{n_3}{n_2} ... = e^{c_n} \tag{20}$$

entsprechend dem Ansatz in Gl. (18) zu

$$y_n(t) = e^{(c_n / \Delta t) \cdot t} = e^{t / \tau_n} . \tag{21}$$

wobei $\tau_n = \Delta t / c_n$. Diese Trendkurve wird üblicherweise als Moore-Kurve bezeichnet. Setzt man die Zahlenwerte $n_2 / n_1 = 4$ für $\Delta t = 3$ ein, so ergibt sich

$$\tau_n = 3 / \ln 4 \tag{22}$$

Dies steht in guter Übereinstimmung mit Gl.(19b) und bedeutet, daß die zu leistenden Arbeitsvolumina in guter Näherung mit derselben Zeitkonstante wie die Integrationsgrade steigen.

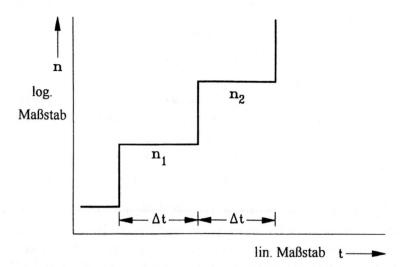

Bild 9. Treppenförmiges Ansteigen des Integrationsgrades von Speicherchips jeweils um den Faktor 4 in Abständen von drei Jahren.

Will man das Inkrement I in Gl. (17b) klein halten, d.h. will man das maximale Arbeitsvolumen nicht unnötig hoch wählen, geht das nach Bild 8 einfach dadurch, daß man die Chipausbeute Y_{CH} nicht zu groß macht. Halbleiterfirmen, welche mit neuen Produkten stets die ersten auf dem Markt sein wollen, arbeiten mit Werten Y_{CH}, die in der Regel als sehr geheim gelten, die sich aber wie folgt leicht ausrechnen lassen. Hierzu geht man von der bekannten Ausbeute-Formel [3,4] aus

$$Y_c = Y_{co}^{A_c / A_{co}}, \tag{23}$$

in der Y_{C0} als frühere Ausbeute und A_0 als dazugehörige Fläche bekannte Größen sind, mit denen sich eine neue Ausbeute Y_C als Funktion von einer größeren Fläche A_C ausrechnen läßt. (Der Fachmann wird bemerken, daß bei der periodischen Entwicklung von Chips die zwischenzeitlich und ebenfalls sehr regelmäßig erfolgenden "Redesigns" mit verkleinerten Strukturen der Einfachheit halber hier noch nicht berücksichtigt sind).

Für den Zeitpunkt $t_2 - \varepsilon$ existiert die Chipfläche A_{CL} und für den Zeitpunkt $t_2 + \varepsilon$ existiert die Chipfläche A_{CH}. Führt man noch die Flächen A_{EH} zur Zeit $t_2 - \varepsilon$ und A_{EL} für die Zeit $t_2 + \varepsilon$ für die Speicherelemente ein, so ergibt sich mit Gl.(23) durch die Vergrößerung der Chipfläche ein Sprung von einer hohen Ausbeute Y_{CH} zu einer niedrigen Ausbeute Y_{CL} :

$$Y_{CL} = Y_{CH}^{A_{CH} / A_{CL}} = Y_{CH}^{n_H A_{EL} / n_L \cdot A_{EH}}. \tag{24}$$

Unter Berücksichtigung der Murphy-Bedingung $n_L Y_{CH} = n_H Y_{CL}$ aus Gl. (12) wird aus Gl.(24) schließlich:

$$\frac{A_{EL}}{A_{EH}} = \frac{n_L}{n_H} \cdot \frac{\ln Y_{CL}}{\ln Y_{CH}} = \frac{n_L}{n_H}\left(1 + \frac{\ln(n_L / n_H)}{\ln Y_{CH}}\right) = \frac{1}{4}\left(1 + \frac{\ln(1/4)}{\ln Y_{CH}}\right). \tag{25}$$

Diese Gleichung ist nun leicht nach Y_{CH} aufzulösen, wenn man berücksichtigt, daß über viele Jahrzehnte hinweg die Elementfläche A_E bei jedem Generationensprung auf etwa die Hälfte verkleinert wurde. Setzt man deshalb in der letzten Gleichung $A_{EL} / A_{EH} = 1/2$ ein, so ergibt sich $Y_{CH} = 25\%$. Dazu gehört wegen Gl. (12) dann $Y_{CL} = 6,25\%$. Für diese Werte liest man aus Bild 8 einen Wert von ungefähr $I = 0,5$ ab.

Wie günstig sich dieser Wert von $Y_{CH} = 0,25$ für den Arbeitsprozeß auswirkt, zeigt das Einsetzen in Gl. (7). Hierzu gehört der Exponent $(N_E V_E)/ V_{max} = 0,2877$. Vergleicht man die beiden Zahlen miteinander, so heißt das, daß die Summe der von den einzelnen Individuen aufgebrachten Lern-Arbeit durch die Überschneidungen gerade einmal 15% an Mehrarbeit gegenüber der kollektiv erbrachten Arbeit beträgt. Man hat also noch keine nennenswerte Doppelarbeit geleistet.

Um nicht ein falsches Bild von der Chipherstellung zu bekommen, ist es noch wichtig, zu unterscheiden zwischen der Frage nach einem optimalen Technologiefortschritt, der gerade diskutiert wurde und der Frage nach einer optimalen Marktversorgung. Die Bedürfnisse des Marktes stehen nämlich nicht in völliger Übereinstimmung mit der tatsächlich vorhandenen raschen Generationsfolge an Chips. Viele Gerätehersteller benötigen bekanntlich Jahre für die Entwicklung einer neuen Gerätegeneration und diese bleibt dann in der Regel auch viele Jahre im Markt. Für diese Geräte und für diese Zeit will der Gerätehersteller in der Regel die gleichen Chips einsetzen (wobei einschränkend zu bemerken ist, daß diese Zeiten ständig kürzer werden und sich auch die Chips durch ein "Redesign" etwas verändern, zumindest im Flächenbedarf). In Anpassung daran muß der Chiphersteller daher nach Erreichen einer passablen Ausbeute beides machen, nämlich sowohl auf eine höher integrierte Chipversion übergehen als auch die Herstellung der alten Chips noch eine Weile weiterführen. Das geschieht dann in separaten Werken, welche auf hohe Produktionszahlen eingerichtet sind. Hier werden dann leicht sehr viel höhere Ausbeutezahlen als 25% erreicht. Das läßt sich leicht abschätzen. Zu den oben errechneten Chipausbeuten $Y_{CH} = 25\%$, $Y_{CL} = 6,25\%$ gehört nach Gl.(13) eine Zeitkonstante $\tau = 13,4443$. Nach zwei Generationszeiten ($2\Delta t$) läßt sich die Ausbeute Y_{CH} von 25% auf 40% steigern. Da der Markt meist noch lange Jahre beliefert werden muß, werden in der Massenherstellung, auch wenn dies im Vergleich mit höher integrierten Chips garnicht mehr kostengünstig ist, sogar Werte bis in die Größenordnung von 90% erreicht. Immerhin gehen die Kosten, die umgekehrt proportional zu Y_c sind, dabei immer noch etwas herunter.

Die Markdurchdringungskurven (penetration curves) sind übrigens wieder S-Kurven nach dem Prinzip von Bild 3a, die sich in regelmäßigen Zeitabständen für immer neue Generationen wiederholen.

Merkregel:

Das Ergebnis läßt sich leicht verallgemeinern: Will man Forschung und Entwicklung möglichst rasch voranbringen, muß man stets am Beginn der Lernkurven beteiligt sein. Die Massenfabrikation schließt sich unmittelbar an und geht in die Mitte oder bis ans Ende der Lernkurven. Bei einem grundsätzlich nicht zu begrenzenden technologischen Fortschritt muß man in Forschung und Entwicklung die Anforderungen schrittweise ständig höher schrauben und nicht auf Perfektion setzen. Der Kardinalfehler von Firmen und Nationen, die früher einmal recht erfolgreich waren und jetzt ins Hintertreffen kommen, scheint zu sein, den Mut zu immer neuen schnellen Vorstößen zu verlieren, Forschung und Entwicklung zu vernachlässigen, und, durch den wirtschaftlichen Erfolg der früheren Massenproduktion verführt, zunehmend die Perfektion als höchstes Ziel hinzustellen.

Diese Betrachtungen lassen sich noch akzentuieren, wenn man die Kosten einbezieht.

7. Kosten und Ertrag.

Kosten entstehen im wesentlichen dadurch, daß man Firmenangehörige entlohnt, Arbeitsmittel beschafft und Investitionen abschreibt. Diese Investitionen hat man aber nur gemacht, um die Arbeiten schneller und besser vorantreiben zu können. Daher

74

kann man die entstehenden Kosten proportional zur Personenzahl N_E und (bei relativ kurzen Zeiten) auch proportional zum Produkt Leistung mal Zeit, unter den Annahmen von Gl. (9) also proportional zu $N_E \cdot V_E$ ansetzen. Dann ergibt sich die Chipausbeute Y_C oder die Durchdringung p in einem Entwicklungsintervall in Abhängigkeit normierter Kosten zu

$$p = Y_c = 1 - e^{-\frac{N_E \cdot V_E}{V_{max}}} = 1 - e^{-K_{RD}/\tau_{RD}}, \qquad (26)$$

siehe Bild 10. Hieraus folgt eine weitere anschauliche Rechtfertigung, die Entwicklung eines einzelnen Produktes nicht allzu lange zu verfolgen, denn einer linearen Steigerung der Kosten stehen bald nur immer kleiner werdende Erfolge im Verbessern der Ausbeute gegenüber. Daher ist es wirtschaftlicher, die alte Entwicklung abzubrechen (was nicht bedeutet, daß die alten Produkte nicht noch eine Zeitlang unverändert weiter gefertigt werden können) und eine neue anspruchsvollere Entwicklung zu beginnen.

Man kann übrigens anhand dieser Kostenkurven auch leicht den Vorteil veranschaulichen, den Firmen haben, die sich zu einer gemeinsamen Entwicklung zusammenschließen. In Bild 10 ist für den Fall einer Kooperation der Entwicklungsmannschaften zweier Firmen bei unveränderter Kurve nur die Abszisse um den Faktor 1/2 zu dehnen.

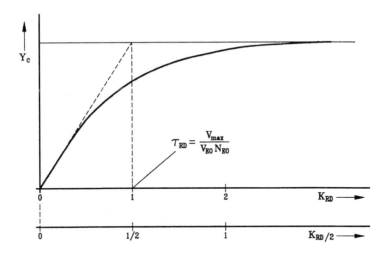

Bild 10. Die Ausbeute eines in der Produktion befindlichen Chips in Abhängigkeit der für Forschung, Entwicklung und Prozeßverbesserungen aufgewendeten Kosten K_{RD}. Die untere Skalierung bezieht sich auf den Fall der Kostenteilung infolge der Kooperation zweier Halbleiterhersteller.

8. Langfristige Entwicklungen

Es stellt sich die Frage, ob Gl. (1) auch für Vorgänge brauchbar ist, die sich über sehr lange Zeiten erstrecken. Am Beispiel der Mikroelektronik könnte man z.B. danach fragen, wie das Arbeitsvolumen $V(t)$ anwächst, wenn eine überaus große Aufgabe, gekennzeichnet durch einen großen Wert V_{max}, gestellt wird. Hierbei ist es sinnvoll, zu berücksichtigen, daß die individuelle Arbeitsleistung (durch ständige Verbesserung der Arbeitshilfsmittel) und auch die Anzahl der beteiligten Mitarbeiter ständig steigt. Mit einer einfachen Annahme, daß sich sowohl V_E als auch N_E in gleichen Zeiten um einen konstanten Prozentsatz vergrößern, z.B. 3% pro Jahr, kann man formelmäßig ansetzen:

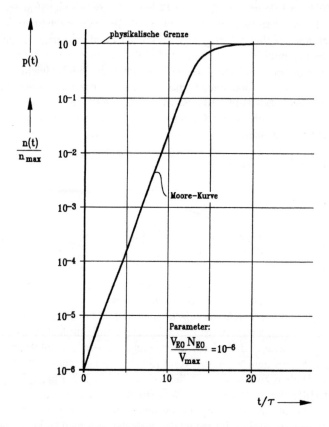

Bild 11. Durchdringung $p(t)$ als Funktion der Zeit nach Gl.(7). Im unteren Teil der Kurve Übereinstimmung mit der Moore-Kurve, siehe Gl.(21) und Gl.(18a).

$$V_E = V_{E0} \cdot e^{\alpha t} \; ; N_E = N_{E0} e^{\beta t} . \tag{27}$$

Durch Einsetzen in Gl. (1) folgt

76

$$p = 1 - e^{-\frac{N_{E0} \cdot V_{E0}}{V_{max}} \cdot e^{(\alpha+\beta)t}} . \tag{28}$$

Bleiben die Bereiche $N_E V_E$ lange Zeit klein gegen das ehrgeizige Ziel eines großen V_{max}, so läßt sich Gl. (28) in eine Reihe entwickeln, und wenn man nur die zwei ersten Glieder berücksichtigt, folgt

$$V_s(t) \approx N_E V_E = V_{E0} N_{E0} \cdot e^{(\alpha+\beta)t} \, ; \text{für } N_E V_E \ll V_{max} . \tag{29}$$

Weit unterhalb der Begrenzung durch das vorgegebene V_{max} ergeben sich also sehr kleine Werte, die wegen der Identität von p und Y_c eine praktisch nicht verwertbare verschwindend kleine Ausbeute ergeben. Das kann sich kein Chiphersteller leisten.

Interessant ist in diesem Beispiel das exponentielle Wachstum, siehe Bild 11. Der gerade Verlauf der Kurve kann wegen Gl.(21) durchaus als Moore-Kurve interpretiert werden. Wann sie abbiegt, also in die Sättigung geht, kann jedoch nicht gesagt werden, d.h. über V_{max} oder n_{max} gibt es höchstens Spekulationen. Sie reichen bis zu einem höchsten Integrationsgrad von 10^{11}, aber sicher ist eine solche Prognose über die Grenze des Wachstums keineswegs.

Was bleibt, ist wohl alleine die Aussage, daß wir immer noch weit genug von der Grenze entfernt sind, solange wir ein exponentielles Wachstum beobachten können, bzw. solange die Moore-Kurve geradlinig verläuft.

Schlußbemerkung

Es wurde als Beispiel gezeigt, wie man mit Hilfe einer sehr einfachen statistischen Wachstumsformel in Gl.(1) und wenigen plausiblen Annahmen über die Leistungsfähigkeit von Menschen in Halbleiterfabriken allgemeine industrielle Wachstumsgesetze ableiten kann. Man könnte sie wie vielfach üblich auch als "Prädiktionen" bezeichnen, wobei in diesem Beispiel klar wird, wie genau diese Prädiktionen in Form von S-Kurven sein können und wie man zugleich auf einfachste Weise die grundlegenden Prinzipien der Mikroelektronik aufdecken kann. Es sei die Hoffnung ausgesprochen, daß diese Darlegungen einen Anstoß bilden, auch in anderen Bereichen aus dem Verhalten von Individuen zu genaueren Prädiktionen über das Kollektivverhalten zu kommen. Dem Verfasser steht dabei besonders vor Augen, wie man mit Hilfe dieses statistischen Wachstumsmodelles klären könnte, wie man eine auf lange Sicht erfolgreiche Innovationspolitik in Industriefirmen oder eine erfolgreiche Forschungspolitik im nationalen Rahmen betreiben sollte. Gute Strategien können sich durchaus an der so erfolgreichen weltweiten Entwicklung der Mikroelektronik orientieren.

Anhang A. Bekannte mathematische Formeln für das Wachstum.

1. Exponentialfunktion

Beginnen wir mit dem einfachen, unbegrenzten Wachstum. Der Ansatz lautet, daß der Zuwachs proportional zu dem erreichten Wert ist. Es gilt dann mit der Konstanten λ

$$\frac{dV}{dt} = \lambda \cdot V. \tag{A1}$$

Die Lösung lautet mit dem Anfangswert $V(0) = V_0$

$$V(t) = V_0 \cdot e^{\lambda t}. \tag{A2}$$

2. Logistisches Modell (Sigmoidfunktion).

Eine Wachstumsfunktion, die anfangs exponentiell und später bei Annäherung an einen Endwert V_{max} ständig weniger zunimmt, ergibt sich, wenn man λ nicht als Konstante betrachtet, sondern λ proportional zum Abstand von dieser Grenze V_{max} ansetzt

$$\lambda = \frac{\lambda_0}{V_{max}} (V_{max} - V), \tag{A3}$$

eingesetzt:

$$\frac{dV}{dt} = \frac{\lambda_0}{V_{max}} \cdot V \cdot (V_{max} - V). \tag{A4}$$

Nach Separation der Variablen und Integration erhält man bei Berücksichtigung eines endlichen Anfangswertes V_0

$$V(t) = V_0 \frac{V_{max} \cdot e^{\lambda_0 t}}{V_{max} - V_0 (1 - e^{\lambda_0 t})}. \tag{A5}$$

Bild A.1 zeigt den Verlauf für einen sehr kleinen Anfangswert $V_0 = 10^{-6} V_{max}$ im linearen Maßstab und Bild A.2 im halblogarithmischen Maßstab.

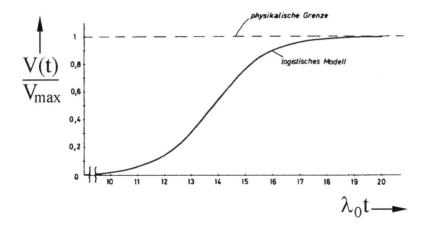

Bild A1. Die Durchdringung für das logistische Wachstumsmodell in Abhängigkeit der Zeit bei linearem Ordinatenmaßstab. [7.].

3. Das Gompertz´sche Wachstumsmodell.

Setzt man λ nicht proportional zur Differenz $V_{max} - V$ an, sondern proportional zur Differenz der Logarithmen

$$\lambda = \lambda_1 (\ln V_{max} - \ln V) = \lambda_1 \ln \frac{V_{max}}{V} \qquad \text{(A6)}$$

so ergibt sich

$$\frac{dV}{dt} = \lambda_1 V \ln \frac{V_{max}}{V}. \qquad \text{(A7)}$$

Nach einer Integration erhält man die Gompertz-Kurve

$$\frac{V(t)}{V_{max}} = e^{\ln \frac{V_0}{V_{max}} \cdot e^{-\lambda_1 t}}. \qquad \text{(A8)}$$

Beim Vergleich von Bild A.2 mit Bild 5 ist deutlich zu erkennen, daß diese Funktion in der halblogarithmischen Darstellung genau die Form der begrenzten Exponentialfunktion in der linearen Darstellung wiedergibt.

79

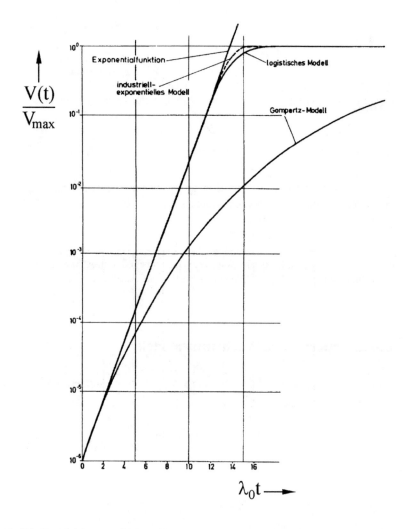

Bild A2. Die Durchdringung (in logarithmischem Maßstab) über der Zeit für 3 verschiedene Modelle des begrenzten Wachstums. [7.].

4. Das industriell-exponentielle Wachstumsmodell.

Als Spezialfall des Lern- und Wachstumsmodelles wählen wir das exponentielle Wachstum der Elementarbereiche. Mit Anfangswert V_0 und Endwert V_{max} sowie der Abkürzung $\alpha + \beta = \gamma$ kann man dann (28) und (2) formal einfacher schreiben

$$\frac{V(t)}{V_{max}} = 1 - e^{-\frac{V_0}{V_{max}}e^{\gamma t}} . \tag{A9}$$

Der Verlauf ist in der halblogarithmischen Darstellung in Bild A.2 zu sehen und er ist bei gleichem Anfangswert nicht sehr unterschiedlich zur logistischen Kurve.

Vergleiche

Wir wollen jetzt überprüfen, ob die drei angegebenen speziellen Modelle in einen Zusammenhang miteinander gebracht werden können. Es wird sich hierbei ergeben, daß sie geradezu eine Familie bilden.

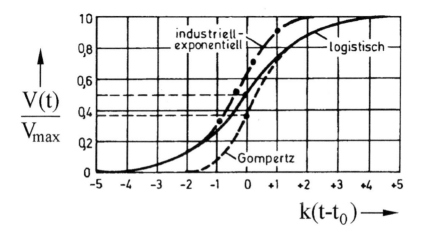

Bild A3. Drei Beispiele von Wachstumskurven bezogen auf den jeweiligen Wendepunkt $(t = t_0)$ in linearem Maßstab.

Fast immer werden die klassischen analytischen Wachstumskurven auf den Wendepunkt bezogen dargestellt. Die Gleichungen (A5), (A8) und (A9) sind dann besonders einfach und lauten:

$$\frac{V(t)}{V_{max}} = \frac{1}{2}\left(1 + \tanh\left(\frac{\lambda_0}{2}(t - t_0)\right)\right) \text{ logistisch} \tag{A10}$$

$$\frac{V(t)}{V_{max}} = e^{-e^{-\lambda_1(t-t_0)}} \qquad \text{Gompertz} \tag{A11}$$

$$\frac{V(t)}{V_{max}} = e^{-e^{-\gamma(t-t_0)}} \qquad \text{industriell - exp.} \qquad \textbf{(A12)}$$

Bild A3 zeigt die Kurven im linearen Maßstab. Deutlich ist zu sehen, daß die industriell-exponentielle Wachstumskurve bezüglich der logistischen Kurve das Pendant zur Gompertz-Kurve ist

Diese Komplementarität kann man noch deutlicher machen, wenn man die Ansätze miteinander vergleicht. Benutzt man zur kürzeren Schreibweise wieder die Durchdringung $p = V(t)/V_{max}$ so schreiben sich die Ansätze (A4), (A7) und der aus (A9) zu gewinnende Ansatz

$$\frac{dp}{dt} = \lambda_0 p(1-p) \qquad \text{logistisch} \qquad \textbf{(A13)}$$

$$\frac{dp}{dt} = \lambda_1 p \ln \frac{1}{p} \qquad \text{Gompertz} \qquad \textbf{(A14)}$$

$$\frac{dp}{dt} = \gamma(1-p) \ln \frac{1}{1-p} \qquad \text{industriell - exp.} \qquad \textbf{(A15)}$$

Trägt man diese Kurven wie in Bild A4 auf, so ist ebenfalls die Komplementarität der Gompertz-Kurve zu der industriell-exponentiellen Kurve nicht zu übersehen.

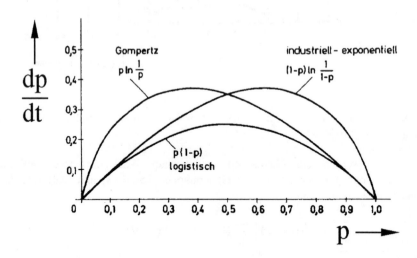

Bild A4. Graphische Darstellung des Differential-Ansatzes für 3 verschiedene Modelle von begrenztem Wachstum. [7.].

Literatur

1. Pr. Asthana: Jumping the technology s-curve. IEEE Spectrum, June 1995, pp. 49-54.
2. Th. Modis: Predictions. Simon and Schuster, New York, 1992.
3. W. Hilberg: Grundprobleme der Mikroelektronik. Oldenbourg Verlag, München 1982.
4. W. Hilberg: Mikroelektronik - Tiefere Einsichten in ihre Dynamik durch einfache Modelle. Physik in unserer Zeit. 17.Jahrg. 1986, Nr.1, pp. 18-28
5. B.T. Murphy: Cost-Size Optima of Monolithic Integrated Circuits. Proc. IEEE, Dec. 1964, pp.1537-1545.
6. W. Hilberg: Die Änderung der mittleren Magnetisierung durch Wandverschiebungen. Zeitschrift für angewandte Physik, XVI. Band, Heft 5, 1963, S.339-342.
7. W. Hilberg: Ein statistisches Modell für das industrielle Wachstum und seine Anwendung auf die Mikroelektronik. Frequenz 36 (1982) 1, S. 4-13.

5

Eine alternative Methode der Trennung von kleinen Nutzsignalen und großen statistischen Störsignalen.

Gibt es neue Ideen auf dem klassischen Gebiet der Übertragung schwacher Nachrichtensignale mit Hilfe der Korrelationstechnik? Hier ist eine Lösung, bei der überhaupt keine Multiplizierer mehr benötigt werden. Mit solchen unerwarteten Fortschritten beschäftigt sich der Ingenieur besonders gerne.

Kurzfassung. Konventionelle Korrelationsempfänger benötigen Schaltungen für die Durchführung von Multiplikation und Addition. Es wird ein neuartiges Verfahren beschrieben, mit dem die Multiplikation bei der Korrelation eingespart wird, was zu sehr schnellen und billigen Empfängern führt. Die Leistung solcher Empfänger ist dabei nicht schlechter als bei den besten konventionellen Korrelationsempfängern.

1 Einleitung

Wenn das Problem der Vermengung von Nutzsignal und Störsignal und deren Trennung zur Sprache kommt, denkt man vor allem an die Kryptographie und die Übertragung von Informationen über einen gestörten Kanal, etwa in der folgenden Weise:

-   Bei der Kryptographie wird ein Klartext a mit einer Zufallsfolge b verschlüsselt, wobei das Ergebnis beim Empfänger nur mit demselben Schlüssel b wieder in den Klartext zurückverwandelt wird. Bild 1 zeigt zur Veranschaulichung einen mit binären Symbolen codierten „Klartext" a, dem zuerst ein „statistischer" Vektor b komponentenweise modulo 2 zuaddiert wird, siehe Bild 2, wobei der verschlüsselte Text c entsteht. Er hat alle Eigenschaften einer statistischen Folge. Nur dann, wenn beim Empfänger wieder der Schlüssel b zuaddiert wird, ergibt sich wieder der Klartext. Das folgt aus der assoziativen Beziehung (modulo 2):

$$c \oplus b = (a \oplus b) \oplus b = a \oplus (b \oplus b) = a \qquad (1)$$

Natürlich wird nur in den seltensten Fällen in der Praxis wirklich eine statistische Folge von Binärwerten genommen, sondern zur besseren Handhabung des Systems eine pseudostatistische Folge.

a =	0	1	0	1	0	1	0	1	Klartext
b =	0	1	1	1	0	0	1	0	Schlüssel für Codierung
c = a⊕b =	0	0	1	0	0	1	1	1	verschlüsselt
b	0	1	1	1	0	0	1	0	Schlüssel für Decodierung
c⊕b	0	1	0	1	0	1	0	1	entschlüsselter Text

Bild 1. Prinzip der Verschlüsselung und Entschlüsselung von binärcodiertem Text (Kryptographie) mit Hilfe eines gemeinsamen Schlüssels bei Sender und Empfänger.

Addieren modulo 2

⊕	0	1	
0	0	1	
1	1	0	EXOR

Bild 2. Das Addieren modulo 2 von binärcodierten Stellen.

-   Bei der Übertragung von Informationen über einen gestörten Kanal wird der Klartext durch das unvermeidliche Einfangen von Störungen (Rauschen) verändert. Das kann bei starken Störungen dazu führen, daß das Nutzsignal nicht mehr zu erkennen ist. Ein erprobtes Mittel für die Unterdrückung des Rauschens ist der Einsatz der Korrelation. Hierbei werden beim Sender definierte Signalformen zur Codierung der Informationen verwendet (z.B. Rechteckimpulse, Dreiecksimpulse usw.) häufiger jedoch eine begrenzte Folge von kurzen Impulsen, die als Abtastwerte einer Signalform aufgefaßt werden können). Wir nehmen wieder an, daß die Nutzinformation a in ihrer codierten Form durch die Zufügung des Rauschens b in ein gestörtes rauschähnliches Signal c verwandelt ist. Dann wird man beim Korrelationsempfänger die eintreffenden Impulsfolgen mit dem bekannten Verlauf der ungestörten Signale vergleichen. Das heißt, man bildet die Korrelation

$$\phi_{ac}(nT) = \frac{1}{2N+1} \sum_{m=-N}^{+N} c[(m+n)T] \cdot a[mT], \text{n} = 0,1,2,... \tag{2}$$

Erreicht die Korrelation für ein bestimmtes n ein deutlich ausgeprägtes Maximum, hat man das gesendete Nutzsignal erkannt. Um zu erkennen, warum bei diesem Verfahren das Rauschen so gut unterdrückt wird, zerlegen wir das gestörte Signal c wieder in seine zwei Teile, den Klartext a und die statistische Störung b.

$$\phi_{ac}(nT) = \frac{1}{2N+1} \sum_{m=-N}^{N} \{a[(m+n)T] + b[(m+n)T]\} \cdot a[mT] \tag{3a}$$

$$= \frac{1}{2N+1} \sum_{m=-N}^{N} \{a[(m+n)T] \cdot a[mT] + b[(m+n)T] \cdot a[mT]\}$$

Der erste Summand ist die bekannte Autokorrelationsfunktion und der zweite eine in ihrem Verlauf unbekannte statistische Folge. Nehmen wir in einem vereinfachten Beispiel binäre Codierungen mit zufällig aufeinander folgenden positiven und negativen Einheitsimpulsen an (ihre Wahrscheinlichkeit sei gleich groß), so werden die Produktterme b·a in Gl.(3) immer gleich +1 oder -1 sein. Nach Bild 3a liegt also eine Multiplikationstabelle vor, die in der Struktur mit der Additionstabelle von Bild 2 identisch ist. Es entstehen also im Mittel gleich viele negative wie positive Komponentenprodukte. Die Summation solcher Komponentenprodukte über die Länge 2N +1 wird deshalb für $N \rightarrow \infty$ asymptotisch auf einen sehr kleinen Wert nahe Null gehen. Der Korrelationsempfänger führt also sowohl einen Vergleich durch (Autokorrelation), als auch eine Unterdrückung des Rauschens durch eine Summation über möglichst viele Glieder der Folge.

Multiplizieren

•	1	-1
1	1	-1
-1	-1	1

Bild 3. a) Das stellenweise Multiplizieren von Einheiten mit den Werten +1 und -1.

Praktisch kann man sich das so vorstellen, daß (bei einer +1/-1 Codierung) die Einheitsimpulse nacheinander empfangen und in einem Schieberegister solange verschoben werden, bis sich das einlaufende Codierungsmuster Eingangssignal) und das ortsfeste Codierungsmuster (Referenzsignal) für n=0 in der Schaltung gerade gegenüberstehen, siehe Bild 3b. Ist ihre Länge gleich 2N +1, so entsteht der Korrelationswert 2N +1 bzw., wenn man den relativen maximalen Korrelationswert wie in Gl. (3) benutzt, der Wert

$$\phi_{max} = \frac{1}{2N+1} \cdot 2N + 1 \rightarrow 1 \tag{3b}$$

Bild 3c soll noch veranschaulichen, wie die Korrelationswerte im allgemeinen zuerst ansteigen und dann abfallen.

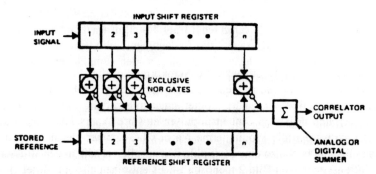

Figure 2. Basic Correlator

Bild 3. b) Die Korrelationsschaltung für 1/0- binärcodierte Signale.

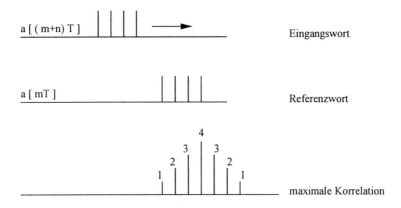

Bild 3. c) Beispiel für den Zeitverlauf einer Korrelation mit dem Maximum 4. Das Referenzwort bzw. das Nachrichtensymbol besteht hier aus 4 gleich großen Impulsen.

2. Grundgedanke eines weiteren Verfahrens.

Was ist nun das Gemeinsame an den Verfahren der Kryptographie und der Korrelation? Man erkennt, daß in beiden Fällen die Kenntnis der Codierung des Sendesignals wichtig ist. Bei der Kryptographie ist es die als Schlüssel genutzte Symbolfolge und bei der Korrelation ist es die spezifische Impulsfolge, die sog. Referenzfolge, aus der ein Nachrichtensymbol besteht (im einfachsten Fall kann das Nachrichtensymbol - die Message - die Bedeutung „Null" oder „Eins" haben). Nur solche Kenntnisse des Sendesignals befähigen den Empfänger, das Signal zu gewinnen und die statistischen Störungen (Rauschen) zu eliminieren.

Bestimmte Eigenschaften des Sendesignals bzw. einer Referenz-Impulsfolge, die man besonders gut für eine sichere und ungestörte Übertragung ausnutzen kann, sind bisher kaum untersucht worden. Einzig der Gesichtspunkt, daß die Folge der Referenz-Impulse für die Darstellung einer Informationseinheit „Null" oder „Eins" am besten pseudozufällig sein sollte, ist inzwischen allseitig akzeptiert (dann werden auch niederfrequente Störungen eliminiert). Es gibt jedoch Möglichkeiten, die Folge der Sendeimpulse so zu wählen, daß man beim Empfänger die Korrelation zu einer bekannten ungestörten Folge mit ihren Produktkomponenten nicht mehr nach Gl.(2) ausrechnen muß, sondern mit einfachen Subtraktionen auskommt. Dabei ist die Leistungsfähigkeit dieser Methode mindestens so gut wie die bei der konventionellen Korrelation. Durch Ausnutzung von Mehrfachsubtraktionen kann jedoch der energetische Wirkungsgrad vergrößert und durch mehrfache Mittelung auch der verbleibende Rauschpegel noch verringert werden.

Dieses neue Verfahren ist am besten mit der Morse-Thué-Folge zu erläutern. Sie ist bekanntlich eine nichtperiodische und nichtstatistische Folge von binären Symbolen, die man sich auf verschiedene Weise entstanden denken kann. Hier genügt es, die Konstruktion für 1/0 Binärzeichen wie folgt zu beschreiben. Man beginne mit einem

Binärzeichen, füge das komplementäre Binärzeichen an, bilde das Komplement von allem, was bisher entstanden ist, füge es an, usw.

$$1\,0\,0\,1\,0\,1\,1\,0\,0\,1\,1\,0\,1\,0\,0\,1\ldots \tag{4}$$

Bei Benutzung der Binärzeichen +1 und -1 ergibt sich entsprechend

$$1\,\text{-}1\,\text{-}1\,1\,\text{-}1\,1\,1\,\text{-}1\,\text{-}1\,1\,1\,\text{-}1\,1\,\text{-}1\,\text{-}1\,1\ldots \tag{5}$$

Man erkennt, daß man auch dann, wenn man jeden zweiten Impuls herausgreift, wieder eine Morse-Thué-Folge erhält.

Wenn der Empfänger eine solche MT-Folge mit positiven und negativen Einheitsimpulsen empfängt, könnte er mit Vorteil folgende Subtraktionsvorgänge hintereinander ausführen, bei der stets die geraden Stellen von den ungeraden abgezogen werden, siehe Bild 4a und b. (Bild 4e zeigt eine mögliche Schaltungsrealisierung).

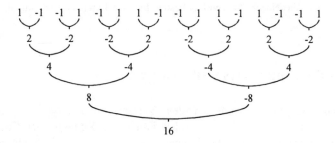

Bild 4. a) Die hierarchische Differenzenbildung einer Morse-Thué-Folge, wobei jeweils benachbarte Elemente zusammengefaßt werden. Eine Folge der Länge 16 führt zu einem Maximalwert 16, d.h. der Maximalwert ist gleich der (Betrags-) Summe aller Einheiten.

$$
\begin{array}{cccccccccccccccc}
1 & \text{-}1 & \text{-}1 & 1 & \text{-}1 & 1 & 1 & \text{-}1 & \text{-}1 & 1 & 1 & \text{-}1 & 1 & \text{-}1 & \text{-}1 & 1 \\
z_1 & z_2 & z_3 & z_4 & z_5 & z_6 & z_7 & z_8 & z_9 & z_{10} & z_{11} & z_{12} & z_{13} & z_{14} & z_{15} & z_{16}
\end{array}
$$

$(z_1\text{-}z_2)\quad(z_3\text{-}z_4)\quad(z_5\text{-}z_6)\quad(z_7\text{-}z_8)\quad(z_9\text{-}z_{10})\quad(z_{11}\text{-}z_{12})\quad(z_{13}\text{-}z_{14})\quad(z_{15}\text{-}z_{16})$

$(z_1\text{-}z_2\text{-}z_3+z_4)\quad(z_5\text{-}z_6\text{-}z_7+z_8)\quad(z_9\text{-}z_{10}\text{-}z_{11}+z_{12})\quad(z_{13}\text{-}z_{14}\text{-}z_{15}+z_{16})$

$(z_1\text{-}z_2\text{-}z_3+z_4\text{-}z_5+z_6+z_7\text{-}z_8)\quad(z_9\text{-}z_{10}\text{-}z_{11}+z_{12}\text{-}z_{13}+z_{14}+z_{15}\text{-}z_{16})$

$(z_1\text{-}z_2\text{-}z_3+z_4\text{-}z_5+z_6+z_7\text{-}z_8\text{-}z_9+z_{10}+z_{11}\text{-}z_{12}+z_{13}\text{-}z_{14}\text{-}z_{15}+z_{16})$

Bild 4. b) Die hierarchische Differenzenbildung einer MT-Folge, bei der jeweils benachbarte Elemente zusammengefaßt werden, führt zu einer Summe, bei der die negativen Glieder der MT-Folge im Vorzeichen gerade umgekehrt worden sind.

Bei jedem hierarchischen Durchgang entstehen jeweils wieder nur zwei unterschiedliche positive und negative Werte, die um den Faktor 2 anwachsen und wieder eine MT-Folge bilden.

Schließlich folgt in der letzten hierarchischen Schicht ein Zahlenwert, der gleich der Summe der Beträge der ursprünglichen Einheitsimpulse ist. Bei einer Anfangsfolge, die keine MT-Folge ist, ergibt sich ein niedrigerer Endwert.

Das ist vergleichbar mit der klassischen Korrelation, bei der durch die Multiplikation mit demselben Codewort im Empfänger das Produkt aller Komponenten positiv und so die Summe maximal wird. Der Unterschied liegt darin, daß bei der hierarchischen Differenzmethode nicht explizit mit einem besonderen Referenzwort im Empfänger korreliert wird und vor allem, daß hier Differenzen statt Summen gebildet werden. Das wirkt sich z.B. ganz unterschiedlich bei Vorliegen konstanter Störspannungen aus. Bei der hierarchischen Differenzenbildung werden sie stets vollständig kompensiert, bei der klassischen Korrelationsmethode in der Regel nur, wenn das Referenzwort lang und quasizufällig ist.

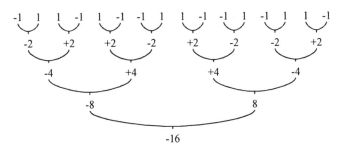

Bild 4. c) Die hierarchische Differenzenbildung einer MT-Folge, die mit einer negativen Einheit beginnt, führt zu einem negativen Maximalwert.

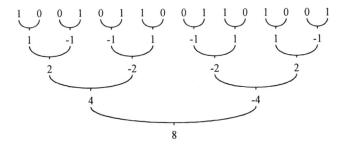

Bild 4. d) Die hierarchische Differenzenbildung einer MT-Folge aus binären Elementen 0,1 führt zu einem Maximalwert, der gleich der halben Summe einer MT-Folge aus den Elementen +1 und -1 ist. (Gleich der halben Stellenzahl der 0,1-Folge).

Hätte man die Anfangsreihe in Gl. (5) mit einem negativen Wert begonnen

$$-1\ 1\ 1\ -1\ 1\ -1\ -1\ 1\ 1\ -1\ -1\ 1\ 1\ -1\ 1\ 1\ -1 \qquad (6)$$

hätte man als Ergebnis der hierarchischen Differenzbildungen einen großen negativen Wert erhalten, siehe Bild 4c. Damit ist eine Möglichkeit geschaffen, zwei verschiedene Nachrichtensymbole im Code voneinander zu unterscheiden: Die eine Folge endlicher Länge, beginnend mit einem positiven Impuls, könnte man z.B. als eine „logische Eins" definieren und die andere Folge, beginnend mit einem negativen Impuls als „logische Null".

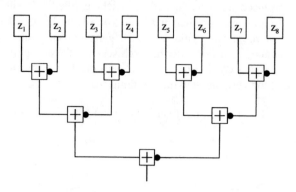

Bild 4. e) Schaltungsmäßige Durchführung der hierarchischen Differenzenbildung in Form eines binären Baumes aus Additionsstufen mit einem negierten Eingang.

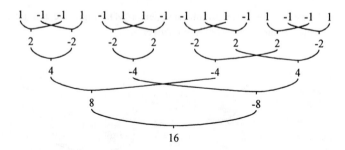

Bild 5. a) Die hierarchische Differenzenbildung einer MT-Folge, wobei jeweils übernächste Nachbarelemente zusammengefaßt sind.

Das Spiel funktioniert auch noch, wenn, wie in Bild 5, der Abstand der Differenzbildungen auf den Wert 2 erhöht wird oder wie in Bild 6 auf den Wert 4. Bei längeren MT-Folgen also auf die Abstände 2^n mit $n = 0,1,2,3,...$.

Man erkennt an den Beispielen aber auch, daß sich, von Ebene zu Ebene in den Zwischenergebnissen absteigend, die Abstände der Differenzbildungen jeweils um den Faktor 2 verringern. Deshalb kann die Konstruktionsvorschrift für große Abstände nur bis zu dem Punkt ausgedehnt werde, an dem die zweite Hälfte der Impulsfolge von der

$$1 \quad -1 \quad -1 \quad 1 \quad -1 \quad 1 \quad 1 \quad -1 \quad -1 \quad 1 \quad 1 \quad -1 \quad 1 \quad -1 \quad -1 \quad 1$$
$$z_1 \quad z_2 \quad z_3 \quad z_4 \quad z_5 \quad z_6 \quad z_7 \quad z_8 \quad z_9 \quad z_{10} \quad z_{11} \quad z_{12} \quad z_{13} \quad z_{14} \quad z_{15} \quad z_{16}$$

$$(z_1-z_3) \quad (z_2-z_4) \quad (z_5-z_7) \quad (z_6-z_8) \quad (z_9-z_{11}) \quad (z_{10}-z_{12}) \quad (z_{13}-z_{15}) \quad (z_{14}-z_{16})$$

$$(z_1-z_3-z_5+z_7) \quad (z_2-z_4-z_6+z_8) \quad (z_9-z_{11}-z_{13}+z_{15}) \quad (z_{10}-z_{12}-z_{14}+z_{16})$$

$$(z_1-z_3-z_5+z_7-z_9+z_{11}+z_{13}-z_{15}) \quad (z_2-z_4-z_6+z_8-z_{10}+z_{12}+z_{14}-z_{16})$$

$$(z_1-z_3-z_5+z_7-z_9+z_{11}+z_{13}-z_{15}-z_2+z_4+z_6-z_8+z_{10}-z_{12}-z_{14}+z_{16})$$

geordnet:

$$(z_1-z_2-z_3+z_4-z_5+z_6+z_7-z_8-z_9+z_{10}+z_{11}-z_{12}+z_{13}-z_{14}-z_{15}+z_{16})$$

Bild 5. b) Nachweis, daß auch hierbei wieder die Summe einer MT-Folge entsteht, bei der die negativen Elemente der ursprünglichen MT-Folge im Vorzeichen gerade umgekehrt worden sind.

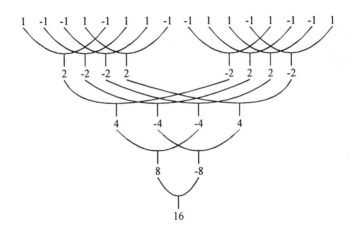

Bild 6. Die hierarchische Differenzenbildung einer MT-Folge, bei der jeweils Elemente im Abstand 4 zusammengefaßt werden.

ersten Hälfte abgezogen wird, von dem Ergebnis wiederum die zweite Hälfte von der ersten, usw., siehe Bild 7.

Bei einer Folge von 2^n binären +/- Einheitsimpulsen kommt man schließlich immer zu einem Wert, der in der Amplitude um den Faktor 2^n größer als die Amplitude eines +/-Einheitsimpulses ist. Lediglich dann, wenn man von einer Impulsfolge mit nicht wechselnder Polarität ausgeht, also z.B. von Impulsen mit den Amplituden 0 und 1, siehe Bild 4d, wird zwar der Mechanismus der sich schrittweise akkumulierenden Werte grundsätzlich beibehalten, sie erreichen jedoch nur den halben Maximalwert.

MT-Folge	1	-1	-1	1	-1	1	1	-1	-1	1	1	-1	1	-1	-1	1
zu substrahieren	-1	1	1	-1	1	-1	-1	1								
Differenz	2	-2	-2	2	-2	2	2	-2								
zu substrahieren	-2	2	2	-2												
Differenz	4	-4	-4	4												
zu substrahieren	-4	4														
Differenz	8	-8														
zu substrahieren	-8															
Differenz	16															

Bild 7. Die hierarchische Differenzenbildung einer MT-Folge, bei der jeweils die zweite Hälfte von der ersten abgezogen wird.

Bezogen auf die anfänglichen Amplitudendifferenzen bei den +/- Impulsen findet man allerdings auch dort in dem speziellen Beispiel lediglich den Faktor 8.

Interessant wird es nun, noch andere Funktionen als die MT-Folge bei einer solchen geschachtelten Differenzbildung zu betrachten. Bei einer Folge von Impulsen gleicher Amplitude fällt solch ein „Gleichwert" ersichtlich schon beim ersten Durchgang heraus. Ein dem Nutzsignal überlagerter Gleichstrom stört also nicht. Dasselbe findet man für eine Folge von periodischen Impulsen, z.B. 1, -1, 1, -1, ... Am interessantesten ist jedoch die Differenzbildung bei statistischen Folgen. Wir wollen zwei Fälle unterscheiden a) Folgen mit ausschließlich positiven Zufallswerten im Bereich zwischen 0 und 1 und b) Folgen mit positiven und negativen Zufallsfolgen im Bereich zwischen -1 und +1. Das wesentliche Verhalten solcher Folgen bei der MT-Subtraktion ist schon zu sehen, wenn wir die Folgen auf ihre Amplituden-Extremwerte beschränken. Wenn im Fall a also die Werte 0 und 1 zufällig aufeinander folgen und beide Werte gleichwahrscheinlich sind, werden die Differenzen 0-1 = -1 und 1-0 = 1 ebenfalls wieder gleichwahrscheinlich. Für den zweiten Durchgang steht dann eine Folge von Einheitsgrößen mit unterschiedlichen Vorzeichen zur Verfügung. Wir brauchen deshalb nur den Fall b mit gleich wahrscheinlichen binären Einheitsimpulsen (+1, -1) zu betrachten. Hier gibt es bei jeder Differenzbildung - aber auch bei jeder Summenbildung - die Möglichkeiten, daß sich in der Hälfte der Fälle die Impulse gerade aufheben und in der anderen Hälfte der Fälle, daß sie mit doppelter Amplitude, aber ungleichen Vorzeichen erscheinen, siehe Bild 8.

Nach einer Differenzbildung bleiben also nur noch halb so viele endliche Impulse unterschiedlichen Vorzeichens übrig als zuvor vorhanden waren. Das wiederholt sich jeweils bei den nächsten Durchgängen, bis im Idealfall beim letzten Durchgang die Differenz auf Null geht. Das funktioniert schon bei einer kleinen Länge der Impulsfolgen meist recht gut, wie ein ausgewürfeltes Beispiel in Bild 9 zeigt.

```
+ |+1  -1
+1|+2   0
-1| 0  -2     Summenbildung
```

Bild 8. a) Summenbildung zweier Werte +1 und -1.

```
-  |+1  -1
+1| 0  -2
-1|+2   0     Differenzbildung
```

Bild 8. b) Differenzbildung zweier Werte +1 und -1.

Es sei hier für den Fachmann noch eine "historische" Bemerkung gestattet.

Die bisherigen Versuche zur Nutzung einer MT-Folge für Übertragungszwecke waren deshalb so erfolglos, weil sie die Notwendigkeit der Kompensation von Störsignalen nicht genügend berücksichtigt haben und weil sie immer von den Verhältnissen ausgegangen sind, die man von ihrer Ableitung her kennt [1,3,5]. Hierbei wird ein „Hut-Impuls" mehrfach hintereinander differenziert. Solch ein Impuls bleibt dabei selbstähnlich und die Vorzeichen der schließlich entstehenden Impulsfolge bilden eine MT-Folge. Zur Gewinnung eines einzigen resultierenden Impulses aus einer MT-Folge glaubte man daher folgerichtig, die zur Differentiation komplementäre Operation „Integration" heranziehen zu müssen. Das Verfahren funktioniert sogar ausgezeichnet und liefert einen formvollendeten „Hut-Impuls". Lediglich, wenn der MT-Folge noch niederfrequente Störspannungen oder gar Gleichstromkomponenten beigefügt sind, werden sie durch die Integration so stark hervorgehoben, daß das Integrationsergebnis der MT-Folge in der Regel völlig verdeckt ist. Die oben vorgestellte, sicher nicht triviale Entdeckung war, daß man eine Integration durch eine Differenzbildung ersetzen kann und daß dadurch alle niederfrequenten Störkomponenten herausfallen.

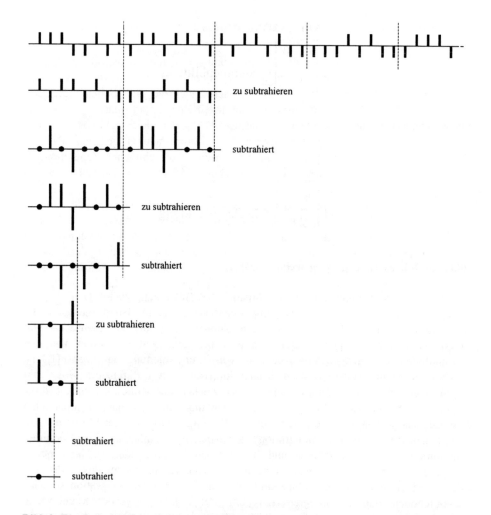

Bild 9. Ein Beispiel einer Folge von Einheitsimpulsen, deren Vorzeichen zufällig gewählt wurde und die einer hierarchischen Differenzenbildung unterworfen wurden. Es ergibt sich in diesem Beispiel (zufällig) resultierend der Wert 0. Dasselbe wäre der Fall, wenn alle Impulse das gleiche Vorzeichen gehabt hätten.

3. Unterschiede zur Korrelation und Ausbau des Verfahrens.

Es ist deutlich zu sehen, daß die Unterdrückung des Rauschens, wenigstens bei Signalfolgen aus Binärsymbolen in den MT-Beispielen genauso funktioniert wie bei der Korrelation. Als Summe bzw. Differenz heben sich die statistischen Störgrößen gerade weg. Auch die Hervorhebung der optimalen Korrelation (match) durch einen "Peak", der gerade die Höhe 2^n hat, ist in diesen Beispielen gleich geblieben. Auf den ersten Blick wäre dann ein technischer Vorteil nur dadurch gegeben, daß die Operation der Multiplikation der Komponenten durch die einfachere Operation der Addition ersetzt wird. Das wäre der Mühe schon Wert gewesen. Betrachten wir es aber etwas näher.

Bezüglich des Nutzsignals ist der größte Vorteil der Differenzmethode darin zu sehen, daß es überhaupt nicht auf die Absolutwerte des Empfangssignals ankommt. Man muß nur darauf achten, ob und wann das maximale Korrelationssignal in der letzten hierarchischen Schicht erscheint. Ferner muß man bei einer Verarbeitung diskreter Signale auch nicht mehr darauf achten, daß die Impulse der Amplitudennorm von Schieberegistern, wie z.B. in Bild 3b, entsprechen müssen. Man kann vielmehr anstelle der Schieberegister auch einfache Laufzeitstrecken einsetzen, die in geeigneten Abständen und zu geeigneten Zeitpunkten abgetastet werden. Bei Vorliegen analoger Spannungsverläufe ist sogar eine kontinuierliche Verarbeitung des Empfangssignals möglich, da die fließende analoge Addition oder Subtraktion bekanntlich leicht zu realisieren ist, während dies bei der Multiplikation im allgemeinen Schwierigkeiten wegen der erforderlichen Genauigkeit bereitet. Die Differenzmethode ist also sehr viel besser für höhere Frequenzen und für einen kontinuierlichen Betrieb geeignet, was auch Vorteile bei dem Problem der Synchronisation bringt.

Aus den Bildern Bild 4b und Bild 5b entnimmt man übrigens auch, wie man von dem neuen Verfahren den Übergang zum altbekannten Korrelationsverfahren vollziehen kann. (Hier wurden ja die Vorzeichen so verteilt, daß alle Impulse positiv werden, so daß in der Summe aller Impulse der Maximalwert erreicht wird). Man muß nämlich beim Empfänger die ankommenden Binärimpulse nur mit einer Morse-Thué-Folge als Referenz korrelieren, d.h. man muß sie mit den Elementen der (binären) MT-Folge multiplizieren und das Ergebnis summieren.

Es gibt jedoch noch andere Methoden, die Impulsfolge so zu vergrößern, daß noch weitere unabhängige Störimpulse in die Rechnung einbezogen werden können. Betrachten wir folgende Abwandlung, bei der man einerseits zwei verschiedene Impulsfolgen für die Nutz-Information „Null" und „Eins" definiert und andererseits diese Definition so wählt, daß bei einer Verschiebung um k Schritte k-mal ein maximaler Peak entsteht. Das ist dann äquivalent zu einer Verlängerung der statistischen Impulsfolge um den Faktor k.

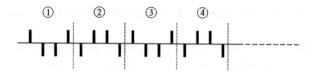

Bild 10. Codierung einer binären "Eins" durch Wiederholung des Musters 1, 2

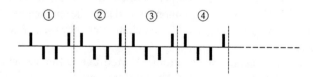

Bild 11. Codierung einer binären "Null" durch Wiederholung des Musters 1 und dann des Musters 1, 2

Man könnte dabei z.B. wie in Bild 10 und Bild 11 vorgehen (es genügt die Betrachtung kurzer Folgen). In Bild 10 findet man zuerst eine MT-Folge aus 8 Impulsen, die genau einmal wiederholt wird, also dann 16 Impulse umfaßt. Wir beginnen die Verarbeitung damit, daß wir den Teil (2) vom Teil (1) subtrahieren und dies solange nach dem Prinzip von Bild 7 fortsetzen, bis wir einen maximalen Peak der Höhe $2^n = 8$ haben. Dann wechsele man die Strategie und addiere den Teil (2) zum Teil (1), wobei man asymptotisch den Wert 0 erhalten wird. Das Zusammentreffen eines großen Ergebnisses für die Subtraktion und eines kleinen Ergebnisses für die Addition wollen wir als Codierung bzw. Decodierung der Nutz-Information „Null" betrachten. Schieben wir nun den Beginn der Impulsfolge um einen Impuls nach rechts, also in den Bereich (3) hinein, so wird der am Anfang entfallene Impuls durch den rechts dazugekommenen Impuls ersetzt. Dann folgen wieder die Subtraktions- und Additionsprozesse, die jeweils einen maximalen Peak ergeben. Wir haben immer dann richtig synchronisiert, d.h. den Beginn der MT-Folge (1) (2) (3) (4) richtig erfaßt, wenn wir bei genau 2^n Verschiebungen jedesmal den maximalen Impuls beobachten.

In Bild 11 findet man zuerst eine MT-Folge (1) aus 4 Impulsen, die einmal wiederholt wird, siehe Folge (2). Das Ergebnis wird wiederum einmal wiederholt, siehe die Folgen (3) und (4). Diese Codierung kennzeichne die Nutz-Information „Null".

Man findet durch die Subtraktion des Teils (2) von Teil (1) die Werte 0, was sich durch weitere Additionen nicht wesentlich ändert (man beachte, daß nach wie vor die vorhandenen rein statistischen Störimpulse, weil sie additiv auftreten, hier in der Zeichnung nicht eingezeichnet sind). Die Addition der Referenzimpulse von (2) auf (1) ergibt dagegen eine in der Amplitude vergrößerte MT-Folge, die dann in den nachfolgenden Schritten durch Subtraktionen auf den maximalen Wert $2^n = 8$ anwächst. Die 2^n-fachen Verschiebungen erbringen dann wiederum jeweils denselben maximalen Peak-Wert 8.

Fassen wir zusammen: Die Ergebnisse bei der Subtraktion und Addition der beiden codierten Nutz-Informationen „Null" und „Eins" sind gerade komplementär. Daher sind diese Informationen maximal gut voneinander zu unterscheiden.

4. Die Synchronisation

Beim Empfang einer fortlaufenden Impulsfolge, der zu einem beliebigen Zeitpunkt einsetzt, weiß man natürlich zunächst noch nicht, wann eine Nutz-Information „Eins" oder „Null" beginnt. Das wäre z.B. nur dann der Fall, wenn nach einer der beschriebenen Codierungen eine entsprechende Pause vorgesehen ist. Diese müßte jedoch so groß sein, daß sie genügend deutlich erkannt werden kann. Damit verschenkt man aber Übertragungskapazität.

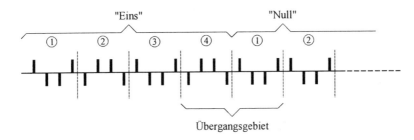

Bild 12. Übergang zwischen "Eins" und "Null"

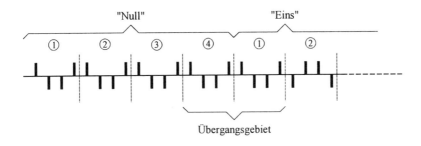

Bild 13. Übergang zwischen "Null" und "Eins".

Bei dicht aufeinander folgenden Codierfolgen ergibt sich andererseits ein Problem dadurch, daß man nicht ohne weiteres das Ende der einen Codierfolge vom Anfang der nächsten Codierfolge unterscheiden kann. Das geschieht z.B. schon bei zwei direkt aufeinander folgenden Nutz-Informationen „Eins" und „Eins". Wegen der vier direkt aufeinander folgenden identischen MT-Folgen vom Typ (1) (2) wird man nicht nur bei 8 Verschiebungen sondern sogar bei 16 Verschiebungen einen doppelt großen maximalen Peak für die Subtraktion erhalten. Bei zwei aufeinander folgenden Nutz-

Informationen „Null" und „Null" ergibt sich dasselbe für die Additionen. Genau dies läßt sich schon zur Bestimmung der Intervallgrenzen ausnutzen.

Wie ist es nun, wenn z.B. auf eine „Eins" eine „Null" folgt? Dann wird sich, siehe Bild 12, bei der Subtraktion des Null-Bereiches (1) von dem Eins-Bereich (4) bei der Subtraktion die negative große Zahl -8 bilden. Bei der Addition bleibt es bei den asymptotischen 0-Werten. Bei dem Übergang von „Null" auf „Eins" in Bild 13 findet man kein entsprechendes Ergebnis. Wenn man hier den Eins-Bereich (1) von dem Null-Bereich (4) subtrahiert, gibt es wieder die asymptotischen 0-Werte und die Addition liefert die positiven Maximalwerte. Zur besonders guten Ermittlung der Synchronisation verbleiben also die Wechsel von „Eins" auf „Null". Da man entweder geeignete Synchronisationsmarken einführen kann, oder beim Einschalten immer auf einen fortlaufenden Strom von „Einsen" und „Nullen" treffen wird, die sich gegenseitig abwechseln, kann durch Auswerten der übergroßen positiven Peaks oder der negativen Peaks immer eine sichere Synchronisation gewährleistet werden, solange genügend Zeit dafür zur Verfügung steht.

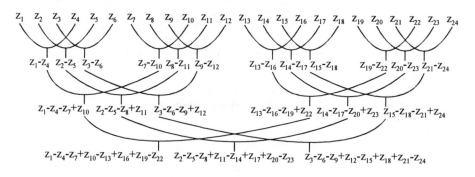

Bild 14. Hierarchische Differenzenbildung einer MT-Folge mit dem Abstand 3. Die resultierende (Summen-) Folge weist eine MT-Vorzeichenfolge auf, wobei aber jeweils drei aufeinanderfolgende Elemente zu einer Gruppe zusammengefaßt sind.

Selbstverständlich gibt es auch noch andere Codierungsschemata, die vielleicht für die Demodulation und Synchronisation besser geeignet sind als die hier besprochenen Beispiele.

Zum Beispiel ließe sich die Differenzbildung auch auf einen von 2^n verschiedenen Abstand erstrecken. Bild 14 zeigt ein Beispiel, das mit einem Abstand 3 arbeitet. Die resultierende und geordnete Folge zeigt, daß wieder eine MT-Folge entsteht, die sich jedoch von den oben diskutierten MT-Folgen dadurch unterscheidet, daß als Element der Folge zu Beginn der Konstruktion drei Impulse gleichen Vorzeichens verwendet werden. Die Verallgemeinerung liegt auf der Hand: Man wähle zu Beginn eine besondere Gruppe von Impulsen, die nun vervielfacht und nach den Regeln der MT-Folge mit Vorzeichen versehen werden. Dies kann man soweit treiben, daß man zu

Beginn sogar eine Gruppe von zufälligen oder pseudozufälligen Impulsen ansetzt. Macht man das mehrfach, so ließe sich z.B. auf diese Art auch ein Codevielfach-Übertragungsverfahren realisieren.

5. Ein Codevielfachsystem.

Für die Realisierung eines Codevielfachsystems ist es jedoch noch einfacher, von einer normalen MT-Folge auszugehen und die Reihenfolge gezielt, z.B. pseudostatistisch, zu vertauschen, siehe Bild 15a, b, c. Die Differenzbildungen bleiben jedoch unverändert, so daß sich dasselbe Ergebnis einstellt. Der Empfänger erhält dann die Information über die Vertauschungen als eine Art von Schlüssel und kann damit genau die für ihn bestimmte Nachricht decodieren.

Bei einer solchen bloßen Vertauschung der binären Symbole in der MT-Folge und einer folgenden Differenzbildung bleiben offensichtlich die folgenden Eigenschaften invariant:

a)   Es gibt genauso viele Einsen wie Nullen, bzw. die Werte +1 und -1 sind gleich häufig.

b)   Die Ergebnisse bei der Differenzbildung sind wiederum nur binär, d.h. es dürfen nur die Differenzen 1+1 =2 und -1 -1 = -2 gebildet werden. Die Differenzen 1-2=0 und -1+1=0 sind verboten.

c)   Die Differenzen sind in einer solchen Aufeinanderfolge anzuordnen, daß wiederum eine MT-Folge entsteht.

Geht man konstruktiv an die Aufgabe heran und „verwürfelt" z.B. die Werte +1/-1 der MT-Folge in den Stellen z_i , so ist zu erwarten, daß sich auch bei Anwendung der Differenzmethode eine Dirac-Funktion der Korrelation ergibt. Das heißt, nur bei exakter und vollständiger Erfassung des Korrelationsmusters in n-Stellen findet man im Ergebnis einen Dirac-Impuls der Amplitude n. Verschiebt sich dagegen das Intervall mit dem passenden Korrelationsmuster um eine oder mehrere Stellen, müssen sich wegen der zufälligen Verteilung der binären Werte +1/-1 viele dieser Werte gegenseitig aufheben., denn es können wieder die Differenzen +1 -1 = 0 und -1 +1 = 0 entstehen. Wichtiger ist jedoch, daß die Folge der Ergebnisse im allgemeinen nicht wieder eine MT-Folge bilden wird, so daß sich die gegenseitige Auslöschung der Werte weiter fortsetzt und zu außerordentlich niedrigen Endwerten führt. Das ist vergleichbar mit der Kompensation von Rauschwerten.

Aus all diesen Betrachtungen kann man noch folgern: Sofern die obigen Bedingungen erfüllt sind, können auch bei klassischen Übertragungssystemen mit Korrelationen, in denen das Signal eine pseudostatistische Signalfolge ist, die Korrelationen durch ausschließliche Differenzbildungen ermittelt werden. Dadurch vermeidet man auch noch alle Verzerrungen, die bei den sonst üblichen Produktoperationen entstehen können.

$$\begin{array}{cccccccccccccccc} 1 & -1 & -1 & 1 & -1 & 1 & 1 & -1 & -1 & 1 & 1 & -1 & 1 & -1 & -1 & 1 \end{array}$$ MT-Folge

$$z_1 \; z_2 \; z_3 \; z_4 \; z_5 \; z_6 \; z_7 \; z_8 \; z_9 \; z_{10} \; z_{11} \; z_{12} \; z_{13} \; z_{14} \; z_{15} \; z_{16}$$ Stellenbezeichnungen

$$(z_1\text{-}z_2) \; (z_3\text{-}z_4) \; (z_5\text{-}z_6) \; (z_7\text{-}z_8) \; (z_9\text{-}z_{10}) \; (z_{11}\text{-}z_{12}) \; (z_{13}\text{-}z_{14}) \; (z_{15}\text{-}z_{16})$$ Differenzen

Bild 15. a) Die schon diskutierte Zusammenfassung von benachbarten Elementen einer MT-Folge bei der hierarchischen Differenzenbildung.

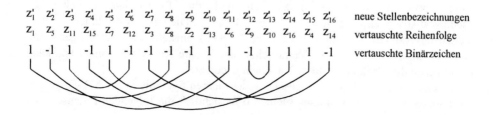

$z_1' \; z_2' \; z_3' \; z_4' \; z_5' \; z_6' \; z_7' \; z_8' \; z_9' \; z_{10}' \; z_{11}' \; z_{12}' \; z_{13}' \; z_{14}' \; z_{15}' \; z_{16}'$ neue Stellenbezeichnungen

$z_1 \; z_5 \; z_{11} \; z_{15} \; z_7 \; z_{12} \; z_3 \; z_8 \; z_2 \; z_{13} \; z_6 \; z_9 \; z_{10} \; z_{16} \; z_4 \; z_{14}$ vertauschte Reihenfolge

$\begin{array}{cccccccccccccccc} 1 & -1 & 1 & -1 & 1 & -1 & -1 & -1 & -1 & 1 & 1 & -1 & 1 & 1 & 1 & -1 \end{array}$ vertauschte Binärzeichen

Bild 15. b) Beispiel einer vertauschten Reihenfolge, wobei die nachbarliche Differenzenbildung erhalten bleibt.

$$\begin{array}{cccccccc} z_1\text{-}z_2 & z_3\text{-}z_4 & z_5\text{-}z_6 & z_7\text{-}z_8 & z_9\text{-}z_{10} & z_{11}\text{-}z_{12} & z_{13}\text{-}z_{14} & z_{15}\text{-}z_{16} \\ \| & \| & \| & \| & \| & \| & \| & \| \\ z_1'\text{-}z_9' & z_7'\text{-}z_{15}' & z_2'\text{-}z_{11}' & z_5'\text{-}z_8' & z_{12}'\text{-}z_{13}' & z_3'\text{-}z_6' & z_{10}'\text{-}z_{16}' & z_4'\text{-}z_{14}' \end{array}\Bigg\}$$ äquivalente Differenzen

$z_1' \; z_9' \; z_7' \; z_{15}' \; z_2' \; z_{11}' \; z_5' \; z_8' \; z_{12}' \; z_{13}' \; z_3' \; z_6' \; z_{10}' \; z_{16}' \; z_4' \; z_{14}'$ Schlüsselcode

Bild 15. c) Ermittlung der äquivalenten Differenzen führt zu einem Schlüsselcode.

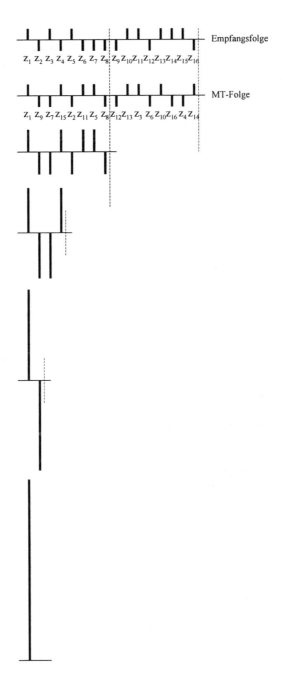

Bild 15. d) Beispiel einer quasizufälligen Empfangsfolge, die durch passende Umordnung zu einer hierarchischen Differenzenfolge gemacht wird.

Diese "umgekehrte Betrachtung" sei an Hand von Bild 15d noch etwas veranschaulicht. Wir setzen also in Bild 15d eine quasizufällige Folge von Impulsen an, die im Falle der Korrelationsübertragung ein informationstragendes Symbol sei. Zugleich sei wie üblich ein Schlüssel bzw. eine Referenzfolge verabredet, mit dem beim Empfänger das Eintreffen eines solchen Zeichens festgestellt werden soll. In Kenntnis dieses Schlüssels werden wir dann die Decodierung im Empfänger vornehmen, im Unterschied zu der klassischen Korrelation aber in der Weise, daß wir aus der empfangenen Impulsfolge die Impulse in einer solchen Reihenfolge entnehmen, daß eine MT-Folge entsteht (dafür gibt es viele Möglichkeiten). Diese MT-Folge kann dann in bekannter Weise weiterverarbeitet werden, wobei das Auftreten des Maximalwertes (2^N) anzeigt, daß das entsprechende Zeichen "korreliert" empfangen wurde. Wenn man dieses Verfahren bei einem existierenden Korrelationssystem anwendet, siehe Bild 16, wird man wegen der Bedingung gleich vieler positiver und negativer Impulse vorzugsweise mit quasizufälligen Impulsfolgen arbeiten. Denn sie erfüllen diese Bedingung. Außerdem ergeben sich bei der Synchronisation solcher quasizufälligen Impulsfolgen über der Zeitachse bessere Bedingungen hinsichtlich der deutlicheren Unterscheidung von Hauptmaximum und kleineren Maxima bei den Verschiebungen.

Die Tatsache, daß keine Multiplikationen durchgeführt werden müssen, bringt bei Verwendung binärcodierter Impulse konstanter Amplitude in diesen Beispielen allerdings keine sonderlich großen Vorteile, weil dabei die technische Umsetzung der Multiplikation sehr einfach ist. Aber sobald Impulse mit variabler Amplitude ins Spiel kommen - und damit ist in vielen Anwendungen zu rechnen - zeigt sich eine starke Verringerung des Aufwandes und der Verarbeitungszeit bei der Anwendung der hierarchischen Differenzbildung.

Nehmen wir ohne Beschränkung der Allgemeinheit einmal diskrete Werte (Abtastwerte) einer Funktion an, deren Amplituden irgendwo im Bereich von -1 bis +1 liegen. Wir nehmen ferner gleiche Häufigkeit für alle Amplituden in dem betrachteten Nachrichtenintervall an. Dann kann man in einem ersten Bearbeitungsschritt Paare von Abtastwerten so bilden, daß ihre Differenz angenähert jeweils die Werte +1 und -1 gibt. Darauf schließen sich die oben schon beschriebenen Verarbeitungsschritte an, die zu hohen Korrelationswerten führen.

Dies sei noch mit Hilfe des Beispiels in Bild 15e veranschaulicht. Die Referenzfolge besteht hier aus Abtastwerten, die zuerst linear ins Positive ansteigen und dann ebenso linear ins Negative abfallen. Die konventionelle Korrelation, siehe das nächste Bild 15f, führt zu einer maximalen Korrelationssumme 2,4. Würde man dagegen, wie oben vorgeschlagen, die Analogwerte nach Bild 15g zu Differenzwerten kombinieren, die eine MT-Folge von Einheitsimpulsen ergeben, so wäre man wieder bei dem vorteilhaften Schema der hierarchischen Differenzbildung angelangt, das zu einer maximalen Korrelationssumme $\Sigma=4$ führt. Ersichtlich hat man hier einen Gewinn von $4/2,4 \approx 1,7$ erzielt. Will man diesen Gewinn auch mit dem multiplikativen Korrrelationsverfahren erreichen, muß man beim Empfänger nicht mit dem senderseitigen Korrelationssignal sondern mit einer Referenzfolge aus Einheitsimpulsen arbeiten und zwar so, daß an Stelle eines positiven Wertes des senderseitigen analogen Signals im Empfänger mit +1 multipliziert und an Stelle eines negativen Signals mit -1 multipliziert wird. Es entsteht, wie Bild 15h zeigt, dann eine

Betragsbildung, deren Summe genauso groß ist wie bei der hierarchischen Differenzbildung von Bild 15g. Nicht evident ist, ob sich bei der Betragsbildung die Kompensation von Störimpulsen verbessert hat. Immerhin werden bei der konventionellen Korrelation auch die Störimpulse durch die Multiplikation mit den Analogwerten unterschiedlich verändert, während dies bei der Betragsbildung nach Bild 15h nicht der Fall ist.

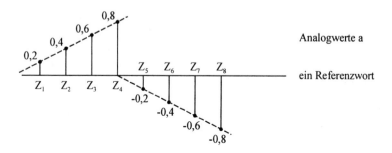

Bild 15. e) Beispiel eines Referenzwortes aus unterschiedlichen diskreten Analogwerten.

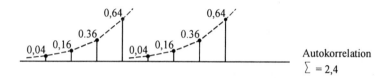

Bild 15. f) Die quadrierten Analogwerte ergeben in der Summe den Autokorrelationswert 2,4.

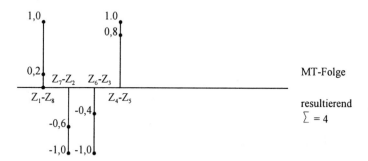

Bild 15. g) Die diskreten Werte des Referenzwortes werden zu Einheitsimpulsen einer MT-Folge zusammengefügt.

105

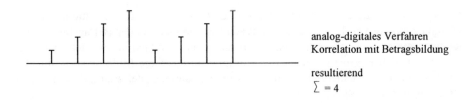

analog-digitales Verfahren
Korrelation mit Betragsbildung

resultierend
$\sum = 4$

Bild 15. h) Beispiel von analogen Korrelationssummanden, wenn das Referenzwort nur aus Einheitsimpulsen +1/-1 besteht. Es ergibt sich wieder der maximale Autokorrelationswert 2,4.

Eine größtmögliche Verallgemeinerung des Verfahrens der Signalgewinnung liegt nun auf der Hand. Angenommen, die Nutzsignale bestehen aus einer Folge von beliebig aufeinander folgenden binären Einheitsimpulsen. Es gelten die Voraussetzungen a und b, d.h. es gibt eine gleiche oder annähernd gleiche Anzahl von Einsen und Nullen und eine Differenzbildung erfolgt in der Art, daß wiederum nur binäre Impulse, allerdings mit doppelter Amplitude entstehen. Die Impulse werden also gewissermaßen (vorzeichenrichtig) „gestapelt". (ein Ausdruck, der von S. Wolf eingeführt wurde). Dann bedarf es einer Vorschrift, eines sog. Schlüssels, der angibt, wie je zwei Impulse aus der (z.B. quasistatistischen) Impulsfolge zu einem Differenzterm zusammengefaßt werden, so daß gleich viele positive und negative Impulse der doppelten Amplitude entstehen. Sie brauchen nun nicht unbedingt gleich wieder als MT-Folge angeordnet zu werden, wenn nur wieder ein zweiter Schlüssel vorhanden ist, der angibt, in welcher Weise die Impulse doppelter Amplitude zu „stapeln" sind. In der gleichen Weise kann man von Ebene zu Ebene fortschreitend auf die vierfache, achtfache usw. Amplitude stapeln, bis man in der letzten Ebene bei einem einzelnen Impuls der maximalen Amplitude angelangt ist. Idealerweise wird man dabei von einer Zahl von Impulsen in der ersten Ebene ausgehen, die einer Zweierpotenz entspricht.

Dieses verallgemeinerte Verfahren verspricht insbesondere dann Vorteile, wenn ein Sender Informationen an sehr viele verschiedene Teilnehmer versenden will. Man kann dann sehr viele verschiedene Schlüssel wählen. Man kann ferner vermuten, daß es bei der Unterdrückung des Rauschens infolge der „individuellen Stapelung" noch Vorteile gibt, weil sich die Teilnehmer mit ihren Schlüsseln in der Impulsverarbeitung auf allen Ebenen unterscheiden können.

Ein weiterer Gesichtspunkt: Es ist zu erkennen, daß man bei all den beschriebenen Verfahren mit MT-Folgen sehr einfach von einer normierten binären Codierung zu einer Amplitudendarstellung gelangt ist. Selbstverständlich kann man bei einer Übertragung auch unterschiedliche Längen der MT-Folgen mit den daraus entstehenden unterschiedlich hohen Maximalamplituden verwenden. Dann hat man nichts anderes als eine Digital-Analog-Wandlung, bzw. eine indirekte Amplitudenmodulation realisiert.

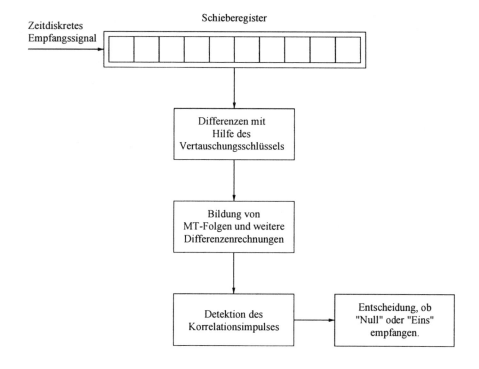

Schaltung zur Korrelationsbestimmung mit Hilfe
von geordneten Differenzbildungen.

Bild 16. Schaltung zur Korrelationsbestimmung mit Hilfe von geordneten
Differenzenbildungen.

6.   Gemeinsamer Grundgedanke der neuen Verfahren.

Zunächst ist zu erkennen, daß die Substitution der klassischen Korrelationsmethode
nach Gl. (2) durch die Stapelmethode zur Folge hat, daß die Multiplikation der
einzelnen Terme durch ihre Differenz ersetzt wird. Das führt zu einfacheren
Schaltungen, die sogar eine schnelle Datenverarbeitung zulassen.

In manchen Fällen findet man außerdem verschiedene numerische Ergebnisse.
Nehmen wir z.B. den Fall, daß in Gl. (2) beide Terme den Wert ± 0,1 haben. Das führt
zu dem Produkt 0,01. Bei der Stapelung ergibt sich jedoch der größere Wert ± 0,2.

Ein weiterer Unterschied, der in der Praxis wichtiger sein kann, besteht darin, daß
im Empfänger bei dem Stapelverfahren ausschließlich die empfangenen
Originalsignale dazu benutzt werden, um nach bekannter, gespeicherter Vorschrift in
Form eines Schlüssels das maximale Korrelationssignal zu erzeugen. Bei dem

klassischen Korrelationsverfahren muß dagegen gerade der Schlüssel (in Form einer Impulsfolge oder einer Potentialfolge) selbst in die Verarbeitung einbezogen werden. Er muß stufenweise mit dem Empfangssignal multipliziert werden, worauf die Produktterme zu summieren sind. Bei dem bekannten klassischen Verfahren wird also aus zwei verschiedenen Signalen, einem empfangenen gestörten und einem gespeicherten ungestörten Signal zuerst durch Produktbildung ein drittes gemischtes Signal erzeugt, dessen Glieder dann summiert werden.

Im folgenden soll dieser Gesichtspunkt noch etwas genauer untersucht werden, wobei auch die Frage geklärt wird, ob man das Differenzverfahren auch in einer Weise einsetzen kann, die unmittelbar mit dem klassischen Korrelationsverfahren vergleichbar ist.

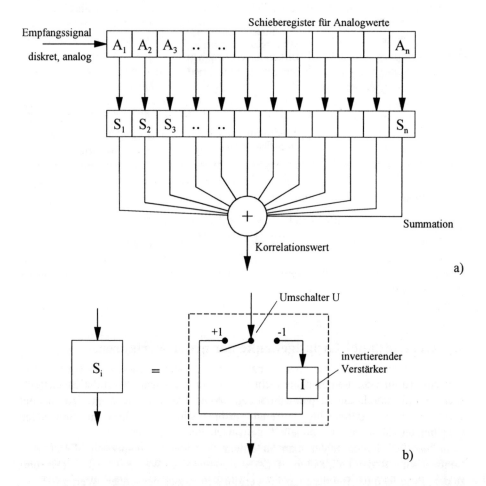

Bild 17. Stapelschaltung für analoge Signale a) Blockschaltbild, b) Umschalter S_i mit invertierendem analogen Verstärker

Als ein Beispiel, in dem die beschriebene hierarchische Differenzenbildung zeitlich und örtlich zusammengefaßt und in einer einfachen Schaltung realisiert ist, betrachte man die Anordnung in Bild 17. Sie enthält (von oben nach unten gesehen) ein Schieberegister für diskrete Analogwerte, gefolgt von einer Reihe von Stufen, in denen jeweils einer von zwei verschiedenen Wegen durchgeschaltet werden kann und darauf eine Schaltung, in der die Summe der zugeführten Signale gebildet und ausgegeben wird. In diesem Bild sind 12 Stufen für das Schieberegister gezeichnet, in der Praxis wird man jedoch mit einer größeren Zahl von Stufen, z.B. 1024, arbeiten. Nur dann funktioniert nämlich die Kompensation zufälliger Störsignale ausreichend gut. Die Korrelationsschaltung arbeitet wie folgt. Dem Schieberegister wird am Eingang ein diskretisiertes Empfangssignal zugeführt. In Bild 18 ist das mit einem Beispiel veranschaulicht, bei dem der Schaltung gerade das Signal zugeführt wird, das zu dem Schlüssel paßt. Bild 18a zeigt zunächst eine Analogspannung, die in gleichen Zeitabständen abgetastet wird, Bild 18b die Folge der daraus entstehenden diskreten (Abtast-) Impulse mit unterschiedlichen Amplituden. In Bild 18c sind diese Impulse hinsichtlich ihrer Eigenschaft unterschieden, positiv oder negativ zu sein, was praktisch durch Verstärkung und Begrenzung geschehen kann. In allen Stufen S_i in Bild 17a wird nun nach Maßgabe des Schlüssels (bei maximaler Korrelation) bei einer positiven Spannung A_i der Umschalter U_i nach links umgelegt, so daß diese Spannung unverändert durch die Stufe S_i hindurchlaufen kann. Bei Vorliegen einer negativen Spannung A_i wird der Schalter U_i nach rechts umgelegt, so daß das Signal A_i unter Beibehaltung seiner besonderen Amplitude invertiert wird. Werden im Spezialfall binäre Amplituden für A_i verwendet und sind diese Amplituden stets gleich groß, so kann man statt des analogen Inverters auch einen digitalen Inverter, d.h. eine logische Schaltung verwenden. Dieser Spezialfall soll hier jedoch nicht weiter betrachtet werden.

Werden dem individuellen Anwender die Stufen S_i mitgeteilt, in denen eine Invertierung stattfinden soll, so hat er damit einen individuellen Schlüssel zur Identifikation des für ihn bestimmten Signals, siehe Bild 18d und 18e. Unter dieser Voraussetzung sind alle aus den Ausgängen der Stufen S_i kommenden Nutzsignale positiv. Sie werden nach Bild 18f summiert und ergeben dann das maximale Korrelationssignal.

Bei der Bildung pseudozufälliger Abtastwerte in Bild 18b oder bei der Festlegung des individuellen Schlüssels in Bild 18e wird es in der Regel genau soviele positive Amplituden wie negative Amplituden, bzw. genau soviele Zeichen 0 wie 1 geben. Bei Bedarf wird man die Folgen auch leicht so verändern können, daß diese Eigenschaft exakt erfüllt ist. Dies hat vor allen Dingen Auswirkungen auf die gleichzeitig vorhandenen, aber hier nicht gezeichneten Störsignale. Sind es zufällige Störsignale oder hat ihre Rausch-Dichtefunktion nur einen, bezüglich positivem und negativen Amplitudenbereich, symmetrischen Verlauf, dann werden sich insbesondere bei sehr vielen Stufen diese Störsignale weitgehend aufheben, während im Korrelationsfall gerade die maximale Summe aller Nutzimpulse entsteht. Das unmittelbar zu verarbeitende Referenzsignal der klassischen Korrelation ist also hier durch einen Schlüssel ersetzt worden, der nur mittelbar eingesetzt wird.

Sehr einfach ist auch die Betrachtung einer Gleichspannungs-Störung. Da in Bild 18c,d,e jeweils die Hälfte aller Spannungen A_i invertiert wird, fällt diese Störspannung bei der Summenbildung in Bild 18f exakt heraus.

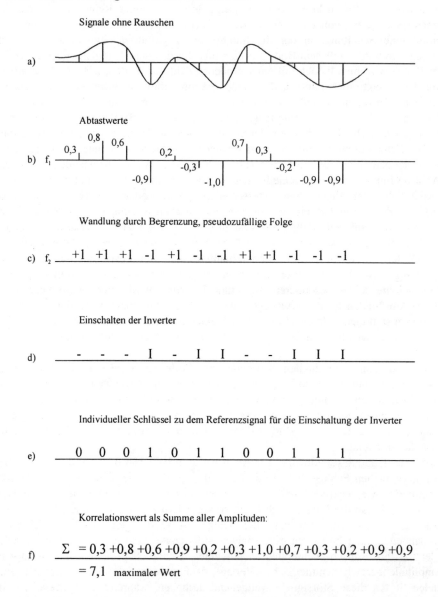

Signale ohne Rauschen

a)

Abtastwerte

b) f_1

Wandlung durch Begrenzung, pseudozufällige Folge

c) f_2 +1 +1 +1 -1 +1 -1 -1 +1 +1 -1 -1 -1

Einschalten der Inverter

d) - - - I - I I - - I I I

Individueller Schlüssel zu dem Referenzsignal für die Einschaltung der Inverter

e) 0 0 0 1 0 1 1 0 0 1 1 1

Korrelationswert als Summe aller Amplituden:

f) Σ = 0,3 +0,8 +0,6 +0,9 +0,2 +0,3 +1,0 +0,7 +0,3 +0,2 +0,9 +0,9

= 7,1 maximaler Wert

Bild 18. Beispiel einer optimalen Korrelation. a) Analoges abgetastetes Signal, b) Abtastwerte, c) Vorzeichenbestimmung, d) Invertierung der negativen Werte, e) Schlüssel für die Identifikation, f) maximaler Korrelationswert als Summe der positiven Einzelwerte.

7. Schlußbemerkung.

Das hier dargelegte Verfahren zur Gewinnung kleiner Nutzsignale aus sehr großem Rauschen entstand aus einem Gedankenspiel: Wenn es wirklich im Universum weit entfernte Zivilisationen gäbe, die uns Nachrichten zukommen lassen wollten, so wäre es doch sicher richtig, einmal nach einem optimalen Verfahren zu fragen, mit dem infolge der großen Entfernungen sehr abgeschwächte Signale in dem umhüllenden überwältigend energiereichen Störnebel doch noch sicher ausgefiltert werden können. All dies auch noch unter der Randbedingung, daß wir nicht wissen können, welches der gängigen Übertragungs- und Modulationsverfahren von der fernen technischen Zivilisation verwendet wird. Natürlich würde man, von dem heutigen Stande der Technik ausgehend, und die Erfahrungen berücksichtigend, die man inzwischen mit schwachen Satellitensendern gemacht hat, die Lösung bei den Korrelationsverfahren suchen. Da bei starkem Rauschen die zu korrelierenden Sendesignale aus einer großen Anzahl von Komponenten bestehen müssen, die in der Regel als pseudostatistische Folge gewählt werden, wäre es sicher eine sehr mühsame und wenig erfolgversprechende Aufgabe, nach solchen Korrelationsfolgen zu suchen. Bei unseren bekannten Übertragungssystemen kennt man eben von vornherein die Korrelationsgrößen. Die Frage stellt sich dann, ob es nicht Verfahren geben könnte, bei denen gleich ein Schlüssel mitgeliefert wird, der sowohl zur Erkennung eines intelligenten Signals als auch zu seiner Decodierung dienen kann. Die Hoffnung war, daß es einen solchen ausgezeichneten Schlüssel gibt, auf den man mit ein wenig Nachdenken stoßen muß. Das gesuchte Übertragungssystem sollte ferner noch eine andere Eigenschaft haben. Es sollte einen möglichst großen energetischen Wirkungsgrad haben. Das bedingt dann nach unserer Überzeugung, daß man nicht mehr wie bei unseren gängigen Übertragungsverfahren eine relativ lose Kopplung zwischen einem Träger und der Modulationsspannung hat, sondern daß der Träger selbst so gestaltet wird, daß er sowohl die Trägerfunktion als auch die Modulationsfunktion erfüllen kann. Die Lösung dieses Gedankenspiels liegt nun vor. Sie scheint so viele gute Eigenschaften zu haben, daß sie auch bei unseren terrestrischen Übertragungssystemen mit Vorteil eingesetzt werden könnte.

Literatur

1. W. Hilberg. Impulse und Impulsformen, die durch Integration oder Differentiation in einem veränderten Zeitmaßstab reproduziert werden. AEÜ 25, Januar 1971, Heft 1, S.39-48
2. W. Hilberg. Beziehungen der Funktionen hut(x) und $\rho(x)$ zu Walsh-Funktionen und zu verallgemeinerten Exponentialfunktionen. Wiss.Ber.AEG-Telefunken 45 (1972) 1/2, S.80-89

3. W. Hilberg. Mehrdimensionale Morse-Thue-Folgen. Physik in unserer Zeit, 22.Jahrg. 1991, S.24-28

4. St. Wolf. Modulation mit der Morse-Thue Folge Institutsbericht 208/98

5. W. Hilberg. Ein neues Übertragungsverfahren mit einer besonderen Codierung im Zeitbereich für sehr kleine Signal/Rausch-Verhältnisse. Institutsbericht 195/96

Der vorliegende Aufsatz entstand aus Diskussionen mit Stefan Wolf und bildete so den Anstoß für seine spätere umfassende Dissertation:
"Korrelationsverfahren minimalen Aufwands mit der Methode des Stapelns" TU Darmstadt 1999.

6

Welche Unschärferelationen sind die richtigen für die Signalverarbeitung? (Anschauliche Behandlung mit MATLAB).

Die wenigsten wissen, daß in der Informationstechnik eine andere Unschärferelation als die von Heisenberg gilt. Wer es nicht glaubt, kann sich jetzt die Unterschiede ohne große Theorie zahlenmäßig vor Augen führen.

Kurzfassung. Die Heisenberg'sche Unschärferelation in der Physik bildete den Anlaß, auch in der Informationstechnik (Nachrichtentechnik, Hochfrequenztechnik, usw.) nach entsprechenden Beziehungen zu suchen. Die sich aus den Ansätzen von Gabor, Meyer und Leontowitsch ergebenden optimalen Funktionen sind durchaus von den Gauß'schen Glockenkurven der Heisenberg'schen Lösung verschieden und finden ihre Anwendung in unterschiedlichen Anwendungsbereichen. Besonders aktuell sind die Gabor-Funktionen und ihre Abkömmlinge in der Signal- und Bildverarbeitung. Es kann gezeigt werden, daß eine aus der Gauß'schen Glockenkurve abgeleitete und als "mexikanischer Hut" bekanntgewordene und in der praktischen Bildverarbeitung sehr beliebte Funktion einen Produktwert hat, der recht gut mit dem Wert der Gabor'schen Funktion übereinstimmt. Trotz oberflächlicher Ähnlichkeit differiert er aber noch erheblich von dem absolut kleinsten Produktwert von Meyer und Leontowitsch. Anstelle abstrakter mathematischer Ableitungen werden die Verhältnisse mit Hilfe numerisch gewonnener Ergebnisse (MATLAB) veranschaulicht, so daß man rasch ein Gefühl dafür bekommt, auf welche Bezugswerte es ankommt, und wieweit die Heisenberg'sche und die Gabor'sche Lösung von der optimalen Lösung der Signalverarbeitung entfernt sind.

1   Einleitung

Je moderner und raffinierter die Signalverarbeitungsmethoden werden, um so häufiger wird die Heisenberg'sche Unschärferelation zitiert, und das sogar in einer Weise, die meistens nicht korrekt ist. Ursprünglich nur im Zusammenhang von Zeit- und Spektralfunktionen im Sinne der Fourierintegrale von Bedeutung, ist die ursprüngliche Betrachtung im Grunde genommen gleich geblieben, dennoch hat sie sich mit dem Aufkommen neuer Transformationen ein wenig verändert. Stichworte hierzu lauten: Wavelet-Transformation, Gabor-Transformation, Morlet-Transformation und weitere neuere Transformationen. Sogar in der Bildverarbeitung mit ihren Orts- und Spektralbereichen werden Funktionen mit einem minimalen (Heisenberg-) Produkt diskutiert. Hierbei taucht immer wieder eine Funktion auf, die wegen ihrer charakteristischen Funktion „mexikanischer Hut" genannt wird, und die sich in vielen Anwendungen (bis in die Biologie hinein unter dem Stichwort visuelle Bildverarbeitung) als besonders günstig herausstellt. Im folgenden soll gezeigt werden, daß dies kein Zufall ist, sondern daß hier eine außerordentliche Nähe zu einer Funktion vorliegt, welche die exakte Lösung der Unschärferelation für die Nachrichten- bzw. Informationstechnik darstellt.

Bevor dies aber gezeigt werden kann, muß zuerst näher erläutert werden, daß es verschiedene Ansätze und damit auch verschiedene Lösungen für das Problem der „Unschärfe" (uncertainty) gibt, die sich sowohl hinsichtlich der Form der optimalen Funktionen als auch der numerischen Produktwerte unterscheiden.

2.   Die klassischen Betrachtungen.

Heisenberg betrachtete in der Quantenmechanik zwei (Verteilungs-) Größen, die durch eine Fouriertransformation miteinander zusammenhängen und zeigte, daß ihr Produkt einen gewissen minimalen Wert nicht unterschreitet. Nennen wir zum Zwecke eines leichteren späteren Vergleichs die Verteilungen in der Physik $f(t)$ und $F(\omega)$, nehmen an, daß beide Größen komplex sind und daß sich die Definitionsbereiche sowohl für t als auch für ω von - ∞ bis + ∞ erstrecken. Dann kann man eine Breite Δt der Verteilungsfunktion f(t) als normiertes zweites Moment wie folgt definieren:

$$(\Delta t)^2 = \frac{\int\limits_{-\infty}^{+\infty} (t - \bar{t})^2 |f(t)|^2 \, dt}{\int\limits_{-\infty}^{+\infty} |f(t)|^2 \, dt}. \tag{1}$$

Hierbei ist $\bar{t}$ der Schwerpunkt dieser Verteilung

$$\bar{t} = \frac{\int\limits_{-\infty}^{+\infty} t \cdot |f(t)|^2 \, dt}{\int\limits_{-\infty}^{+\infty} |f(t)|^2 \, dt} \tag{2}$$

Diese Definition der Breite einer Verteilung um den Schwerpunkt, d.h. der Streuung, ist bekanntlich - da die Energieanteile $|f(t)|^2$ gemäß dem Quadrat der Entfernung vom Schwerpunkt, d.h. mit $(t - \bar{t})^2$ gewichtet werden - eine sehr allgemeine Definition und für ganz beliebige Funktionsverläufe brauchbar.

Die Breite Δω der Verteilungsfunktion F(ω) wird ebenfalls als normiertes zweites Moment definiert:

$$(\Delta \omega)^2 = \frac{\int\limits_{-\infty}^{+\infty} (\omega - \bar{\omega})^2 |F(\omega)|^2 \, d\omega}{\int\limits_{-\infty}^{+\infty} |F(\omega)|^2 \, d\omega}. \tag{3}$$

Hierbei ist $\bar{\omega}$ der Schwerpunkt der Verteilung

$$\overline{\omega} = \frac{\int\limits_{-\infty}^{+\infty} \omega \cdot |F(\omega)|^2 \, d\omega}{\int\limits_{-\infty}^{+\infty} |F(\omega)|^2 \, d\omega} \qquad (4)$$

Das Produkt der beiden Größen Δt und $\Delta\omega$ gehorcht der Ungleichung

$$\Delta t \cdot \Delta\omega \geq const. \qquad (5a)$$

Dies ist die grundlegende Heisenberg´sche Unschärferelation, wobei die Konstante "const" einen numerischen Wert hat, der sich beim Bezug auf die Kreisfrequenz ω wie in Gl.(5a) zu 1/2 ergibt. Beim Bezug auf eine einfache Frequenz ergibt er sich zu $1/4\pi$. Verwendet man eine andere Definition der Breite eines Impulses, welche gegenüber Gl.(1) und Gl.(3) noch einen Vorfaktor 2 aufweist (was bei technischen Anwendungen Sinn macht), und wenn man sich wie oben wieder auf die Kreisfrequenz bezieht, kommt man schließlich zu folgender Form der Unschärferelation

$$\Delta t \cdot \Delta\omega \geq 2, \qquad (5b)$$

die im folgenden bevorzugt wird. Auf jeden Fall gehört zur Lösung für den Fall des Gleichheitszeichens in Gl.(5) eine Funktion, die im t- und im ω- Bereich dieselbe Gestalt hat(C ist eine Konstante):

$$f_{Heis}(t) = C \cdot a\sqrt{2\pi} \, e^{-a^2 t^2/2} \qquad (6)$$

$$F_{Heis}(\omega) = C \cdot e^{-\omega^2/2a^2}. \qquad (7)$$

Das heißt, die Heisenberg´schen Funktionen für das minimale Produkt sind Gauß´sche Glockenkurven, siehe Bild 1. Man erkennt, daß beide Lösungsfunktionen ihre Schwerpunkte im Nullpunkt der t- und ω- Achse haben.

Man kann nun diese Lösung auf die Technik übertragen, mit t als Zeit und ω als Frequenz, und demzufolge wird f(t) eine Zeitfunktion und F(ω) eine Spektralfunktion sein. Die Funktionen müssen dabei wie bisher schon eine endliche Energie haben, so daß eine Fourier-Transformation möglich ist. Die unveränderte Übertragung des Heisenberg'schen Ansatzes führt natürlich zu denselben Lösungen, d.h. zu den optimalen Zeit- und Spektralfunktionen in Form Gauß'scher Glockenimpulse.

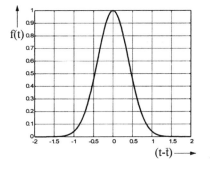 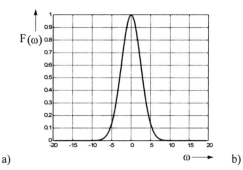

Bild 1. Gauß'sche Glockenkurven a) im Zeitbereich und b) im Spektralbereich als Lösungsfunktion der Heisenberg'schen Unschärferelation. In beiden Bereichen geht die Symmetrieachse durch den Nullpunkt. Das setzt die Existenz endlicher Spektralwerte im Bereich negativer ω voraus.

Bei Anwendungen in der Hochfrequenztechnik liegen die zu betrachtenden Spektren jedoch weit ab vom Nullpunkt der ω-Achse. Die Heisenberg'sche Lösung ist also nicht brauchbar. Deshalb hatte sich D.Gabor [2] einst die Frage gestellt, ob es eine Lösung auch für hochfrequente Spektren gibt. Er findet eine optimale Spektralfunktion F(ω), deren Gestalt (auf jeder Seite der ω-Achse) wiederum eine Gauß'sche Glockenkurve ist. Man kann sie sich aus zwei gleich großen Glockenkurven um den Nullpunkt entstanden denken, die man um gleich große Strecken nach rechts und links auf der ω-Achse verschiebt, siehe Bild 2b. Zu solch einem hochfrequenten optimalen (Bandpaß-) Spektrum gehört dann eine optimale Zeitfunktion, die für dieses Beispiel in Bild 2a dargestellt ist. Hier hat die Einhüllende der sog. "trägerfrequenten" Schwingung die Gestalt eines Gauß'schen Glockenimpulses (mit verschwindendem Gleichanteil), wobei es bemerkenswert ist, daß der numerische Wert des minimalen Produktes mit dem in der Physik geltenden Wert in Gl.(5) übereinstimmt.

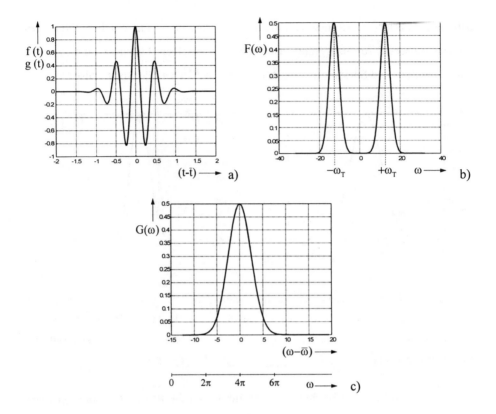

Bild 2. Die Gabor-Funktionen als Lösungsfunktionen für das Unschärfe-Problem im Bereich hoher Frequenzen. a) Beispiel einer Gabor-Zeitfunktion, die eine kurzzeitige Schwingung der Frequenz ω_T darstellt, mit einer Einhüllenden in Form einer Gauß'schen Glockenkurve, b) Gabor-Spektralfunktion, die man mit der gewöhnlichen Fourier-Transformation aus der Gabor-Zeitfunktion erhält (das Spektrum $F(\omega)$ erstreckt sich dabei über positive und negative ω), c) eigentliche Gabor-Spektralfunktion $G(\omega)$, die nur über positive ω definiert ist (analytische Spektralfunktion, deren Symmetrieachse durch den stets positiven Schwerpunkt $\overline{\omega}$ geht).

Wie aber kommt es, daß die optimalen Funktionen andere sind als sie Heisenberg berechnet hatte? Nun, der Berechnungsansatz von Gabor geht von dem Gedanken aus, daß es in Wirklichkeit keine negativen Frequenzen gibt, daß also die aus einer Zeitfunktion $f(t)$ ermittelte Spektralfunktion $F(\omega)$ nur für positive Frequenzwerte ω eine reale Bedeutung hat (das ist für die physikalischen Größen der Quantenmechanik anders). Bekanntlich ist die Energie der nach Betrag und Phase definierten Spektralfunktion über ausschließlich positive ω, mit der man vorzugsweise in der

Anfangszeit der Elektrotechnik rechnete, nur vermittels des geschickten Kalküls der Fourier-Transformation auch über die negative ω-Achse verteilt worden. Wegen der damit verbundenen Vorteile ist das die heute überwiegend gebrauchte Darstellung einer Spektralfunktion. Mit Hilfe der Hilbert-Transformation gelang es nun Gabor, ein analytisches Spektrum G(ω) zu erzeugen, das nur (endliche) Werte über der positiven ω-Achse enthält, wobei die nach wie vor benutzbare Fourier-Transformation dann zu einer komplexen Zeitfunktion führt. Mit diesem Trick kann Gabor zur Bestimmung der spektralen Breite $\Delta\omega$ ausschließlich über den Bereich positiver Frequenzen ω integrieren (man vergleiche mit Gl.(3)):

$$(\Delta\omega)^2 = \frac{\int\limits_{-\infty}^{+\infty}(\omega-\overline{\omega})^2|G(\omega)|^2\,d\omega}{\int\limits_{-\infty}^{+\infty}|G(\omega)|^2\,d\omega} = \frac{\int\limits_{0}^{+\infty}(\omega-\overline{\omega})^2|G(\omega)|^2\,d\omega}{\int\limits_{0}^{+\infty}|G(\omega)|^2\,d\omega}. \tag{8}$$

Ändert man noch die Gl.(4) wie folgt,

$$\overline{\omega}_{Gab} = \omega_T = \frac{\int\limits_{0}^{+\infty}\omega|G(\omega)|^2\,d\omega}{\int\limits_{0}^{\infty}|G(\omega)|^2\,d\omega} \tag{9}$$

wobei ω_T auf die "Trägerfrequenz" im Bereich hoher Frequenzen, die dort zugleich die Schwerpunktsfrequenz ist, hindeuten soll, so erhält man mit Gl.(1), Gl.(2) für solche spektralen Schwerpunkte ω_T, die weitab vom Nullpunkt im Hochfrequenzbereich liegen, die optimale Gabor-Zeitfunktion

$$f_{Gab.}(t) = \frac{1}{\pi^{1/4}\cdot\sqrt{\sigma}}e^{-\frac{(t-\overline{t})^2}{2\sigma^2}}\cdot\cos(\omega t) \qquad , \qquad \sigma = 1/a. \tag{10}$$

Unter Benutzung der normalen Fouriertransformation findet man zu dieser Zeitfunktion das Spektrum F(ω) über positive und negative Frequenzen

$$F_{Gab.}(\omega) = \sqrt{2\sigma}\,\pi^{1/4}\left[e^{-\sigma^2(\omega-\overline{\omega})^2/2} + e^{-\sigma^2(\omega+\overline{\omega})^2/2}\right] \qquad \text{(11)}$$

Eigentlich sollte man das Ergebnis, dem Grundgedanken von Gabor folgend, auch nur als eine einseitige Spektralfunktion ausdrücken, d.h. als eine sogenannte "analytische Spektralfunktion", die, wie in Bild 2c dargestellt, nur über positive Frequenzen ω definiert ist. Aus der Kenntnis der optimalen Zeitfunktion ist jedoch auch die in Gl.(11) benutzte übliche zweiseitige Darstellung des Spektrums leicht zu gewinnen und für Vergleichszwecke manchmal günstiger.

Um die Richtigkeit des Ansatzes von Gabor einzusehen, betrachte man nur den Fall eines Bandpaßspektrums mit sehr hoher Mittenfrequenz, d.h. mit sehr großem ω_T. Ersichtlich ergibt sich die reale Spektralbreite in Bild 2b nur aus der Breite einer einzigen Gauß´schen Glockenkurve und nicht aus dem Abstand der beiden Schwerpunkte $+\omega_T$ und $-\omega_T$, was praktisch dem doppelten Wert $2 \cdot \omega_T$ der Trägerfrequenz entspräche. Das Ergebnis auf der Basis von Gl.(3) wäre einfach unsinnig, weshalb die Spektralbreite nach Gabor nur aus dem analytischen Spektrum in Bild 2c berechnet wird.

Man könnte jetzt meinen, daß man damit in der Technik der elektrischen Signalverarbeitung zwei verschiedene korrekte Unschärferelationen gefunden hat, die Heisenberg´sche für tiefe Frequenzen und die Gabor´sche für hohe Frequenzen. Das ist aber leider nicht der Fall, denn die Heisenberg´sche Unschärferelation ist ja eine Lösung, die grundsätzlich mögliche Spektralanteile sowohl über positive als auch über negative ω voraussetzt. (Negative Frequenzen haben aber, wie schon bemerkt, in der Signalverarbeitung keine physikalische Realität). Das führt daher stets zu einem Schwerpunkt der optimalen Funktion F(ω), der bei $\omega = 0$ liegt. Hält man den auf die Realitäten der Hochfrequenztechnik bezogenen Ansatz von Gabor in Gl.(8) und Gl.(9) dagegen, so wird klar, daß man in Verfolgung seiner Gedanken nicht nur für hochfrequente Spektren sondern auch für niederfrequente Spektren in der Nähe des Nullpunktes eine optimale Funktion mit einem Schwerpunkt $\overline{\omega}$ größer als Null finden muß, die nicht mit der Heisenberg´schen Lösung übereinzustimmen braucht.

Dieser Fall ist glücklicherweise schon früh berechnet worden. Durch Zufall wurde nämlich entdeckt [1,2,3], daß die russischen Wissenschaftler Meyer und Leontowitsch [9] schon kurz nach Heisenbergs aufsehenerregender Theorie den numerischen Wert des Minimalproduktes für den Einsatz in der Technik in einer relativ unbekannten russischen Zeitschrift richtig berechnet hatten und daß dieser Wert etwa halb so groß wie der von Heisenberg war. Hilberg und Rothe machten Jahrzehnte später diese, übrigens in englischer und deutscher Sprache geschriebene vergessene Arbeit wieder bekannt [1,2,3] und berechneten schließlich auch die dazu gehörenden optimalen Funktionen. Sie unterscheiden sich deutlich von den Lösungsfunktionen von Heisenberg und Gabor, siehe Bild 3. Die Unschärferelation von Meyer und Leontowitsch lautet

$$\Delta t \cdot \Delta \omega \geq 1,18... \tag{12}$$

Der numerische Wert des Minimums ist also deutlich kleiner als der Wert 2 von Heisenberg und Gabor in Gl.(5b), mit dem man vergleichen muß. Funktionen allerdings, mit denen dieser Wert erreicht wird, wurden damals von Meyer und Leontowitsch noch nicht angegeben [9].

Ein Blick in die gängigen Lehrbücher zeigt, daß man heute dieser verzwickten Situation offensichtlich aus dem Wege geht und lediglich stets die Gauß'schen Glockenimpulse betrachtet. Meist nur im Sinne und in der Formulierung von Heisenberg und nur manchmal auch im Sinne von Gabor. Das ist bedauerlich, weil dadurch die Leistungen von Meyer und Leontowitsch, sowie von Gabor, nicht so gewürdigt werden, wie sie es verdienten.

Es gibt jedoch einen Grund, die Problematik der verschiedenen Unschärferelationen wieder aufzurollen, der aus dem Gebiet der Bildverarbeitung kommt. Hier hat sich in der Wavelet-Diskussion die sog. "mexikanische Hutfunktion" als eine besonders günstige Funktion herausgestellt (sie ist auch ein sehr gebräuchlicher Operator für die Kantendetektion). Ihr Verlauf in Bild 4 erinnert ein wenig an den optimalen Zeitverlauf $f_{ML}(t)$ in Bild 3, der zu dem absolut niedrigsten

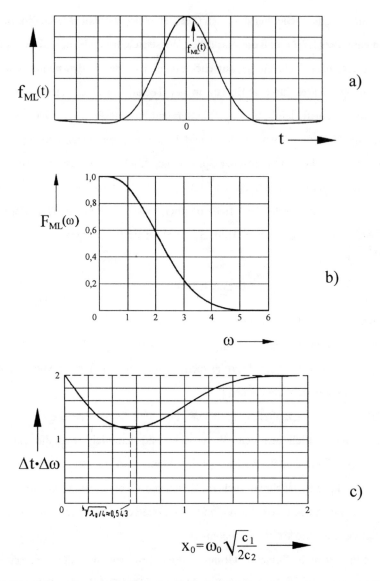

Bild 3. Die Lösungsfunktionen für die "Unschärferelation" mit dem absolut kleinsten Produktwert nach Mayer und Leontowitsch [2,3,4], a) die Zeitfunktion $f_{ML}(t)$ mit Nullpunkt in der Symmetrieachs, b) die Spektralfunktion $F_{ML}(\omega)$ über ausschließlich positive ω, c) das Streuprodukt $\Delta t \cdot \Delta \omega$ in Abhängigkeit der Frequenz für alle optimalen Funktionen mit horizontaler Anfangstangente.

Produktwert von Meyer und Leontowitsch in Gl.(12) gehört. (Man beachte, daß die Spektralfunktion in Bild 4 sich selbstverständlich auch über negative ω erstreckt und eine gerade Funktion der Frequenz ist, was aber der Einfachheit halber oft nicht erwähnt und dargestellt wird). Die folgenden Betrachtungen richten sich darauf, welche Konsequenzen das hat und wie man sich dies eventuell zunutze machen kann.

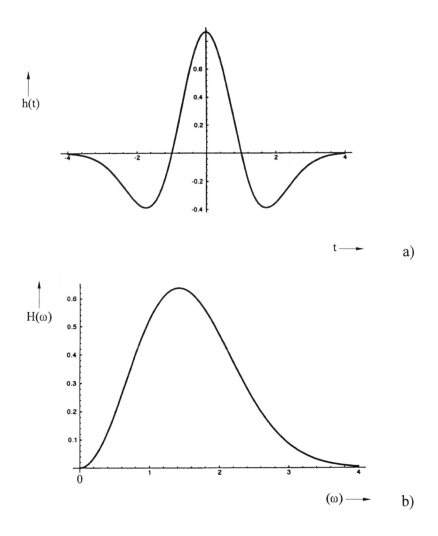

Bild 4. Zeitfunktion h(t) und Spektralfunktion des sog. "mexikanischen Hutes" nach Gl.(13).

3. Veranschaulichung der Übergänge zwischen den verschiedenen Unschärferelationen.

Die Funktion „mexikanischer Hut", die im Frequenzbereich (in normierter Form) durch

$$H(\omega) = \frac{2}{\sqrt{3}} \cdot \pi^{-1/4} \cdot \omega^2 \cdot e^{-\omega^2/2} \tag{13a}$$

beschrieben wird, wozu die charakteristische Zeitfunktion

$$h(t) = \frac{2}{\sqrt{3}} \pi^{-1/4} \cdot (1 - t^2) e^{-t^2/2} \tag{14}$$

gehört, und wozu man das Produkt

$$\Delta t \cdot \Delta \omega = 2{,}1009... \tag{14}$$

errechnet, läßt sich im Frequenzbereich näherungsweise durch die Überlagerung zweier Glockenkurven wie in Bild 2b darstellen, sofern sie - anders als dort - relativ nahe zum Nullpunkt hin verschoben sind. (Der Unterschied ergibt sich dadurch, daß eine Wavelet-Funktion keinen Gleichanteil haben darf, d.h. daß die Spektralfunktion durch den Nullpunkt gehen sollte). Wie noch zu zeigen ist, lautet die Gleichung für ein Näherungsspektrum des "mexikanischen Hutes", indem nur die wichtigsten Kennzeichen von Gl.(11) übernommen werden (C_1 und C_2 sind Konstante)

$$F_{appr}(\omega) = C_1 \cdot \left(e^{-\sigma^2(\omega-\overline{\omega})^2/2} + e^{-\sigma(\omega+\overline{\omega})^2/2} \right) \quad , \quad -\infty < \omega < +\infty. \tag{15}$$

Zu diesem Spektrum gehört die Zeitfunktion

$$f_{appr}(t) = C_2 \cdot \cos \omega t \cdot e^{-(t-\overline{t})^2/2\sigma^2} \tag{16}$$

Indem man hier den Betragswert von $\overline{\omega}$ (im Sinne von ω_T) von großen Werten bis Null vermindert $(0 < |\overline{\omega}| \leq \infty)$, findet man einen Übergang, der in Bezug auf die Funktionen von dem Gabor-Spektrum zuerst zu dem Näherungs-Spektrum des mexikanischen Hutes, dann zu einem Näherungsspektrum für die Meyer- und

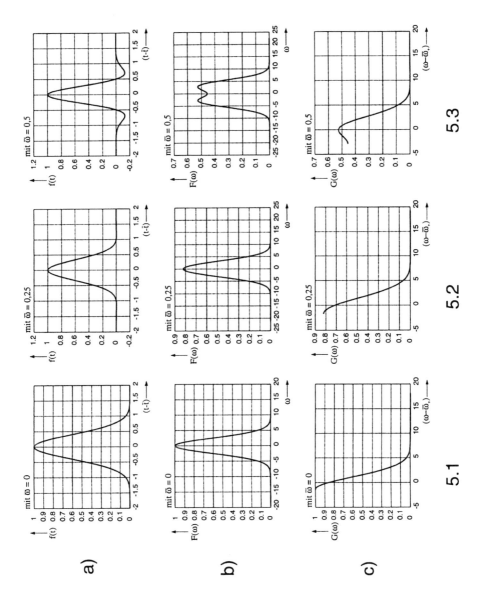

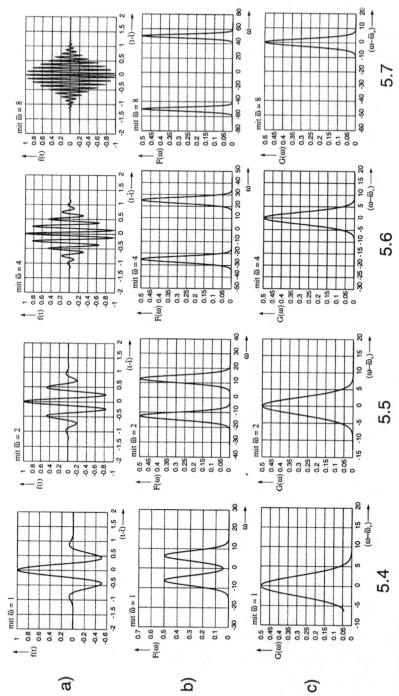

Bild 5. Zeit- und Spektralfunktion $f_{appr}(t)$ und $F_{appr}(\omega)$ nach Gl.(15) und Gl.(16), mit denen man bei passender Wahl verschiedener Schwerpunkte $\bar{\omega}$ alle Fälle annähern kann. Die Zeilen a) zeigen die Zeitfunktionen f(t), die Zeilen b) die dazu gehörenden normalen Fourierspektren F(ω) und die Zeilen c) zeigen die Gabor-Spektren (analytische Spektren), die zu den obigen Zeitfunktionen gehören.

Leontowitsch-Lösung, und schließlich bis zu einem Spektrum reicht, das in der Form mit dem Heisenberg-Spektrum über positive ω übereinstimmt (Gabor-Heisenberg-Grenzfall), siehe die Veranschaulichungen in Bild 5. Insbesondere sind die Gabor-Funktionen sehr deutlich in den Bildern 5.5 bis 5.7 zu erkennen, die Gabor-Heisenberg-Funktionen in Bild 5.1, die Näherungsfunktionen des mexikanischen Hutes in Bild 5.4 sowie schließlich Näherungsfunktionen für die Meyer- und Leontowitsch-Funktionen in Bild 5.3. Dabei ist allen Lösungen der Bezug auf die Gauß'schen Glockenkurven gemeinsam, auch der Bezug auf einen Schwerpunkt des Spektrums, der nach Gl.(9) nur über positive ω gebildet wird. Berechnet man für einige Punkte dieses Überganges das Minimalprodukt $(\Delta t \cdot \Delta \omega)$, was man bequem mit einem der bekannten Mathematikprogramme durchführen kann (siehe Anlage A), so findet man einen Verlauf wie in Bild 6. Von dem Gabor-Produktwert 2 fällt die Kurve nach links ab auf einen niedrigeren Wert von etwa 1,2 für die angenäherten Meyer-Leontowitsch-Funktionen. Der Wert steigt weiter, nach links gehend, beim Übergang zu dem Spektrum, welches dem positiven Teil des Heisenberg-Spektrums entspricht wieder leicht an (Gabor-Heisenberg-Grenzfall).

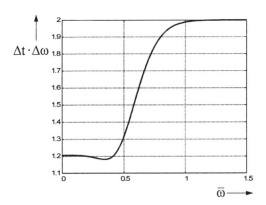

Bild 6. Der Wert des Streuproduktes $\Delta t \cdot \Delta \omega$ für die Näherungsfunktionen in Bild 5 in Abhängigkeit von $\overline{\omega}$. Im Spektralbereich wird die Streuung stets auf den Schwerpunkt der analytischen Funktion bezogen.

Der nicht modulierte Glockenimpuls im Zeitbereich (Gabor-Heisenberg-Grenzfall) und die Meyer-Leontowitsch-Näherung (in Bild 5.3) sind andererseits hinsichtlich des Produktwertes größenordnungsmäßig etwa gleichwertig, verglichen mit dem mexikanischen Hut sowie seiner Näherung und auch mit dem hochfrequent modulierten Glockenimpuls (Gabor), die allesamt einen deutlich höheren Produktwert aufweisen.

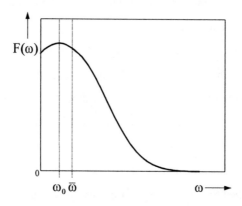

Bild 7. Skizze, welche den Unterschied zwischen dem Bezug auf die Schwerpunktskoordinate $\overline{\omega}$ und die Maximum-Koordinate ω_0 verdeutlichen soll.

Wie ist dieser Unterschied angesichts der häufigen Behauptung zu erklären, daß die Glockenimpuls-Spektren nach Heisenberg und Gabor bezüglich des minimalen Produktwertes gleichwertig seien? Nun, die Erklärung ist sehr einfach. Gleiche minimale Produktwerte findet man nur, wenn man unterschiedliche Berechnungsansätze verwendet, d.h. wenn man nach Gabor den Schwerpunkt über ausschließlich positive ω berechnet und nach Heisenberg den Schwerpunkt des Spektrums sowohl über positive als auch negative ω bestimmt. Hierbei werden natürlich unterschiedliche Dinge miteinander verglichen (Äpfel mit Birnen). Um die Dinge in Ordnung zu bringen, kann man bei allen Glockenimpuls-Spektren (von Bild 5) statt des Schwerpunktes $\overline{\omega}$ (wie in den Zeilen c) auf die Frequenz ω_0 des jeweiligen Maximums einer Spektralfunktion beziehen, siehe Bild 7. Dann gibt es einen nahtlosen Übergang von der Heisenberg-Berechnung bis zur Gabor-

Berechnung, siehe das Ergebnis in Bild 8. Interessanterweise fällt hier die Kurve des minimalen Produktes in der Gegend, in der die Meyer-Leontowitsch-Lösung liegt, auf ein sehr deutliches Minimum ab. Von diesem Rechenansatz aus betrachtet sind die echten und die angenäherten Meyer-Leontowitsch-Funktionen bezüglich des minimalen Produktes sowohl der Gabor-Funktion als auch der Heisenberg-Funktion überlegen. Sie haben die mit Abstand beste Zeit-Frequenz-Auflösung. Der mexikanische Hut liegt dabei mit seinen Eigenschaften mehr bei der Gabor-Funktion als bei der Heisenberg-Funktion.

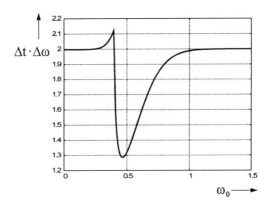

Bild 8. Der Wert des Streuproduktes $\Delta t \cdot \Delta \omega$ für die Näherungsfunktionen in Bild 5 in Abhängigkeit von ω_0. Wie in Bild 3c ergeben sich auch hier die gleichen Extremwerte 2 für den Heisenberg- und den Gabor-Ansatz mit einem deutlichen Minimum dazwischen.

4. Zusammenfassung.

Es ist schon eine eigenartige Situation. Seit vielen Jahren ist wissenschaftlich geklärt, wie eine der Heisenberg'schen Unschärferelation entsprechende Unschärferelation in der Informationstechnik lauten muß. Die Lehrbuchautoren nehmen das Ergebnis bis jetzt aber einfach nicht zur Kenntnis und schreiben fleißig immer wieder genau das ab, was in älteren Büchern steht: daß nämlich auch auf dem Gebiet der Signalverarbeitung stets die Form der Heisenberg'schen Unschärferelation gilt mit den bekannten Lösungen in Form der Gauß'schen Glockenkurven.

Ein Ziel dieser Schrift war es, diese Situation endlich zu korrigieren, indem man die hohe Mathematik mit ihren Beweisen weitgehend aus der Betrachtung herausnimmt und mit Hilfe eines auch für Praktiker bequem zu handhabenden Programms (MATLAB) ganz einfach numerisch die Zusammenhänge klärt.

Die Hoffnung des Autors geht dahin, daß damit auch außerhalb von Theoretiker-Zirkeln das Verständnis für diese so interessante grundlegende Problematik geweckt wird - und die richtigen Ergebnisse vielleicht doch noch in die Lehrbücher einziehen!

Literatur

1. W. Hilberg; P.G. Rothe: Das Problem der Unschärferelation in der Nachrichtentechnik. Wiss.Ber.AEG-Telefunken 43 (1970) 1, Ausgabe 21.Juli, S.1-9
2. W. Hilberg; P.G. Rothe: Die allgemeinen expliziten Unschärferelationen und optimalen Impulse in der Nachrichtentechnik. Wiss.Ber.AEG-Telefunken 43 (1970) 1, Ausgabe 21.Juli, S.9-19
3. W. Hilberg; P.G.Rothe: The General Uncertainty Relation for Real Signals in Communication Theory. Information and Control, Vol.18, No.2, March 1971, pp 108-125
4. W. Hilberg. Die Unschärferelation der Nachrichten- und Impulstechnik. Teil I: Frequenz 29 (1975), Heft 6, S.165-171, Teil II: Frequenz 29 (1975), Heft 7, S.199-206
5. T. Masters. Signal and Image Processing with Neural Networks. John Wiley, New York, 1994
6. G. Strang; T. Nguyen. Wavelets and Filter Banks Wellesley-Cambridge Press, 1996
7. Y.T. Chan. Wavelet Basics Kluwer, Boston, 1995
8. M. Vetterli; J. Kovacevic. Wavelets and Subband Coding Prentice Hall, New Jersey, 1995
9. A. Mayer; E. Leontowitsch. On some inequality relating to Fourier's integral. Doklady Akad, Nauk SSSR4 (1934), S.353-360

Der vorliegende Aufsatz wurde 1999 in Zusammenarbeit mit Herrn Dr.-Ing. Donald Schulz verfaßt.

Anlage A

```
% MATLAB Programm zur Berechnung der
% Produkte von delta_t und delta_w in
% Bild 6 fuer frequenzmodulierte
% Gauss-Impulse (Gabor) bei verschiedenen
% Modulationsfrequenzen

% Berechnung erfolgt an 150 Stuetzstellen
for i=1:150,

% Skalen sowie Werte berechnen:
% aktuelle Modulationsfrequenz
fmod(i)=i*0.01;,
% zeitliche Aufloesung definieren
za=0.01;
% spektrale Aufloesung definieren
fa=0.01;
% Abtastpunkte fuer Zeitbereich
zs=-1.995:za:1.995;
% Gauss Werte zu Abtastzeitpunkten
zb=cos(fmod(i)*2*pi*zs).*exp(-pi*zs.^2);
% Abtastpunkte fuer Frequenzbereich
fs=0:fa:19.5+fmod(i)*2*pi;
% linke Haelfte des Spektrums berechnen
fbl=0.5*exp(-(fs+fmod(i)*2*pi).^2/(4*pi));
% rechte Haelfte des Spektrums berechnen
fbr=0.5*exp(-(fs-fmod(i)*2*pi).^2/(4*pi));
% linke und rechte Haelften addieren
fb=fbl+fbr;

% Normierung der Frequenzbereichsskala
% Schwerpunkt im Frequenzbreich ausrechnen
sf=(fs*(fb.^2)')/(fb*fb');
% und Frequenzskala passend verschieben
fs=fs-sf;

% Grenze des Produktes ermitteln
% (delta_t)^2 berechnen
d_t_2=(za*(zs.^2)*(zb.^2)')/(za*zb*zb');
% (delta_w)^2 berechnen
d_w_2=(fa*(fs.^2)*(fb.^2)')/(fa*fb*fb');
% Untere Grenze ermitteln
grenze(i)=2*sqrt(d_t_2)*2*sqrt(d_w_2);

end

% Grafische Ausgabe des Ergebnisses
% Verlauf plotten
plot(fmod,grenze)
```

```
% X-Skala="Modulationskreisfrequenz"
xlabel('Modulationskreisfrequenz')
% Y-Skala="delta(t)*delta(w)"
ylabel('delta(t)*delta(w)')
% Raster einschalten
grid on
```

7

Das Problem von Programmkomplexität und Systemkomplexität, endlich geklärt?

Nach Jahren kontroverser Diskussionen läßt sich erkennen, daß man genau zwischen der Komplexität eines Programms und der Komplexität eines digitalen Systems unterscheiden muß. Sie entstehen aus verschiedenen mathematischen Ansätzen und liegen trotzdem informationstheoretisch nahe beieinander. Man sollte die Begriffe nicht, wie so oft geschehen, durcheinander bringen

Kurzfassung. Da eine allgemeine Theorie bei kleinen und bei großen Systemen anwendbar sein muß, genügt es, einen Vergleich von Kolmogoroff-Komplexität und funktionaler Komplexität (Systemkomplexität) an Hand eines besonders kleinen Systems, nämlich einer einfachen logischen Verknüpfungsschaltung durchzuführen. Dadurch werden die spezifischen Unterschiede und ihre Anwendungen weit deutlicher als bei der üblichen Diskussion sehr komplexer Systeme und langer Programme. Trotzdem wird auch bei dieser Betrachtung deutlich, daß die Bestimmung der Programmkomplexität nach Kolmogoroff eine eigenständige originelle Theorie ist, während die Bestimmung der Systemkomplexität lediglich eine Anwendung der Shannon'schen Theorie darstellt. Beide sind unabhängig voneinander, richten sich auf unterschiedliche Ziele, und ergänzen sich daher. Zum Schluß werden als weitere Veranschaulichung auch für ein wirklich großes System, die sog. Sprachmaschine, die verschiedenen Komplexitätsmaße bestimmt.

1. Einleitung.

Nachdem inzwischen schon mehr als drei Jahrzehnte seit der Veröffentlichung eines grundlegenden Komplexitätsmaßes C_K durch Kolmogoroff [1] und auch schon mehr als zwei Jahrzehnte seit der Vorstellung eines anderen Komplexitätsmaßes C_F durch Hilberg [2] vergangen sind, sollte man meinen, daß sich jede Theorie in ihrem Anwendungsgebiet umfassend durchgesetzt hätte. Das ist jedoch nicht der Fall. (Daran haben ersichtlich auch einige vorzügliche „einfache" Darstellungen dieser Theorie nichts geändert, siehe z.B. [8]). Ein Indiz dafür ist, wie wenig diese Theorien doch in der Informationstechnik zitiert werden. In dem umfangreichen Lehrbuch über Komplexitätstheorie für Informatiker von Reischuk [6] wird z.B. die Kolmogoroff-Theorie nur beiläufig gestreift.

Der Verdacht liegt nahe, daß dies an der Kompliziertheit des Themas bzw. an den Schwierigkeiten der konkreten Anwendung der Theorien liegt, wie dies z.B. bei Betrachtung der Bücher von Chaitin [3] über algorithmische Information bzw. Kolmogoroff-Komplexität deutlich hervorgeht, die vermutlich nur noch von mathematisch versierten Spezialisten gelesen werden können. Eigenartig ist nur, daß die Theorie von Kolmogoroff ursprünglich so einfach und klar beschrieben wurde, daß sie auch von Nichtmathematikern ohne weiteres verstanden werden konnte. Im wesentlichen, so heißt es sinngemäß bei Kolmogoroff [1], ergibt sich die Komplexität einer endlichen Zeichenfolge (kurz Programm genannt) aus dem minimalen Aufwand, den man zu ihrer Erzeugung braucht. Das heißt, wenn man mit einer Turing-Maschine die gegebene endliche Zeichenfolge berechnen würde, gäbe es im allgemeinen sicher viele verschiedene Eingangsprogramme, mit denen man das Ziel erreichen kann. Dabei gibt es insbesondere ein Eingangsprogramm minimaler Länge. Die Länge dieser Zeichenfolge ist dann die „Kolmogoroff-Komplexität". In der Diskussion wird häufig statt der Turing-Maschine ein Computer angenommen, der alle gängigen mathematischen Operationen durchführen kann, dessen Zeichenfolgen am Eingang und Ausgang als Eingabeprogramm und Ausgabeprogramm bezeichnet werden. Auch besteht Übereinstimmung darüber, daß die Kolmogoroff-Komplexität eigentlich ein Informationsmaß ist, was zu der Bezeichnung „algorithmische Information" führte [3]. Leider gibt es keinen systematischen algorithmischen Weg, um das gewünschte minimale Eingabeprogramm auch wirklich zu ermitteln.

Gegen die später veröffentlichte Komplexitätstheorie von Hilberg [2] auf der Basis der Shannon'schen Vorstellungen wurde häufig eingewendet, daß es wenig Sinn mache, eine auf der Berechnung einer bedingten Entropie beruhende und deshalb gewiß komplizierte Komplexitätslehre aufzubauen, wenn es doch schon die so überzeugende Theorie von Kolmogoroff gäbe. (Eine bedingte Entropie muß ja anscheinend noch komplizierter sein als eine einfache Entropie! Eine gänzlich falsche Vorstellung, wie wir sehen werden).

Da es aber im Zeitalter der Informationstechnik sicher nicht nebensächlich ist, sich immer wieder mit den Grundbegriffen Information und Komplexität zu befassen, sei im folgenden der Versuch gemacht, die Notwendigkeit und unterschiedliche Zielrichtung der beiden sehr grundsätzlichen Theorien deutlich zu machen und ihre Akzeptanz dadurch zu erhöhen, daß man einerseits einen neuen Betrachtungsstandpunkt einnimmt und andererseits besonders einfache konkrete Beispiele zur Veranschaulichung auswählt. Dabei sei gleich angemerkt, daß diese einfachen Beispiele nur dazu dienen sollen, das Prinzip durchsichtiger zu machen, und nicht etwa, Schaltkreisentwürfe zu erleichtern, da der eigentliche Anwendungsbereich der Komplexitätsmaße nach wie vor bei den großen „komplexen" Systemen gesehen wird, bei denen nur die Ordnung der Komplexität interessiert. Deshalb wird zum Schluß noch das System „Sprachmaschine" hinsichtlich seiner verschiedenen Komplexitätsmaße analysiert und bewertet.

2. Verdeutlichung der möglichen Aufgabenstellungen durch eine digitale Maschine, die Stabilitätsprobleme berechnet.

Betrachtet werde als Beispiel eine besondere Schaltung oder eine Anordnung, die stabil oder instabil sein kann. Man will wissen, ob sie bei einer vorgegebenen Dimensionierung stabil ist und verwendet für die Berechnung dieses Problems einen Universalrechner. Wenn das Problem sehr kompliziert ist, wird der Rechner für die Lösung im allgemeinen auch viel Zeit benötigen. Sagen wir z.B. ein paar Tage. (Die sonst so beliebten Zeit- und Speicherkomplexitäten [6] sollen uns hier vorerst nicht interessieren). Die Antworten zu dem gestellten Problem können „ja" oder „nein" sein. Das ist ersichtlich der einfachste Fall aller Antwortprogramme. Sofern im Einzelfalle die Antwort bekannt ist, z.B. „ja", können wir das zugehörige minimale Eingabeprogramm formulieren, das natürlich nicht mehr die eigentliche Aufgabenstellung enthalten muß, sondern das formal einfach heißt: „schreibe ja" oder einfach „ja". In den hier zu besprechenden Beispielen wollen wir die notwendigen sprachlichen Einbindungen, hier also den Befehl "schreibe", bei der Zählung der Bits nicht berücksichtigen, da es in den tatsächlich interessierenden Anwendungen ja nur auf die Ermittlung der Ordnung einer sehr großen Komplexität ankommt, bei der diese Einbindungen stets zu vernachlässigen sind. Mit anderen Worten, wir betrachten hier und im folgenden in den Beispielen nur den nicht redundanten Kern der notwendigen Information im Eingangsprogramm, mit dem wir die konkret vorgegebene endliche Folge von Binärsymbolen am Ausgang berechnen können.

Die Kolmogoroff-Komplexität (algorithmische Information) einer einfachen binären „Eins" im Ausgabeprogramm ist also auch vom Eingabeprogramm her gesehen im Kern genau ein Bit. Alles andere wäre nicht zu verstehen. Man beachte, daß bei der Kolmogoroff-Komplexität von einer Wirkung auf mögliche Ursachen zurück geschlossen wird, wobei unter allen Ursachen diejenige mit der kürzesten Länge auszuwählen ist. Die eindeutige Lösung dieser Aufgabe ist, wie schon erwähnt, in den meisten Fällen nicht möglich. Das betrachtete Beispiel und auch die nächsten Beispiele sind so gewählt, daß man ausnahmsweise die Lösung sofort sieht.

Ein anderes Problem ist das folgende. Der oben skizzierte Universalrechner soll eine abgegrenzte Menge verschiedener Stabilitätsaufgaben lösen können. Es gehört zu jeder Aufgabe ein besonderes Eingabeprogramm. Für all die vielen zu berechnenden unterschiedlichen Probleme ist die Antwort stets nur „ja" oder „nein". Demzufolge ist, wie oben gezeigt, die Ermittlung der Kolmogoroff-Komplexität bzw. der Programmkomplexität für jede einzelne Aufgabe (fast) trivial. Das, was den Erbauer solcher Rechenmaschinen aber interessiert, ist die erforderliche Komplexität des Systems, um die Vielzahl solcher Aufgaben lösen zu können. Zu ihrer nicht mehr trivialen Berechnung benötigt man zum mindesten

a) alle möglichen verschiedenen Aufgabenstellungen in Form ihrer Eingabeprogramme (die nicht unbedingt eine minimale Länge aufweisen müssen),

b) die Zuordnung der Eingabewerte zu den Ausgabewerten.

3. Eine "digitale Maschine", die eine logische Funktion berechnet.

Zur Klärung dieser Frage betrachten wir als vermutlich einfachstes digitales System eine logische Verknüpfungsschaltung, siehe Bild 1a. Die Eingangssignale X_1 bis X_n werden gleichzeitig zugeführt, worauf ein Ausgangssignal Y erzeugt wird.

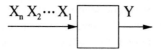

Bild 1. a) Verknüpfungsschaltung als Blockschaltbild mit den binären Eingangssignalen $X_1 X_2 ... X_n$ und mit dem Ausgangssignal Y.

Die Zahl der binären Eingänge X sei n, der Ausgang Y ist einstellig und kann die Werte „1" oder „0" haben. Die Beziehungen zwischen Eingang und Ausgang werden in einer Funktionstabelle (Wahrheitstabelle) beschrieben. Deren Bezeichnungen seien nach Bild 1b gewählt, Bild 1c zeigt ein spezielles Beispiel. Klären wir zunächst die Frage der Kolmogoroff-Komplexitäten in dieser logischen Schaltung, (eine Frage, die sich ein Schaltwerktechniker aus guten Gründen nie stellen würde. Hier geht es aber nicht um den praktischen Nutzen, sondern um das Verständnis der Begriffe). Würde man ein Eingabeprogramm, nämlich einen vollständigen Wertesatz z von n Eingangsvariablen X der Schaltung zuführen, siehe als Beispiel die herausgezeichnete dritte Zeile z_3 in Bild 1d, so würde die Schaltung mit einem einstelligen Ausgabeprogramm y_3 in Form einer „1" oder einer „0" antworten. Da man bei einer Kolmogoroff-Komplexität immer nur die Zuordnung von möglichen Eingabeprogrammen zu einem einzigen Ausgabeprogramm betrachtet, können wir in Bild 1c alle anderen Zeilen z unbeachtet lassen. Sie treten zudem ja zu ganz anderen Zeiten auf. Dann ist aber das Eingabeprogramm z_3 ersichtlich etwas redundant. In Bild 1d brauchen wir für die Ausgabe $y_3 = 1$ nämlich nicht zwei Eingabestellen sondern es genügt, wie oben in den Stabilitätsberechnungen gezeigt, im Kern eine einzige. Die Kolmogoroff-Komplexität bzw. die algorithmische Information beträgt daher für die dritte Zeile gerade $C_k = 1$ Bit. Für jede andere Zeile gilt natürlich dieselbe Argumentation.

$$
\begin{array}{ccccc|c}
 & X_n & \cdots & X_2 & X_1 & Y \\
\hline
z_1 = & x_{1,n} & \cdots & x_{1,2} & x_{1,1} & y_1 \\
z_2 = & x_{2,n} & \cdots & x_{2,2} & x_{2,1} & y_2 \\
\vdots & & & \vdots & \vdots & \vdots \\
z_m = & x_{m,n} & \cdots & x_{n,2} & x_{n,1} & y_m \\
\end{array}
$$

$$m=2^n,\ n=1,2,3,\ldots$$

Bild 1. b) Schema der Funktionstabelle (Wahrheitstabelle).

Wenn wir jedoch das ganze System mit allen seinen möglichen 2^n Eingabeprogrammen (alle Kombinationen der Variablenwerte in Bild 1c) und den zugeordneten Ausgabeprogrammen betrachten wollen, so müssen wir die Unterscheidung der verschiedenen Eingabeprogramme natürlich beachten. Wir betrachten dazu zuerst ein weiteres Beispiel in Bild 2, in dem alle Kombinationen der Eingangsvariablen wirklich notwendig sind (das ist in Bild 1c nicht der Fall, weil die Eingangsvariable X_1 redundant ist). Es handelt sich um die logische Funktion EXOR, die auch als Antivalenzschaltung oder Exklusives ODER bezeichnet wird.

$$
\begin{array}{cc|c}
X_2 & X_1 & Y \\
\hline
0 & 0 & 0 \\
0 & 1 & 0 \\
1 & 0 & 1 \\
1 & 1 & 1 \\
\end{array}
$$

Bild 1. c) Beispiel einer Funktion.

Bei der Bestimmung der Systemkomplexität brauchen wir glücklicherweise nicht von der Wirkung auf die Ursache zurückzuschließen und keine Suche in einer unbekannten Anzahl von möglichen (Eingangs-) Programmen vorzunehmen, sondern wir können ganz zielgerichtet aus der vorgegebenen Anzahl verschiedener nichtredundanter Ursachen (Eingangsprogramme) Komplexitäts-Kennwerte für die verschiedenen Wirkungen (Ausgabeprogramme) berechnen. Das führt zur Systemkomplexität einer digitalen Maschine bzw. speziell hier zur funktionalen Komplexität C_F einer logischen Schaltung. Wir müssen dabei alle möglichen Eingabe-Ausgabe-Beziehungen (alle Zeilen der Wahrheits- bzw. Funktionstabelle) in die Betrachtung einbeziehen.

Bei den logischen Verknüpfungsschaltungen, z.B. in Bild 2a, wird Länge und Anzahl der Eingabeprogramme durch die Zahl n, d.h. die Zahl der Stellen des Eingabeprogramms erfaßt. (Ohne Verlust an Allgemeinheit wollen wir zur Vereinfachung der Diskussion annehmen, daß gerade $N = 2^n$ Zeilen vorhanden seien,

$n = 1,2,3, \dots ,$). Wenn man dann noch weiß, wie viele Ausgabeprogramme das Ergebnis "1" aufweisen, könnte man meinen, daß ein geeignetes Maß für die Komplexität des Systems die Zahl dieser Ausgabeprogramme wäre. Die Theorie logischer Funktionen sagt uns, daß solch ein Maß nicht ganz unsinnig wäre, aber auch, daß dies eine in der Regel sehr redundante Größe ist. Schreibt man die logische Funktion als Gleichung, so kann es z.B. in Form der disjunktiven Normalform geschehen. Damit wird die logische Funktion der Schaltung bekanntlich vollständig beschrieben. Für das obige Beispiel der EXOR-Funktion in Bild 2a findet man $Y = X_1 \overline{X}_2 + \overline{X}_1 X_2$. Das heißt, es gibt hier soviele Terme wie die logische Funktion Ausgabewerte 1 aufweist. Kein Term ist redundant. Aber bei anderen Verknüpfungsschaltungen gibt es Redundanz und die Terme können deshalb vereinfacht (minimisiert) und zusammengefaßt werden. Die erste Funktion in Bild 1 ist dafür ein Beispiel, bei der zweiten in Bild 2 ist eine Vereinfachung nicht möglich. Benötigt wird also ein einfacher allgemeiner Algorithmus für die Bestimmung der Komplexität einer logischen Schaltung bzw. eines digitalen Systems, der die Redundanz beseitigt und der sich möglichst auch für eine automatische Messung oder Berechnung eignet.

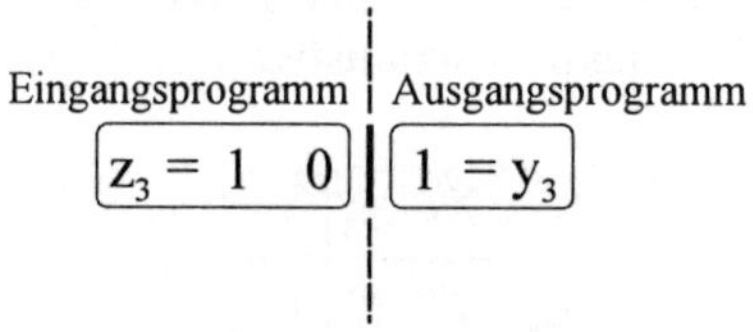

$$\text{Eingangsprogramm} \mid \text{Ausgangsprogramm}$$
$$\lfloor z_3 = 1 \quad 0 \rfloor \mid \lfloor 1 = y_3 \rfloor$$

Bild 1. d) Zuordnung von Eingangs- und Ausgangssignalen in einer Zeile der Funktionstabelle.

X_2	X_1	Y
0	0	0
0	1	1
1	0	1
1	1	0

Bild 2. a) Beispiel einer logischen Verknüpfungsschaltung (Antivalenz- oder EXOR-Schaltung).

Diese Systemkomplexität C_F kann zunächst grundsätzlich nicht identisch sein mit der algorithmischen Information bzw. der Kolmogoroff-Komplexität C_K für ein einzelnes Ausgabeprogramm (in einer Zeile). Wir vermuteten vielmehr schon, daß sie etwas mit der Zahl der nichtredundanten Terme in einer disjunktiven Normalform, das heißt, in einer kanonischen oder minimalen Form, zu tun hat. Das ist bekanntlich der minimale Beschreibungsaufwand für ein ganzes logisches digitales Schaltnetz. Der Nachteil ist nur, daß dies zwar eine brauchbare Vorschrift für logische Verknüpfungsschaltungen mit relativ wenigen Eingangsvariablen wäre (mit Bleistift und Papier schafft man bekanntlich bis zu 5 Variablen, mit Computerhilfe sogar mehrere Dutzend), aber keine für komplexere digitale Systeme.

Notwendig für eine allgemeine Vorschrift zur Ermittlung einer System-Komplexität ist, daß, wie schon erwähnt, alle möglichen verschiedenen Eingangsprogramme in die Betrachtung einbezogen werden. Nennen wir die Zuordnung eines gegebenen Eingangsprogrammes zu einem Ausgangsprogramm ein Elementarereignis, was in der Funktionstabelle der logischen Schaltung einer ganzen Zeile entspricht, so heißt das etwas genauer, daß alle Elementarereignisse einbezogen sein müssen. Dabei besteht die Forderung, daß hierbei keine redundanten Eingangsvariablen mitgezählt werden dürfen (wie z.B. in Bild 1c die Variable X_1).

In der Theorie der funktionalen Komplexität wird das folgende, auf der Shannon'schen statistischen Informationstheorie beruhende Modell vorgeschlagen [2]. In einer sog. "Messung" führe man in zufälliger Folge dem System gleichhäufig alle Eingangsprogramme (in den Zeilen) zu und ermittle von den erzeugten Ausgangsprogrammen die Entropie unter Berücksichtigung von möglichst vielen bekannten Daten der Eingangsprogramme, aber, das ist der wesentliche Punkt, nicht von allen Daten. (Der Vorschlag einer Ermittlung der einfachen Entropie H gemäß der bekannten Gleichung

$$H = -\sum p_i \log p_i \tag{1a}$$

ausschließlich aus der Häufigkeit p_i der Ausgangsvariablen 0 und 1 war schon von vielen Autoren vorher gemacht worden, siehe die in [2] zitierte Literatur, was aber zu nicht akzeptablen Ergebnissen führte. Man muß schon mit "bedingten" Entropien rechnen, d.h. Entropien unter Berücksichtigung bekannter Eingangsvariablen, wenn man unsinnige Folgerungen vermeiden will). Die Kenntnis von möglichst vielen, aber nicht allen Eingangsvariablen bedeutet, daß man von einem vollständigen, nicht redundanten Satz von binären Eingangsvariablen gerade nur einen Variablenwert bzw. ein Bit einfach nicht zur Kenntnis nimmt, d.h. diese Stelle "maskiert" und die Stelle der "Maskierung" variiert. Bildet man dann von den Ausgangssignalen die (bedingte) Entropie (wobei nur die 2^{n-1} beobachtbaren Sätze z_i von Eingangsvariablen genutzt werden und der Einfachheit halber zunächst angenommen wird, daß eine Mittelung der n möglichen Maskierungsfälle nicht nötig ist, siehe dazu Anhang A),

$$C_F = H(Y|Z) = -\sum_{i=1}^{2^{n-1}} \sum_{j=0}^{1} p(y_j|z_i) \log p(y_j|z_i) \qquad \text{für} \quad n \ge 2 \tag{1b}$$

so erhält man die "funktionale Komplexität" C_F [2], die man wohl besser von Anfang an die "Systemkomplexität" genannt hätte, siehe Anhang A. Sie hat die Bedeutung einer im Mittel von dem System abgegebenen Informationssumme unter Berücksichtigung der in ihrer Gesamtheit nie ganz vollständig beobachtbaren Wertesätze der Eingangsvariablen. Gleichbedeutend damit ist die etwas komplizierter erscheinende Aussage, daß hierdurch die mittlere Summe der Informationsergiebigkeit des Systems unter der Bedingung von beobachtbaren Eingangsvariablen-Sätzen, mit nur einer einzigen unbekannten Variablen (Informationseinheit) am Eingang, ermittelt wird. (Im Maximum schlägt z.B. bei einem festen Satz von beobachtbaren Eingangsvariablen ein Bit Unsicherheit infolge der Maskierung am Eingang voll auf ein Bit Unsicherheit am Ausgang durch, wie wir an Beispielen noch sehen werden). Interessanterweise hat das zur Folge, daß die mittlere Informationssumme identisch ist mit der minimalen Zahl der Terme in der disjunktiven Normalform. Die formelmäßige Vorschrift zur Berechnung der funktionalen Komplexität ist in den hier betrachteten einfachen Beispielen eigentlich entbehrlich, wie am Beispiel der EXOR-Funktion in Bild 2b kurz gezeigt werden

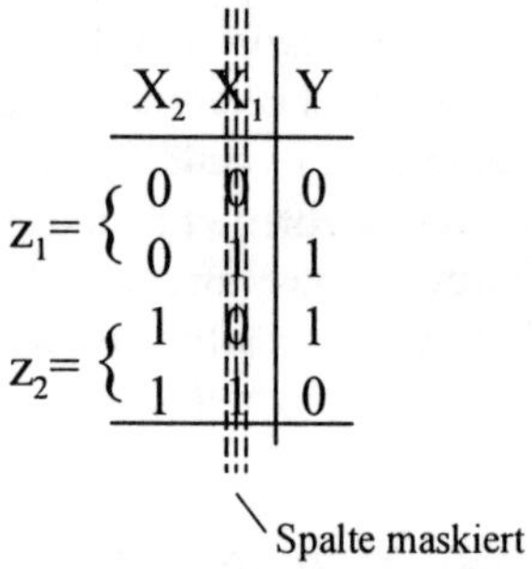

$$
\begin{array}{c|c}
X_2 \ X_1 & Y \\
\hline
z_1 = \left\{ \begin{array}{cc} 0 & 0 \\ 0 & 1 \end{array} \right. & \begin{array}{c} 0 \\ 1 \end{array} \\
z_2 = \left\{ \begin{array}{cc} 1 & 0 \\ 1 & 1 \end{array} \right. & \begin{array}{c} 1 \\ 0 \end{array}
\end{array}
$$

\ Spalte maskiert

Bild 2. b) Veranschaulichung der Maskierung einer Eingangsvariablen.

kann. Wegen der hier geltenden gleichen Wahrscheinlichkeit für alle Eingangsvariablen genügt es, in dieser Funktionstabelle eine beliebige Spalte für eine Eingangsvariable, z.B. für X_1, zu maskieren (zu verdecken) und zu untersuchen, ob es für jeden nicht verdeckten Wertesatz z von Eingangsvariablen - hier dann nur einstellig für X_2 - gleiche oder verschiedene Ausgangswerte gibt. Im letzteren Fall ist dann die Summe der von Null verschiedenen bedingten Entropien zu bilden, was pro Eingangswertesatz einen Entropiebeitrag zur funktionalen Komplexität von 1 Bit ergibt (wegen $1/2 \log 2 + 1/2 \log 2 = 1$). Die gesamte Schaltung in Bild 2b hat also den Komplexitätswert von 2 Bit. Sollten bei einer ganzen verdeckten Eingangsspalte keine Ungewißheiten am Ausgang entstehen, wie für X_1 in Bild 1c, ist die entsprechende Eingangsvariable redundant und kann überhaupt gestrichen werden). Eine Verbindung dieser Komplexitätstheorie mit der Schaltwerktheorie ergibt sich, wenn man jede Berechnung eines Entropie-Anteils als einen Entscheidungsprozeß deutet [2]. Mit den Entropiewerten 1 oder 0 wird die Frage beantwortet, ob die maskierte Variable für die Entscheidungsfindung benötigt wird oder nicht. Die Analogie zu der Auswertung von KV-Diagrammen ist offensichtlich, siehe auch Anhang B.

Es sei hier noch darauf hingewiesen, daß eine logische Schaltung in der abstrakten Darstellung einer Funktionstabelle auch als Prototyp eines Festwertspeichers (ROM) angesehen werden kann. Die Systemkomplexität bzw. funktionale Komplexität C_F hat dann die Bedeutung einer "Speicherkapazität". Sie mißt also die Menge an Information, die in einem Speicher mit unveränderlichen Strukturen (ROM) enthalten ist, eine Aufgabe, die bekanntlich keine andere bekannte "Informationstheorie" lösen kann. (Lese-Schreib-Speicher (RAM) werden erst am Ende des Abschnittes behandelt).

Zur weiteren Klärung der Bedeutung der Summe von bedingten Entropien betrachte man die Funktionstabelle der UND-Schaltung in Bild 3. Wie bekannt, liefert diese Schaltung nur dann am Ausgang eine "Eins", wenn alle Eingangsvariablen den Wert "Eins" haben. Sobald jedoch nur eine Eingangsvariable in dem Variablensatz $X_1 X_2$ maskiert ist (von der man also bei der "Messung" nicht weiß, ob sie den Wert "Eins" oder "Null" hat), wird auch der Ausgangswert ungewiß. Man erhält für jede UND-Schaltung, weil die Mittelwertbildung über alle maskierbaren Eingangsvariablen nichts bringt, unabhängig von der Anzahl der Eingangsvariablen die funktionale Komplexität $C_F = 1$ Bit. Die Umkehrung kann man verallgemeinern: Der Anteil der bedingten Entropie (ΔC_F) von 1 Bit für jeden Wertesatz z von n - 1 bekannten (unmaskierten) Eingangsvariablen und einer maskierten Eingangsvariablen bedeutet, daß zwei verschiedene Ausgangswerte "Eins" und "Null" in der Tabelle zu beobachten sind, bzw. mit gleicher Häufigkeit bei dem oben beschriebenen statistischen Experiment auftreten.

X_2	X_1	Y
0	0	0
0	1	0
1	0	0
1	1	1

Bild 3. Funktionstabelle einer UND-Schaltung.

Eine weitere Verallgemeinerung des Beispiels liegt auf der Hand. Wenn an jeder Stelle in der Spalte Y der Ausgangswerte nicht nur jeweils ein einziges Bit, sondern parallel dazu eine endliche Folge von Bits abgegeben wird, so betrifft dies stets eine Zeile in der Funktionstabelle d.h. ein Elementarereignis, siehe Bild 4. Betrachten wir zuerst wieder die algorithmische Information C_K dieser Folge, so wird sie selbstverständlich auch hier durch die Anzahl der Bits des Eingabeprogramms minimaler Länge bestimmt. (In der einführenden Literatur [8,9] werden meist zwei Fälle eines langen Ausgabeprogrammes betrachtet. Im ersten Fall besteht es aus der Folge 01, die z.B. eine Million mal wiederholt wird. Das Eingabeprogramm minimaler Länge würde dann zu einer Kolmogoroff-Komplexität führen, welche im Kern die (zwei) Stellen des Anfangs und die für die Darstellung der Wiederholungszahl (eine Million) benötigten Stellen enthalten muß. Bei Benutzung des dualen Zahlensystems und mit 1 Million $\approx 2^{20}$, ergibt das einen Wert der Größenordnung von $C_K \approx 22$. Im zweiten Fall besteht das Ausgabeprogramm aus einer langen Folge ausgewürfelter, also wirklich zufälliger Binärwerte. Da es für echte Zufallswerte kein Erzeugungsprogramm gibt, ist die Kolmogoroff-Komplexität exakt gleich der Länge dieser Bitfolge).

Demgegenüber läßt sich die Systemkomplexität, bzw. die funktionale Komplexität C_F wie schon gesagt, nur aus der Gesamtheit der möglichen verschiedenen Eingabeprogramme und ihrer Auswirkungen auf die Ausgangsprogramme berechnen. Für so kleine digitale Systeme wie logische Verknüpfungsschaltungen sind bisher nur Werte für die funktionale Komplexität C_F berechnet worden (und nicht für C_K, weil dies in der Schaltwerktechnik überhaupt keinen Nutzen bringt). Die Berechnung von C_F kann ohne großen Rechenaufwand geschehen. Bei der UND-Schaltung in Bild 3 war dies gerade durchgeführt worden. Bei der EXOR-Schaltung in Bild 2 oder Bild 5 mit n Eingangsvariablen und einer Ausgangsvariablen ergibt sich $C_F = 2^{n-1} = N/2$. Das ist der maximal mögliche Wert aller logischen Schaltungen mit n Eingangsvariablen. Zur Erklärung, daß C_F nie größer sein kann, sei darauf hingewiesen, daß man für komplementäre Besetzungen der Y-Spalte, bei der man also die Werte 0 und 1 vertauscht, stets denselben Komplexitätswert errechnet. Sie machen insgesamt die Hälfte aller Besetzungen aus. (Übrigens errechnet man bei komplementären Ausgabeprogrammen in einer Zeile ebenfalls stets dieselbe Kolmogoroff-Komplexität).

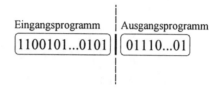

Eingangsprogramm | Ausgangsprogramm

1100101...0101 | 01110...01

Bild 4. Veranschaulichung des Falles, daß eine Ausgangszeile der Funktionstabelle eine endliche Folge von Binärsymbolen umfaßt.

Auch dann, wenn alle Ausgangsprogramme unterschiedlich zueinander sind, was bekanntlich binärcodiert mit mindestens n Bits pro Zeile am Ausgang möglich ist, ergibt sich derselbe maximale Wert $C_F = 2^{n-1} = N/2$ wie für EXOR-Schaltungen. Hier ist wohl noch folgende zusätzliche Erklärung hilfreich: Man erinnere sich, daß bei Berechnung einer Teilkomplexität ΔC_F jedes Bit für zwei unterschiedliche Ausgangswerte gleicher Wahrscheinlichkeit steht. Infolgedessen bedeutet $C_F = N/2$, daß dies auch mit N unterschiedlichen Ausgangsfolgen möglich ist, unabhängig davon, wie sie aussehen.

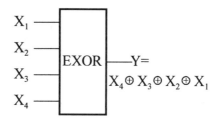

Bild 5. a) Blockschaltbild der EXOR-Schaltung (Antivalenz).

X_4	X_3	X_2	X_1	Y
0	0	0	0	0
0	0	0	1	1
0	0	1	0	1
0	0	1	1	0
0	1	0	0	1
0	1	0	1	0
0	1	1	0	0
0	1	1	1	1
1	0	0	0	1
1	0	0	1	0
1	0	1	0	0
1	0	1	1	1
1	1	0	0	0
1	1	0	1	1
1	1	1	0	1
1	1	1	1	0

Bild 5. b) Zugehörige Funktionstabelle.

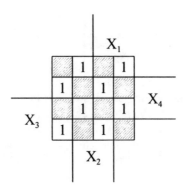

Bild 5. c) KV-Diagramm.

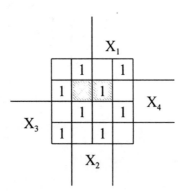

Bild 5. d) Maskierung von X_1 bei $X_4 X_3 X_2 = 101$.

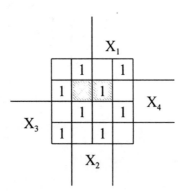

Bild 5. e) Auswirkung der Maskierung im KV-Diagramm.

Erst in Anwendungen, bei denen infolge besonderer Betriebsarten bzw. Meßvorschriften die Binärdaten am Ausgang nicht mehr determiniert sind, sondern von vorneherein nur noch mit einer gewissen Wahrscheinlichkeit angegeben werden können, wie z.B. bei der Messung von digitalen Lese-Schreib-Speichern (RAM), kann die Systemkomplexität größer als der Wert N/2 werden. Wenn z.B. in der Spalte Y bei der Messung jedes Bit maximal unsicher ist, wie bei einem RAM mit der

144

Wortbreite 1, dessen vorangehende Schreibbefehle man nicht kennt (man betrachtet sie als maskiert), findet man den Wert $C_F = 2^n = N$. Bei einer mehrstelligen, maximal unsicheren Ausgangsgröße Y für jedes Bit jeder Zeile, d.h. bei einem Speicher der Wortbreite W, errechnet sich der Wert $C_F = W \cdot 2^n = W \cdot N$. Das entspricht der bekannten Speicherkapazität eines RAM.

Alle diese einfachen Beispiele lassen sich aus der bekannten Formel für die bedingte Entropie einer Nachrichtenquelle ableiten, siehe wiederum Anhang A, die somit als Grundgröße für die Systemkomplexität zu erkennen ist. Das heißt, die Systemkomplexität ergibt sich einfach aus der Anwendung der Shannon'schen Theorie und ist deshalb leider nicht so originell wie die Kolmogoroff-Komplexität.

4. Ein Rechner mit nur wenigen komplizierten Programmen.

Ein weiterer Extremfall mag den Unterschied zwischen beiden Komplexitätsmaßen auch bei komplexeren Systemen deutlich machen. Angenommen, das vorliegende digitale System erzeugt bei jedem Elementarereignis (Zeile) ein Ausgabeprogramm in Form einer relativ langen Folge von Binärzeichen, siehe Bild 4, wobei es grundsätzlich belanglos ist, ob die Bits parallel oder sequentiell erscheinen. Das System kann aber nur relativ wenige verschiedene Ausgabeprogramme abliefern (es seien z.B. g Programme mit $g \ll N$ möglich.). Wir nehmen weiterhin an, daß das minimale Eingabeprogramm relativ lang bzw. die Kolmogoroff-Komplexität für jede Zeile relativ groß ist. Die Systemkomplexität bzw. die funktionale Komplexität wird dann wegen der kleinen Zahl g der verschiedenen Elementarereignisse bzw. der nichtredundanten Eingangsprogramme relativ klein. Man findet $C_F \ll N/2$ und $C_K \gg C_F$. Kann das System im Extremfall nur ein einziges langes Ausgangsprogramm und ansonsten nur Leerprogramme produzieren, so wird die funktionale Komplexität $C_F = 1$, wobei gleichzeitig die Kolmogoroff-Komplexität C_K bei einem beliebig langen nichtredundanten Eingangsprogramm beliebig groß sein kann.

5. Komplexität eines Universalrechners.

Überträgt man die Ergebnisse bei der logischen Schaltung auf die weit komplexere Schaltung eines Universalrechners, so wird die Kolmogoroff-Komplexität wie im anfänglichen Beispiel des Stabilitätsrechners häufig nicht widerspiegeln, welche umfangreichen und komplizierten Rechnungen (nehmen wir wieder wochenlange Rechenzeiten an) durchzuführen sind, bis z.B. die Ausgabe „stabil" erscheint, die genau den Komplexitätswert 1 Bit hat. Es sei wiederholt, daß Kolmogoroff nur die Information bestimmen wollte, die in einer endlichen Folge von Symbolen, d.h. in dem Ausgangsprogramm steckt (manche nennen sie deshalb auch die

Beschreibungskomplexität), und wenn dieses Programm nur aus einer „1" besteht, kann dort nicht mehr als 1 Bit Information existieren.

Die Systemkomplexität (funktionale Komplexität) muß dagegen die Kompliziertheit einer Maschine erfassen. Um hier bei einem so variablen System wie einem Universalrechner zu aussagekräftigen Zahlenwerten zu kommen, könnte man vorgeben, die Länge der möglichen, in der Regel sehr redundanten Eingangsprogramme zu begrenzen. Sie müßten jedoch so umfangreich bleiben, daß sie alle relevanten Aufgabenstellungen und alle Parameter und Daten erfassen können. Die Anzahl aller nichtredundanten verschiedenen Eingangsprogramme ist daher sehr hoch anzusetzen. Die entstehenden sehr hohen Werte für die funktionale Komplexität sind dann vielleicht eher verwirrend. Deshalb wurde schon vorgeschlagen, besser den Logarithmus der Komplexitäten C_K und C_F zu verwenden. Dies wäre zumindest für Abschätzungen über die Größenordnungen der Komplexitäten eines Programmes oder eines Systems zu empfehlen.

Müßig ist dagegen die Frage nach der Systemkomplexität (funktionale Komplexität) einer Turing-Maschine. Alleine schon wegen des unbegrenzten Speichers (endloses Speicherband) geht sie gegen Unendlich.

6. Anwendungsbeispiel "Sprachmaschine"

Wenn man mit Hilfe einer digitalen Maschine einen (immer sehr redundanten) Text einer natürlichen Sprache in eine (fast) redundanzfreie Form bringt und aus dieser Form wieder den ursprünglichen Text generiert, so kann man sie als eine intelligente Textmaschine oder kürzer als eine Sprachmaschine bezeichnen. Der prinzipielle Entwurf einer solchen Maschine ist in [4] beschrieben worden. Der maximal konzentrierte d.h. redundanzfreie Code eines Textes wird dort als „sprachlicher Gedanke" bezeichnet, weil aus ihm, wie bei dem Gedanken eines Menschen, der Text erzeugt wird. (Dies entspricht grundsätzlich den Vorstellungen zeitgenössischer Sprachforscher, es sei aber auch eingeräumt, daß dieser „Gedanke" nicht ganz in Übereinstimmung mit manchen lexikalischen Definitionen ist). Sehen wir einmal von den noch bestehenden aktuellen Schwierigkeiten beim Bau einer solchen Maschine ab und nehmen, weil sehr anschaulich, sie als ein willkommenes Anwendungsbeispiel einer sicherlich schon sehr komplexen Maschine, die man in den Einzelheiten - weil jedermann ja eine gewisse Sprachkompetenz besitzt - auch gar nicht verstehen muß. Dann erkennt man: Der redundanzfreie (Gedanken-) Code ist sicher als eine gute Annäherung an ein minimales Erzeugungsprogramm anzusehen. Die Kolmogoroff-Komplexität des vorgegebenen Textstückes ergibt sich einfach aus der in Bit gemessenen Länge des redundanzfreien Gedanken-Codes. (Übrigens findet man auch ohne Bezug auf die genannte Sprachmaschine dieses Ergebnis, wenn man nur die Shannonn´schen Abschätzungen über die Entropie redundanzfreier Texte heranzieht. In dem in [5] durchgerechneten Modell gehört z.B. zu einer Textlänge von n_t = 550 000 Buchstaben ein „Gedankencode" der Länge H_{ges} = 3 441 Bit, was 0,01 Bit pro Buchstaben entspricht).

Die System-Komplexität der Sprachmaschine ergibt sich dagegen als (halbe) Menge der verschiedenen redundanzfreien Gedankencodes auf der obersten Abstraktionsebene. Man kann auch sagen, daß dies (nach Multiplikation mit 2) der Menge der möglichen sinnvollen Texte entspricht, welche die Maschine erzeugen kann. Berechnungen für das Modell [5] haben gezeigt, daß für eine einigermaßen brauchbare „universale" Sprachmaschine, die wie im obigen Beispiel, Texte der Größe eines mittleren Buches erzeugen kann, sehr hohe Werte (Größenordnung 10^{1000}) für die System-Komplexität entstehen. Obwohl diese Werte sehr hoch sind, liegen sie doch noch weit unter denen, die man schon immer aufgrund der Kombinatorik für die Summe der prinzipiell erzeugbaren sinnvollen und sinnlosen Texte der angenommenen Länge leicht berechnen konnte.

Übrigens kann man die mehr praxisorientierten Zeit- und Speicherkomplexitäten, die in diesem Aufsatz grundsätzlich nicht behandelt wurden, für das oben genannte Modell einer Sprachmaschine ebenfalls sehr rasch finden. Da hier jedoch nicht der Platz für eine Strukturbeschreibung ist, nehme man die Größenordnung der folgenden Komplexitätszahlen einfach nur zur Kenntnis. Die Zeitkomplexität ergibt sich infolge der seriellen Erzeugung des Textes aus der Zahl W_t der Worte eines Textes mal der Lesezeit T eines Netzwerksknotens (im obigen Beispiel ergibt sich aus n_t etwa die Wortzahl W_t = 100 000 und mit T = 10^{-6} sec folgt die Zeitkomplexität $W_t \cdot T \approx 10^{-1}$ sec) und die Speicherkomplexität aus der Anzahl v der Abstraktionsebenen mal der Knotenanzahl $W^{(0)}$ pro Sprachnetzwerk (im Beispiel ist $v \cdot W^{(0)} \approx 330\ 000$).

Aus diesen verschiedenen Kenngrößen, die allesamt "Komplexität" genannt werden, folgt: Eine derartige strukturelle bzw. konnektionistische Modellierung des menschlichen Sprachsystems stimmt in ihren Leistungsdaten außerordentlich gut mit denen des menschlichen Vorbildes überein: Die Sprachmaschine ist ein rasch reagierendes Real-Time-System (kleine Zeitkomplexität), ein System mit einer praktisch nicht begrenzten Vielfalt generierbarer, verstehbarer, bzw. sinnvoller Texte (große funktionale Komplexität), das nur einen mäßig großen Hardware-Aufwand benötigt (keine überragende große Speicherkomplexität). Das alles wird möglich durch eine Organisation, die aus sehr redundantem Text systematisch hochverdichtete nichtredundante (Gedanken-) Codes bildet (verhältnismäßig lange Textdarstellung aus kurzem Gedanken-Code bedeutet kleine Kolmogoroff-Komplexität).

Nach einem so komplexen Beispiel wie dem einer Sprachmaschine liegt der Gedanke nahe, daß man den Grundgedanken der Bestimmung einer Systemkomplexität aus dem rein technischen Bereich auch in andere Bereiche übertragen könnte. Man kann z.B. die Frage nach der Komplexität bzw. der Intelligenz eines bestimmten Menschen stellen. Nach den oben erläuterten Prinzipien könnte man diese ermitteln, indem man ihm sehr viele verschiedene Aufgaben mit sehr kleinen, aber relevanten Informationslücken stellt und beobachtet, ob und wieviele er davon als unterschiedlich erkennt und entsprechende Antworten gibt. Man ermittelt also, kurz gesagt, wie gut ein Mensch differenziert denken und Informationen verarbeiten kann. Das wäre praktisch eine neue Definition der menschlichen Intelligenz.

7. Schlußbemerkung

Eine Bemerkung für diejenigen, die schon Vorkenntnisse über C_K und C_F hatten: Wenn in den bisher in der Literatur erschienenen Überlegungen des Autors zur funktionalen Komplexität eine einfache logische Verknüpfungsschaltung mit ihrer Funktionstabelle zu Vergleichszwecken auch hinsichtlich ihrer Kolmogoroff-Komplexität analysiert wurde, war die Spalte Y mit ihren Ausgangswerten als ein zusammenhängendes typisches Muster, d.h. als das Ausgangs-Programm, angesehen worden. Diese Auffassung, die inzwischen vom Autor als fehlerhaft erkannt wurde, schien auf den ersten Blick naheliegender als die hier vorgenommene richtige Interpretation einer Zeile mit den Eingangsvariablen als „Eingangsprogramm" und der Ausgangsvariablen als „Ausgangsprogramm", insbesondere, wenn man vor Augen hat, daß ein Bit als ein ganzes Ausgangsprogramm eher eine seltene Ausnahme ist und daß in der Literatur über die Komplexität C_K sonst fast nur mit den Größenordnungen umfangreicher Programme gerechnet wird. Damit die frühere Auffassung der Spalte als Ausgangssignal auch akzeptabel war, mußte in den diesbezüglichen Darstellungen die zusätzliche Verfügung getroffen werden, daß die Ausgangswerte stets in der Reihenfolge erzeugt werden, in der die Werte der Eingangsvariablen in der Funktionstabelle angeordnet sind. Dann stimmt zwar die damals durchgeführte Berechnung der Kolmogoroff-Komplexität, aber ein solcher Betrieb einer logischen Verknüpfungsschaltung ist doch sehr wirklichkeitsfremd. In Wirklichkeit werden doch die Wertesätze der Eingangsvariablen (z.B. im Schaltnetz eines Rechners) zu einer beliebigen Zeit und in einer beliebigen Reihenfolge der Verknüpfungsschaltung zugeführt, so daß in einer chronologischen Funktionstabelle ganz beliebige Ausgangsmuster entstehen würden. Das würde für die Kolmogoroff-Komplexität ganz verschiedene Werte ergeben, für die Berechnung der funktionalen Komplexität spielt eine Veränderung der zeitlichen Reihenfolge aber überhaupt keine Rolle.

Es ist festzuhalten, daß bei einer logischen Verknüpfungsschaltung zu einer (gegebenen) Zeit immer nur ein einziger Wertesatz von Eingangsvariablen wirksam ist bzw., daß die Zuführung eines einzelnen Satzes von Eingangswerten (Eingangsprogramm) und die Erzeugung bzw. Abgabe eines entsprechenden Satzes von Ausgangswerten (Ausgangsprogramm) das Elementarereignis ist, aus dem man die Kolmogoroff-Komplexität berechnen kann und muß, schließlich, daß solche Elementarereignisse unabhängig voneinander zu betrachten sind.

Anhang A.

Man betrachte das logische System in Bild 1a. In jedem Arbeitstakt ist ein vollständiger Wertesatz von Eingangsvariablen am Systemeingang vorhanden (ein Ereignis). Bei n Eingangsvariablen X gibt es daher $N = 2^n$ vollständige Wertesätze. Werden sie in zufälliger Reihenfolge gleich häufig dem Eingang zugeführt und wird bei jedem Wertesatz von Eingangsvariablen jeweils eine zufällig herausgegriffene

Eingangsvariable maskiert, wird der Ausgang Y unbestimmt und kann nur noch mit einer gewissen Wahrscheinlichkeit vorausgesagt werden. Daher kann die Komplexität des Systems als Summe der Entropien für alle beobachtbaren Ereignisse definiert werden. Bei einer maskierten Eingangsvariablen sind das gerade $N/2 = 2^{n-1}$ verschiedene beobachtbare Ereignisse (beobachtbare Wertesätze von Eingangsvariablen mit den zugehörigen Ausgangsvariablen). Bezeichnen wir einen beobachtbaren Wertesatz von Eingangsvariablen mit z_i für i = 1,2, ... 2^{n-1} (das sind in den Tabellen alle Kombinationen aus (n-1) Variablen), so kann man die Summe der Entropien für die Informationsergiebigkeit des Systems am Ausgang (Quellenausgang) unter der Bedingung berechnen, daß jeweils nur der Wertesatz z_i von Eingangsvariablen bekannt ist. Diese Informationsergiebigkeit wird mit $H(Y|Z)$ oder noch kürzer mit C_F bezeichnet. (Eigentlich müßte man statt $H(Y|Z)$ ausführlicher sagen, daß es um die Entropie der Quelle mit der Ausgangsvariablen Y geht, wobei von dem Satz z_i von n Eingangsvariablen X nur jeweils n-1 Eingangsvariable bekannt sind). Mit $p(y_j|z_j)$ als Wahrscheinlichkeit für den Wert y_j der Ausgangsvariablen unter der Bedingung, daß ein unvollständiger Wertesatz z_i von Eingangsvariablen bekannt ist und für den Spezialfall, daß y_j eine binäre Variable mit j = 0 und j = 1 ist, findet man dann

$$C_F = H(Y|Z) = -\sum_{i=1}^{2^{n-1}} \sum_{j=0}^{1} p(y_j|z_i) \log p(y_j|z_i) \qquad \text{für } n \geq 2 \qquad \textbf{(A1)}$$

$$= 0 \qquad \text{für } n = 1$$

Hierbei wird der Logarithmus stets zur Basis 2 genommen. Da wir gleiche Häufigkeit für die Ereignisse angenommen haben, kann man sich das statistische Experiment in der Weise vereinfachen, daß man (völlig unstatistisch) ein einziges Mal für jeden beobachtbaren Satz z von Eingangsvariablen die möglichen Ausgangswerte bestimmt. Aus den Funktionstabellen ist dann durch Verdecken (Maskieren) einer Eingangsspalte sehr leicht die Summe in (A1) zu entnehmen. In manchen Fällen mit nicht gleichberechtigten Eingangsvariablen muß man leider noch eine Spalte nach der anderen verdecken und zum Schluß mitteln.

Das heißt, für nicht gleichberechtigte Eingangsvariable findet man durch Berücksichtigung der verschiedenen Maskierungsplätze, von denen es n gibt, schließlich noch die allgemeinste Form

$$C_F = -\frac{1}{n} \sum_{k=1}^{n} \sum_{i=1}^{2^{n-1}} \sum_{j=0}^{1} p(y_j|z_{i,k}) \log p(y_i|z_{i,k}) \qquad \text{für} \quad n \geq 2 \qquad \textbf{(A2)}$$

Anhang B.

Als Beispiel betrachte man eine EXOR-Schaltung mit 4 Eingangsvariablen in Bild 5 (verallgemeinerte Antivalenz-Schaltung $X_1 \oplus X_2 \oplus X_3 \oplus X_4$). Zu diesem Blockschaltbild ist die Funktionstabelle wiedergegeben. In der Funktionstabelle findet man für drei beliebige (beobachtbare) Variablenwerte immer zwei verschiedene Werte für die vierte (maskierte) Variable. Man betrachte z.B. den in Bild 5d herausgezeichneten Fall $X_4 = 1$, $X_3 = 0$, $X_2 = 1$, in dem für die (maskierte) Variable X_1 die zwei verschiedenen Ausgangswerte $y = 0$ und $y = 1$ zu beobachten sind. Im KV-Diagramm in Bild 5e entspricht dies der Entscheidung zwischen den zwei schraffierten Kästchen, bei denen die Variable X_1 über die Ausgangswerte $y = 0$ und $y = 1$ entscheidet.

Literatur

[1] Kolmogoroff, A.N.;Three Approaches to the Quantitative Definition of Information. Problems of Information Transmission, Vol. 1, (1965) New York, pp 1-7
Kolmogoroff, A.N.; Logical Basis for Information Theory and Probability Theory. IEEE Trans. Information Theory, Vol. IT-14, No.5, Sept. 1968, pp.662-664

[2] Hilberg, W.; Die texturale Sprachmaschine als Gegenpol zum Computer. Kapitel 7. Erweiterung der informationstheoretischen Grundlagen. Verlag Sprache und Technik, 1990
Die funktionale Komplexität logischer Schaltungen im Entscheidungsbaum und im KV-Diagramm. AEÜ, Bd.39, 1985, Heft 3, S.167-178

[3] Chaitin, G.I.;   A Theory of Program Size Formally Identical to Information Theory. Journal of the Association for Computing Machinery. J.ACM, Vol. 22, No. 3, July 1975, pp. 329-340
Chaitin, G.I.; Randomness and mathematical proof. Scientific American 232 (5), 1975, pp. 47-52
Chaitin, G.I.; Algorithmic information theory. Cambridge University Press 1987
Chaitin, G.I.; Information randomness and incompleteness. World Scientific 1987

[4] Hilberg, W.; Neural networks in higher levels of abstraction. Biological Cybernetics 76, (1997) S.23-40

[5] Hilberg, W.; Theorie der hierarchischen Textkomprimierung. Informationstheoretische Analyse einer deterministischen Sprachmaschine. Teil I. Frequenz 51 (1997) 7-8, S.196-202. Teil II: Frequenz 51 (1997) 11-12, S.280-285

[6] Reischuk, K.R.; Einführung in die Komplexitätstheorie. B.G. Teubner Stuttgart, 1990

[7] Shannon, C.E.; Prediction and Entropy of Printed English. The Bell System Technical Journal, Jan. 1951, pp. 50-64
Hilberg W.; Der bekannte Grenzwert der redundanzfreien Information in Texten - eine Fehlinterpretation der Shannonschen Experimente? Frequenz 44 (1990) Heft Nr. 9-10, S. 243-248

[8]   Hotz, G.; Der Begriff der Information in der Informatik. S. 53-70 in O.G. Folberth, C. Hackl. Der Informationsbegriff in Technik und Wissenschaft. Oldenbourg Verlag München 1986

[9]   Chaitin, G.J.; Randomness and Mathematical Proof. Scientific American 232(5), 1975, pp. 47-52

[10   Mackenzie, D.; On a roll. New Scientist 1999, Vol. 164, No 2211, p 44-47

[11] Vollmer, H.; Was leistet die Komplexitätstheorie für die Praxis? Informatik Spektrum, Bd 22, H. 5, Okt. 1999, S. 317-327

8

Der bekannte Grenzwert der redundanzfreien Information in Texten - eine Fehlinterpretation der Shannon'schen Experimente?

In den Lehrbüchern über Informationstheorie findet man schon seit Jahrzehnten für die maximal mögliche Kompression von Texten einen Grenzwert von 1 Bit pro Buchstaben angegeben. Dieser fundamentale Lehrsatz ist nachweislich falsch. Man kann viel kleinere Werte erreichen.

Kurzfassung. Es wird gezeigt, daß der in Bit pro Buchstabe gemessene redundanzfreie Wert der Information von natürlichsprachlichen Texten nicht einen festen unteren Grenzwert von 1 Bit pro Buchstabe haben kann, sondern mit wachsender Textlänge monoton abfallen muß. Dies steht überraschenderweise in Übereinstimmung mit der schon von Shannon veröffentlichten Theorie. Der Bereich, in dem die gesuchte Funktion liegen darf, wird abgeschätzt. Eine erste Näherung für die gesamte in einem Text gegebener Länge enthaltene redundanzfreie Information ergibt sich proportional zur Wurzel aus dieser Länge.

1 Einleitung

In fast allen Lehrbüchern der Informationstheorie wird dargelegt, daß dann, wenn man die Texte natürlicher Sprache von aller Redundanz befreit, sich im Minimum ein Informationswert in der Größenordnung von 1 Bit pro Buchstabe ergibt. Einige Zitate mögen diese Behauptung belegen: W.Meyer-Eppler [1] schreibt: "Praktisch wird die Kontext-Grenzentropie H_∞ bereits bei einer endlichen und oft nicht einmal sehr großen Stellenzahl (der Buchstaben) $n = n_0$ erreicht ...". K.Küpfmüller [2] stellt den meßtechnisch gewonnenen Verlauf von H und seine asymptotische Annäherung an H_∞ graphisch dar und kommt zu dem Schluß: " ... wird die Entropie geschriebener deutscher Texte zu 1,6 Bit/Buchstabe bestimmt." Diese Meinung läßt sich in den Büchern der nachfolgenden Jahre und Jahrzehnte immer wieder finden. Z. B. liest man bei J.R.Pierce [3]: "By an ingenious procedure, Shannon estimated that in principle only about one bit per letter should be required to encode English text." J.A.Storer schreibt noch in einem kürzlich erschienenen Buch über Datenkompression [4] " ... he (Shannon) was able zu bound the entropy of English to be between about 1 and 2 bits per character." Diese Meinung hat sich allgemein so festgesetzt, daß man sogar in der Encyclopaedia Britannica vom Jahr 1988, die bekanntlich von anerkannten Fachleuten redigiert wird, lesen kann, daß nur ein Bit pro Buchstabe benötigt wird und weiter "For instance, if the estimate of one bit per letter, mentioned above as the rate for printed Englis, is correct, then it is possible to encode printed English into binary digits using, on the average, one for each letter of text; and, furthermore, no encoding method would average less than this." Die Reihe der Beispiele ließe sich leicht vermehren.

Im Zuge der Entwicklung neuartiger texturaler Sprachmaschinen [5,6,7,8] ergab sich die Notwendigkeit, diesen Shannon'schen "Grenzwertsatz" zu überprüfen. Zur großen Überraschung des Autors zeigte sich zunächst, daß Shannon in seinen berühmten Veröffentlichungen niemals ein Untersuchungsergebnis soweit verabsolutiert hat, wie das die Lehrbuchautoren nach ihm getan haben, ja daß er geradezu konträre Ansichten geäußert hat. Sodann ergab sich, daß die Voraussagen von Shannon bezüglich der Existenz wesentlich kleinerer Informationswerte in Texten natürlicher Sprachen doch leichter verifiziert werden konnten, als zu vermuten war.

2. Die Shannon'schen Experimente

Shannon hat in seinem berühmten Aufsatz [9] als Nutzanwendung seiner vorher veröffentlichten Informationstheorie [10] auch Untersuchungsergebnisse über diejenigen Informationswerte angegeben, die er erhielt, wenn er aus englischen Texten alle Redundanz eliminierte. Diese Ergebnisse hat er in einem Diagramm veranschaulicht, siehe Bild 1, untere Kurve. Hier sind in Abhängigkeit der jeweils untersuchten Textlängen die Informationswerte in Bits pro Buchstaben nach oben aufgetragen. Anhand der eingezeichneten Kurve kommt man rasch zu dem Schluß, daß nach Textlängen von etwa 10 bis 15 Buchstaben die untere Kurve nur noch waagerecht verläuft, daß also hier ein unterer Grenzwert zu erwarten ist. Genau dies ist auch in den späteren Lehrbüchern stets zum Ausdruck gebracht worden. Weil die Untersuchungen sehr mühsam sind, hat man auch keine neuen Messungen mehr durchgeführt.

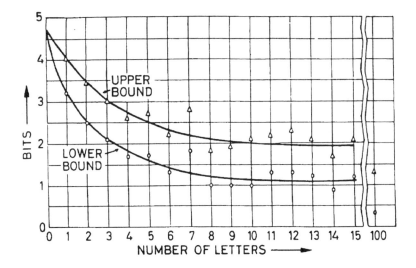

Bild 1. Obere und untere experimentelle Grenzen für die Entropie von englischen Texten (bei einem Alphabet von 27 Buchstaben). Originalfigur aus Shannons Aufsatz [9].

Es gibt Gründe, sich sehr darüber zu wundern. Zum einen sollte man in Bild 1 nicht übersehen, daß Shannon ganz am rechten Rand der Kurve etwas abgesetzt noch einen letzten Meßwert für Textlängen aus 100 Buchstaben wiedergegeben hat, der ganz offensichtlich niedriger als der vielbeschworene Grenzwert von 1 Bit pro Buchstabe liegt. Zum anderen sollte man auch nicht ständig übersehen, was Shannon in der Einleitung seines berühmten Aufsatzes [9] über die Information in noch längeren Textabschnitten gesagt hat: " ... From this analysis it appears that, in ordinary literary English, the long range statistical effects (up to 100 letters) reduce the entropy to something of the order of one bit per letter, with a corresponding redundancy of roughly 75%. The redundancy may be still higher when structure extending over paragraphs, chapters, etc. is included. However, as the lengths involved are increased, the parameters in question become more erratic and uncertain, and they depend more critically on the type of text involved." Auch nach Shannon's Meinung ist daher die uns heute allen geläufige Vorstellung eines festen unteren Grenzwertes der Information falsch.

3. Eine angemessene Extrapolation der Meßkurve?

Die sich verdichtenden Zweifel an der Richtigkeit der heutigen Lehrbuchmeinungen kann man noch durch eine einfache Handlung verstärken. Dazu braucht man Shannon's Meßwerte nur in einem doppeltlogarithmischen Diagramm aufzutragen, siehe Bild 2. Ersichtlich passen jetzt auch die letzten Meßpunkte aus Shannon's Diagramm ausgezeichnet zu den Kurven, die sich aus den vorhergehenden Meßwerten extrapolieren lassen. Denkt man an die berühmten Zipf'schen Kurven, deren einfache mathematische Gesetzmäßigkeiten auch erst durch Geraden in einem doppeltlogarithmischen Diagramm augenfällig wurden [11], und die Shannon pikanterweise im selben Aufsatz an anderer Stelle sogar ausgenutzt hat, so wird einem das doppeltlogarithmische Diagramm vielleicht sogar viel angemessener vorkommen als ein Diagramm mit linearer Achsenteilung.

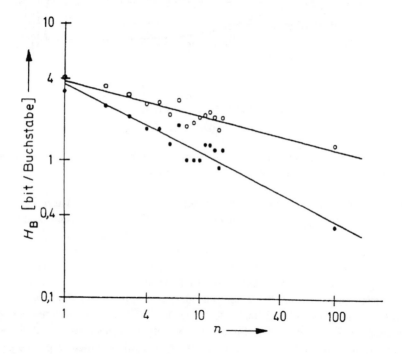

Bild 2. Meßwerte des Bildes 1 übertragen in ein doppeltlogarithmisches Diagramm. Durch die Schar der Meßwerte lassen sich Geraden legen.

Angesichts der geradezu revolutionär anmutenden Folgen, die aus einer weiter nach rechts verlängerten Geraden in Bild 2 entstehen können, bildet die mehr oder weniger zufällige Wahl einer bestimmten Achsenteilung beim Auftragen von Meßergebnissen doch eine zu unsichere Basis. Nötig ist daher eine begründbare Abschätzung über den grundsätzlichen Verlauf der interessierenden Kurve auch über den bekannten Bereich hinaus.

4. Ein Modell

In Bild 2 ist auch durch die Meßpunkte der maximalen Entropie versuchsweise eine Gerade gelegt worden. Es ist leicht zu zeigen, daß diese Kurve notwendigerweise eine Gerade sein muß. Dazu wollen wir im folgenden ein Modell betrachten, bei dem wir die Textlängen, mit denen Texte analysiert werden sollen, schrittweise anwachsen lassen. Für die betrachteten Textausschnitte werden wir dann zunächst nach den maximalen Entropiewerten bei Gleichverteilung aller Symbole fragen, die zwar äußerst einfach zu berechnen sind, die aber anscheinend auch in keiner Beziehung zu unserem Problem, der Festlegung der minimalen Entropiewerte, zu stehen scheinen. Erst zum Schluß wird man erkennen, daß die Ergebnisse dieser Modellrechnungen so geartet sind, daß sie auch zur grundsätzlichen Lösung unseres Problems beitragen.

Bei dem Modell wollen wir verschiedene Ebenen der Betrachtung unterscheiden. Beginnen wir mit der untersten Ebene (1) des Modelles, in der Binärsymbole zu Gruppen zusammengestellt werden, welche die Bedeutung von Buchstaben haben sollen. Haben alle Gruppen die gleiche Länge und enthalten sie je n_1 Binärsymbole, so kann man

$$N_{max,1} = 2^{n_1} \tag{1}$$

verschiedene Binärgruppen bilden. Werden davon jedoch zur Darstellung eines Alphabets nur $N_{g,1} < N_{max,1}$ Codekombinationen genutzt, so kann man die genutzte Anzahl mit einem reellen Faktor $\alpha > 1$ wie folgt anschreiben

$$N_{g,1} = (N_{max,1})^{1/\alpha_1} = 2^{n_1/\alpha_1}. \tag{2}$$

Für einen Text, der aus einer zufälligen Sequenz von gültigen Buchstaben besteht, bei dem jeder Buchstabe also die gleiche Wahrscheinlichkeit $p = 1/N_g$ aufweist, ergibt sich bekanntlich die (maximale) Entropie zu

$$H = \sum_{i=1}^{N_g} p_i \cdot \log p_i = -\sum_{1}^{N_g} \frac{1}{N_g} \log \frac{1}{N_g}. \tag{3}$$

Hierbei ist wie üblich überall der Logarithmus zur Basis 2 zu nehmen. Schreibt man N_g als Zweierpotenz ($N_g = 2^{n_g}$), so führt die Berechnung zu dem einfachen Ergebnis

$$H = n_g. \tag{4}$$

Für die Modell-Ebene (1) mit den aus Binärsymbolen zusammengesetzten Buchstaben ergibt sich also aus Gl.(2) die (maximale) Entropie

$$H_1 = n_1/\alpha_1 \quad \text{bit/Buchstabe.} \tag{5}$$

Gehen wir nun zu einer Modell-Ebene (2) über, in der man Buchstaben zu Wörtern zusammensetzt. Der Einfachheit halber nehmen wir eine mittlere Wortlänge von n_2 Buchstaben pro Wort an. Dann lassen sich mit $N_{g,1}$ gültigen Buchstaben insgesamt

$$N_{max,2} = N_{g,1}^{n_2} = 2^{n_1 n_2 / \alpha_1} \tag{6}$$

verschiedene Buchstabengruppen bilden. Die wirklich genutzte Anzahl $N_{g,2}$ an Buchstabengruppen, welche den gültigen Wörtern entsprechen (Wortschatz), ist weit kleiner. Mit einem weiteren reellen Faktor $\alpha_2 > 1$ läßt sich ihre Zahl wie folgt angeben:

$$N_{g,2} = (N_{max,2})^{1/\alpha_2} = 2^{n_1 n_2 / \alpha_1 \alpha_2} \tag{7}$$

Daraus ergibt sich für einen Text, der aus einer zufälligen Folge von Wörtern des Wortschatzes besteht, die (maximale) Entropie

$$H_2 = n_1 n_2 / \alpha_1 \alpha_2 \quad \text{bit/Wort} . \tag{8}$$

Da ein Wort aus n_2 Buchstaben besteht (im Mittel) ergibt sich daraus die (maximale) Entropie pro Buchstabe als gebräuchliches Vergleichsmaß H_B nach einer Division durch n_2 zu

$$H_{B,2} = n_1 / \alpha_1 \alpha_2 \quad \text{bit/Buchstabe} . \tag{9}$$

Als nächstes gehen wir zu einer Modell-Ebene (3) über, in der man Wörter zu Sätzen zusammensetzt. Der Einfachheit halber nehmen wir auch hier eine mittlere Satzlänge von n_3 Wörtern pro Satz an. Dann lassen sich mit $N_{g,2}$ gültigen Wörtern (des Wortschatzes) insgesamt

$$N_{max,3} = N_{g,2}^{n_3} = 2^{n_1 n_2 n_3 / \alpha_1 \alpha_2} \tag{10}$$

verschiedene Wortgruppen bilden. Die wirklich nutzbaren Wortgruppen, d.h. die sprachlich akzeptablen Sätze, stellen einen sehr kleinen Anteil dar. Mit einem reellen Faktor $\alpha_3 > 1$ läßt sich dieser Anteil wie folgt angeben

$$N_{g,3} = (N_{max,3})^{1/\alpha_3} = 2^{n_1 n_2 n_3 / \alpha_1 \alpha_2 \alpha_3} . \tag{11}$$

Daraus ergibt sich für einen Text, der aus einer zufälligen Folge von Sätzen besteht, die (maximale) Entropie

$$H_3 = n_1 n_2 n_3 / \alpha_1 \alpha_2 \alpha_3 \quad \text{bit/Satz} . \tag{12}$$

Da ein Satz aus n_3 Wörtern besteht und jedes Wort aus n_2 Buchstaben, ergibt sich daraus die (maximale) Entropie pro Buchstaben zu

$$H_{B,3} = n_1 / \alpha_1 \alpha_2 \alpha_3 \quad \text{bit/Buchstabe} . \tag{13}$$

Gehen wir im nächsten Schritt zu noch komplexeren Textgebilden über und betrachten in der Modell-Ebene (4), wie man Sätze zu einem Textabschnitt zusammenfaßt. Der

158

Einfachheit halber nehmen wir eine mittlere Länge der Abschnitte von n_4 Sätzen pro Abschnitt an. Dann lassen sich mit einem Vorrat an $N_{g,3}$ gültigen Sätzen insgesamt

$$N_{max,4} = N_{g,3}^{n_4} = 2^{n_1 n_2 n_3 n_4 / \alpha_1 \alpha_2 \alpha_3} \tag{14}$$

verschiedene Textabschnitte bilden. Die wirklich sprachlich sinnvollen Abschnitte, d. h. diejenigen, die wir Menschen als vernünftige, kleine zusammenhängende Texte akzeptieren würden, sind wiederum eine sehr kleine Untermenge aus der riesigen Menge aller betrachteten Satzfolgen. Mit einem reellen Faktor $\alpha_4 > 1$ läßt sich die Anzahl aller sprachlich sinnvollen Textabschnitte wie folgt angeben

$$N_{g,4} = (N_{max,4})^{1/\alpha_4} = 2^{n_1 n_2 n_3 n_4 / \alpha_1 \alpha_2 \alpha_3 \alpha_4}. \tag{15}$$

Daraus ergibt sich für einen Text, der aus einer zufälligen Folge von sprachlich korrekten kurzen Abschnitten besteht, die (maximale) Entropie

$$H_4 = n_1 n_2 n_3 n_4 / \alpha_1 \alpha_2 \alpha_3 \alpha_4 \quad \text{bit/Abschnitt}. \tag{16}$$

Da ein Abschnitt aus n_4 Sätzen besteht, ein Satz aus n_3 Wörtern und ein Wort aus n_2 Buchstaben, ergibt sich daraus die (maximale) Entropie pro Buchstabe zu

$$H_{B,4} = n_1 / \alpha_1 \alpha_2 \alpha_3 \alpha_4 \quad \text{bit/Buchstabe}. \tag{17}$$

In der Tabelle 1 sind zur Erleichterung der Übersicht noch einmal alle die bisherigen Schritte etwas komprimierter dargestellt. Es ist offensichtlich, wie die Iteration nun weitergeht. Von den Abschnitten geht es zu den Kapiteln, von dort zu den Büchern, usw. Ersichtlich wird dabei die in Bit pro Buchstabe gemessene Entropie unter Beachtung von $\alpha_i > 1$ ständig kleiner. Formal sogar beliebig klein. Experimente [12] zeigen nun an, daß man alle Werte α_i etwa in derselben Größenordnung $\alpha_i \approx 2$ ansetzen kann. Tut man dies, so findet man die sich aus Tabelle 1 ergebenden Zahlenwerte in Tabelle 2. Das Ergebnis ist in Bild 3 in der oberen Kurve veranschaulicht (es entspricht im Anfangsteil übrigens ziemlich gut der oberen experimentell gewonnenen Kurve von Shannon in Bild 2). Daraus kann man folgendes schließen: Die Berechnung der Entropien für gleichverteilte Bits, Buchstaben, Wörter, Sätze, Abschnitte, Kapitel, usw. haben uns jeweils zu den Maximalwerten geführt. Nach Definition müssen aber die Entropiewerte für nicht gleichmäßig verteilte Bits, Buchstaben, Wörter, Sätze, Abschnitte, Kapitel, usw. darunter liegen und im Fall der redundanzfreien Entropiewerte sogar beachtlich darunter. Das ist in Bild 3, in der die untere Kurve die Shannon'schen Meßwerte verbindet, in der Tat der Fall.

Tabelle 1:

Textelement	Anzahl der Möglichkeiten	Anzahl n der Buchstaben pro Textelement	Maximale Entropie H_B
Buchstabe (1)	n_1 = Anzahl der Binärstellen/Buchstabe $N_{max,1} = 2^{n_1}$ $N_{g,1} = (N_{max,1})^{1/\alpha_1} = 2^{n_1/\alpha_1}$ $H_1 = n_1/\alpha_1$ bit/Buchstabe	$n = 1$	$H_{B,1} = n_1/\alpha_1$ bit/Buchstabe
Wort (2)	n_2 = Anzahl der Buchstaben/Wort $N_{max,2} = N_{g,1}^{n_2} = 2^{n_1 n_2/\alpha_1}$ $N_{g,2} = (N_{max,2})^{1/\alpha_2} = 2^{n_1 n_2/\alpha_1\alpha_2}$ $H_2 = n_1 n_2/\alpha_1\alpha_2$ bit/Wort	$n = n_2$	$H_{B,2} = n_1 n_2/\alpha_1\alpha_2 n_2$ $= n_1/\alpha_1\alpha_2$ bit/Buchstabe
Satz (3)	n_3 = Anzahl der Wörter/Satz $N_{max,3} = N_{g,2}^{n_3} = 2^{n_1 n_2 n_3/\alpha_1\alpha_2}$ $N_{g,3} = (N_{max,3})^{1/\alpha_3} = 2^{n_1 n_2 n_3/\alpha_1\alpha_2\alpha_3}$ $H_3 = n_1 n_2 n_3/\alpha_1\alpha_2\alpha_3$ bit/Satz	$n = n_2 \cdot n_3$	$H_{B,3} = n_1 n_2 n_3/\alpha_1\alpha_2\alpha_3 n_2 n_3$ $= n_1/\alpha_1\alpha_2\alpha_3$ bit/Buchstabe
Abschnitt (4)	n_4 = Anzahl der Sätze/Abschnitt $N_{max,4} = N_{g,3}^{n_4} = 2^{n_1 n_2 n_3 n_4/\alpha_1\alpha_2\alpha_3}$ $N_{g,4}(N_{max,4})^{1/\alpha_4} = 2^{n_1 n_2 n_3 n_4/\alpha_1\alpha_2\alpha_3\alpha_4}$ $H_4 = n_1 n_2 n_3 n_4/\alpha_1\alpha_2\alpha_3\alpha_4$ bit/Abschnitt	$n = n_2 \cdot n_3 \cdot n_4$	$H_{B,4} = n_1 n_2 n_3 n_4/\alpha_1\alpha_2\alpha_3\alpha_4 n_2 n_3 n_4$ $= n_1/\alpha_1\alpha_2\alpha_3\alpha_4$ bit/Buchstabe

Tabelle 2: Modell mit $n_1 = 8$, $\alpha_1 = 4/3$, $\alpha_2 = \alpha_3 = \alpha_4 = \ldots = 2$, $n_2 = n_3 = n_4 = \ldots = 6$

Textelement	Anzahl der Möglichkeiten	Anzahl der Buchstaben pro Textelement	Maximale Entropie
Buchstabe (1)	$n_1 = 8$ Binärstellen/Buchstabe $N_{max,1} = 2^8 = 256$ $N_{g,1} = 2^{8 \cdot 3/4} = 2^6 = 64$ $H_1 = 6$ bit/Buchstabe	1	6 bit/Buchstabe
Wort (2)	$n_2 = 6$ Buchstaben/Wort $N_{max,2} = 2^{6 \cdot 6}$ $N_{g,2} = 2^{6 \cdot 6/2}$ $H_2 = 6 \cdot 6/2$ bit/Wort	6	$6 \cdot 6/2 \cdot 6 = 6/2$ bit/Buchstabe
Satz (3)	$n_3 = 6$ Wörter/Satz $N_{max,3} = 2^{6 \cdot 6 \cdot 6/2}$ $N_{g,3} = 2^{6 \cdot 6 \cdot 6/2 \cdot 2}$ $H_3 = 6 \cdot 6 \cdot 6/2 \cdot 2$ bit/Satz	$6 \cdot 6$	$6 \cdot 6 \cdot 6/2 \cdot 2^{-6} \cdot 6 = 6/4$ bit/Buchstabe
Abschnitt (4)	$n_4 = 6$ Sätze/Abschnitt $N_{max,4} = 2^{6 \cdot 6 \cdot 6 \cdot 6/2 \cdot 2}$ $N_{g,4} = 2^{6 \cdot 6 \cdot 6 \cdot 6/2 \cdot 2 \cdot 2}$ $H_4 = 6 \cdot 6 \cdot 6 \cdot 6/2 \cdot 2 \cdot 2$ bit/Abschnitt	$6 \cdot 6 \cdot 6$	$6 \cdot 6 \cdot 6 \cdot 6/2 \cdot 2 \cdot 2 \cdot 6 \cdot 6 \cdot 6 = 6/8$ bit/Buchstabe

Aber weitaus interessanter ist der Vergleich der beiden Kurven in dem Bereich, in den wir wegen meßtechnischer Schwierigkeiten kaum eindringen können (wenigstens nicht mit den Methoden, mit denen Shannon gearbeitet hat). Hier können wir wegen der regelmäßigen Entwicklungsgesetze unseres Modelles schließen, daß die obere Kurve grundsätzlich zu immer kleineren Entropiewerten abfallen muß. Da jedoch die untere Kurve, welche die eigentlich interessierenden redundanzfreien Entropiewerte enthält, stets weit unter der oberen Kurve liegen muß, darf man schließen, daß auch die untere Kurve ständig weiter abfallen muß. Formal sogar ebenfalls beliebig weit. Grundsätzliche Bedenken über die geradlinige Extrapolation der Shannon'schen Ergebnisse im doppeltlogarithmischen Diagramm bis in den Bereich sehr langer Texte und entsprechenden, sehr kleinen Entropiewerten - weit unter den Wert von 1 Bit pro Buchstabe - braucht man daher nicht zu haben.

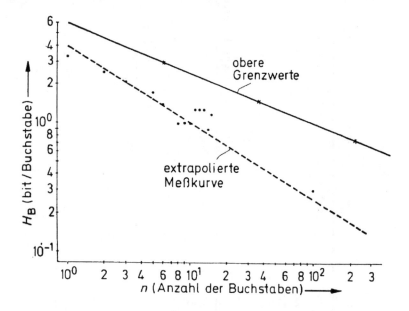

Bild 3. Berechnete obere Grenzkurve in ihrer relativen Lage zur extrapolierten Meßkurve für die minimale Entropie.

5. Weitere Eingrenzung

Um den Bereich weiter einzugrenzen, in dem die gesuchte Kurve liegen kann, benötigt man noch eine untere Schranke. Sie ist wie folgt leicht zu finden. Jede abfallende Funktion $H_B = f(n)$ in Form einer Geraden im doppeltlogarithmischen Diagramm läßt sich beschreiben durch den Ausdruck

$$H_B = \frac{H_o}{n^\beta}. \qquad\qquad (18)$$

Hierbei ist $\beta > 0$ eine reelle Konstante und H_o der Anfangswert. Je größer β gewählt wird, umso stärker fällt die Gerade ab. Dafür gibt es aber einen maximalen Wert. Um ihn zu finden, betrachte man die Gesamtinformation I, die sich jeweils in Textlängen aus n Buchstaben ergibt:

$$I = n \cdot H_B = \frac{n}{n^\beta} \cdot H_o. \qquad\qquad (19)$$

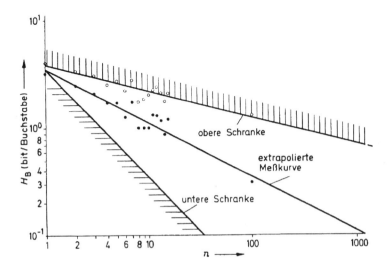

Bild 4. Extrapolierte Meßkurve in der Mitte zwischen einer oberen und einer unteren Schranke.

Man darf nun grundsätzlich erwarten, daß mit wachsender Textlänge auch die gesamte dadurch übermittelte Information wachsen wird. Eine untere Schranke ist sicher dadurch gegeben, daß die Gesamtinformation gerade nicht mehr zunimmt. Man findet diesen Fall für $\beta = 1$, siehe die unter $45°$ abfallende unterste Gerade in Bild 4. Die obere Grenzkurve hat dagegen keinen gleichermaßen eindeutigen Wert. Stützt man sich auf die relativ groben Modellrechnungen, so kommt man zu einem Exponenten $\beta = 0,4$, und benutzt man die Shannon'schen Meßpunkte in Bild 2, so findet man den Exponenten $\beta = 0,25$. Setzen wir hier den kleineren Wert an, so liegt der gesuchte Exponent daher im Bereich

$$0,25 < \beta < 1. \qquad\qquad (20)$$

Aus der unteren Kurve in Bild 2 (in dem wiederum die Gerade durch die Meßpunkte sehr sorgfältig mit Hilfe der Ausgleichsrechnung gelegt wurde), liest man schließlich

163

einen Wert $\beta \approx 0,49$ ab. Angesichts der in der Messung enthaltenen großen Unsicherheiten runden wir etwas auf zu

$$\beta \approx 0,5. \tag{21}$$

D.h. entlang der dadurch bestimmten Kurve wächst die Gesamtinformation eines Textes nicht etwa linear mit der Anzahl der Wörter des Textes (wie man ganz naiv erwarten könnte) sondern nur mit der Wurzel aus dieser Anzahl:

$$I \approx \sqrt{n} \cdot H_o. \tag{22}$$

Das ist wiederum ein erstaunlich einfaches fundamentales Gesetz. Wie groß die möglichen Abweichungen sind und ob es noch charakteristische Unterschiede für hochentwickelte Sprachen und primitive Sprachen gibt, muß noch untersucht werden.

6. Gültigkeitsbereich des Modelles

Wir müssen nun noch etwas der Frage nachgehen, wie weit das Modell der Wirklichkeit von Texten entspricht, bzw. für welche Texte das Modell gilt. Das zentrale Problem ist hierbei, welcher Text von uns Menschen akzeptiert werden kann und welcher nicht. Von Buchstaben über Wörter bis hin zu vollständigen Sätzen ist die Antwort leicht. Sätze müssen den Grammatikregeln entsprechen, vor allem der Syntax. Betrachten wir jedoch eine Gruppe von Sätzen (z. B. in einem Kapitel), können wir uns kaum noch auf die Syntax stützen. Wenn uns eine bestimmte Aufeinanderfolge von Sätzen als sinnvoll erscheint und eine andere nicht, werden wir vermuten, daß es an der Bedeutung (Semantik) liegt, die mit dieser Satzfolge transportiert wird. Dies wird in den meisten Fällen sicher so sein. Man kann jedoch auch eine bestimmte Textfolge einfach von Vorbildern übernehmen (z. B. die gesammelten Werke eines Dichters in ihrer chronologischen Darstellung). Wichtig ist offenbar nur, daß wir über ein Entscheidungskriterium verfügen, welches uns gestattet, bestimmte Satzaufeinanderfolgen zu akzeptieren und andere nicht. Wir wollen es das Zusammenhangskriterium nennen. Daraus folgt, daß wir auf der mittleren Kurve in Bild 4 nur soweit nach rechts gehen können, bis wir das Ende eines zusammenhängenden Textes erreicht haben. Der untere Grenzwert der (redundanzfreien) Information pro Buchstabe ist also nur durch die Länge des zu betrachtenden zusammenhängenden Textes bestimmt. Er kann mit wachsenden Textlängen beliebig klein werden. Selbstverständlich wird es aber praktische Grenzen geben, die heute durch die geistigen Fähigkeiten des Menschen bedingt sind. Vermutlich werden wir nur Zusammenhänge in Texten überblicken können, deren Länge mit bis zu einigen Millionen Wörtern gemessen werden kann, d. h. die durch das Volumen einiger dicker Bücher gegeben sind. Dies führt dann zu praktischen Grenzen der Informationswerte in der Größenordnung von 10^{-3} oder 10^{-4} Bit pro Buchstaben.

7. Erste Anwendungen

In den letzten Jahren sind Codierungsmethoden für natürlichsprachliche Texte entwickelt worden, mit denen man tatsächlich in die Größenordnung der gerade erwähnten Datenkompression kommt [5,6,7]. Sie erfordern hierarchisch strukturierte neuronale Netzwerke, in denen eine voranschreitende Abstraktion des Textinhaltes, bzw. eine entsprechende Informationsverdichtung stattfindet. Es könnte möglich sein, daß hierbei Prinzipien benutzt werden, die im digitalen Realisierungsbereich denen der biologischen neuronalen Netze im menschlichen Gehirn entsprechen. Die erstaunliche Leistungsfähigkeit dieser Netzwerkstrukturen bezüglich der Codierung natürlichsprachlicher Texte, die den tradierten "Grenzwert" von 1 Bit pro Buchstabe weit unterschreitet, hat jedenfalls die vorliegende kritische Untersuchung veranlaßt.

Literatur

1. Meyer-Eppler, W.: Grundlagen und Anwendung der Informationstheorie. Springer-Verlag, Berlin 1959, 1969
2. Küpfmüller, K.: Die Entropie der deutschen Sprache. Fernmeldetechnische Zeitschrift, Jahrg.7, Heft 6, Juni 1954, pp.265-272
3. Pierce, J.R.: A Survey of Information Theory New Methods of Thought and Procedure. Springer Verlag Berlin 1967, pp.135-162
4. Storer, J.A.: Data Compression. Computer Science Press, Rockville, 1988
5. Hilberg, W.: Das Netzwerk der menschlichen Sprache und Grundzüge einer entsprechend gebauten Sprachmaschine. ntz Archiv Bd. 10 (1988), H.6., S.133-146
6. Hilberg, W.; Meyer, J.: Zur effizienten Speicherung von Sprache. ITG-Fachtagung Digitale Speicher, Darmstadt, 1988, S.421-430
7. Hilberg, W.: Neural Networks - Conditional Association Networks. Common Properties and Differences, IEE Proceedings, Vol.136, Pt.E., No.5, September 1989, pp.343-350
8. Meyer, J.: Die Verwendung hierarchisch strukturierter Sprachnetzwerke zur redundanzarmen Codierung von Texten. Diss. Technische Hochschule Darmstadt, 1989
9. Shannon, C.E.: Prediction and Entropy of Printed English. The Bell System Technical Journal, Jan.1951, pp.50-64.
10. Shannon, C.E.: A Mathematical Theory of Communication. The Bell System Technical Journal, July 1948, pp.379-423. pp.623-656
11. Zipf, G. K.: Human Behavior and the Principle of Least Effort. Reading, Massachusetts: Addison-Wesley Press, 1949; New York: Hafner Publishing Company, 1972 (Facsimile).
12. Meyer, J.: Zufällig erzeugte Worte und Sätze. THD, Datentechnik, Institutsbericht 116/89.
13. Hilberg, W.: Über den Shannonschen Grenzwert der Information von sprachlichem Text. T.H. Darmstadt, Institutsbericht, Nr. 109/89.

Eine Veröffentlichung des vorliegenden Aufsatzes erfolgte unter dem Titel: "Der bekannte Grenzwert der redundanzfreien Information in Texten - eine Fehlinterpretation der Shannon'schen Experimente?"
In der Zeitschrift Frequenz 44 (1990) 9-10, S. 243-248.

9

Wie lassen sich große assoziative Informationssysteme technisch realisieren? Entwicklung einer Alternative zu dem klassischen assoziativen Speicher.

Die Gruppe der assoziativen technischen Systeme ist weit größer und vielfältiger als man vermuten würde. Insbesondere für sehr große Systeme erweisen sich Netzwerk-Realisierungen den klassischen Schaltungen überlegen.

Kurzfassung. Nach einer ausführlichen Diskussion des Assoziationsbegriffes werden zunächst die bisher bekannten technischen assoziativen Speicher vorgestellt. Es zeigt sich, daß man in Fortführung der bekannten Überlegungen die Assoziationen auch in einem Netz darstellen kann. Ein solches ist vor allem für die Realisierung assoziativer Systeme mit einer sehr großen Zahl von Speicherelementen geeignet.

1 Einleitung

In der Literatur findet man meist, daß das Prinzip des assoziativen Speichers Mitte der fünfziger Jahre durch A. Slade und H.O. Mc Mahon erfunden worden sei [1]. Nachforschungen ergaben aber, daß Konrad Zuse schon 1943 die Schaltzeichnung eines assoziativen Speichers skizziert hatte [2]. Bei Zuse sorgten jedoch die Kriegswirren dazu, daß dieses Konzept nicht realisiert und nicht weiter bekannt wurde. So kam es, daß erst die Veröffentlichung von Slade und Mc Mahon Wirkungen in der Technik hervorbrachten. Man konnte beobachten, daß dieser Speichertyp besonders auf die kreativen Entwickler im Computerbereich eine erstaunliche Faszination ausübte. Deshalb ist es recht verwunderlich, daß dieser Speicher späterhin und bis auf den heutigen Tag nicht in hochintegrierten Chips, sondern nur in verhältnismäßig kleinen Einheiten gebaut wurde. Man ist heute weithin der Ansicht, daß dies zunächst technologische Gründe hatte. Hier wollen wir uns jedoch nicht mit früheren Schwierigkeiten auseinander setzen, sondern mehr auf das Grundsätzliche schauen und zuerst ein paar Gedanken darauf verwenden, warum "assoziativ" in Verbindung mit "Speicher" so interessant ist. Die Doppelbedeutung des englischen Wortes "Memory" als "Gedächtnis" und als "technischer Informationsspeicher" gibt uns den ersten Hinweis. Das menschliche Gedächtnis ist wohl unbewußt stets das Vorbild für technische Informationsspeicher gewesen, und es ist für einen Ingenieur sicher bedrückend, den riesigen Abstand zwischen den Fähigkeiten eines menschlichen Gedächtnisses und denen eines heutigen technischen digitalen Speichers zu beobachten. Eine der wesentlichen Fähigkeiten des menschlichen Gedächtnisses scheint eine assoziative Betriebsweise zu sein, die sich sowohl auf das Wegstecken (Abspeichern) als auch auf das Hervorholen von Gedächtnisinhalten erstreckt. Wir glauben heute, daß Informationen im Gedächtnis wahrscheinlich assoziativ abgelegt sind. Aber was bedeutet assoziativ? Die Lexika vermitteln uns einen ersten Eindruck von der Vielfalt der Vorstellungen. Man findet z.B. unter Assoziation, assoziativ: a) das erinnerungsmäßige Verknüpfen von Vorstellungen, z.B. beim Empfang eines Briefes die Erinnerung an den Absender, b) die Verknüpfung von Vorstellungen aufgrund ihrer Ähnlichkeit, c) die Verknüpfung von Vorstellungen, so daß die eine die andere ins Gedächtnis zurückruft, d) Assoziationen entstehen oft durch räumliche oder zeitliche Nachbarschaft oder Ähnlichkeit der Einzelvorstellungen, e) assoziieren: verbinden, verknüpfen, einigen, zusammenschließen, verschmelzen, Gedanken/Ideen spinnen, Gedankenreihen/-folgen/-ketten/-verbindungen aufstellen usw. All diese Bedeutungen haben sich bekanntlich aus dem spätlateinischen Wortstamm associare = sich verbinden mit, für sich gewinnen, sich zugesellen, entwickelt.

In der Informationstechnik klingen bei dem Begriff "assoziativer Speicher" sicher all diese allgemeinen Bedeutungen mit an, aber angesichts der vorliegenden assoziativen Schaltungen lassen sich die technischen Definitionen auch etwas präziser fassen. Dabei werden sich auch noch weitere Kennzeichen ergeben, die bisher noch nicht genannt wurden, die aber mit den allgemeinen Bedeutungsvorstellungen im Einklang sind. So ist z.B. der Gesichtspunkt des raschen Findens einer Assoziation in einer Vielzahl von möglichen anderen Informationen technisch entscheidend wichtig. Betrachten wir ein einfaches Beispiel (aus dem Leben des Autors): Gegeben sei ein hölzernes Werkzeugschränkchen mit einer Vielzahl von Schubladen, in denen Schrauben, Nägel und ähnliche Dinge untergebracht sind. Ein Kind hat die Schubladen außen mit bunten Bildern beklebt. Dann kann man nach einiger Zeit lernen, die bunten Bilder mit dem Inhalt zu assoziieren. Um z.B. zu den benötigten Schrauben zu kommen, sagen wir uns oder anderen, daß die Schublade mit dem blauen Hexenbild zu ziehen ist. Die Assoziation lautet: "blaue Hexe" - "spezielle Schrauben". Ersichtlich treten hier folgende Kennzeichen zusammen auf: die Verknüpfung (von Bild und Schraubenart, z.B. M8), die räumliche Nähe beider Gegenstände, eine sich sofort einstellende Vorstellung, welche den raschen Zugriff ermöglicht, die Auswahl aus einer Vielzahl von möglichen Dingen. Hat man z.B. keine Kenntnis davon, unter welchem Bild man die Schrauben suchen soll, so muß man systematisch alle Schubladen ziehen, bis man zum gesuchten Inhalt kommt und ihn erkennt. Das kann man dann aber nicht mehr als einen assoziativen Vorgang bezeichnen, obwohl er zum selben Ergebnis, den gesuchten Schrauben, führt. Allerdings muß man unterscheiden, ob die Assoziation direkt entsteht oder nur indirekt. Wenn wir z.B. eine Schublade ziehen, um dort einen Zettel zu finden, der uns sagt, in welcher weiteren Schublade wir letzten Endes die benötigten Schrauben finden, haben wir eine Assoziationskette bzw. eine indirekte Assoziation gebildet. Es ist im technischen Bereich üblich, dann von mit Zeigern (pointer) verketteten Vorgängen zu sprechen.

Zeiger sind offenbar ebenfalls Hilfsmittel zur Bildung einer Assoziation (genauso wie eine Leitung), und man sollte sich daher nicht scheuen, hier von (indirekten) Assoziationsvorgängen zu sprechen.

Wenn wir zur Besprechung allgemeiner assoziativer Strukturen kommen, werden wir sowohl feste unmittelbare Assoziationen zwischen räumlich eng benachbarten Inhalten haben (wie bei assoziativen Speichern) als auch flexible Beziehungen zwischen Datenstrukturen vermittels Zeigerdarstellungen, die nur indirekte Assoziationen sind und sogar noch zusätzlichen Bedingungen unterworfen sein können. Das Instrumentarium der assoziativen Strukturen ist daher reichhaltiger als man zunächst bei Betrachtung der klassischen assoziativen Speicher (in denen keine Zeiger vorkommen) vermuten möchte. Dennoch soll zuerst speziell der klassische assoziative Speicher eingehend betrachtet werden.

2.   Prinzipielle Wirkungsweise des vollassoziativen Speichers.

Will man aus den in Vergangenheit und Gegenwart fast ausschließlich verwendeten adressengesteuerten Speichern (Random Access Memory = RAM) eine Information entnehmen, so muß man die Adresse des Speicherplatzes vorgeben und kann dann nachsehen, was unter dieser Adresse abgespeichert wurde. Es gibt viele Probleme, die dieser Arbeitsweise nicht angepaßt sind. Es scheint kein Zufall zu sein, daß die ersten "Computer" nur für wissenschaftliche Berechnungen eingesetzt wurden, für die sich die adressengesteuerten Speicher vorzüglich eignen. Für das Verarbeiten von Listen, Zuordnen von Daten und Suchen von Informationen in großen Datenmengen nach wählbaren Stichworten, d.h. für die nicht linear ablaufenden Vorgänge, scheint eine andere Arbeitsweise günstiger zu sein, nämlich die der assoziativen Speicher. Man bezeichnet solche Speicher auch als "inhaltsgesteuert" (Content Addressed Memory = CAM). Dadurch kommt besser zum Ausdruck, daß man einen Teil des gespeicherten Inhalts zur Ansteuerung benutzt. Auch hier mag zuerst ein Beispiel hilfreich sein. Angenommen, man will in einer größeren Firma eine elektronische Adressenkartei anlegen, in der die Lieferanten der verschiedensten benötigten Produkte verzeichnet sind. Für jeden Lieferanten wird dann ein Speichereintrag (ein Speicherwort) vorgesehen, in dem z.B. folgende Daten enthalten sind:

Name der Lieferfirma
Anschriften und Telefon
hergestellte Produkte
Lieferzeiten, Preise, Qualität, Kundendienst
Kontaktpersonen (in der eigenen und in der fremden Firma)
Priorität bei Bestellungen
usw.

Eine solche umfangreiche Kartei ist nur dann nützlich, wenn man nicht nur über die Herstellernamen in alphabetischer Ordnung Zugang zu ihr bekommt, sondern wenn man beliebige Fragenkombinationen bilden kann. Z.B.:

Gesucht wird eine Firma innerhalb der Bundesrepublik, die qualitativ hochwertige Ventilatoren herstellt, kurze Lieferfristen hat, über einen guten Kundendienst verfügt und mit der schon positive Erfahrungen gesammelt wurden.

Hier ist ersichtlich primär nur Name und Anschrift der Lieferfirma von Interesse, wobei auch die anderen gespeicherten Daten wie z.B. Kontaktpersonen usw. hilfreich wären. In einem anderen Fall wird man eine andere Fragenkombination haben; z.B:

Hat die Firma XY schon einmal integrierte Schaltungen an die eigene Firma geliefert und wie waren dabei die Erfahrungen bezüglich Preis und Zuverlässigkeit?

Ersichtlich sind in diesem Beispiel diejenigen Teile der gespeicherten Informationen, die in der Frage vorkommen, die also bekannt sind, unterschiedlich. Gesucht wird also für solche und ähnliche Aufgaben ein Speichersystem, mit dem man in Kenntnis eines Teilinhaltes den "assoziierten" restlichen Inhalt sehr rasch gewinnen kann. Dies ist aber genau das assoziative Speichersystem.

Um die Grundfunktionen eines solchen Speichers einfach darstellen zu können, vereinfachen wir das Problem insofern, als wir Speicherworte gleicher Länge voraussetzen und annehmen, die Teilinhalte, die uns bekannt sind, seien die Werte der Speicherbits an genau bekannten Stellen. Dann suchen wir also zunächst alle Speicherworte, die an den bekannten Stellen genau mit den vorgegebenen Daten übereinstimmen, und wenn wir sie gefunden haben, werden wir sie der Reihe nach auslesen, um an die noch unbekannten "assoziierten" Daten zu kommen. Wie dies grundsätzlich technisch zu machen ist, soll zunächst in einer Prinzipskizze in Bild 1 dargelegt werden [3].

Hier sind zunächst in den Zeilen eines Speicherfeldes 6 verschiedene Speicherworte mit den eingezeichneten Binärwerten gespeichert. In ein Suchwortregister werden an den betreffenden Stellen die Binärwerte eingegeben, die man schon kennt. In einem nachfolgenden Maskenregister befinden sich im wesentlichen Schalter, welche die bekannten Binärwerte des Suchwortes durchlassen. An den Stellen des Suchwortes mit den unbekannten Binärwerten werden dagegen die Schalter des Maskenregisters geöffnet und dabei zusätzlich an das Speicherfeld Maskierungs-Signale abgegeben. Die bekannten Binärwerte des Suchwortes gelangen nun im Speicherfeld gleichzeitig zu allen gleichliegenden Bits der gespeicherten Worte, d.h. zu den entsprechenden Bitspalten, und sie werden in jedem der dortigen Speicherelemente mit den gespeicherten Werten verglichen. Stimmt das Suchbit mit einem Speicherbit überein, wird ein Übereinstimmungssignal an den rechten Nachbarn des betreffenden Speicherelementes in derselben Zeile weitergegeben. Von den

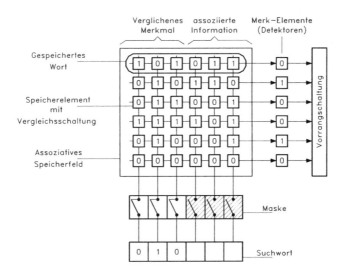

Bild 1. Schematische Darstellung eines klassischen assoziativen Speichers.

maskierten Stellen des Maskenregisters werden, wie schon erwähnt, gleichzeitig Maskierungs-Signale an die entsprechenden Stellen aller Speicherworte gegeben, die dort überall ein positives Ergebnis eines Vergleichs vortäuschen, was dann in der Wirkung dem Hervorrufen eines "Don´t Care"-Zustandes für alle diese Speicherelemente entspricht. Stimmen nun einerseits alle vorgegebenen Suchwortbits mit den Speicherwortbits eines oder mehrerer Speicherworte überein und sind andererseits alle restlichen Speicherelemente dieser Speicherworte durch die Maskierungssignale im "Don´t Care"-Zustand, so wird am rechten Ende jedes dieser "passenden" Speicherworte ein Erfolgssignal abgegeben. Dieses "Treffersignal" gelangt in eine Schaltung, welche Detektor-Matrix heißt. Dort wird für jedes Wort ein Detektor-Speicherelement (d.h. ein Merk-Element) bereitgehalten, in dem der Treffer als eine "1" vermerkt werden kann. In dem Beispiel ist zu sehen, daß sich zwei Treffer ergeben haben. Dann folgt eine Vorrangschaltung, in der geklärt wird, in welcher Reihenfolge die Speicherworte ausgelesen werden sollen. Man findet dort zugleich die zugehörigen Adressen, und nachdem man die Trefferworte wie in einem Leseschreibspeicher (RAM) ausgelesen hat, erhält man endlich die "assoziierten"

Daten. Selbstverständlich sind Detektormatrix und Vorrangschaltung entbehrlich, wenn von der Problemstellung her sichergestellt ist, daß es jeweils nur einen einzigen Treffer geben kann.

3. Erweiterte Assoziationsbegriffe und ihre technische Realisierung. Stand der Technik.

In einem der bekanntesten und wichtigsten Bücher über assoziative Speicher [4] hat T. Kohonen, wie in Bild 2 zu sehen, unter a, b, c genau drei verschiedene technisch realisierbare Assoziationsarten unterschieden. In Bild 2a ist ein Speicherwort am Orte i dargestellt, das drei verschiedene Inhalte bzw. Informationseinheiten (item 1, item 2, item 3) enthält. Wird nun nach einem dieser Inhalte gesucht und an dem Ort i gefunden, so löst dies ein Treffersignal aus, das dazu benutzt wird, anschließend das gesamte Speicherwort auszulesen, wobei man auch die restlichen, bisher unbekannten Inhalte kennenlernt. Man hat damit also die mit dem bekannten Suchwort (in Form eines *items) „assoziierten"* Inhalte ermittelt. In diesem Fall befinden sich die Assoziationen im selben Speicherwort bzw. am selben Orte. So arbeitet der bekannte vollassoziative Speicher.

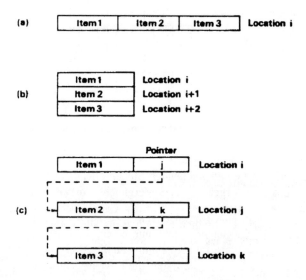

Bild 2. Verschiedene Möglichkeiten von Assoziationen zwischen Objekten. a) Objekte am selben Ort, b) in aufeinander folgenden benachbarten Orten, c) in beliebigen Orten, aber über Zeiger verbunden (durch gestrichelte Linien veranschaulicht).

In Bild 2b ist gezeigt, daß die Assoziationen sich auch auf örtliche benachbarte Speicherworte, bzw. benachbarte Orte beziehen können. Findet man z.B. durch das Suchwort „*item 1"* das identische Wort „*item 1"* auf Platz i, muß man nur die folgenden Speicherworte auf den Plätzen i + 1, i + 2, usw. konsekutiv auslesen, um die *„assoziierten"* Informationen zu erhalten.

Schließlich ist in Bild 2c gezeigt, daß die örtliche Nähe nicht unbedingt erforderlich ist, wenn man durch Benutzung von Zeigern (pointer) eine inhaltliche Nähe oder eine entsprechende Verbindung herstellen kann. Gelangt man durch den Suchvorgang zu dem Ort i mit dem *„item 1"*, so findet man nacheinander auch die *„assoziierten"* Informationseinheiten *„item 2"* und *„item 3"*. Man kann hier von zeitlicher Nähe sprechen, siehe den Hinweis auf ein Zitat von Aristoteles [4] in Tabelle 1.

The Classical Laws of Association

In a small book entitled *On Memory and Reminiscence* [1.37], the famous Greek philosopher Aristotle (384-322 B.C.) stated a set of observations on human memory which were later compiled as the Classical Laws of Association. The conventional way for their expression is:

The Laws of Association
Mental items (ideas, perceptions, sensations or feelings) are connected in memory under the following conditions:
1) If they occur simultaneously ("spatial contact").
2) If they occur in close succession ("temporal contact").
3) If they are similar.
4) If they are contrary.

Tabelle 1.

4.   Gleichzeitige Mehrfachtreffer.

Im allgemeinen wird es in einem assoziativen Speicher bei einem Suchvorgang, von einem Inhalt *„item 1"* ausgehend, nicht nur einen, sondern gleichzeitig mehrere Treffer geben (multiple response). In Anlehnung an die Assoziationsmethode von Bild 2c wollen wir einmal annehmen, daß sich diese Mehrfachtreffer nur infolge eines Zeigers ergeben. Das könnte im einfachsten Fall dadurch geschehen, daß man unvollständige Zeiger benutzt, z.B. eine einzige logische *„1"*. Es ist allerdings auch möglich, statt eines einzigen Zeigers mit kleiner Länge gleich mehrere verschiedene Zeiger zu benutzen, die auf *„items"* zeigen.

Bild 3 zeigt, daß man ein Speicherwort *„item 1"* gesucht und gefunden hat, welches mit seinem Zeiger gleichzeitig auf mehrere assoziierte Inhalte (item 2, item 3, item 4, ...) weist. Will man die damit assoziierten Inhalte kennenlernen, muß man die Treffer rasch und unmittelbar hintereinander auslesen, wofür es verschiedene

Methoden gibt. Dies soll uns hier nicht weiter interessieren. Vielmehr wollen wir nur der Frage nachgehen, welche Struktur insgesamt entsteht, wenn wir allen Assoziationen nachgehen. Das bedeutet, daß wir (praktisch nacheinander) Speicherworte (Zeilen) aktivieren und sowohl ihre „*items*" als auch deren „*Zeiger*" und die weiteren damit adressierten „*items*" gewinnen. Mit diesen beginnt man wieder von neuem, usw.

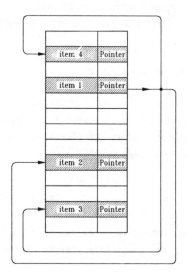

Bild 3. Die Verzweigung von Assoziationen durch unvollständige Zeiger.

5. Das assoziative Denken des Menschen

Wie schon zu Beginn erwähnt, erfolgt nach allgemeiner Überzeugung das Denken in einer assoziativen Weise. Im menschlichen Gehirn sind aber keine Strukturen zu finden, die einem assoziativen digitalen Speicher gleichen würden. Alles, was man im Gehirn findet, sind Netzwerke, wobei die Knoten aus Neuronen, das heißt, Gehirnzellen bestehen und die Verbindungen aus Nervenleitungen. Die Zahl der "Knoten" liegt in der Größenordnung von 10^{10}, ist also außerordentlich groß, die Zahl der Verbindungen ist noch um den Faktor 10^4 größer und dieses Netzwerk ist in einem verhältnismäßig kleinen Volumen so dicht zusammengepackt, daß man bis heute keine Chancen hat, seine Struktur durch Sezieren und Beobachten zu entschlüsseln. Die Frage entsteht, was assoziative Prozesse mit einem Netzwerk zu tun haben. Die Antwort ist verblüffend einfach, wie man gleich sehen wird.

6. Veranschaulichung der Assoziationsstruktur durch ein Netzwerk.

Eine Netzwerk-Veranschaulichung gewinnen wir einfach dadurch, daß wir die Speicherworte als Knoten bzw. kleine Kreise in der Ebene zeichnen, siehe Bild 4. Jeder Knoten beinhaltet eine Informationseinheit bzw. ein *„item"* sowie ein oder mehrere Zeiger. Sie seien in verschiedenen Hälften der Knoten untergebracht. Wir können nun von jedem Knoten Verbindungslinien zu den durch die Zeiger bezeichneten nachfolgenden Knoten zeichnen.

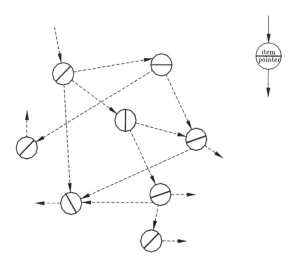

Bild 4. Netzwerkdarstellung von Assoziationen von Objekten mit Zeigern. Die gestrichelten Linien deuten auf die assoziierten Objekte hin.

Wenn diese Linien dann sogar realen Verbindungen zwischen den Informationseinheiten (items) entsprechen, braucht man Zeiger in den Knoten nicht mehr anzugeben, sie sind überflüssig geworden. Bild 5 zeigt, daß ein ganz allgemeines vermaschtes Netzwerk mit gerichteten Verbindungen entstanden ist. Es ist völlig äquivalent zu einem assoziativen Speicher, welcher bei der Suche nach einer Informationseinheit (item) im ersten Schritt einen Einfachtreffer liefert, der nach der Auslesung des Speicherwortes vermittels eines oder mehrerer gespeicherter Zeiger zu mehreren weiteren Treffern führt.

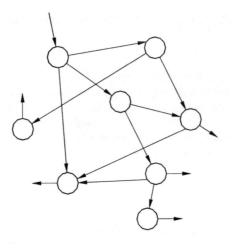

Bild 5. Dasselbe Netzwerk wie in Bild 4, bei dem aber jetzt Verbindungen zwischen den Objekten (Knoten) vorhanden sind.

7. Auswahl einer Verbindung.

Will man aus der Menge der Nachfolger eines Knotens d.h. aus der Menge der assoziierten Knoten (Nachfolgerknoten) einen einzigen auswählen, so kann das dadurch geschehen, daß man in jede Verbindung eine Steuerungsmöglichkeit einbaut. Dies kann durch einen Schalter geschehen, siehe Bild 6, der durch ein geeignetes Signal betätigt wird. Dieser Schalter könnte irgendwo auf dieser Verbindung liegen, also auch ganz am Anfang oder ganz am Ende. Dann ließe sich dieser Schalter einmal dem sendenden Knoten oder zum anderen dem empfangenden Knoten zuordnen. Eine Ähnlichkeit mit den Synapsen bei neuronalen Netzen ist unübersehbar.

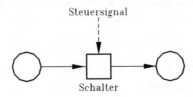

Bild 6. Möglichkeit der Steuerung der Assoziationen zwischen den Objekten durch Schalter in den Verbindungen.

Führt man dem Netzwerk nacheinander zulässige und geeignete Steuersignale zu - dies kann man vorzugsweise auch assoziativ realisieren - so ist es möglich, innerhalb der gegebenen Netzwerkstruktur eine sehr große Zahl verschiedener Pfade zu durchschreiten. Sie würden einer großen Zahl von Assoziationen in einer Kette von aufeinander folgenden Informationseinheiten *("items")* entsprechen. Benutzt man als *"items"* die Worte einer Sprache, so ist man schließlich bei dem sog. Sprachnetzwerk angelangt, das ja alle sprachlichen Möglichkeiten eines Textes enthält [5,6].

8.   Varianten.

Für die Ausgestaltung und den Betrieb assoziativer Netzwerke gibt es viele Möglichkeiten. Man kann z.B. einem solchen System zeitlich nacheinander Suchworte (Codes) zuführen, die allen Knoten des Netzwerkes angeboten werden, siehe Bild 7, und nur derjenige Knoten im Netzwerk, dessen gespeicherter Code mit dem Suchwort übereinstimmt, wird aktiviert. Man kann dies mit einer Koinzidenz kombinieren, siehe Bild 8. Hier wird ein Knoten nur dann aktiviert, wenn er sowohl den richtigen Code vom Eingang empfängt als auch im Netzwerk mit dem vorangehenden Treffer-Knoten eine Verbindung hat und über sie ein "Prädiktionssignal" empfängt. Sogar eine assoziative Betriebsweise, bei dem ein Netzwerk ein anderes steuert, ist möglich. Bild 9 zeigt den Fall, daß ein aktiver Knoten im Netzwerk 2 einen Code in ein Netzwerk 1 sendet, bei dem eine ganze Reihe von Knoten angesprochen wird, aber nur derjenige Knoten wirklich aktiviert wird, der eine Verbindung mit dem vorausgehenden Treffer-Knoten hat. (Bei der Sprachmaschine entsprechen die Anordnungen von Bild 7 und Bild 8 der Ansteuerung der Basisebene und Bild 9 der Steuerung einer Metaebene durch eine benachbarte Metaebene (Decodierung)).

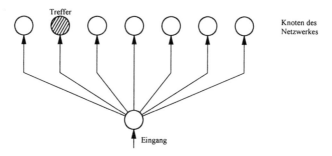

Bild 7. Sequentielle Eingangscodes bewirken assoziativ Treffer in den Knoten eines Netzwerkes und aktivieren den (oder die) Treffer-Knoten.

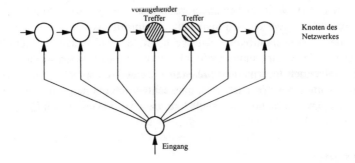

Bild 8. Aus der Menge der assoziativ gefundenen Treffer-Knoten wird nur derjenige wirklich aktiviert, der auch ein Freigabe-Zeichen von dem vorhergehenden Treffer-Knoten bekommt.

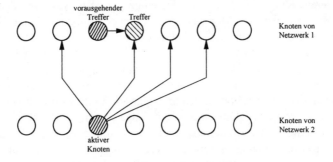

Bild 9. Assoziative Steuerung eines Netzwerkes durch ein hierarchisch benachbartes Netzwerk. Gezeichnet ist der Fall, daß ein Netzwerk 2 in einem anderen Netzwerk 1 mehrere Assoziationen hat, daß aber dort nur der Knoten aktiviert wird, der ein Freigabe-Zeichen aus dem eigenen Netzwerk bekommt (Prädiktion bei Decodierung).

9. Zusammenfassung

Das wesentliche Verhalten eines assoziativen Systems läßt sich wie folgt ausdrücken: Mit der Kenntnis einer unvollständigen Information geht man fragend in das System hinein und das System liefert als Antwort dann die damit verbundenen weiteren Informationen. Solche nennt man die "assoziierten Informationen". Damit läßt sich zwanglos auch ein Netzwerk als ein assoziatives System erklären. Man adressiert einen Netzwerkknoten, faßt dessen Namen also als eine unvollständige Information auf und bekommt vom Netzwerk alle Informationen derjenigen Knoten geliefert, die eine direkte Verbindung zu dem adressierten Knoten haben. Das wäre zu vergleichen mit einem Speicherwort, das mit einem Suchwort aktiviert wird und darauf alle Zeiger liefert, die auf andere "assoziierte" Speicherworte hinweisen.

Eindrucksvollstes Beispiel eines solchen Systems ist das neuronale Netzwerk im menschlichen Gehirn, von dem schon immer behauptet wurde, daß es assoziativ arbeitet. Es war ja ursprünglich auch das Vorbild für die Entwicklung des klassischen assoziativen Speichers, obwohl sich alle Experten einig sind, daß das menschliche Gehirn sicher nicht so gestaltet ist wie der technische digitale Speicher.

Es wurde im Einzelnen also gezeigt, daß ein speziell betriebener assoziativer Speicher mit Zeiger-Rückkopplungen, die zu Mehrfachassoziationen führen, äquivalent zu einem allgemeinen (vermaschten) Netzwerk ist. Damit wird zugleich auch verständlich, warum die sog. Sprachmaschine, die ein System aus mehreren Sprachnetzwerken darstellt, zuerst - und völlig zu Recht - als ein System von rückgekoppelten assoziativen Speichern dargestellt worden ist [5]. Die Netzwerkdarstellung wurde in der letzten Zeit aber nicht zuletzt deshalb bevorzugt, weil ein Netzwerk doch eine wesentlich einfacher zu überblickende Struktur ist als ein nur dem Fachmann bekannter assoziativer Speicher und weil, *last not least* die natürliche menschliche Sprachmaschine in unserem Gehirn ja in der Tat ein wirklich vorhandenes außerordentlich komplexes Netzwerk ist.

Literatur

1. A. Slade; H.O. Mc Mahon. A cryotron catalog memory system. Proc. of the Eastern Joint Comp. Conf. Dec. 1956, pp. 115-120
2. Konrad Zuse. Der Computer. Mein Lebenswerk. Springer Verlag Berlin 1984, Seite 77.
3. H.O. Leilich. Assoziative Speicher. In: Taschenbuch der Informatik. Springer Verlag 1974, Bd. I, pp. 479-490.
4. T. Kohonen. Content-Addressable Memories Springer Verlag Heidelberg 1980 und 1987.
5. W. Hilberg. Die texturale Sprachmaschine. Verlag Sprache und Technik, Groß-Bieberau 1990.
6. W. Hilberg. Die Sprachmaschine nach dem Vorbild natürlicher neuronaler Strukturen, I und II. Skripten zur Vorlesung 1997.

10

Neuronale Netze in höheren Abstraktionsebenen

Gibt es nur die bekannten klassischen Strukturen neuronaler Netze der Pioniere Rosenblatt, Steinbuch, Hopfield und ihren Nachfolgern? Nein, denn in höheren Abstraktionsebenen, in denen man Neuronenkomplexe statt einzelner Neuronen betrachtet, findet man eine ganz andere Struktur, die trotz ihrer Einfachheit bisher sogar in der Mathematik unbekannt war.

Kurzfassung. Um die Nachteile bekannter neuronaler Modelle zur Behandlung natürlichsprachlicher Texte zu überwinden, werden neuartige neuronale Netzwerke in höheren Abstraktionsebenen entworfen. Mit einer hierarchischen Organisation von Netzschichten, der Ausfilterung jeweils lokaler Aspekte in jeder Schicht, der schrittweisen Weitergabe von Zusammenhangsinformationen in höhere Schichten, deren jeweilige Zusammenfassung als Mittel der Informationsverdichtung, und mit verschiedenen Maßnahmen zur Begrenzung der Metawort-Anzahl gelingt es, Texte bis in die Größenordnung einer redundanzfreien Darstellung zu verdichten. Mögliche Anwendungen wie Textkomprimierung, Textübertragung, Textverstehen und Textübersetzung werden zum Schluß behandelt.

1   Einleitung

Die bekannten neuronalen Netzwerkmodelle wie Perceptron, Lernmatrix, Hopfield-Netz usw., siehe Bild 1 und Bild 2 für das Perceptron [1], gehen alle davon aus, daß die künstlichen Neuronen vereinfachte Modelle biologischer Neuronen sind. Demzufolge diskutiert man bei ihnen Synapsenstärken, Aktivierungsfunktionen,

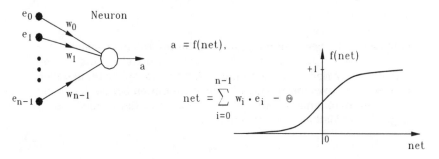

Bild 1. Das klassische künstliche "Neuron" als Netzwerksknoten a) mit gewichteten Eingängen und b) mit einer nichtlinearen Ausgangsfunktion (Sigmoid)

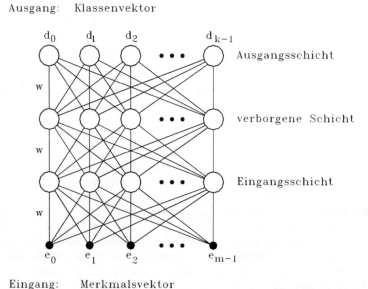

Bild 2. Prinzip des Perceptrons mit verborgenen Schichten.

Axonen und Dendriten. Neuronen werden in der Regel als Kreise gezeichnet, Axonen und Dendriten als Verbindungsleitungen und die Synapsenstärken sind als Gewichte

182

den Leitungen zugeordnet. Die nichtlinearen Eigenschaften der Neuronen bezüglich ihrer Aktivität werden als nichtlineare Funktionen (Sigmoid, Gaußsche Glockenkurve, usw.) modelliert. Die Leistungsfähigkeit solcher künstlichen neuronalen Netzwerke ist für einfachere Probleme gut, z.B. für die Bildverarbeitung, für komplexere Aufgaben dagegen schlecht (z.B. Textverstehen und Übersetzung von Texten). Im folgenden wird erläutert, wie man durch zunehmende Abstraktionen neuronaler Netzwerke auch schwierigere Aufgaben lösen kann.

2. Grundgedanken

Auch die komplexeren Tätigkeiten eines Menschen, wie z.B. das Schreiben eines Romanes, werden von einem biologischen neuronalen Netzwerk gesteuert. Das ist gewiß ein sehr komplizierter Vorgang. Daher wollen wir eines der wirkungsvollsten Werkzeuge der Wissenschaft zur Behandlung komplizierter Vorgänge einsetzen, nämlich die Abstraktion, und elektronische neuronale Netzwerke auf höheren Abstraktionsebenen betrachten. Wir können solche Abstraktionsebenen in einer gewissen Analogie zum Computerentwurf sehen: Um die Wirkungsweise eines Computers zu verstehen, beharrt man ja bekanntlich nicht auf der ausschließlichen Betrachtung der kleinsten Elemente (Transistoren) und ihrer gegenseitigen Vernetzung, was angesichts der sehr großen Zahl solcher Elemente vollkommen unübersichtlich wäre, sondern begibt sich in höhere Ebenen der Abstraktion. Zum Beispiel verläßt man die Ebene der elektronischen Schaltungen mit ihren Widerständen, Transistoren usw. und geht zur Ebene der logischen Schaltungen über. Dabei abstrahiert man wichtige Eigenschaften der elektronischen Elemente, insbesondere, daß sie Ströme und Spannungen benötigen und beschränkt sich auf die Betrachtung von wesentlich vereinfachten Elementen, die nur noch logisch definiert sind, d.h. logischen Verknüpfungsschaltungen, deren ordnungsgemäßes elektronisches Funktionieren vorausgesetzt wird. Von dieser logischen Abstraktionsebene geht man bei Bedarf weiter zu höheren Abstraktionsebenen, z.B. der Registertransferebene, der Organisationsebene usw. und schließlich der Architekturebene.

Eine der höchsten menschlichen Leistungen ist die Sprache. Wenden wir uns deshalb dem Problem der anspruchsvollen Textverarbeitung zu und versuchen, ein technisches neuronales Modell zu entwickeln, mit dem man Sprache verstehen und generieren kann und betrachten zur Probe schließlich eine Anwendung, die auch für einen Menschen kompliziert ist, nämlich, wie man Text von einer Sprache gut in die andere übersetzen kann.

Die primären Elemente der Sprache sind die Wörter. Jedermann verfügt über einen gewissen Wortschatz. Das heißt, wir haben meist eine größere Anzahl von Wörtern in der Jugendzeit gelernt und wir wissen, wie man sie später bei Bedarf sequentiell beim Reden oder Schreiben gebrauchen können.

Beginnen wir mit derjenigen Abstraktionsebene, deren Elemente die Wörter sind, und stellen uns ihre Speicherung in einem Netzwerk vor. Eine besonders einfache Möglichkeit ist die, daß jedes Wort in einer Gruppe von zusammenhängenden Neuronen gespeichert wird. In solchen Gruppen oder "Neuronenkomplexen" ist dann eine permanente Speicherung von Wörtern der Sprache in der Tat möglich, sofern man nur die notwendigen internen Rückkopplungen vorsieht (technische Analogie: Flipflop, Zähler, Registerschaltungen u.a.). Auf die Frage, ob sich diese Arbeitshypothese abwandeln und verbessern läßt, wird noch einmal am Schluß eingegangen.

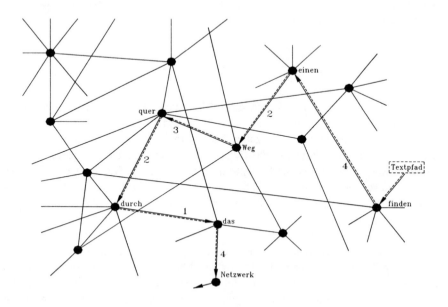

Bild 3. Prinzip eines Netzwerkes mit gespeicherten Worten in den Knoten und mit einem Textpfad, der die aufeinander folgenden Worte eines Textes miteinander verbindet.

Jeden solchen Neuronenkomplex fassen wir nun als Knoten in einem Netz auf. Da Wörter in einem sprachlichen Text nur in bestimmter Weise aufeinander folgen können, führen wir gerichtete Verbindungen zwischen den Wortknoten ein, welche diese möglichen Aufeinanderfolgen darstellen, siehe das Prinzip in Bild 3. Für einen bestimmten Satz durchlaufen wir einen entsprechenden Pfad, wie dies durch ein Beispiel angedeutet ist ("finden einen Weg durch das Netzwerk ..."). Die Struktur eines solchen Netzes kann man im Prinzip sehr leicht ermitteln. Dazu braucht man nur in Texten die vorkommenden direkten Aufeinanderfolgen von Wörtern zu notieren und sie als Verbindungen zwischen den Knoten zu zeichnen. Man hat jedoch zu bedenken, daß ein menschliches Wortnetz sehr umfangreich ist, und daß es bei gebildeten Erwachsenen mehrere hunderttausend oder gar Millionen Knoten (Wörter) enthalten muß, wenn es heutzutage brauchbar sein soll. Die Anzahl der Verbindungen muß dann noch um einiges höher eingeschätzt werden als die Anzahl der Knoten. Angesichts dieser großen Zahlen kann die Struktur des bestehenden Sprachnetzwerkes auf Wortebene nicht wie üblich als Graph dargestellt werden. Es ist aber möglich, die Netzwerkstruktur in einer Matrix darzustellen, wobei ein gewisser Verlust an Anschaulichkeit in Kauf genommen werden muß.

3. Matrix für Netzwerkstruktur.

Betrachten wir zuerst einen bekannten Graphen, siehe als Beispiel den Siedenburg-Graphen [12] in Bild 4a. Eine Matrixdarstellung gewinnen wir, indem wir wie in Bild 4b sowohl auf der Abszisse als auch auf der Ordinate die numerierten Knoten auftragen, und jedesmal, wenn ein Knoten (auf der Abszisse) eine Verbindung mit

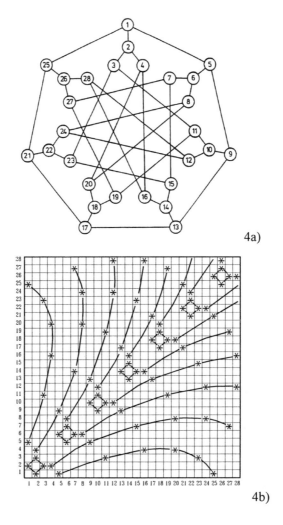

4a)

4b)

Bild 4. Das Siedenburg-Netzwerk. Es hat bei 28 Knoten und 3 Verbindungen pro Knoten nur den Durchmesser 4. a) Graph mit numerierten Knoten, b) Verbindungsmatrix (die verbindenden Linien sollen nur das Besetzungsmuster hervorheben).

einem anderen Knoten (auf der Ordinate) hat, im entsprechenden Kreuzungspunkt der Matrix einen Stern oder einen Punkt eintragen. Sind alle Verbindungen eingetragen, ergibt sich bei vielen bekannten regelmäßigen Graphen ein recht charakteristisches Muster. Allerdings ist das Besetzungsbild in der Matrix davon abhängig, wie wir die Knoten durchnumeriert haben. Deshalb ist es günstig, die Numerierung entsprechend einer einleuchtenden Regel zu wählen. Bei mathematischen Graphen wird dies in der Regel eine Konstruktionsvorschrift sein können (siehe in Bild 5a eine perspektivische Darstellung des vierdimensionalen Hyperkubus und in Bild 5b eine Matrixdarstellung des fünfdimensionalen Hyperkubus. Ein Teil davon, nämlich das linke untere Viertel

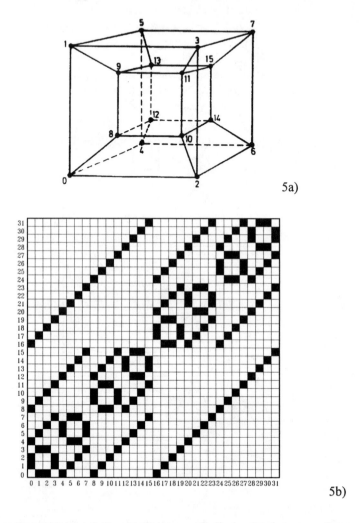

5a)

5b)

Bild 5. Das Hyperkubus-Netz, a) perspektivische graphische Darstellung des vierdimensionalen Kubus, b) Darstellung des fünfdimensionalen Kubus durch eine Verbindungsmatrix.

beschreibt hier den Graphen der nächstniedrigeren, also der vierten Dimension von Bild 5a). Solch eine Verbindungsmatrix können wir nicht für das Wortnetzwerk graphentheoretisch konstruieren, aber aus vorgegebenen Texten durch Messungen gewinnen. Große maschinenlesbare Literatursammlungen, wie z.B. der uns zugängliche deutschsprachige LIMAS-Korpus und andere Korpora wurden ausgewertet und die Ergebnisse wurden in Matrizen eingetragen, siehe das Prinzip in Bild 6 mit etwa tausend voneinander verschiedenen Wörtern. Ein standardisiertes Ergebnis erhält man wie erwähnt, wenn man für die Knoten Ordnungsrelationen benutzt. Bei Texten liegt die Benutzung der Ordnungsrelation von G.K. Zipf nahe, eines berühmten amerikanischen Sprachforschers aus der ersten Hälfte dieses Jahrhunderts [2]. Ihm folgend wählen wir den sog. "Rang" der Wörter des Wortschatzes sowohl auf der Abszisse als auch auf der Ordinate. Der Rang ist hierbei als Häufigkeit der Wörter in dem betrachteten Text definiert. Führt man, wiederum wie Zipf bei seinen Kurven, eine logarithmische Teilung der Achsen ein, so entsteht eine Matrix, die von uns als "Assoziatonsmatrix" des Sprachnetzwerks (auf der Wortebene) bezeichnet wird [3]. Auffällig an der gemessenen Verteilung der Punkte in der Matrix ist die fast gleichmäßige Punktdichte.

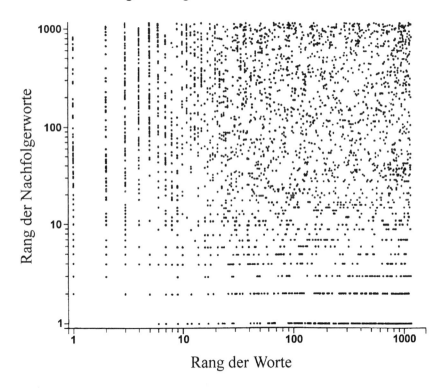

Bild 6. Assoziationsmatrix mit etwa 1000 ranggeordneten Wortformen eines Textes. Zugleich Darstellung eines Sprachnetzes mit 1000 Knoten.

Bild 7 zeigt Messungen für einen Text, der schon etwa 10 000 verschiedene Wörter enthielt (das ist der aktuelle Wortschatz unter Einbeziehung aller Wortformen). Es sieht fast so aus, als ob die Punkte zufällig auf der Matrixfläche verteilt sind. Dabei kann von Zufall keine Rede sein, denn es handelt sich um die Darstellung eines zusammenhängenden, völlig determinierten Graphen (die Interpunktionszeichen in dem zu analysierenden Text müssen dabei zur Sicherung des Zusammenhangs als Quasi-Wörter interpretiert werden). Bei der Analyse sehr vieler Textbeispiele war zu erkennen, daß auch ganz unterschiedliche Textsammlungen einer Sprache, wenn sie nur etwa denselben Sprachschatz haben und genügend lang sind, dieselben Punktbesetzungen ergeben. (Analysiert wurden Textsammlungen mit bis zu 20 Millionen laufende Wörter). Jede Sprache hat, wie die Messungen zeigten, ihre eigene Matrixbesetzung, d.h. ihren eigenen Graphen. Das heißt, für verschiedene Sprachen hat man verschiedene Besetzungen. Kennzeichnend bleibt in allen Sprachen aber die

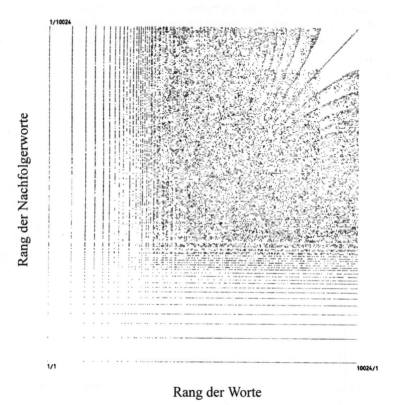

Rang der Worte

Bild 7. Assoziationsmatrix mit etwa 10 000 voneinander verschiedenen Wortformen aus einem von 25 Teilen des LIMAS-Korpus. (Die Auffächerung rechts oben im Bereich seltener Wortpaare ist ein Artefakt, hervorgerufen durch eine bestimmte Adressenvergabe).

fast gleichmäßige Dichte in dem Mittelteil der Matrix. Das deutet auf grundlegende Gemeinsamkeiten hin. Als erstes findet man z.B., daß die Addition aller Matrixpunkte in der Vertikalen eine (Verzweigungs-) Kurve v ergibt, die durch eine Gerade angenähert werden kann und die verhältnismäßig dicht unterhalb der berühmten Zipf-

188

Geraden für die Häufigkeiten a liegt, siehe Bild 8. Sie wird die Assoziationskurve oder die Kurve der Verzweigungen genannt [9,10]. Da sie in ihrer Auftragung über der Ordnungsrelation "Rang" monoton abfällt, kann man schließen, daß die Zipfsche statistische Ordnungsrelation übereinstimmt mit der netzwerkbezogenen deterministischen Ordnungsrelation "Verzweigung". Bild 9 zeigt solche Verzweigungskurven für Nachfolgerworte in a und für Vorgängerworte in b, aufgetragen über allen vorkommenden Worten des Wortschatzes in einem Text. Der gleichartige Verlauf für Nachfolger und Vorgänger, der sicher zuerst überraschen mag, ist auch aus der Assoziationsmatrix zu entnehmen. Er ist dort eine Folge der Dichte-Symmetrie der Punkte bezüglich der ansteigenden Diagonalen. Die Existenz eines solchen typischen Sprachnetzwerkes ist die Basis für die folgenden Betrachtungen des Entwurfs einer technischen "Sprachmaschine".

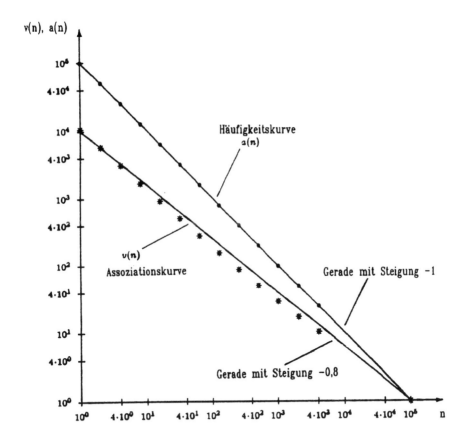

Bild 8. Die Zipfsche Häufigkeitskurve a und die Assoziationskurve v (auch Verzweigungskurve genannt) als Funktion von ranggeordneten, mit n numerierten Wortformen.

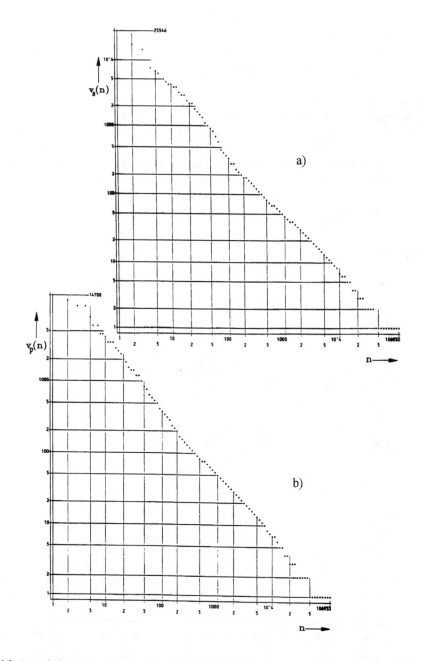

Bild 9. Assoziationskurve für einen Text mit etwa 100 000 voneinander verschiedenen Worten, a) für Nachfolger, b) für Vorgänger. Für jedes der ranggeordneten Worte ist nach oben aufgetragen, wieviele voneinander verschiedene Nachfolger oder Vorgänger es in diesem Text hat.

4. Einfachstes Modell.

Der Versuch, das Besondere in der Matrixbesetzung noch deutlicher herauszuarbeiten, führte zu einer Zerlegung der Matrixfläche in schmale vertikale und horizontale Streifen (einer Breite, die dem Faktor 2 entspricht), woraus sich ein Modell ergibt, das in seiner einfachsten Form eine Klasseneinteilung (k = 0,1,2,...n) der Wortknoten mit einem Zweierpotenzgesetz (2^k) der Knotenanzahl aufweist, siehe Bild 10. In allen

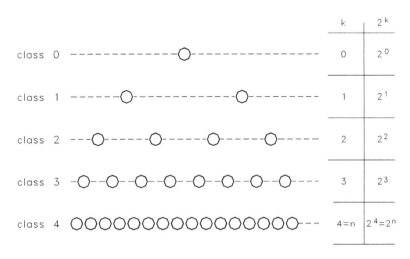

Bild 10. Einfachstes Modell der Klasseneinteilung von Knoten eines Sprachnetzwerkes. In der Klasse k = 0,1,2,...n ergibt sich die Knotenanzahl 2^k. Knotenanzahl mal Verzweigung ergibt die Konstante 2^n.

Klassen ist hierbei das Produkt der Knotenanzahl mit ihrem Verzweigungswert gleich einer Konstanten ($2^k \cdot v_k = 2^n$). Mit diesem relativ groben Modell haben wir ein wenig experimentiert. Wir haben z.B. einen Text erzeugt, bei dem, ausgehend von einer vorgegebenen, in Klassen geordneten Menge von (Wort-) Knoten der Übergang von einem Wort zum nächsten zufällig gewählt wurde. Es mußte lediglich die Vorschrift eingehalten werden, daß bezüglich eines Überganges die Klassen gleich wahrscheinlich sind und die Worte innerhalb einer Klasse ebenfalls gleichwahrscheinlich sind. Ein derartig erzeugter zufälliger Textpfad wird verschieden oft durch die einzelnen Wortknoten gehen. Die Auszählung dieser Häufigkeiten nach der Zipf-Vorschrift ergab für das überaus primitive Modell erstaunlicherweise genau dasselbe Ergebnis wie für von Menschen erzeugte sinnvolle Texte, siehe Bild 11. Damit war eine erste Verbindung zwischen der Strukturanalyse eines Sprachnetzwerks und den Ergebnissen der klassischen statistischen Linguistik (Zipf) hergestellt.

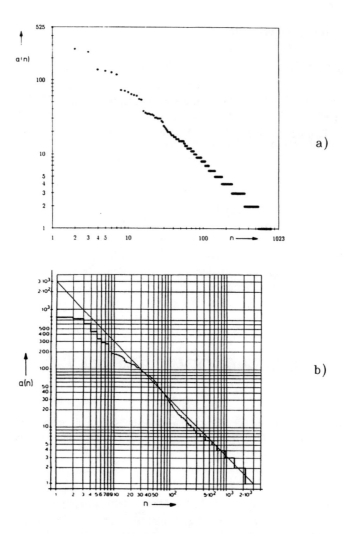

Bild 11. a) Die Zipfsche Häufigkeitskurve für eine zufällig erzeugte Verbindungsstruktur in dem Modellnetzwerk. b) Zum Vergleich die Zipf-Kurve aus natürlichem Text.

5. Die Steuerung des Textpfades.

Beim Blick auf ein Sprachnetzwerk nach dem Prinzip von Bild 3 lassen sich zwar leicht alle möglichen Textpfade verfolgen, aber wie diese zustande kommen, ist damit noch nicht geklärt. Einfachste Annahme ist hier, daß in einem Pfad, ausgehend von einem gerade ausgewählten, d.h. "aktuellen" Knoten I_i, die weiterführende Verbindung zum nächsten Knoten I_{i+1} durch ein Steuersignal ausgewählt wird. Dieses Steuersignal sei ein Code, den wir jeder Verbindung zuordnen und der in einem

192

eigenen Knoten untergebracht ist, siehe Bild 12. Es sind hier zwischen den Inhaltsknoten I jetzt noch Verbindungsknoten V gezeichnet. Zum Auswählen einer Verbindung wird dem Verbindungsknoten V ein entsprechendes Codewort von außerhalb des Sprachnetzwerkes zugeführt. (Das ist hier noch nicht gezeichnet). Technisch läßt sich dies so machen, daß das Suchen und Auswählen von Knoten in dem Netzwerk assoziativ geschieht, d.h. daß sämtliche Knoten V angesprochen werden, aber nur derjenige mit dem passenden Codewort reagiert. In Bild 13 wurde versucht, noch etwas besser zu veranschaulichen, wie in einem Sprachnetzwerk Wortknoten I für die Wörter C_I des Textes vorgesehen sind und Verbindungsknoten V für die Steuercodes C_V. Der besseren Übersichtlichkeit sind hier die Verbindungsknoten als Rechtecke gezeichnet. Alle Verbindungsknoten V des Netzes werden bei der Ansteuerung von oben mit einem Code C_V assoziativ angesprochen. Gefundene passende Knoten sind schwarz gezeichnet. In Bild 13 mag z.B. der Code C_{V2} zu einem oder mehreren Knoten V passen. In Konjunktion von C_I und $C_{V,2}$ wird aber nur derjenige Knoten V, der Nachfolger des letzten aktiven Wortknotens I_i ist, zum nächsten Wortknoten I_{i+1} durchschalten. Die Weiterschaltung wird also nur an einer einzigen Stelle geschehen.

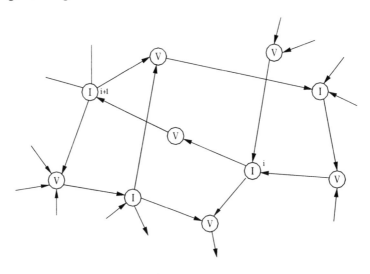

Bild 12. Einfügung von Verbindungsknoten V zwischen Inhaltsknoten I für die Auswahl und Steuerung der Verbindungen eines Textpfades.

6. Zwei Betriebsarten.

Das Netzwerk in Bild 13 mit den beiden verschiedenen Arten von Knoten läßt sich noch etwas anders und im Hinblick auf seine Funktionsweise noch etwas übersichtlicher darstellen, wie in Bild 14 und Bild 15 gezeigt ist. Hier wurde für das

Sprachnetzwerk eine zweilagige Darstellung einer Schicht gewählt, wobei man alle Knoten I oder V wieder gleichartig mit Kreisen zeichnen kann. Die Knoten I liegen hier in der unteren Lage und die Knoten V in der oberen Lage. Es gibt zwei Betriebszustände: Für das Aufnehmen und Speichern von Text das "Codieren" und für das Erzeugen von Text das "Decodieren". Sie seien nacheinander betrachtet:

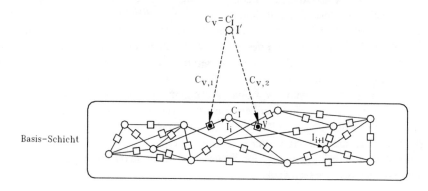

Bild 13. Schema einer Netzwerkschicht (Basisschicht) mit Rechtecksymbolen für die Knoten V und Kreissymbolen für die Knoten I. Gezeigt ist für den Fall der Decodierung die Übertragung aufeinander folgender Verbindungscodes $C_{v,1}$ und $C_{v,2}$ von den Verbindungsknoten der Metaschicht zu einem Inhaltsknoten der Basisschicht.

Codieren

Wenn (in den hier gezeichneten Eingängen e_1 bis e_4) ein Wort des Textes nach dem anderen einläuft, - der Einfachheit halber wurde hier wieder auf die Darstellung verzichtet, wie alle einlaufenden Worte assoziativ allen Wortknoten I angeboten werden und wie nur jeweils ein Knoten aktiviert wird - werden in Bild 14 entweder die entsprechenden Codes C_I nacheinander in den Knoten I abgespeichert oder es wird, wenn das Netzwerk den Lernprozeß schon abgeschlossen hat, d.h. wenn die Knoten I schon die Codes C_I enthalten, der passende Knoten assoziativ gefunden und aktiviert. Im Schichtnetzwerk gibt es keine direkten Verbindungen zwischen den Knoten I in der unteren Lage. Verbindungen verlaufen vielmehr stets über die Knoten V in der oberen Lage. Jedesmal, wenn im Textpfad zwei aufeinander folgende Wortknoten I_i und I_{i+1} aufgerufen oder eingespeichert wurden und aktiv geworden sind, bekommt der dazwischen liegende Knoten V von beiden Seiten ein Signal, das den Knoten V konjunktiv aktiviert. Der aktivierte Knoten V gibt seinen Code C_v nach oben an den Ausgang ab (hier in der Zeichnung gibt es die Ausgänge a_1 bis a_6).

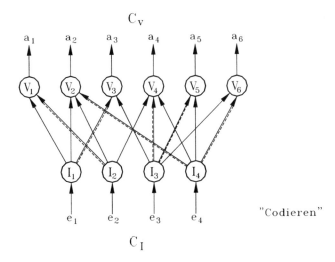

Bild 14. Die Netzwerkschicht des vorigen Bildes ist zweilagig dargestellt, wobei die Inhaltsknoten in der unteren Lage liegen und die Verbindungsknoten (wieder als Kreise gezeichnet) in der oberen Lage (polarisierte Darstellung). Für die Betriebsweise "Codieren" geschieht die Signalübertragung von unten nach oben. Für das "Decodieren" werden die gestrichelten Signallaufrichtungen umgepolt. Eingänge e_i, Ausgänge a_i.

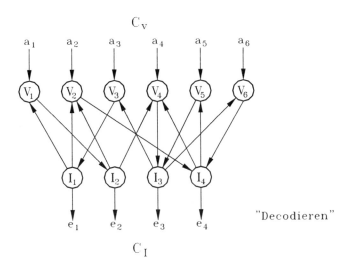

Bild 15. Die zweilagige Netzwerkschicht mit den Signallaufrichtungen für das "Decodieren". Jetzt sind a_i die Eingänge und e_i die Ausgänge.

195

Decodieren

Ein Text sei abgespeichert und soll wieder ausgelesen werden. In dem Netzwerk der Wortebene von Bild 15 läuft dann folgender Vorgang ab: Ausgehend von einem aktivierten und damit bekannten Wortknoten I_i eines Textpfades findet man den nächsten Wortknoten I_{i+1} vermittels eines den Knoten V von oben (von den Klemmen a_1 bis a_6) zugeführten Verbindungscodes C_V. Nur derjenige Verbindungsknoten V, der sowohl ein Signal C_I von einem aktivierten Wortknoten I_i erhält als auch von oben den passenden Steuercode C_V, wird in der Konjunktion aktiviert und kann damit den nachgeordneten Wortknoten I_{i+1} aktivieren. (Von einem Knoten V gibt es jeweils nur eine einzige Verbindung zu einem nachgeordneten Knoten I_{i+1}). Die sequentiell aktivierten Wortknoten I geben jeweils nacheinander die Worte C_I des Textpfades nach unten an die Klemmen e_i ab, die jetzt den Ausgang bilden. Auf diese Weise wird der Text sequentiell generiert.

Man erkennt, wie dann, wenn man von einem Betriebszustand zu einem anderen übergeht, also von Codieren zu Decodieren oder umgekehrt, in einigen Verbindungen die Signallaufrichtung sich ändern muß (sie sind in Bild 14 gestrichelt gezeichnet). In Bild 15 fällt vielleicht auch die Ähnlichkeit mit bestimmten klassischen neuronalen Netzen auf, die man bidirektionale assoziative Speicher (BAM) oder Resonanznetze nennt. Man beachte jedoch, daß es sich im Unterschied zu diesen bekannten neuronalen Netzen bei den hier beschriebenen Knoten I und V des Sprachnetzwerkes nicht um vereinfachte einzelne Neuronen oder ihre Simulationen handelt, sondern, weil wir auf der höheren Abstraktionsebene sind, um umfangreichere Neuronenkomplexe. Synapsenwiderstände, Sigmoidfunktionen, Potentialfunktionen usw. sind hier nicht mehr Gegenstand der Betrachtung.

7. Differenzcodes und Verdichtung.

Es gibt verschiedene Möglichkeiten, den Verbindungscode C_V festzulegen. Für den Beginn aller Diskussionen mag hier die einfachste aller Möglichkeiten genügen (Sie erwies sich später nicht als die beste). Von jedem Wortknoten I gehen in der Regel viele Verbindungen weiter zu einer Anzahl von nachgeordneten Verbindungsknoten V. Man kann diese mit Codes C_V einfach durchnumerieren, siehe Bild 16. Da in einem Text die Anzahl der möglichen Nachfolger zu einem Wort im Einzelfall zwar sehr groß sein kann, im Mittel aber wieder klein ist (jedenfalls wesentlich kleiner als die Anzahl aller verschiedenen Wörter), wird die Beschreibung durch einen solchen Differenzcode C_V selbst bei einem sehr großen Wortschatz recht sparsam ausfallen [3]. Das weiß man auch schon von vergleichbaren anderen technischen Anwendungen, z.B. der sog. Differenzcodierung in der Nachrichtentechnik. Messungen an Texten haben ergeben, daß man im Mittel bei einer Differenzcodierung nur die Hälfte der Bits benötigt, die man für eine vollständige Adressencodierung haben müßte [10]. Das kann man für eine Verdichtung von Information benutzen (was im folgenden noch behandelt wird). Die einfachste Anordnung für eine systematische Verdichtung scheint

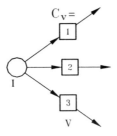

Bild 16. Die Realisierung der Verbindungscodes C_V als Abzählcodes.

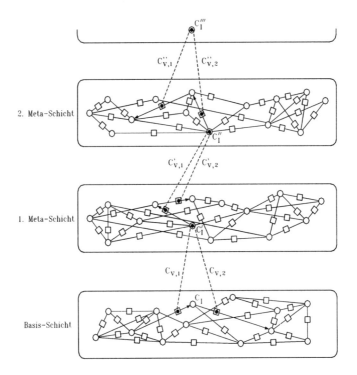

Bild 17. Die hierarchische Aufeinanderfolge gleichartiger Netzwerksschichten unter Benutzung der Darstellungsart von Bild 13.

eine Aufeinanderfolge von Sprachnetzwerken grundsätzlich gleicher Struktur zu sein, wie dies in den Bildern 17 und 18 auf verschiedene Weise jeweils für den Fall der Decodierung dargestellt ist (und was in [3,9] in anderer Weise schon skizziert wurde). Bevor wir auf die Betriebsweise dieser Anordnung eingehen, sei aber noch einmal ausdrücklich festgehalten: Einen direkten Beweis dafür, daß solche hierarchischen Schichten mit einer Informationsverdichtung auch in der Natur vorliegen, gibt es bisher nicht. Die vorliegenden Messungen über die Assoziationskurven von

197

Textelementen, die jeweils aus 2, 3, 4 oder mehr Worten bestehen, und die sich ebenfalls wie die linguistischen Kurven in den Bildern 8 und 9 als Geraden mit verschiedener Steigung ergeben [10], stützen lediglich eine solche Hypothese.

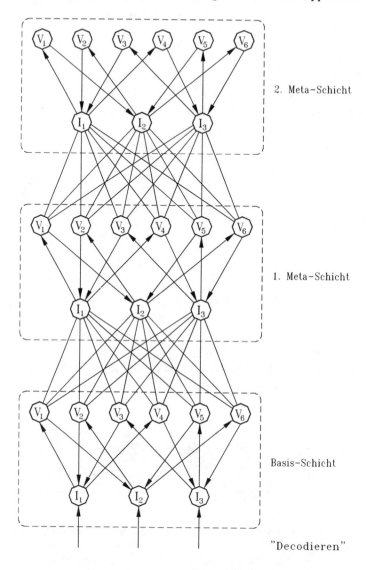

Bild 18. Die hierarchische Aufeinanderfolge gleichartiger Netzwerksschichten für die Betriebsweise "Decodieren" unter Benutzung der Darstellungsart von Bild 15.

8. Das hierarchische System: Zusammenwirken von Abstraktion und Verdichtung.

Welche inhaltlichen Vorgänge laufen nun in einer solchen Hierarchie von Netzwerken wie in den Bildern 17 oder 18 ab? Betrachten wir zuerst das Codieren. In der untersten Ebene werden dabei die Wörter der Sprache in den Wortknoten abgespeichert. Lediglich die Informationen über die Beziehungen zwischen den Wörtern werden in Form von Codes C_V in das hierarchisch nach oben benachbarte Netz weitergegeben. Weil die Verbindungscodes aber so oft vorkommen und so kurz sind - die Numerierung 1 kommt schließlich nach jedem Wortknoten einmal vor, die Numerierung 2 nach etwas weniger aber immer noch sehr vielen Wortknoten usw. - kann man in einem Inhaltsknoten der zweiten Ebene, wir nennen sie die (erste) Metaebene, zwei oder mehr Codewörter C_V aus der vorangehenden Ebene zusammen einspeichern. Der gesamte Inhalt eines Knotens heißt dann das Metawort, seine Bestandteile heißen Metasilben. Die Struktur der ersten Metaebene wählen wir dann im Prinzip genauso wie die Struktur in dem zuerst besprochenen Sprachnetzwerk, dem sog. Basisnetzwerk. D.h. in der Metaebene liegen die Knoten I' mit den Metaworten C'_I zwischen Verbindungsknoten V'. Deren Codes C'_V werden beim Codieren in die nächste hierarchische Ebene weitergegeben usw. Das heißt, die Informationen über die direkten Beziehungen zwischen den Wörtern, die aus der Basisebene stammen, bleiben in den Metaknoten stecken. Von deren Inhalten C'_I wird durch ausschließliche Benutzung der Verbindungscodes C'_V wiederum abstrahiert. Nur die Informationen über die Beziehungen zwischen den Beziehungen werden weitergegeben und weiterverdichtet (Datenkompression). Auf diese Art werden, je höher man in der Hierarchie hinaufsteigt, die Texte in immer größeren Zusammenhängen erfaßt, codiert und gespeichert, und der Gesamttext wird in immer weniger Metaworten zusammengefaßt. Schließlich findet man nur noch ein einziges Metawort für einen langen Text. (Weil es ganz wesentlich immer wieder um die Beziehungen zwischen den Wörtern bzw. deren Inhalten geht, woraus man nach Wittgenstein grundsätzlich auf die Bedeutung schließen kann [17], haben wir uns angewöhnt, statt von "Wörtern" nur noch von "Worten" zu sprechen. Gesichtspunkte der Rechtschreibung sind z.B. dabei irrelevant).

Durch die geschilderte Organisationsform entsteht eine Vielfachverwendung aller Meta-Codeworte, wodurch das System erst für ganz unterschiedliche Texte verwendbar wird. Das heißt, jedes Metawort kann für ganz verschiedene Textabschnitte stehen, je nachdem, wie die Vorgänger und Nachfolger in der Netzwerkschicht zu diesem Metawort lauten (das Ziel wird es später sein, auf diese Weise ähnliche Textabschnitte zusammenzufassen). Das gilt für jede Ebene des Systems, so daß man mit relativ wenigen Ebenen schon recht lange und unterschiedliche Texte erfassen kann. Durch die Angabe des obersten Metawortes und der Anfangsbedingungen in jedem Netzwerk ist der Text vollständig beschrieben. Er kann in eine dem Menschen unmittelbar verständliche Form gebracht, d.h. erzeugt werden, indem man, wie beschrieben, zum Decodieren in den Sprachnetzwerken einige Signallaufrichtungen umkehrt.

9. Maßnahmen zur Begrenzung der Metawort-Anzahl.

Auswertungen von Assoziationsmatrizen haben ergeben, daß die Anzahl der voneinander verschiedenen Wortpaare in einem Text etwa fünfmal so groß ist wie die Anzahl der beteiligten verschiedenen Worte [10]. Diese Zahl ist identisch mit der Anzahl der Punkte in einer Assoziationsmatrix, denn die Punkte besagen ja, welche Worte auf der Ordinate den Worten auf der Abszisse in dem betrachteten Text folgen können. Die Anzahl der verschiedenen möglichen Wortpaare ergibt im einfachsten Fall auch die Anzahl der zugeordneten Metaworte in dem nächsten Schichtnetzwerk. Eine solche schrittweise ständige Vergrößerung der Anzahl der Knoten der Schichtnetzwerke in der Hierarchie wäre jedoch technisch nicht sinnvoll. Zur Verringerung der Zahl der voneinander verschiedenen Metaworte - ideal wäre eine gleichbleibende Zahl, die dem Wortvorrat in der Basisebene entspricht - kann man drei Wege einschlagen:

a) **Look-Ahead (Prädiktion)**

Als erstes kann man den Prozeß der Auswahl eines Knotens in einem Sprachnetzwerk nicht nur von der Kenntnis des unmittelbar vorangehenden Wortes (im Text) abhängig machen, sondern auch noch von der Kenntnis mehrerer Vorgängerworte. Ein solcher Look-Ahead-Mechanismus (der Name soll andeuten, daß man mit den bekannten Vorgängern über mehrere Worte hinweg den voraussichtlichen Nachfolger leichter finden kann, weil man die Auswahlmenge, in der er liegt, verkleinert) ist sehr wirkungsvoll und kann bei Berücksichtigung von nur drei Vorgängern die Menge der möglichen Nachfolgerworte schon sehr beachtlich reduzieren, siehe die ersten Experimente in [3]. Man kann sich vorstellen, daß er auch bei der menschlichen Sprachverarbeitung eine große Rolle spielen wird. Bei statistischen Modellen würde man Markoffsche Prozesse zur Hilfe nehmen, aber es sei betont, daß die in der vorliegenden Arbeit verwendeten Mechanismen zwar mit großen Zahlen arbeiten, ansonsten aber völlig deterministisch sind.

b) **Codierungsmethoden**

Eine zweckmäßige Wahl der Codierung C_V kann die Anzahl der benötigten verschiedenen Metaworte weiterhin reduzieren. Verwendet man z.B. eine Abzählcodierung nach Bild 16, d.h. numeriert man einfach die von einem Knoten I abgehenden Verbindungen der Reihe nach durch, so wird es nach aufeinander folgenden Knoten I_i ; I_{i+1} sehr häufig C_V-Paare geben, die niedrige Zahlenwerte enthalten, die also vielfach vorhanden sind. So hat z.B. jeder Wortknoten I einen nachfolgenden Code $C_V = 1$, jeder zweite Wortknoten I auch einen nachfolgenden Code $C_V = 2$, usw. Die Paare $C_{V,i}/C_{V,i+1} = 1/1; 1/2; 1/3; ... 2/1; 2/2; ...$ usw. werden also beim Codieren recht häufig für unterschiedliche Wortpaare erzeugt werden. Es erscheint geboten, jeweils die gleiche Codierung für solche Wortpaare zu benutzen, die ähnliche Eigenschaften haben (**Ähnlichkeitsbündelung**).

Peace
c)   **Segmentierung**

Eine weitere Maßnahme, welche die Anzahl der benötigten Metaworte drastisch reduziert, besteht in einer Segmentierung des Textes, welche der natürlichen Struktur folgt. In der Praxis bedeutet dies, daß in den Knoten der ersten Metaebene nur diejenigen Verbindungscodes C_V der Worte zusammengefaßt werden, die man sprachlich auch als zusammengehörig empfindet, bzw., die man häufiger als Gruppe von wenigen Worten zusammen antrifft (d.h. Gruppen von bis zu drei oder vier Worten, unter Einschluß von Einzelworten, wenn diese keine ausgeprägten Assoziationen aufweisen). Auf den nächsten Hierarchiebenen betrifft dann die Segmentierung von Ebene zu Ebene fortschreitend inhaltlich immer größere Textstücke, z.B. Ausdrücke aus mehreren Worten, Teilsätze und schließlich ganze Sätze. Hierbei wird es wohl am deutlichsten, daß man als zu codierende Textstücke nicht die natürlichen Ausdrücke (Phrasen) zerschneiden und dann die nicht zusammengehörigen Teile zusammenfassen und als Textbausteine weiter verwenden sollte. Allein eine solche zweckmäßige Segmentierung dürfte die Zahl der notwendigen Metaworte größenordnungsmäßig auf die Hälfte reduzieren, weil das Ende eines Segments praktisch nie mit dem Anfang eines anderen Segments in einem Metawort zusammenzufassen ist.

10. Implizite Erfassung der Grammatik. Aufteilung von Codewörtern für die Steuerung. (Dieser Abschnit kann angesichts der später gefundenen einfacheren Methoden übersprungen werden).

Das beschriebene System arbeitet ohne explizite grammatikalische Regeln. In der Struktur der Sprachnetzwerke und der Belegung der Knoten mit Informationen ist jedoch die Grammatik implizit enthalten. Der Lernvorgang läßt sich verbessern, indem man die Codierung noch in grammatikalischer Hinsicht strukturiert, d.h. indem man sie z.B. um eine spezielle grammatikalische Komponente erweitert. So ließe sich, wie in Bild 19 gezeigt, zu jedem Verbindungsknoten V noch ein zweiter Verbindungsknoten G einführen, der nur in Konjunktion mit dem Knoten V eine Verbindung durchschalten kann. Die beiden Codes ließen sich wie folgt wählen: Der erste Code C_V ist nach wie vor ein Abzählcode für die wegführenden Verbindungen des Knotens I_i. Der zweite Code C_g bezieht sich jedoch auf die zuführenden Verbindungen des Nachfolgeknotens I_{i+1}. Wird er für alle Knoten G, die zu dem Knoten I_{i+1} hinführen, gleich gewählt, kann er in Übereinstimmung mit einer grammatikalischen Eigenschaft des betreffenden Wortes gebracht werden (z.B. gleiche Codes C_g für ein Substantiv usw.). Andererseits werden auf einen Knoten I_i in der Regel auch viele Knoten G mit gleichem C_g folgen können, siehe Bild 20 mit zwei Gruppen, welche die Codes C_{g1} und C_{g2} haben. Bei der Codierung eines Überganges

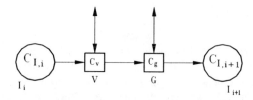

Bild 19. Eine Aufteilung (Faktorisierung) des Verbindungscodes in einen Anteil C_v, der mit dem vorangehenden Inhaltsknoten I_i verbunden ist (Abzählcode) und einen Anteil C_g, der ein Charakteristikum des folgenden Inhaltsknoten I_{i+1} enthält (Grammatikcode).

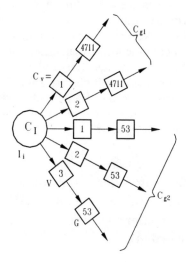

Bild 20. Veranschaulichung der Auswirkungen aufgeteilter Verbindungscodes.

zwischen I_i und I_{i+1} werden beide Teile, C_v und C_g, Bestandteil einer Silbe des Metawortes in der nächsten Abstraktionsebene. Man kann dies dann als eine Faktorisierung einer Metasilbe betrachten. Eine praktisch verwendbare Netzwerkstruktur ist in Bild 21 gezeigt. Zu jedem Inhaltsknoten I mit dem Code C_I gibt es hier noch eine zusätzliche grammatikalische Kennzeichnung C_g, welche sich z.B. auf die Wortart und/oder die Flexion bezieht und die der Deutlichkeit halber in dieser Zeichnung in einem separaten Grammatikknoten G untergebracht wird. Ferner gibt es am Ausgang eines jeden Inhaltsknoten I zuerst Bündelungsknoten B, welche Grammatikcodes C_g gespeichert haben. Sie bündeln die Nachfolger mit gleichen grammatikalischen Eigenschaften, die durch den Abzählcode C_v voneinander unterschieden werden. Beim Codieren wird ein Bündelungsknoten B einmal durch ein Signal vom Knoten I_i vorbereitet und sodann konjunktiv durch eine assoziative Suche von dem folgenden ausgewählten Knoten I_{i+1} über den Knoten G_{i+1} aktiviert. Der richtige Verbindungsknoten V wird durch Koinzidenz der Signale von dem

Inhaltsknoten I_{i+1} und von dem zuvor gewonnenen Bündelungsknoten B_{i+1} ausgewählt. An die Metaebene werden die Codes C_g und C_v der ausgewählten Knoten abgegeben. Beim umgekehrten Vorgang, dem Decodieren, werden dagegen von einem Metawort die gespeicherten Metasilben C_g und C_v ausgegeben, die ausgehend von dem aktiven Knoten I_i die Knoten B und V auswählen und wieder direkt zu dem Nachfolgerknoten I_{i+1} führen.

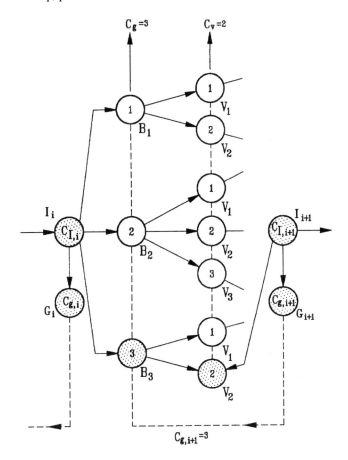

Bild 21. Das Arbeiten mit geteilten Steuercodes im Bereich zwischen I_i und I_{i+1}. Der Grammatik-Code C_g ist im Knoten G gespeichert, der eng mit dem Knoten I und seinem Inhalt gekoppelt ist. Bündel-Knoten B werden durch C_g gesteuert. Ein Beispiel mit schattierten Knoten zeigt eine durchgeschaltete Verbindung, welche die Codeteile C_g und C_v an die oberen Ausgänge abgibt.

Die grammatikalischen Codes $C_g{'}$ in der Metaebene lassen sich einfach dadurch gewinnen, daß man hierfür die grammatikalischen Bestandteile der Metasilben (oder Teile davon) verwendet, was sich in allen Metaebenen so fortsetzen läßt.

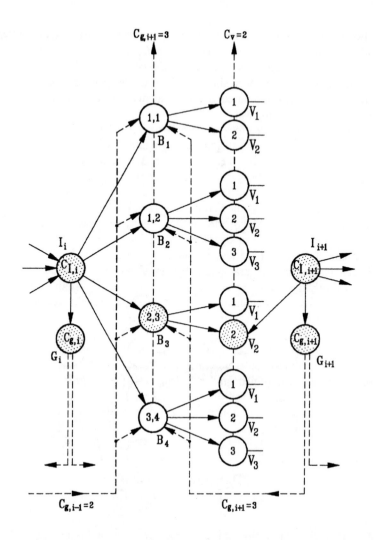

Bild 22. Untersützung des Codierungsprozesses durch weitere vorangehende und folgende Knoten, welche zur Prädiktion herangezogen werden. Es ist nur eines der möglichen zusätzlichen Signale eingezeichnet, $C_{g,i-1}$. Die Hilfssignale für die Prädiktion werden beim Codieren nicht an die oberen Ausgänge weitergegeben, weil sie beim Decodieren in der Folge der Meta-Worte schon enthalten sind.

Bild 22 zeigt, wie man die Bündelungsknoten dazu benutzen kann, sowohl einen "Look-Ahead"-Vorgang als auch einen "Look-Back"-Vorgang zu realisieren. (Um nicht zu verwirren ist hier allerdings nur die zusätzliche Nutzung des Vorgängercodes $C_{g,i-1}$ dargestellt). Den üblichen Gepflogenheiten entsprechend kann man solche Vorgänge auch als eine Prädiktion in Vorwärtsrichtung und eine Prädiktion in Rückwärtsrichtung bezeichnen. Bei einer weiteren Verfeinerung des Verfahrens könnte es günstig sein, die grammatikalische Information C_g noch zu unterteilen in einen Teil, der für die Vorwärtsprädiktion und einen Teil, der für die Rückwärtsprädiktion geeignet ist. Der eine mag die Flexion und der andere die Wortart sein.

Durch Berücksichtigung von Grammatikeigenschaften gelingt eine differenziertere grammatikalische Strukturierung der zu erzeugenden Texte. (Das heißt, man braucht beim Decodieren die Auswahl nicht mehr in der Menge aller möglichen Nachfolgerworte von I_i zu treffen, sondern nur noch in einer Teilmenge nach einem Bündelungsknoten B, die sich auf gleiche grammatikalische Wortarten bezieht. Z.B. braucht man nur noch in der Teilmenge der Substantive abzuzählen). Mit dem Grammatikcode C_g kann man so durch Nutzung der Bündelung Textteile mit gleicher grammatikalischer Struktur gleichartig behandeln, speichern oder erzeugen. Das ist gleichzeitig ein Mittel zur Verbesserung des "Look-Ahead"-Mechanismus und zur Reduzierung der Zahl von Metaworten in den höheren Ebenen. Es sei noch ergänzt, daß man anstelle von grammatikalischen Eigenschaften auch semantische Eigenschaften auf diese Weise erfassen könnte.

Die Heranziehung gleicher grammatikalischer und/oder semantischer Strukturen für die Metawortbildung läßt sich unter dem Namen "Ähnlichkeitsbündelung" zusammenfassen. Die Notwendigkeit dieser Maßnahme ist nicht so offensichtlich wie die der Abstraktion und der Verdichtung, sie erweist sich jedoch von gleicher Wichtigkeit. Dies ergibt sich auch aus einer informationstheoretischen Analyse des hierarchischen Netzwerksystems, welche die Notwendigkeit von wenigstens 3 Vorgängern bei der Prädiktion ergibt, unter der Voraussetzung, daß die Netzwerke auf allen Abstraktionsebenen gleich groß sein sollen [18]. Weiterhin kann man ableiten, daß es genügt, in jeder Ebene im Mittel etwa 12 ähnliche Worte bzw. Metaworte mit dem gleichen Steuercode zusammenzufassen. Die Differenzierung geschieht dann durch die Prädiktionen.

11. Technische und informationstheoretische Interpretationen. Redundanzfreie Information gleich Metawort.

Für die beschriebene Sprachmaschine aus mehreren hierarchischen Schichten gibt es interessante Interpretationen. So kann man das Codieren eines Textes, bei dem zum Schluß ein Metawort und einige Anfangsbedingungen stellvertretend für einen langen Text stehen, als einen Prozeß auffassen, bei dem man den üblicherweise sehr redundanten Klarschrift-Text in eine redundanzfreie (oder fast redundanzfreie) Darstellung umwandelt. Wie groß der redundanzfreie Kern von Texten sein muß, hat schon Shannon vor Jahrzehnten abzuschätzen versucht [4]. Diese Untersuchungen wurden wieder aufgenommen und weitergeführt [5].Es ergab sich, daß die nicht mehr reduzierbare Informationsdichte von längeren zusammenhängenden Texten weit kleiner sein kann als 1 Bit pro Buchstabe. (Experimente zeigten, daß sie sehr wohl um zwei Größenordnungen kleiner als 1 Bit sein kann). Die in manchen Lehrbüchern zu findende Behauptung, der Wert 1 Bit pro Buchstabe sei der unterste Grenzwert, ist also falsch. Der wirkliche Verlauf der sog. Entropie von zusammenhängenden Texten ist in Bild 23 als monoton abfallende (mittlere) Kurve wiedergegeben. Sobald die

Texte jedoch so lang werden, daß inhaltliche Zusammenhänge nicht mehr bestehen, was z.B. bei einer Sammlung unzusammenhängender Texte mittlerer Länge gegeben ist, muß die Entropiekurve dort in die Waagerechte umbiegen. In Bild 23 sind zwei Beispiele skizziert. (Die "Endwerte" sind also von der Art des Textes abhängig, sie können in unterschiedlicher Höhe liegen, bei einem zusammenhängenden Roman z.B. vermutlich ziemlich weit unten). Diese Kurven wurden aus statistischen Vorstellungen und Verfahren gewonnen, aber auf dieser Kurve liegen auch die Werte der durch Codieren deterministisch gewonnenen Informationswerte. Das Codieren im Sinne der vorliegenden Beschreibung stellt also ein Verfahren dar, mit dem man die redundanzfreie Darstellung eines Textes gewinnt.

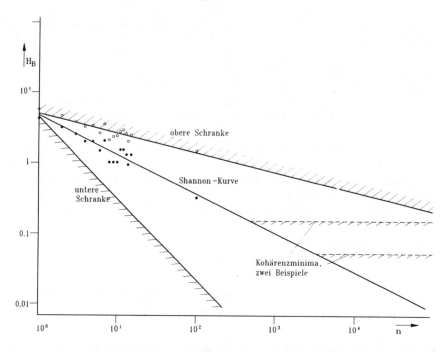

Bild 23. Die berühmten Kurven von Shannon für die meßtechnisch bestimmten minimalen Entropiewerte von gedrucktem englischem Text in Abhängigkeit der Länge vorangehender bekannter Textstücke, neu gezeichnet mit logarithmisch geteilten Achsen. Die Gerade zwischen den unteren und oberen Grenzen enthält die originalen Meßpunkte für die redundanzfreie Information, ihre Verlängerung nach unten sagt die Entropiewerte für lange Texte voraus. Minima stellen sich für solche Textabstände ein, bei denen keine Zusammenhänge mehr vorhanden sind.

Es ist wohlbekannt, daß sich die Ergebnisse der statistischen Informationstheorie und der algorithmischen Informationstheorie nicht widersprechen sollten und auch nicht widersprechen [6,11]. Für den Kenner der verschiedenen Informationstheorien sei nur folgendes angemerkt: Der Vorgang des Decodierens entspricht vollständig dem Modell der algorithmischen Informationsbestimmung in seiner ausschließlichen

Anwendung auf sprachliche Symbolfolgen. Dazu brauchen wir nur das Metawort als binäre Symbolfolge auf dem Eingabeband einer Turing-Maschine oder eines Universalcomputers aufzufassen, die Struktur des hierarchischen Netzwerksystems auf diesem Computer zu simulieren und den durch Decodierung erzeugten Text auf ein Ausgabeband zu schreiben. Sofern die Sprachmaschine nur genügend gut auf eine natürliche Sprache eingestellt ist (d.h. wenn sie nur genügend viele Worte und Sprachstrukturen beim Codieren gelernt hat), kann man die in Bit gemessene Länge des obersten Metawortes als die algorithmische Gesamtinformation des Textes in Klarschrift auffassen. Die Informationsdichte bekommt man durch Teilen der Länge des "erzeugenden Programms" durch die Länge des "erzeugten Programms". Die letztere wird meist durch die Anzahl von Buchstaben gemessen, so daß man die Einheit "Bit pro Buchstabe" erhält. Natürlich würde sich beim Codieren und beim Decodieren derselbe Wert ergeben.

12. Sprachwissenschaftliche und philosophische Interpretationen. Worte und Gedanken

In der Sprachwissenschaft und Philosophie betrachtet man weniger solche Begriffe wie "Entropien" und "Turingmaschinen" als vielmehr "Worte" und "Gedanken". Es sei hier die Meinung vertreten, daß die redundanzfreie Darstellung eines Textes einem Gedanken entspricht. Das heißt, "Metawort" und "Gedanke" sind parallele bzw. analoge Begriffe. Diese Vorstellung ergab sich intuitiv während der beschriebenen Arbeiten mit der Sprachmaschine, sie läßt sich aber auch auf linguistische Vorstellungen stützen. Zunächst: Sprache hat zweifellos viel mit Denken zu tun, was sogar schon oft zu der bekannten Aussage verschärft wurde "Ohne Sprache kein Denken". Ob das vollkommen richtig ist, darüber kann man streiten. Hier wollen wir nur festhalten, daß es Beziehungen zwischen einer Folge von Worten, d.h. Text, und einem "Gedanken" gibt. Der bekannte Linguist Harald Weinrich [7] meint dazu, daß ein Gedanke ein ungesagter Satz sei. Die in den philosophischen Wörterbüchern zu findenden Definitionen, siehe z.B. [17], sind etwas komplizierter, aber die obige einfache Definition genügt als Beschreibung für eine bekannte Position. Andere Ansichten scheinen dem genau zu widersprechen. So sagt Ray Jackendoff [8], daß man Sprache und Denken streng auseinander halten solle. Gedanken ließen sich von ihren Sätzen ablösen. Nur so seien z.B. Übersetzungen möglich. Dies hat wiederum einiges für sich. Hier sei die These vertreten, daß man beide Ansichten miteinander vereinbaren kann, wenn man zuerst präzisiert, daß sich Gedanken von den Wörtern ihres Satzes ablösen lassen und dann noch dazunimmt, daß der Gedanke unabhängig von einem gesprochenen Satz existiert (daß er also z.B. real in einer besonderen biologischen neuronalen Struktur "eingeschrieben" ist).

Wenn wir also den Gedanken als Parallele zu einem Metawort betrachten, so sehen wir, daß ein Metawort in der Tat für einen ganzen Satz (oder einen längeren Textabschnitt) stehen kann. Wegen der separaten physikalischen Existenz kann man einen solchen "Gedanken" auch von einem Satz bzw. seiner Wortfolge lösen. Es existieren zu einem solchen "Gedanken" auch ganz verschiedene Sätze, die inhaltlich dasselbe zum Ausdruck bringen, und der "Gedanke" kann schließlich auch in verschiedenen Sprachen geäußert werden.

Es ist noch zu ergänzen, daß die hier eingeführte Entsprechung von Metawort und Gedanke nur dann allgemein befriedigen wird, wenn der Lernvorgang beim Codieren geeignet organisiert wird. Dabei sollten synonyme Worte, Ausdrücke und Textteile stets zum selben Metawort führen.

13. Anwendungen.

Von den möglichen Anwendungen seien hier nur zwei genannt. a) eine technisch günstige Übertragung von Text in Nachrichtensystemen und b) eine Übersetzung von einer Sprache in eine andere.

Übertragung

Es seien Texte möglichst rasch und billig von einem Ort A nach einem Ort B zu übertragen, z.B. für eine international verbreitete Zeitung, die an verschiedenen Stellen der Welt gedruckt wird. Hierzu kann man am Sendeort A eine Sprachmaschine benutzen, die den Text codiert und diese sehr komprimierte Nachricht in kürzerer Zeit und damit billiger als bisher über die Nachrichtenkanäle zum Empfangsort B schickt. Dort benötigt man eine Sprachmaschine gleicher Struktur für das Decodieren und kann damit wieder den ursprünglichen Text gewinnen. Der sich ergebende Vorteil beruht im Grunde genommen darauf, daß das allgemeine Sprachwissen nicht mehr mit übertragen wird, weil es ja an den beiden Endpunkten der Übertragungsstrecke schon in den Sprachmaschinen präsent ist.

Übersetzung

Benötigt werden zwei Sprachmaschinen, je eine für eine Sprache, und genügend viele gut übersetzte Texte zum Lernen. Jede der beiden Sprachmaschinen codiert (lernt) nur die Texte einer Sprache. Vereinbarungen sind zu treffen, daß in beiden Sprachen inhaltlich gleiche Sätze auch zu dem gleichen Code für Metaworte führen. Dies ist möglich. Damit kann eine Übersetzung folgendermaßen durchgeführt werden: Der Text in einer Sprache X wird in einer zugeordneten Sprachmaschine codiert. Die gefundenen Metaworte werden direkt in die zweite Sprachmaschine für die Sprache Y transferiert und dort decodiert. Es entstehen dabei die zugehörigen Sätze in der Zielsprache Y. Da es eine Satz-zu-Satz-Übersetzung und keine Wort-zu-Wort-Übersetzung ist (ohne daß die außerordentlich große Zahl aller möglichen Sätze und ihrer Entsprechungen wirklich explizit gespeichert werden müßte), darf man eine sehr gute Übersetzung erwarten. Man beachte, daß dabei überhaupt keine expliziten Kenntnisse einer Grammatik benötigt werden, ein Verfahren, das auch bei vielen sprachübersetzenden Menschen, insbesondere, wenn sie sehr jung sind und keine Linguisten, durchaus üblich ist.

14. Ausblicke

Es seien kurz einige mögliche zukünftige Forschungsthemen skizziert:

- In der Technik ist man in erster Linie daran interessiert, einen Text so zu codieren, daß er exakt reproduziert werden kann. Der Mensch schafft das bei längeren Texten normalerweise nicht. Er ist aber in der Lage, Texte sinngemäß wiederzugeben. Es scheint, daß dies in vielen Fällen nicht so sehr ein Mangel als ein Vorteil ist, denn es vergrößert die Möglichkeiten eines Menschen bei der Texterzeugung. Indem man analog bei der Sprachmaschine inhaltlich ähnliche Worte und Textteile in den Metaworten der Metaebenen zusammenfaßt, sinkt der erforderliche Aufwand für das letzte Metawort in der obersten Metaebene, d.h. der "Gedanke" wird ein noch komprimierteres "Etwas" als vorher.

- Genauso wie man, von der Basisebene ausgehend, schrittweise in immer höhere Abstraktionsschichten kommt, kann man natürlich auch die umgekehrte Richtung betrachten. Dann müßte man, wenn man schließlich wieder bei der Basisebene angelangt ist, von dort weitergehend, bei den noch tiefer liegenden Metaebenen die Bestandteile der Worte des Wortschatzes betrachten, die weniger abstrahiert und komprimiert sind wie die mit standardisierten Buchstaben geschriebenen und gespeicherten Wörter. (Die Darstellung von Worten mit Buchstaben ist ja, für sich gesehen, schon eine gehörige Abstraktionsleistung). Das kann dann z.B. bis herunter zu den gesprochenen Lauten (Phonemen) oder zu den handgeschriebenen Buchstaben führen. Da die Anzahl dieser kleineren Sprachbausteine, z.B. der Phoneme, weit kleiner ist als die Anzahl der möglichen Worte eines Wortschatzes, wäre eine solche durchgehende Hierarchie von großem technischen Interesse.

- In dem natürlichen neuronalen Netzwerk des Cortex gibt es ganz sicher keine digitale Signalverarbeitung in Form digitaler assoziativer Systeme mit digitalen Codes und deren Übertragung über Nervenleitungen, usw. Um zu erkennen, wie weit das oben entworfene digitale System noch von dem biologischen Vorbild entfernt ist, wurde daher versucht, ob es Möglichkeiten gibt, die Operationen ausschließlich mit einfachen zweiwertigen Aktivitätssignalen (on-off) zu realisieren. Das gelingt in der Tat. Ausgangspunkt der Überlegungen ist die Eigenschaft der beschriebenen Sprachnetzwerke, daß sie neben der permanenten Speicherung von Code-Inhalten in Knoten, durch den assoziativen Aufruf bedingt, auch ein Kurzzeit-Gedächtnis für gerade existierende (oder kurz vorher gewesene) Aktivitätszustände von Knoten haben. Gibt es in den Knoten eines stark vereinfachten Netzwerkes keine gespeicherten Codes sondern nur Aktivitätszustände (on-off bzw. "High" und "Low"), die auch kurzzeitig gespeichert werden können, so wandert alleine ein Zustand "High" schrittweise von Knoten zu Knoten entlang eines Textpfades durch das Netzwerk. Hierbei ist zu beachten, daß beim Codieren ein Verbindungsknoten aktiviert wird, wenn alle seine Eingänge ein Signal erhalten, aber ein Metaknoten erst dann, wenn er zusätzlich noch wenigstens zwei Signale aus der vorangehenden Netzwerkschicht bekommt. Das muß kurz hintereinander geschehen und kann im Metaknoten in nur zwei Gedächtniszellen (Bits) gespeichert werden. Bild 24 soll veranschaulichen, wie beim Codieren ein Aktivitätssignal C_v aus der Basisschicht gleichzeitig über viele Leitungen der möglichen Menge von Knoten I′ in der Metaschicht zugeführt wird, und wie, selbst wenn mehrere Knoten I'_{i+1} vollständig (z.B. zweimal) angesprochen wurden, doch nur an derjenigen Stelle des Netzwerks ein Verbindungsknoten V′ ausgewählt und aktiviert wird, an der V′ auch von dem vorangegangenen Inhaltsknoten I'_i ein Signal bekam. Man braucht also grundsätzlich gar keine technische Assoziationsoperation mit Codes wie sie z.B. in einem assoziativen digitalen Speicher realisiert ist.

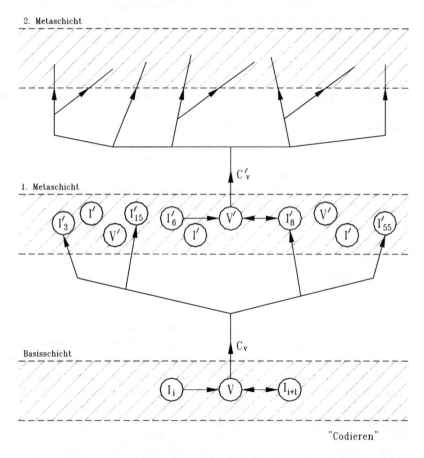

Bild 24. Veranschaulichung der Möglichkeit, die Speicherung von digitalen Codes in den Knoten V und I und ihren assoziativen Aufruf durch eine Vielzahl von individuellen Verbindungen zwischen den Knoten zu ersetzen.

Beim Decodieren läuft der Vorgang in umgekehrter Richtung ab, wobei es notwendig wird, jedem Aktivitäts-Gedächtniselement eines Metaknotens I' ein eigenes Geflecht an Verbindungen mit den Knoten V der nächst niedrigeren Schicht zuzuordnen.

Dieses Modell hat sicher vor allem einen erkenntnistheoretischen Wert, zeigt es doch, daß man für die Behandlung der Sprache auf höherer Abstraktionsebene nicht unbedingt mit größeren gespeicherten Codeworten arbeiten muß, sondern, daß dies auch mit Systemen geht, die in den Knoten ganz primitive Gedächtnisfähigkeiten haben und die sich von Knoten zu Knoten nur einfache binäre Aktivitätssignale zusenden. Man wird untersuchen müssen, ob es auch technisch günstig ist, Systeme mit einem so hohen Aufwand an Verbindungen zu realisieren. Ein Geschwindigkeitsvorteil wäre sicher damit zu erreichen. Auch wird es, mangels Codeworten, keine Codierungsprobleme geben.

Man beachte aber auch einen besonderen Aspekt dieser Organisationsform, der völlig verschieden ist von dem, was man heute so allgemein über die Arbeitsweise des menschlichen Gehirns vermutet. Nicht Millionen von "Neuronen" sind hier gleichzeitig in einer massiven Parallelverarbeitung tätig, sondern in jeder Schicht immer nur verhältnismäßig wenige "Neuronen" (unter Einschluß der Prädiktionsneuronen). Allerdings werden die Signale dieser wenigen voll aktiven "Neuronen" gleichzeitig an vielleicht hunderttausende anderer "Neuronen" gesandt, um sie assoziativ anzustoßen, wobei wiederum nur ganz wenige ausgewählt werden, um die nächsten Aktivitätszustände zu übernehmen. Das ist in energetischer Hinsicht ein äußerst ökonomisches Verfahren, das man eigentlich auch von einem natürlichen System "Gehirn", das im Zuge der Evolution genügend Zeit zur Optimierung hatte, erwarten könnte.

- Ausgehend von der Beobachtung bei Menschen, die in der Regel nicht nur "passiv" hören sondern dabei auch schon "aktiv" mitdenken, wie der gerade gehörte Text sprachlich und inhaltlich wohl weitergehen wird, kann man auch das Aufnehmen und Erzeugen von Text in einer Sprachmaschine, d.h. das Codieren und Decodieren gleichzeitig miteinander verflechten. Das wird sowohl die Geschwindigkeit als auch den zu treibenden Aufwand sicher noch weiter reduzieren. Man kann diese Methode als eine Verallgemeinerung der oben beschriebenen Prädiktion auffassen, die jetzt nicht nur im eigenen Netzwerk wirken soll, sondern zusätzlich noch von einer höheren Metaebene auf eine niedrigere Metaebene. Entsprechend kann die Prädiktion Informationen auch aus größeren Zusammenhängen beziehen und damit genauer werden.

- Auch die Erstellung einer Sprachmaschine für eine Computersprache verspricht einen besonderen Reiz. Könnte man doch damit die Menschen von dem Zwang befreien, sich sklavisch an die enge Syntax solcher Computersprachen halten zu müssen. Genau wie in der natürlichen Sprache könnte man eine Vielzahl formal unterschiedlicher Aussagen auf ihren gemeinsamen inhaltlichen Kern - das Metawort - abbilden und von dort eine Übersetzung in eine an den Computer angepaßte Sprache vornehmen. Die Akzeptanz der Computerwelt würde sicher sprunghaft steigen.

- Es gibt sicher in der Technik noch sehr viele Anwendungen für eine Maschine, die einen üblichen Klarschrifttext in die redundanzfreie Darstellung überführt. Einige davon sind schon diskutiert worden [3]. Würde man z.B. solche komprimierten Text-Darstellungen mit einem der üblichen kryptologischen Verfahren verschlüsseln, könnte ein Unbefugter, auch wenn er im Besitz derartiger Sprachmaschinen ist, durch noch so langes Probieren nie den richtigen Text ermitteln. Alle Tests würden nämlich zu sprachlich korrekten Texten führen, so daß er nicht den geringsten Hinweis hätte, wann er "den Code gebrochen" hat.

Es besteht die Hoffnung, daß die oben beschriebenen Prinzipien der schrittweise voranschreitenden Abstraktions- und Verdichtungsprozesse sowie der Ähnlichkeitsbündelung und Segmentierung grundsätzlich auch ähnlichen Prozessen im menschlichen Cortex entsprechen. Es sind vollständig andere Prozesse als die, wie sie in den heute üblichen Computern ablaufen. Daher ist der oft zitierte "Computer im Gehirn" ein eher irreführendes Bild. Man sollte besser von "Netzwerkmaschinen" reden, ob sie nun elektronisch realisiert sind oder nicht. Es ist geradezu erstaunlich, wie einzelne geniale Sprachwissenschaftler schon in der Vor-Computerzeit Visionen hatten, die nach Meinung des Autors direkt auf eine Netzwerk-Sprachmaschine hinzielten. So sagte Benjamin Lee Whorf schon in den dreißiger Jahren "Wie wir ... sehen werden, folgt auch das Denken einem Netzwerk von Geleisen, die in der jeweiligen Sprache festgelegt sind ..." Fazit: Die Realisierung einer Netzwerkmaschine wird uns zuerst zu einer Sprachmaschine und dann hoffentlich auch noch zu einer "echten" Denkmaschine führen.

Literatur

1. Rojas, R.: Theorie der neuronalen Netze. Springer Verlag, Berlin 1993
2. Zipf, G.K.: Human Behavior and the Principle of Least Effort. Reading Massachusetts: Addison-Wesly Press, 1949. New York: Hafner Publishing Company, 1972 (Facsimile).
3. Hilberg, W.: Die texturale Sprachmaschine als Gegenpol zum Computer. Verlag Sprache und Technik, Groß-Bieberau 1990
4. Shannon, C.E.: Prediction and Entropy of Printed English. Bell System Technical Journal, Jan. 1951, pp. 50-64.
5. Hilberg, W.: Der bekannte Grenzwert der redundanzfreien Information in Texten - eine Fehlinterpretation der Shannonschen Experimente? Frequenz 44 (1990), 9-10, S.243-248
6. Kolmogorov, A.N.: Three Approaches to the Quantitative Definition of Information. Problems of Information Transmission, Vol.1 (1965) New York, pp.1-7
7. Weinrich, H.: Linguistik der Lüge. Kann Sprache die Gedanken verbergen? Verlag Lambert Schneider, Heidelberg 1970.
8. Krischke, W.: Linguistische Reflexionen. Gedankenbeine. Besprechung in der FAZ, 17. August 1994, Nr. 190, S. N5
9. Hilberg, W.: Das Netzwerk der menschlichen Sprache und Grundzüge einer entsprechend gebauten Sprachmaschine. ntz Archiv, Vol. 10 (1988), H.6, S.133-146.
10. Meyer, J.: Die Verwendung hierarchisch strukturierter Sprachnetzwerke zur redundanzarmen Codierung von Texten. Diss. Technische Hochschule Darmstadt, 1989.

11.   Algorithmische und statistische Informationstheorie. Workshop, 22.10.1990, Darmstadt , veranstaltet von ITG, GI und THD, Tagungsleiter W. Hilberg.

12.   Siedenburg, K.: Symmetrische Netze für Parallelrechner. Diss. Technische Hochschule Darmstadt, 1992. VDI Verlag, Reihe 10: Informatik/Kommunikationstechnik Nr. 225, 1992

13.   Nachtwey, V.: Textkompression auf der Basis von Wortnetzwerken und Grammatikmodellen. Diss. Technische Hochschule Darmstadt, 1995

14.   Steinmann, F.-M.: Netzwerkmodellierung von Textstrukturen und Anwendungen zur Informationsverdichtung. Diss. Technische Hochschule Darmstadt, 1995

15.   Hilberg, W.: Neural networks and conditional association networks: common properties and differences. IEE Proceedings, Vol.136, Pt.E, No 5, Sept. 1989, pp 343-350.

16.   Whorf, B.L.: Language, Thought and Reality. MIT-Press, Massachusetts, USA, 1956 deutsch: Sprache-Denken-Wirklichkeit. Rowohlt-Taschenbuch 1988.

17.   Schischkoff, G.: Philosophisches Wörterbuch Kröner-Verlag Stuttgart, 1991

18.   Hilberg, W.: Wie stark läßt sich natürlicher Text in einem hierarchischen System komprimieren? (Theorie der Sprachmaschine) Institutsbericht Nr. 187/95.

Eine Veröffentlichung des vorliegenden Aufsatzes erfolgte unter dem Titel: "Neural networks in higher levels of abstraction" in der Zeitschrift: Biological Cybernetics 76, S. 23-40 (1997).

11

Mandelbrot´s Gesetz der maximalen Entropie in natürlichen Sprachen als Folge der Struktur des neuronalen Sprachnetzwerks.

Es gibt seit den fünfziger Jahren einen langen Streit zwischen den Mathematikern Mandelbrot, Simon und anderen, ob Texte einer natürlichen Sprache nach dem Prinzip der maximalen Entropie gebildet sind oder nicht. Jetzt kann sogar ohne schwierige mathematische Beweise genauso streng aber anschaulich gezeigt werden, daß infolge der besonderen Struktur neuronaler Sprachnetzwerke dieses Prinzip tatsächlich zutrifft.

Kurzfassung. Mit Hilfe der neu entwickelten Assoziationsmatrizen lassen sich die Strukturen in natürlichsprachlichen Texten besser und genauer erfassen als mit den bekannten Zipf-Diagrammen. Man erfaßt mit ihnen nämlich im wesentlichen die zugrunde liegenden Strukturen neuronaler Netze im menschlichen Sprachhirn. Die gemessenen Matrix-Populationen für unterschiedliche Sprachen sind erstaunlich ähnlich und müssen dahingehend interpretiert werden, daß die mathematische Grundstruktur für alle Sprachen gleich ist. Damit läßt sich auf sehr einfache Weise zeigen, daß die von Mandelbrot aus der Zipf-Kurve geschlossene Eigenschaft der maximalen Entropie, die lange heftig und kontrovers diskutiert wurde, in der Tat zutrifft. Der Wert für diese Entropie wird zum ersten Mal alleine aus einem einfachen Netzwerkmodell numerisch bestimmt und mit in deutschen Texten gemessenen Werten verglichen. Schließlich kann auch die aus vielen Messungen bekannte Kurve der Worthäufigkeit in Abhängigkeit der Wortlänge aus dem Modell berechnet werden. Die gute Übereinstimmung der Theorie mit Messungen ist eine Bestätigung der Güte des vorgeschlagenen Netzwerkmodelles, welches aus direkten Messungen am menschlichen Gehirn bekanntlich nicht abgeleitet werden kann. Es wird schließlich gezeigt, daß in einem hierarchischen Netzwerksystem die Schicht-Netzwerke auf höheren Ebenen der Abstraktion dieselbe Struktur haben wie auf der Ebene der natürlichen Worte. Durch das Vorhandensein vertikaler und horizontaler Informationsverarbeitungen in solch einem System läßt sich der Widerspruch zwischen den Theorien von Shannon und Mandelbrot, in denen konträre Entropiewerte (maximale und minimale Entropien) errechnet werden, erklären.

1   Einleitung

Das Zipf'sche Gesetz [7] hat seit jeher viele Wissenschaftler aus den verschiedensten Disziplinen fasziniert, weist es doch auf eine Eigenschaft hin, die alle natürlichen Sprachen haben, wobei diese Eigenschaft zudem mathematisch noch in so einfacher Weise zu beschreiben ist. Das Zipf'sche Gesetz verbindet offenbar völlig gegensätzliche Dinge miteinander, nämlich eine natürliche Sprache, bei der man bekanntlich in praktisch unendlicher Vielfalt die Worte zu Texten zusammenstellen kann und die Welt der Mathematik, in der es anscheinend nicht im mindesten solch eine Vielfalt gibt. Etwas überspitzt könnte man sagen, daß das Zipf'sche Gesetz die Hoffnung nährt, daß dem unübersehbaren Chaos der möglichen verschiedenen Texte einfache mathematische Beziehungen zugrunde liegen. Es scheint daher kein Zufall zu sein, daß der Begründer der modernen Chaostheorie, B. Mandelbrot, sich schon 1953 von dem geheimnisvollen Zipf'schen Gesetz angezogen fühlte und auch eine erste „mathematische" Erklärung geben konnte. Er bewies [8,9], daß der Text einer natürlichen Sprache, bestehend aus einer Folge von Worten, unter der Bedingung geringster Kosten ein Maximum der Entropie pro Wort aufweist. Daraus folgt dann die Zipf'sche Kurve. Der Beweis ist mathematisch nicht gerade elementar, er stützt sich außerdem auf die Voraussetzung, daß die Kosten pro Wort, im besonderen gezählt als Anzahl der Buchstaben pro Wort, minimal sein sollen. In der Literatur hat es nach dieser Veröffentlichung eine lebhafte Debatte gegeben, siehe die Aufsätze [9 bis 18], aber der Satz von Mandelbrot über das Maximum der Entropie scheint in den Jahrzehnten danach von den meisten Wissenschaftlern übernommen worden zu sein [25]. Nach ihrer Ansicht ist es noch die befriedigenste Deutung des von Zipf vorgeschlagenen und im Titel seines Buches „The Principle of Least Effort" genannten Prinzips, das Zipf aber nicht näher zu definieren vermochte. Nur ab und zu wird dieser Satz noch unter Hinweis auf das „Affenexperiment" in Frage gestellt. Trotzdem blieb die Existenz des Zipf'schen Gesetzes bis heute im Grunde genommen ein Rätsel. Der Physiker Gell-Mann hat es noch 1994 kurz und bündig wie folgt ausgedrückt: „Zipf's law remains essentially unexplained" [24].

Im folgenden sei gezeigt, daß man sich noch weniger als bisher auf das etwas ominöse Prinzip des geringsten Aufwandes zu stützen braucht, sondern alleine aus der Struktur neuronaler Netzwerke im menschlichen Sprachbereich ermitteln kann, daß hier ein Gesetz der maximalen Entropie wirksam ist. Man braucht dazu keine langwierigen mathematischen Beweise und findet trotzdem ein allgemeineres Ergebnis als das von Mandelbrot, einfach deshalb, weil es nicht mehr auf die ausschließliche Betrachtung der Zipf'schen Kurve und die Bedingung der minimalen Kosten angewiesen ist. (Ein universelles Gesetz wie die Existenz der maximalen Entropie in natürlichen Sprachen darf - wenn es wirklich so eine Art Naturgesetz ist - einfach nicht davon abhängen, wieviele Buchstaben die einzelnen Worte haben. Dazu ist die Buchstabenschrift eine zu spezielle technische Erfindung und nicht in langen Zeiträumen gewachsen wie die menschliche Sprache. Die spezielle Methode der buchstabenmäßigen Erfassung von Sprache hat, wie man zeigen kann, statistisch gesehen ganz andere Eigenschaften als die aus Silben oder Worten aufgebaute Sprache).

Bei dem im folgenden gewählten Ansatz ergeben sich schließlich zwanglos Möglichkeiten, in einem Modell mit hierarchisch aufgebauten Abstraktionsebenen auch für größere Textabschnitte Aussagen über maximale Entropiewerte zu machen.

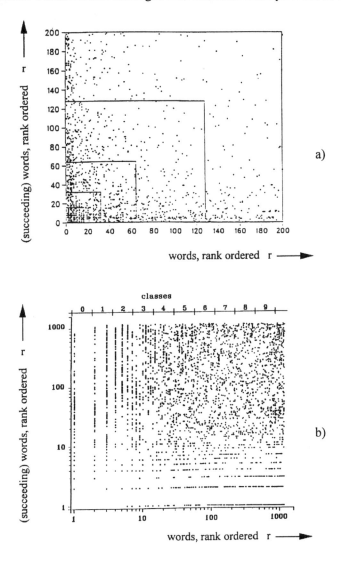

Bild 1. a) Eine aus einem gegebenen Text abgeleitete Verbindungsmatrix. Die Worte sind nach Rang geordnet. Ein Punkt in der Matrix wird gesetzt, wenn ein Wort auf der horizontalen Achse im Text einen bestimmten Nachfolger auf der vertikalen Achse besitzt. b) Assoziationsmatrix, welche dieselben Verhältnisse wie in a) beschreibt, jedoch in einem log-log-Diagramm.

2 Grundgedanke

Wenn man einen Text daraufhin untersucht, welche Reihenfolge von Worten möglich ist, kann man bei ausschließlicher Berücksichtigung der direkten Aufeinanderfolge von Worten eine zusammenfassende Darstellung in Gestalt der Assoziationsmatrix finden, siehe Bild 1. Das auffallendste Kennzeichen in der Matrix mit logarithmischen Achsenteilungen in Bild 1b ist eine ziemlich gleichförmige und zufällig aussehende Verteilung der Matrixpunkte, was zudem für Texte ganz verschiedener Sprachen gilt.

Um hier eine Verbindung zu Entropievorstellungen herzustellen, muß man sich nur einmal überlegen, wie man vorgehen müßte, um eine zufällige Verteilung solcher Matrixpunkte zu erzeugen. Voraussetzen müßte man die aus den Messungen entnehmbare Tatsache, daß es eine Klasseneinteilung der Worte gibt. Für unser Zufallsexperiment heißt das, daß man die Matrixfläche in Streifen einer konstanten Breite zerlegt (vertikal und horizontal), in denen man jeweils gleich viele Punkte zu erzeugen hat, siehe Bild 2a. Man beachte dabei die logarithmische Teilung der Achsen in beiden Richtungen. Sie bedingt, daß von Streifen zu Streifen gehend, die Zahl der Wortknoten auf der Achse jeweils um einen konstanten Faktor anwächst. Wir wählen hier zunächst eine minimale Breite, die dem ganzzahligen Faktor 2 entspricht und die durch die Besetzung der randnahen Spalten und Zeilen nahegelegt wird.

Dann können wir wie folgt eine Verbindung zwischen einem beliebigen Wort in einem Text und dem direkt darauf folgenden Wort, bzw. zwischen einem (ersten) Wortknoten und dem direkt darauf folgenden Wortknoten in einem Sprachnetzwerk konstruieren, und damit einen entsprechenden Punkt in der Matrix setzen, siehe Bild 2b. Von einem Knoten x auf der Abszisse ausgehend, finden wir die möglichen Verbindungen zu folgenden Knoten y auf der Vertikalen. Diese Vertikale schneidet alle horizontalen Streifen, hat also zu allen Klassen eine mögliche Verbindung. Wir wählen nun ganz zufällig aus der Menge aller horizontalen Streifen einen Streifen aus, der einer Zielklasse entspricht (hier bei $i = 3$). Alle Zielklassen sind also gleich wahrscheinlich. Sobald man die Zielklasse bzw. den entsprechenden horizontalen Streifen gefunden hat, findet man in dem entsprechenden Teilstück Δy der Vertikalen alle theoretisch möglichen Positionen der Matrixelemente und damit alle Verbindungsmöglichkeiten zu einem direkt folgenden Wortknoten in dieser Zielklasse. Wegen der logarithmischen Teilung und unter Bezug auf den Faktor 2 wächst die maximale Zahl der Koordinatenpunkte pro Klasse (auf den Achsen) jeweils um den Faktor 2 an. Mit dem Anfangswert 1 ergibt das die Folge 2^i mit $i = 0, 1, 2, \ldots k$. Wir wählen nun eine der möglichen Positionen auf der Vertikalen ganz zufällig aus und setzen hier einen Matrixpunkt. Das heißt, für die Auswahl eines Punktes betrachten wir alle Punkte in dieser Klasse als gleich wahrscheinlich. Ist der Matrixpunkt auf der Vertikalen zu x_0 ausgewählt, siehe Bild 3a, gehört dazu horizontal nach links gehend, eindeutig ein Nachfolgerknoten y_0. Von ihm geht man weiter zu demselben Knoten auf der Abszisse ($x_1 = y_0$) und wiederholt den beschriebenen Auswahlprozeß. Auf diese Weise läßt sich die Matrix ganz zufällig füllen, wobei natürlich auch ein Signal gegeben werden muß, wann das Spiel aufhören soll. In Übereinstimmung mit den Messungen kann man hier festlegen, daß man aufhören sollte, wenn etwa die Hälfte aller Wortknoten schon ein Matrixelement auf seiner Vertikalen aufweist (und die andere Hälfte mehr als ein Matrixelement enthält). Bild 3b zeigt eine Matrixbesetzung, die genau nach diesem Zufallsprinzip erzeugt wurde. Man vergleiche die so unterschiedlich entstandenen Besetzungen in Bild 3b und Bild 1b.

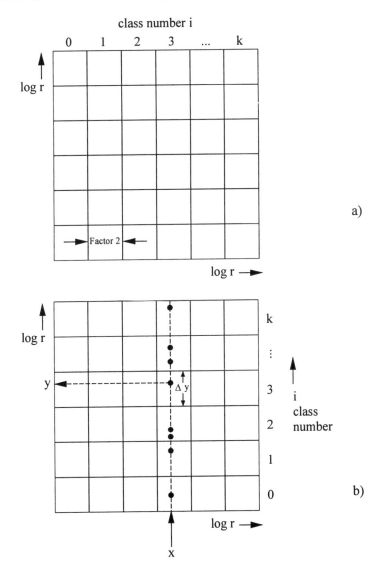

Bild 2. a) Schema einer Einteilung der Matrix in schmale vertikale und horizontale Streifen mit einer Streifenbreite, die dem Faktor 2 entspricht. Die Zahl der Worte in den Streifen ist dieselbe wie die Zahl der Wortknoten in entsprechenden Klassen i = 1,2,3, ... k. b) Prinzip einer zufälligen Wahl einer Klasse und eines Matrixpunktes in dieser Klasse, beginnend mit einem Wort x und endend mit dem nächsten Wort y.

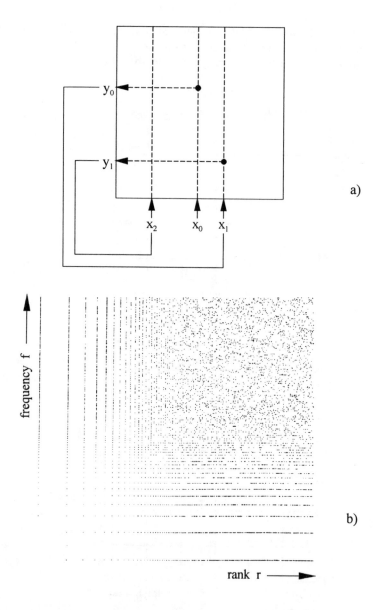

a)

b)

Bild 3. Konstruktion eines zufälligen Textes a) in der Assoziationsmatrix durch wiederholte Rückkopplung, b) resultierende Zufallsverteilung der Punkte.

Betrachten wir nochmals die Wahrscheinlichkeiten für die Übergänge. Von dem Klassenmodell in Bild 4 und dort einem beliebigen Wortknoten ausgehend, wählen wir als nächstes ganz zufällig eine Klasse, in der der Nachfolgerknoten liegt, wobei alle Klassen gleichwahrscheinlich sind. In der gefundenen Klasse gibt es eine Anzahl (2^i) möglicher Positionen, d.h. theoretisch erreichbarer Nachfolger-Wortknoten, aus denen ebenfalls eine zufällige Auswahl getroffen wird. Auch bei dieser Auswahl sind alle Positionen gleich wahrscheinlich.

Im Sinne der Informationstheorie sind wir sowohl bei der Auswahl der Klasse als auch bei der Auswahl des möglichen Klassenmitglieds (des Nachfolgers) immer im Zustand der maximalen Ungewißheit. Das heißt, der auf diese Weise gefundene Nachfolger liefert uns stets einen maximalen Informationswert, eine maximale Entropie. Das geht auch so weiter, denn auf diesen Nachfolger folgt wiederum ein Nachfolger usw., bis ein längerer Text entsteht. Er transportiert, statistisch gesehen, weil ohne Gedächtnis, natürlich ebenfalls ein Maximum der Information. Eine Quelle, die solch einen Zufallstext aussendet, wäre aus denselben Gründen, weil man sich nämlich beim Empfang der Worte des Textes stets im Zustand der maximalen Ungewißheit befindet, eine Quelle von maximaler Entropie.

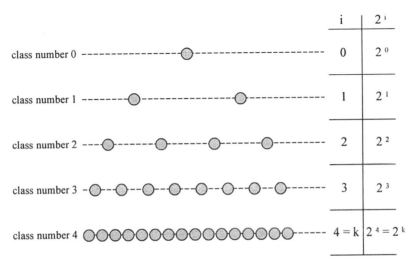

Bild 4. Veranschaulichung eines Systems aus Wortklassen, bei dem jede Klasse 2^i Worte (Knoten) enthält, $i = 1,2,3, \dots k$. (Die Klassen könnte man auch für eine Huffman-Codierung heranziehen).

Betrachten wir noch einmal die Voraussetzungen für dieses Experiment etwas genauer. Wir müssen fordern, daß es eine Klasseneinteilung der Worte gibt. Die Klassen unterscheiden sich darin, wieviele Mitglieder sie maximal haben können. Sie lassen sich diesbezüglich in einer Reihe anordnen, wobei die Zahl der Mitglieder von Klasse zu Klasse um denselben Faktor steigt (oben war es der Faktor 2, siehe Bild 4). Diese Festlegungen genügen, um bei dem beschriebenen Zufallsexperiment eine im wesentlichen konstante Punktdichte zu erzeugen.

Wie ist es nun bei einer echten Textmessung? Hier wird, genauso wie bei der Zipf-Kurve, siehe Bild 5, in der Matrix entlang der Achsen zunächst eine Ordnung der Worte bezüglich der Häufigkeit vorgenommen (Statt der Häufigkeit wurde in Bild 3 eine Struktur vorausgesetzt). Welche Worte in einem Text als unmittelbare Nachfolger in Frage kommen, ist zwar für jede Sprache sehr wichtig, - hierdurch wird die individuelle Verteilung der Punkte festgelegt -, aber in statistischer Hinsicht sind die zufällig erzeugten Punktdichten grundsätzlich nicht von den durch Messung natürlicher Texte ermittelten Punktdichten zu unterscheiden. Insbesondere auch nicht von dem Ergebnis der Messungen von zwei unterschiedlichen Sprachen. Deshalb sind die Texte aller natürlichen Sprachen vom Standpunkt der statistischen Informationstheorie nicht unterscheidbar. Sie alle haben die Eigenschaft, bei Fehlen eines Gedächtnisses im Mittel die maximale Information pro Wort zu transportieren. Verantwortlich dafür ist die besondere Struktur des Sprachnetzwerkes mit seiner Klasseneinteilung und seiner exponentiell ansteigenden Anzahl der Mitglieder der Klassen.

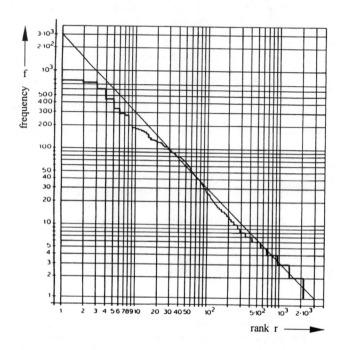

Bild 5. Die Zipf-Kurve aus einem Teil einer großen Textsammlung (LIMAS-Korpus mit etwa 1,2 Millionen Wörtern).

3 Die Zipf-Kurve

Notiert man in den Punkten der Assoziationsmatrix bei dem Zufalls-Experiment auch noch die Häufigkeit als dritten Koordinatenwert, so findet man durch Summation aller Häufigkeitswerte in jeder Spalte eine Verteilungskurve, die nach Form und Inhalt genau der Zipf-Häufigkeitskurve der Worte in einem Text entspricht, siehe Bild 6. Diese Zusammenhänge sind so offensichtlich, daß sie schon früher diskutiert wurden

[3,5,6]. Im Lichte des oben durchgeführten Wahrscheinlichkeitsexperimentes wird aber jetzt auch deutlich, warum die Zipf-Kurve in so guter Näherung gerade die Steigung -1 hat. Bei dem beschriebenen Zufallsexperiment werden zwar alle Wortklassen gleich häufig aufgerufen, aber die Häufigkeit, mit der ein Mitglied dieser Klasse angetroffen wird, nimmt von Klasse zu Klasse proportional zum Faktor 1/2 ab, siehe auch die Veranschaulichung in Bild 7 für ein Modell mit ganz wenigen Knoten. Aus den Randbedingungen des Experimentes kann man schließen, daß die Zipf-Kurve eigentlich eine absteigende Treppenkurve ist, was zumal am Anfang und am Ende auch sichtbar wird, siehe wiederum Bild 5. In der Mitte verschwinden jedoch die Treppenstufen weitgehend, weil die Häufigkeitswerte für alle Mitglieder einer Klasse genaugenommen einer Normalverteilung gehorchen, siehe die Ergebnisse in Bild 8 für ein Zufallsmodell mit sehr vielen Knoten pro Klasse.

Auch hier ist festzustellen, daß aus den Häufigkeitsmessungen der Worte einer natürlichen Sprache statistisch gesehen dieselben einfachen Dichteverteilungen und Summenkurven wie bei der Zufallssprache entstehen.

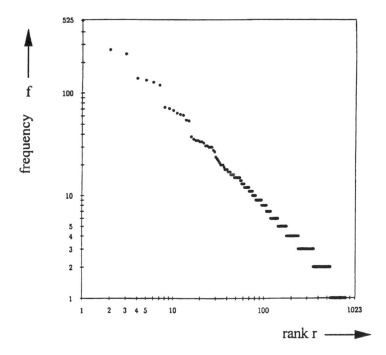

Bild 6. Die Zipf-Kurve, die nach dem Prinzip von Bild 3a aus einem relativ kurzen Zufallstext gewonnen wurde.

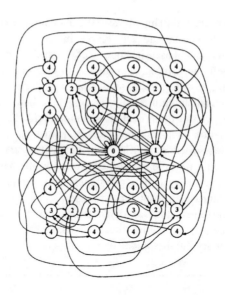

Bild 7. Veranschaulichung eines sehr kleinen Netzwerkmodelles, bei dem die Verbindungen nach Bild 3a ganz zufällig gelegt wurden. Die Klassennummern i sind innerhalb der Knoten vermerkt.

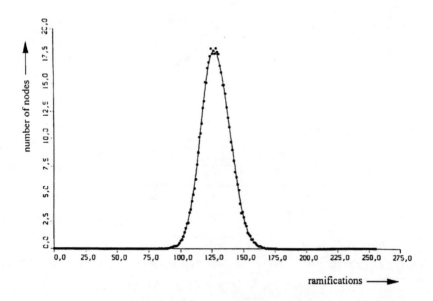

Bild 8. Normalverteilung der Zahl von Knoten innerhalb einer Wortklasse in Abhängigkeit der von einem Knoten abgehenden Verzweigungen. Ergebnis einer Simulation des Zufallsmodells.

4 Modellrechnungen zum Maximum-Prinzip

Die allgemeinen Überlegungen, daß eine gleichmäßige Dichteverteilung einem Maximum der Entropie im Text einer natürlichen Sprache entspricht, lassen sich natürlich auch noch durch einfache Modellrechnungen quantifizieren und mit Meßergebnissen vergleichen. Haben wir z.B. die Assoziationsmatrix in Streifen einer Breite zerlegt, die dem Faktor 2 entspricht, wobei die erste Klasse gerade ein Wort enthält, so ergeben sich so viele Klassen wie Streifen. Beim LIMAS-Korpus sind das z.B. insgesamt 17 Klassen (unter Einschluß der Klasse 0). Jede Klasse i enthält 2^i Elemente, die oben auch Mitglieder oder Wortknoten genannt wurden. Bei der Bestimmung der Entropie H (für eine Quelle ohne Gedächtnis) wählen wir für die Laufvariable der Klassen im Einklang mit Bild 4 den Buchstaben i (i = 0,1,2, ... k).

Nennen wir die Anzahl aller Worte bzw. Knoten W_0, so ergibt sich nach dem Modell von Bild 4

$$W_0 = 2^{k+1} - 1 \approx 2^{k+1} \tag{1}$$

Die Entropie berechnet sich mit der Wahrscheinlichkeit p(W) für einen einzelnen Knoten bzw. ein Wort wie folgt:

$$H_{max} = -\sum_{j=1}^{W_0} p_j(W) \mathrm{ld}\, p_j(W) \tag{2}$$

Da es (k+1) Klassen gibt und jede Klasse 2^i verschiedene gleichberechtigte Knoten (Worte) enthält, kann man wie folgt ausschließlich über die Klassen summieren:

$$H_{max} = -\sum_{i=0}^{k} 2^i\, p_{1,i}\, \mathrm{ld}\, p_{1,i} \tag{3}$$

Hierbei bedeutet $p_{1,i}$ die Wahrscheinlichkeit für einen Knoten in einer Klasse

$$p_{1,i} = \frac{1}{k+1} \cdot \frac{1}{2^i} \tag{4}$$

Damit wird die Entropie

$$
\begin{aligned}
H_{max} &= -\sum_{i=0}^{k} 2^i \frac{1}{k+1} \frac{1}{2^i} \mathrm{ld}\!\left(\frac{1}{k+1} \cdot \frac{1}{2^i}\right) = -\frac{1}{k+1} \sum_{i=0}^{k} \mathrm{ld}\!\left(\frac{1}{k+1} \cdot \frac{1}{2^i}\right) \\
&= \frac{1}{k+1}\left(\sum_{i=0}^{k} \mathrm{ld}(k+1) + \sum_{i=0}^{k} \mathrm{ld}\, 2^i\right) = \frac{1}{k+1}\left(\sum_{i=0}^{k} \mathrm{ld}(k+1) + \sum_{i=0}^{k} i\right) \\
&\approx \mathrm{ld}(k+1) + \frac{k}{2}
\end{aligned}
\tag{5}
$$

Dieses Ergebnis stimmt mit Modellrechnungen von F.M. Steinmann [6] überein, es ist dort jedoch nicht als maximale Entropie erkannt worden. Mit $k = 16$ findet man für den LIMAS-Korpus den Wert

$$H_{max} \approx ld17 + 8 = 4,09 + 8 = 12,09 \quad \text{Bit pro Wort}$$

Bei einer durchschnittlichen Wortlänge von 5,7 Buchstaben erhält man daraus den üblicherweise auf den Buchstaben bezogenen Vergleichswert

$$H_{max} \approx 2,12 \quad \text{Bit pro Buchstaben}$$

J. Meyer hatte schon vor Jahren die Entropie aus den gemessenen Zipf-Häufigkeiten im LIMAS-Korpus sehr genau bestimmt [1]. Er findet den Wert $H_{max} = 1,66$ Bit/Buchstabe. Bei der Frage, warum der gemessene Wert etwas kleiner als der berechnete Wert ist, muß man bedenken, daß es in Wirklichkeit Abweichungen von der gleichmäßigen Verteilung gibt, die auch zu kleineren Entropiewerten führen müssen. Diese Feinverteilung in der Matrix ist von H.-D. Burschel ausführlich untersucht worden [2], wie noch erläutert wird.

Der Vergleich des aus dem Modell errechneten Wertes mit dem gemessenen Wert ergibt in Anbetracht der geringen Voraussetzungen eine überraschend gute Übereinstimmung. Wir dürfen daraus schließen, daß die natürlichen Sprachen sich so entwickelt haben, daß sie im wesentlichen dem Maximum-Prinzip gehorchen.

Damit haben wir auch das Geheimnis gefunden, das hinter der gleichmäßigen Punktdichte der Assoziationsmatrix verborgen war. Zugleich haben wir auch die Berechnung von B. Mandelbrot bestätigt, daß hinter der mathematisch so einfachen Gestalt der Zipf-Kurve ebenfalls das Gesetz der maximalen Entropie steckt, siehe die Modell-Kurve in Bild 6 und die Meßkurve in Bild 5. Zipf nannte das vermutete Prinzip „principle of least effort", ohne je genau zu sagen, was er damit meinte. Vermutlich dachte er dabei an das schon sehr viel früher von P.M. de Maupertuis aufgestellte Prinzip der kleinsten Wirkung [22]. Wir können jetzt präziser sagen, daß zumindest ein „principle of maximum entropy" dahintersteckt.

5 Die Abweichungen vom Idealfall

Wie schon erwähnt, sind die bisher genauesten Messungen der Dichteverteilung in der Assoziationsmatrix von H. Burschel [2] durchgeführt worden. Für sehr große Textkorpora kann man keine einzelnen Matrixpunkte mehr auf einem Blatt üblicher Größe ausdrucken. Aussagekräftiger ist vielmehr die Zusammenfassung der Anzahl der Matrixpunkte in quadratischen Teilflächen in der Matrix, siehe Bild 9. Deutlich sind hier etwas höhere Besetzungszahlen entlang der abfallenden Matrixdiagonalen zu sehen. Hier tritt ein besonderer Effekt der Sprache zutage, den man wie folgt beschreiben kann: Es treten bevorzugt direkte Aufeinanderfolgen von Worten auf, die als Wortpaar gesehen ein häufiges Wort und ein seltenes Wort verbinden und umgekehrt. Genau so oft findet man aber auch die Verbindung von einem mittelmäßig häufigen Wort mit einem anderen mittelmäßig häufigen Wort. (Da kurze Worte relativ häufig und lange Worte relativ selten sind, bedeutet das auch die Bevorzugung von Wortpaaren mit unterschiedlichen Wortlängen). Der diagonal verlaufende Bergrücken in Bild 9 verläuft also entsprechend der Beziehung a • b = const, wobei a und b die Rangzahlen in der Assoziationsmatrix bedeuten und die Konstante als positiv angesehen wird (ln a = - const. ln b).

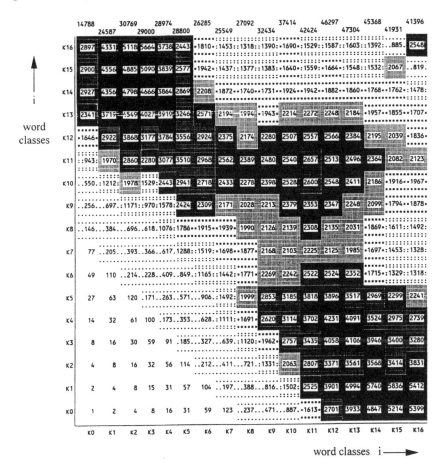

Bild 9. Assoziationsmatrix für einen sehr großen Wortschatz, bei dem die Summe der Matrixpunkte in Quadraten ermittelt wurde, die einer Kantenlänge des Faktors 2 entsprechen. Ergebnisse des vollständigen LIMAS-Korpus.

Welche Modifikationen man an dem Zufallsexperiment vornehmen muß, damit solche „Bergrücken" entstehen, ist noch unklar. Möglicherweise entsteht er dadurch, daß der Einfluß der bevorzugten Wortpaare in der Metaebene auf die Basisebene durchschlägt.

6 Die Entropie in der Metaebene

Es stellt sich die Frage, ob es nur für die Worte der natürlichen Sprache ein Prinzip der maximalen Entropie gibt. Die Sprache besteht ja nicht nur aus Worten sondern z.B. auch aus Phrasen und Sätzen, die nach bestimmten Regeln (Grammatik) gebildet werden. Allgemein gesehen also aus sog. „Textelementen" oder „Textstücken". Untersuchungen haben nun gezeigt [1,2], daß es auch für Textelemente aus je zwei oder je vier oder je acht Worten Zipf-Kurven gibt, die allerdings eine immer geringere negative Steigung aufweisen, je länger die betrachteten Textelemente sind, siehe Bild 10 und Bild 11. Daher ist für sie das Prinzip der maximalen Entropie nicht genauso, wie oben berechnet, gültig. Wenn man jedoch, wie in [3,4,5] vorgeschlagen, die Zusammenhänge in Texten durch Metaworte (Gedanken) erfaßt, wozu man Prädiktions- und Kompressionsverfahren einsetzen muß, kann man es erreichen, daß man in jeder Metaebene genauso viele Metaworte erhält, wie es in der Wortebene Worte gibt. Damit werden die erwähnten flacheren Zipfkurven auf der Abszisse zusammengeschoben und ihre Amplituden auf der Ordinate erhöht [23]. Es entstehen wieder Zipf-Verteilungen mit der Steigung -1, siehe Bild 12. Ihnen entsprechen deshalb wieder gleichmäßig gefüllte Assoziationsmatrizen. Daraus darf man schließen, daß in jeder Metaebene auch für die Metaworte das Prinzip der maximalen Entropie gilt.

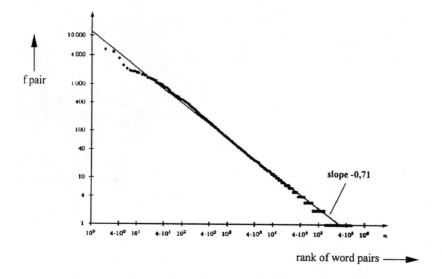

Bild 10. Die Zipf-Kurve für Wortpaare, gemessen von V. Nachtwey [21].

Bei der Verknüpfung von Metaworten verschiedener Ebenen für einen gegebenen Text, d.h. wenn wir in Verfolgung eines individuellen Textes in der Hierarchie hinaufgehen oder hinabsteigen, kann man nicht einfach die Entropiewerte der Ebenen addieren. Hier wird nämlich ein individueller Text aus einer Folge aufeinander folgender Metaworte verschiedener Abstraktionsebenen generiert. Bei jedem einzelnen

Schritt geht man bei den sehr vereinfachten Modellen M1 und M2 [4] von einem oberen Metawort zu zwei Metaworten der direkt darunter liegenden Metaebene. In der Struktur ist dabei alles festgelegt und es gibt keine Unsicherheit darüber, welches Metawort als nächstes ausgewählt werden muß. Bei dem Modell M2 wird dies noch durch die Prädiktion innerhalb einer jeden Ebene unterstützt. Da keine Unsicherheit vorhanden, ist die Entropie bei dem Durchsteigen der Hierarchie von oben nach unten gleich Null. In der umgekehrten Richtung wurden die unteren Ebenen beim Codieren nur dazu gebraucht, die oberen Ebenen bzw. deren Metaworte aufzubauen. Das oberste Metawort bildet daher allein den Code für das Erzeugen eines längeren Textes. Sein Entropiewert ist gleich der minimalen Entropie des aus einer Folge natürlicher Worte bestehenden individuellen Textes. Daher ist dieser (fast) redundanzfreie Wert, verglichen mit der Länge des ursprünglichen redundanten Textes, bestehend aus der direkten Aufeinanderfolgen der Worte in der Basisebene, erstaunlich klein.

Es ist schon ein recht überraschendes Bild, wie wir so auf den Pfaden der Netzwerke innerhalb der Metaebenen die maximalen Entropiewerte antreffen und senkrecht dazu, von der Spitze bis zur Basis der Hierarchie, bei der Erzeugung des Textes umgekehrt gerade die minimalen Entropiewerte.

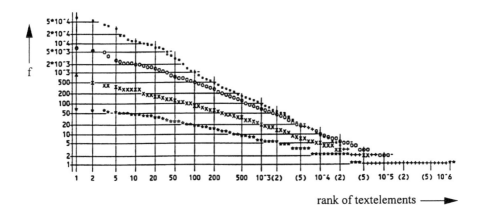

Bild 11. Die Zipf-Kurve für Textabschnitte (Segmente), die aus 1,2,4,8 Worten bestehen, mit Steigungen, die in derselben Reihenfolge abnehmen, gemessen von H.-D. Burschel.

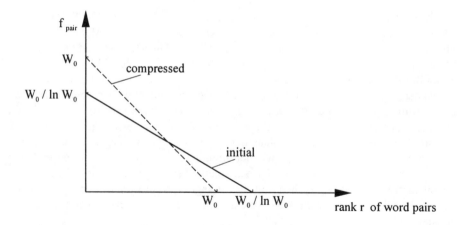

Bild 12. Prinzip einer Zipf-Kurve für Wortpaare, die z.B. wie in Bild 10 gewonnen wurde, nach einer Kompression in horizontaler Richtung und einer Expansion in vertikaler Richtung [23].

7 Modellstruktur und die Häufigkeit der Wortlängen.

Es gibt noch eine interessante Möglichkeit, die beiden Theorien miteinander zu verbinden und daraus neue Schlüsse zu ziehen:

a) Mandelbrot hat gezeigt, daß unter der Voraussetzung der geringsten Kosten die aufeinander folgenden Worte eine maximale Entropie aufweisen.

b) In diesem Aufsatz wurde dargelegt, daß man für die Worte eine Besetzung der Assoziationsmatrix findet, die statistisch gesehen, identisch ist mit einer Besetzung, die aus einer bestimmten Modell-Struktur des neuronalen Sprachnetzwerkes hergeleitet werden kann und die das Kennzeichen einer maximalen Entropie aufweist.

In beiden Fällen findet man eine maximale Entropie für die Worte. Daher kann man folgern, daß auch die angenommene Modellstruktur etwas mit der Voraussetzung der geringsten Kosten zu tun hat. Dazu muß man - wenn man den Gedanken von Mandelbrot folgt - außer der Häufigkeit der Worte noch ihre Länge, entweder gemessen in Buchstaben oder in der Zeit, die man zur Aussprache braucht, einführen. Es wird sicher niemanden überraschen, der solche Kurven wie in Bild 14 kennt [21], daß dann die Klassen mit wachsendem Index k eine wachsende Wortlänge aufweisen. Um hier zu quantitativen Ergebnissen zwischen Kosten und Modellstruktur zu kommen, sind sicher noch weitere Untersuchungen notwendig. Eine erste Abschätzung geht von der aus der Messung in Bild 13 gestützten Annahme aus, daß die Wortlänge λ_i proportional zur Klassennummer k_i ist

$$c \cdot \lambda_i = k_i + 1 \, , \tag{6}$$

wobei c eine positive Konstante ist. Aus dem einfachen Klassenmodell folgt, wenn jeder Knoten einer Rangzahl r im Sinne von Zipf entspricht

$$r_i = 2^{k_i+1} = 2^{c \cdot \lambda_i} \tag{7}$$

Setzt man dies in die Zipfkurve ein, wobei wie üblich mit f die Häufigkeit bzw. „Frequenz" der Worte bezeichnet wird

$$f_i = \frac{W_0}{r_i} \tag{8}$$

so findet man das Ergebnis

$$f_i \cdot r_i = f_i \, 2^{c \cdot \lambda_i} = W_0 = \text{const.} \tag{9}$$

Das heißt, die häufigsten Worte ($f_i = f_{i_{max}}$) haben im Mittel die kleinste Länge $\lambda_{i_{min}}$ und umgekehrt.

Aus der letzten Gleichung gewinnt man durch Umstellen noch die Form

$$\frac{f_i}{W_0} = 2^{-c \cdot \lambda_i} \tag{10}$$

die man direkt mit den experimentellen Kurven in Bild 14 vergleichen kann.

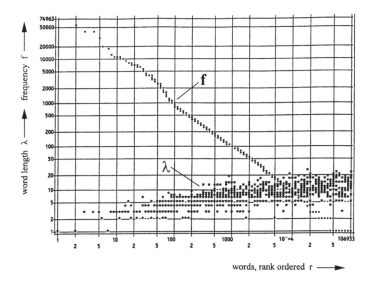

Bild 13. Die Messung von Wortlängen λ. Sie wachsen im Mittel proportional zum Logarithmus des Ranges, d.h. proportional zur Wortklasse. Die Proportionalitätskonstante liegt in der Größenordnung von 1. Zum Vergleich ist auch die Zipf-Kurve eingezeichnet.

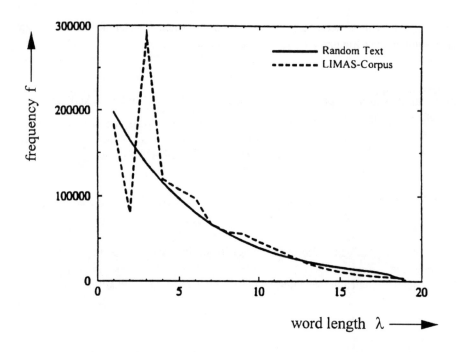

Bild 14. Worthäufigkeit in Abhängigkeit der Wortlänge. --- LIMAS-Korpus, — Zufallstext.

8 Schlußbemerkung

Kuriose Dinge bleiben dem Menschen oft am besten im Gedächtnis. So hat B. Mandelbrot im Zusammenhang mit seinen Berechnungen auch ein Experiment geschildert, bei dem Affen einen Text erzeugen, indem sie zufällig auf die Tasten einer Schreibmaschine hauen. (V. Nachtwey [21] hat dieses Experiment noch einmal ohne Affen in einer Computersimulation nachvollzogen, siehe die Zipf-Kurve in Bild 15). Abgesehen davon, daß dies ein Experiment auf der Basis von Buchstaben ist, bei dem man insbesondere auf die Buchstabenhäufigkeit achten muß (sie muß auch im Zufallsexperiment genau so groß gewählt werden, wie sie aus großen Textsammlungen ermittelt wurde, d.h. das Zufallsexperiment basiert im Grunde genommen auch auf empirischen Daten), kann es nicht erstaunen, daß hierbei ein Text aus recht künstlichen Worten entsteht, der die Eigenschaft der maximalen Entropie hat. Sicher könnte man bei der zufälligen Besetzung einer Assoziationsmatrix genauso auch einige wahllos handelnde Affen oder andere Tiere einsetzen. Für eine maximale Entropie ist ja jeder echte Zufallsprozeß geeignet. Der Grund für die Verblüffung bei dem Affen-Experiment dürfte wohl darin bestanden haben, daß ein so intelligentes Produkt wie die menschliche Sprache durch einen maximalen Entropiewert charakterisiert wird, genauso wie der Unsinnstext der Affen.

Solche Vergleiche dürften nun endgültig ihren Schrecken verloren haben durch die Erkenntnis, daß die maximalen Entropien nur jeweils innerhalb der Sprachnetzwerke auf den verschiedenen Abstraktionsebenen existieren, daß sie also dort von der Natur als optimal brauchbare Strukturen ausgebildet sind (d.h. dort steht die maximale Vielfalt der Sprache zur Verfügung), daß aber zur Bildung eines sinnvollen Textes einer natürlichen Sprache die wichtigsten Informationsprozesse sich im Übergang zwischen den Sprachnetzwerken abspielen, wobei Prädiktions- und Verdichtungsvorgänge eine große Rolle spielen, so daß letzten Endes die Entropie eines jeden konkreten Textes keineswegs maximal sondern im Gegenteil, wie schon Shannon gezeigt hat [19, 20], gerade minimal ist.

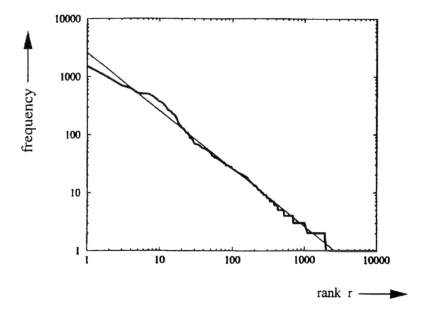

Bild 15. Zipf-Kurve eines Zufallstextes, der durch zufällige Buchstabenwahl (bei gewissen Randbedingungen) erzeugt wurde (Affenexperiment).

Es sei die Überzeugung ausgesprochen, daß die von B. Mandelbrot schon vor so langer Zeit initiierte Informationstheorie der Sprache heute durch die Hinzunahme der höheren Abstraktionsebenen [3,4] weitergeführt und recht fruchtbar gemacht werden kann. Eng damit verbunden ist die Möglichkeit, einen elektronischen natürlichsprachlichen Textapparat zu schaffen, der dem menschlichen Gehirn in Struktur und Leistungsfähigkeit nahe kommt.

Literatur

1. Meyer, J., Die Verwendung hierarchisch strukturierter Sprachnetzwerke zur redundanzarmen Codierung von Texten. Dissertation THD 1989 (PhD thesis)
2. Burschel, H.-D., Die meßtechnische Ermittlung von Assoziationen zwischen Worten in kohärentem Text und ihre Nutzung bei Prädiktionen verschiedener Reichweite. Dissertation TUD 1998 (PhD thesis)
3. Hilberg, W., Neural networks in higher levels of abstraction. Biological Cybernetics 76, S.23-40 (1997)
4. Hilberg, W.,Theorie der hierarchischen Textkomprimierung. Informationstheoretische Analyse einer deterministischen Sprachmaschine. Teil I. Frequenz 51 (1997) 7-8, S.196-202 Teil II: Frequenz 51 (1997) 11-12, S.280-285
5. Hilberg, W., Das Netzwerk der menschlichen Sprache und Grundzüge einer entsprechend gebauten Sprachmaschine. ntz Archiv Bd. 10 (1988), H.6, S.133-146
6. Steinmann, F.-M., Netzwerkmodellierung und Segmentierung von Texten sowie Anwendungen zur Informationsverdichtung. Dissertation, THD 1996 (PhD thesis)
7. Zipf, G.K., Human Behavior and the Principle of Least Effort. Reading, Mass. Addison Wesley, 1949. Hafner Publishing Comp. New York 1972
8. Mandelbrot, B., An information theory of the statistical structure of language. Communication Theory (W. Jackson ed.), London 1953, 486-502
9. Rapoport A., Zipf's Law Re-Visited. in: Studies on Zipf's Law, Verlag Brockmeyer, Bochum 1982, S. 1 bis 28. Dort viele weitere Literaturzitate.
10. Mandelbrot, B.,A note on a class of skew distribution functions: Analysis and critique of a paper by H.A. Simon. Information and Control, 2 (1959), 90-99
11. Mandelbrot, B., (a) Final note on a class of skew distribution functions: Analysis and critique of a model due to H.A. Simon. Information and Control, 4 (1961), 198-216
12. Mandelbrot, B., (b) Post scriptum to "Final Note". Information and Control, 4 (1961), 300-304
13. Simon, H.A., On a class of skew distribution functions. Biometrika, 42 (1955), 435-440
14. Simon, H.A., Some further notes on a class of skew distribution functions. Information and Control, 3 (1960), 80-88
15. Simon, H.A., (a) Reply to "Final Note" by Benoit Mandelbrot. Information and Control, 4 (1961), 217-223
16. Simon, H.A., (b) Reply to Dr. Mandelbrot's post scriptum. Information and Control, 4 (1961), 305-308
17. Simon, H.A., Some Monte Carlo estimates of the Yule distribution. Behavioral Science, 8 (1963), 203-210
18. Li, W., Random Texts Exhibit Zipf's-Law-Like Word Frequency Distribution. IEEE Transact. on Information Theory, Vol. 38, No.6, Nov. 1992, pp. 1842-1845
19. Shannon, C.E., Prediction and Entropy of Printed English. The Bell System Technical Journal, Jan. 1951, pp. 50-64
20. Hilberg, W., Der bekannte Grenzwert der redundanzfreien Information in Texten - eine Fehlinterpretation der Shannonschen Experimente? Frequenz 44 (1990) 9-10, S.243-248
21. Nachtwey, V., Textkompression auf der Basis von Wortnetzwerken und Grammatikmodellen. Dissertation, THD 1995 (PhD thesis)
22. Casti, J., Easy does it. New Scientist, 9. May 1998, pp. 44-47.
23. Hilberg, W., Die texturale Sprachmaschine. Verlag Sprache und Technik, Groß-Bieberau 1990.

24. Gell-Mann, The Quark and the Jaguar. Adventures in the Simple and the Complex. Freeman, New York 1994

25. Zipf's Law. http://linkage.rockefeller.edu/wli/zipf/

Der vorliegende Aufsatz ist das Manuskript eines Vortrages zur 63. Physikertagung in Heidelberg (der noch in einer englischsprachigen Zeitschrift veröffentlicht wird).

Proceedings of the Workshop on Physics and Computer Science, Heidelberg, March 15-16. 1999, p 67-86.

12

Netzwerke maximaler Entropie.

Welche mathematischen Möglichkeiten gibt es für die Bildung von Netzwerken maximaler Entropie, das heißt, für Netzwerke, die ein Maximum an Information speichern können?

Kurzfassung. Es wird gezeigt, wie man große Netzwerke auf der Basis von Wahrscheinlichkeitsregeln entwerfen kann. Sind insbesondere die benutzten Wahrscheinlichkeiten gleich groß, entspricht dies einer maximalen Entropie. Es werden Beispiele für einen einstufigen, einen zweistufigen und einen vielstufigen Entwurfsprozeß gegeben und in Verbindungsmatrizen dargestellt. Der Vergleich der entstandenen Netzwerke mit den aus großen Textsammlungen gewonnenen Sprachnetzwerken ergibt erstaunliche Übereinstimmungen. Man kann daraus schließen, daß auch die menschlichen Sprachnetzwerke etwas mit Zufallsprozessen zu tun haben und durch eine maximale Entropie gekennzeichnet sind. Schließlich kann man das Rätsel der Existenz von Zipf-Kurven insofern lösen, als man es jetzt auf die Existenz von Wortklassen bzw. von entsprechenden biologischen Strukturen zurückführen kann.

1 Einleitung

Generationen von Mathematikern haben sich schon mit Graphen und ihren topologischen Eigenschaften beschäftigt und eine Vielzahl von verschiedenen typischen Graphen betrachtet. Schließlich haben auch die Anforderungen der Technik dazu geführt, die Graphen in ihrer technischen Realisierung als Netze und Netzwerke noch intensiver zu untersuchen. Dabei gibt es offenbar keinen systematischen Weg, die Menge der möglichen verschiedenen typischen Graphen irgendwie einzugrenzen. So wurde z.B. noch vor wenigen Jahren bei der Untersuchung von parallel arbeitenden Computern von K. Siedenburg [26] eine relativ einfache symmetrische Netzwerkstruktur gefunden, siehe Bild 1a, die in vieler Hinsicht bessere Parameter aufweist als die anderen in diesem Bereich eingesetzten Netzwerke wie z.B. der Hyperkubus (n-dimensionaler Würfel). Es ist gleichermaßen erstaunlich, daß man bei der Untersuchung der Netzwerkstrukturen des menschlichen Sprachhirns auf sehr einfache Strukturen gestoßen ist [5,6,3], die grundsätzlich anders sind als die klassischen Netzwerkstrukturen bzw. deren Graphen, und die erstaunlicherweise in der Mathematik bisher unbekannt waren (Eine Übersicht über bekannte Zufallsnetzwerke findet man in [29]). Idealisiert man sie, so zeichnen sich diese Netzwerkstrukturen dadurch aus, daß bei ihrer Konstruktion Wahrscheinlichkeitskriterien beachtet werden müssen, die für sehr mächtige Netzwerke mit einer sehr großen Anzahl von Knoten ganz natürlich erscheinen und daß diese Netzwerke wegen ihrer Mächtigkeit praktisch nicht mehr als Graphen darstellbar sind. Sie können im Sinne der Informationstheorie sogar mit Entropiemaßen bewertet werden und schließlich können diese idealisierten theoretischen Netzwerke mit meßtechnisch ermittelten Strukturen biologischer neuronaler Netzwerke verglichen werden. Bei dieser Gelegenheit können schließlich alte Streitfragen zwischen Mathematikern und Sprachforschern auf höchst elegante Weise gelöst werden: Es läßt sich bestätigen, daß Worte in Texten einer beliebigen Sprache wirklich so aufeinander folgen, daß in sehr guter Näherung die Entropie maximal ist [8-18].

In Bezug auf die eigentlich den Text erzeugenden neuronalen Netzwerke des menschlichen Gehirns gilt Entsprechendes. Die Natur hat offensichtlich in den langen Zeiträumen der Evolution diese Netzwerke so gestalten können, daß sie bezüglich der sprachlichen Informationsverarbeitung optimal sind, d.h. daß ihre Struktur einer maximalen Entropie entspricht und daher die größtmögliche Information speichern kann.

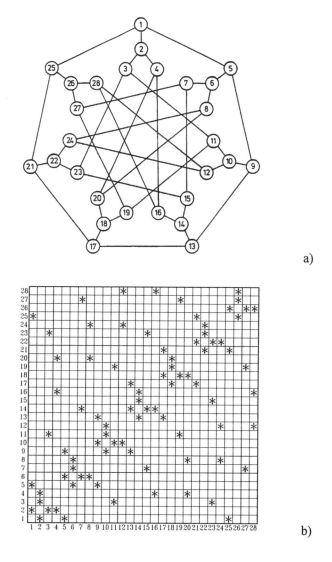

a)

b)

Bild 1. Der Siedenburg-Graph a) in der gewöhnlichen Darstellung mit Knoten und Verbindungen; b) Darstellung in einer Verbindungsmatrix.

2   Der Grundgedanke. Das einfachste Netzwerk.

Große Netzwerke stellt man besser nicht als anschauliche Graphen mit ihren Knoten und Zweigen (Ecken und Kanten bzw. Knoten und Verbindungen) dar, sondern in einer Verbindungsmatrix, auch Adjazenzmatrix genannt. Bild 1b zeigt dies am Beispiel des Siedenburg-Graphen. Notwendig ist hierbei eine Numerierung der Knoten gemäß einer zunächst frei zu wählenden Rangordnung und deren Auftragung entlang der Matrixkanten. Solch eine Rangordnung ergibt sich manchmal wie in Bild 1a und 1b fast zwanglos aus der Symmetrie der ganzen Anordnung und manchmal wie beim Hyperkubus aus seinen sequentiellen Konstruktionsvorschriften [28]. Jeder Punkt in der Verbindungsmatrix kennzeichnet eine Verbindung zwischen zwei Knoten des Netzwerkes, deren Rang auf den Achsen abgelesen werden kann.

Als einfachsten Fall eines Netzwerkes, das mit Hilfe eines Wahrscheinlichkeitskriteriums konstruiert wird, betrachten wir eine Menge von N Knoten, die wie folgt miteinander verbunden werden: Ausgehend von einem beliebigen Anfangsknoten finden wir den nächsten Knoten im Netzwerk, indem wir ganz zufällig einen der Knoten aus der Menge auswählen und vom Anfangsknoten zu diesem Knoten eine Verbindung ziehen. Das heißt, hierbei sind alle Nachfolgeknoten als gleichwahrscheinlich angenommen worden, so daß man mit der Wahrscheinlichkeit $p = 1/N$ einfach den Nachfolgerknoten "auswürfelt". Von dem gefundenen Knoten gehen wir auf die gleiche Art wiederum zu einem weiteren Knoten fort und führen das Verfahren solange fort, bis sich ein Netzwerk mit der gewünschten mittleren Anzahl von Verbindungen pro Knoten gebildet hat. Bild 2 zeigt die Verbindungsmatrix für solch ein "Zufallsnetzwerk", bei der die Rangzahlen linear an den Kanten der Matrix aufgetragen sind. Dabei wurde in Bild 2a das Zufallsexperiment beendet, nachdem etwa 40% der Matrixpositionen besetzt waren, und in Bild 2b, nachdem etwa 60% besetzt waren. In den folgenden Bildern 2c und 2d wurde das Ergebnis der Zufallsexperimente nach der Anzahl der Punkte in Spalten und Zeilen sortiert, um besser mit den späteren Ergebnissen vergleichen zu können. Dadurch fällt die Punktdichte in den Matrizen jetzt nach rechts und oben etwas ab. Nach den Regeln der Wahrscheinlichkeitsrechnung verschwindet dieser Effekt, je mehr man sich einer 100%-Besetzung nähert, siehe Bild 2e.

Jedesmal, wenn man ein neues Netzwerk konstruiert, gibt es für eine gegebene Menge an Knoten eine neue Verteilung von Punkten, d.h. es gibt fast beliebig viele verschiedene Zufallsnetze. Sie stimmen nur bezüglich der Verteilung der Punktdichte überein.

240

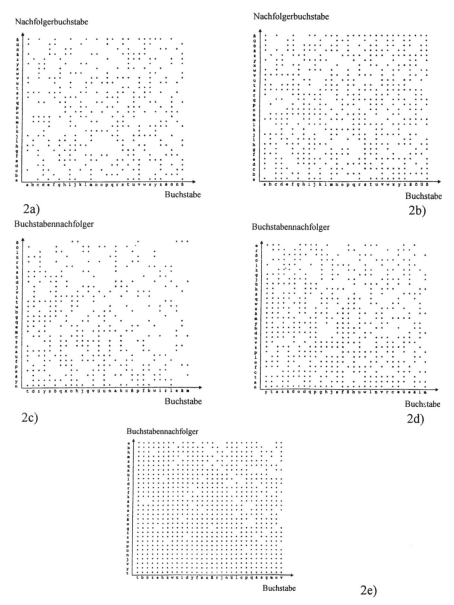

Bild 2. Ein Zufallsnetzwerk (MEN1), bestehend aus 30 Knoten, die nach den Buchstaben des Alphabets benannt sind, dessen Verbindungen vollkommen zufällig gewählt wurden. Die Knoten sind linear entlang den Matrixkanten aufgetragen. Von den 30x30 Matrixpositionen sind in 2a etwa 40% besetzt und in 2b etwa 60%. In Bild 2c und Bild 2d sind die Ergebnisse nach Rang (Häufigkeit der Punkte) geordnet. Bild 2e macht mit einer Besetzung von etwa 90% deutlich, daß die Streuung des Verzeigungsgrades mit wachsender Besetzung abnimmt.

Da wir bei dem Entwurfsprozeß bei jedem Knoten davon ausgegangen sind, daß der Nachfolgerknoten aus der Menge aller Knoten mit gleicher Wahrscheinlichkeit ausgewählt wurde, entspricht dies dem Kriterium der maximalen Entropie, die sich ja bekanntlich dann einstellt, wenn alle Wahrscheinlichkeiten gleich sind. Das entstandene Netzwerk ist sicher das einfachste Netzwerk mit der Eigenschaft der maximalen Entropie (maximum entropy network number 1 = MEN1).

Betrachtet man das Netzwerk, das sich aus dem Text einer natürlichen Sprache ableiten läßt, wobei die Knoten aus den Buchstaben dieses Textes bestehen und deren (gerichtete) Verbindungen der beobachteten Aufeinanderfolge der Buchstaben entsprechen, so findet man für die deutsche Sprache eine Matrix nach Bild 3. Bei der nach Rang geordneten Matrixbesetzung von Bild 3a mit etwa 40% der möglichen Positionen fällt die Punktdichte in der oberen rechten Ecke der Matrix schon deutlich ab. Aber es bleibt eine relativ große Fläche mit ungefähr gleicher Punktdichte übrig. Bei der Besetzung mit etwa 60% der möglichen Positionen in Bild 3b sind weitere Matrixpunkte in die obere rechte Ecke vorgedrungen. Im Unterschied zur Matrix mit den zufällig gefundenen Punkten wachsender Dichte in Bild 2 gibt es aber bei der Registrierung der Matrixpositionen von Buchstabenfolgen aus Texten in Bild 3c bis zuletzt keine 100% Besetzung. Wir ziehen aus den Ergebnissen den Schluß, daß das Kriterium der maximalen Entropie, erkennbar an einer gleichmäßigen, zufällig erscheinenden Punkteverteilung, bei dem Buchstaben-Netzwerk einigermaßen erfüllt ist.

Da die uns geläufigen Buchstaben als Elemente einer geschriebenen oder gedruckten Sprache (Text) aber keine ganz natürliche Sache darstellen, sondern vielmehr eine mehr oder weniger gute (lateinische) Erfindung sind, wobei sich die konnektionistischen Eigenschaften der Schriftelemente in den Sprachen der Welt sehr unterscheiden können, siehe z.B. die arabischen oder chinesischen Schriftelemente, wollen wir als nächstes das Netzwerk von etwas größeren Sprachelementen, nämlich von Worten einer bestimmten Sprache in einem Text betrachten, wobei wir davon ausgehen können, daß die "Erfindung" einer gesprochenen Sprache sehr weit in der Vergangenheit liegt und daß sie sich deshalb inzwischen so abgeschliffen hat, daß wir solche Sprachen und Sprachelemente, beginnend mit den Silben, praktisch schon als ein natürliches Produkt ansehen können. Jedenfalls werden sich wichtige Aufwandsregeln dabei durchgesetzt haben, wie man sie z.B. aus den Zipf'schen Kurven entnehmen kann. Auch die Eigenschaft der maximalen Entropie ist ja schließlich ein solches Effizienzmerkmal.

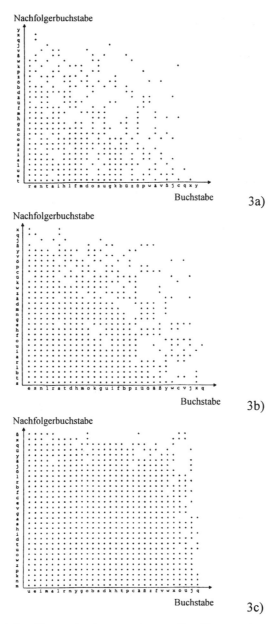

Bild 3. Ein Buchstaben-Netzwerk, das aus einer großen Textsammlung (LIMAS-Korpus) gewonnen wurde. Die Buchstaben sind nach Rang (Häufigkeit) geordnet und linear entlang den Matrixkanten aufgetragen. Von den 30x30 Matrixpositionen sind in Bild 3a etwa 40% besetzt und in Bild 3b etwa 60%. In Bild 3c benötigte man einen Text der Länge von rund 1,2 Millionen Worte, um eine Besetzung von etwa 90% zu erreichen.

3 Das Sprachnetzwerk für Wortknoten.

Der Algorithmus zur Konstruktion eines Netzwerkes läßt sich nun wie folgt variieren: Ein freier Parameter in der Verbindungsmatrix ist die Skalierung an den Matrixkanten. Hier können wir von einer linearen zu einer logarithmischen Skalierung r übergehen. Dann wird man z.B. wie in Bild 4a eine Skalierung vornehmen können, bei der in aufeinander folgenden gleich großen Intervallen auf der Matrixkante eine wachsende Zahl von Knoten angebracht ist. Wir entscheiden uns dafür, daß diese wachsenden Zahlen wachsenden Zweierpotenzen (2^n) entsprechen. Das ist in Wirklichkeit eine Strukturfestsetzung, wie später noch gezeigt wird. Die Matrixfläche läßt sich mit der gewählten Intervallgröße in gleich breite horizontale und vertikale Streifen zerlegen, die mit i = 0, 1, 2, ... numeriert sind. Der Zufallsprozeß zur Konstruktion eines Netzwerkes läßt sich nun folgendermaßen gestalten, siehe Bild 4b: Man geht von einem beliebigen Knoten x auf der Matrixkante aus. Alle möglichen Nachfolgerknoten sind durch einen Matrixpunkt auf der Spaltenlinie gekennzeichnet, von dem man, waagerecht zur linken Matrixkante gehend, den nächsten Wortknoten y findet. Man wähle nun von allen waagerechten Streifen, welche die senkrechte Gerade oberhalb des Ausgangspunktes x schneiden und gleiche Wahrscheinlichkeit besitzen, einen Streifen ganz zufällig aus. Innerhalb dieses Streifens gibt es entsprechend der Nummer i des Streifens 2^i Positionen, die möglichen Nachfolgerknoten auf der senkrechten Matrixkante zugeordnet sind (i = 0, 1, 2, ..., n).

Alle diese Positionen sind gleich wahrscheinlich. Eine zufällige Auswahl führt zu dem zugehörigen Netzwerk-Nachfolgerknoten y. Diesen sucht man wieder unten auf der waagerechten Matrixkante auf, siehe Bild 4c, und setzt das Spiel solange fort, bis (um zu besseren Vergleichen mit Sprachnetzwerken zu kommen) alle Knoten auf der waagerechten Matrixkante wenigstens einen Nachfolger gefunden haben. Das Ergebnis eines solchen Zufallsprozesses ist in Bild 5 dargestellt. Auf der Matrixfläche ist in guter Näherung eine konstante Punktdichte zu erkennen.

Bedenken wir nun, daß wir beim Übergang von einem Knoten zum nächsten jeweils zwei aufeinander folgende Entscheidungen getroffen haben, bei denen jeweils die Wahrscheinlichkeiten gleich waren, was einer maximalen Unsicherheit bei jedem Entscheidungsschritt entspricht, so finden wir auch hier das Kennzeichen einer maximalen Entropie. Wir können dieses Netzwerk dann mit MEN 2 bezeichnen.

Ein Vergleich von Bild 5 mit den aus Texten einer natürlichen Sprache gewonnenen Matrizen für Sprachnetzwerke mit Wortknoten, siehe Bild 6 [1 bis 6], zeigt eine auffallende Übereinstimmung. Bei dieser, aus einer großen Textsammlung (LIMAS-Korpus) gewonnenen Matrix, war es noch nötig gewesen, den Rang der Worte aus der Häufigkeit dieser Worte im Text zu gewinnen. Das war ersichtlich bei der obigen Konstruktion des mathematischen Netzwerkes in Bild 5 nicht mehr nötig. Eine solche Häufigkeits-Rangordnung stellt sich nämlich dort ganz von alleine ein, was man zur tieferen Begründung des Zipf'schen Gesetzes heranziehen darf.

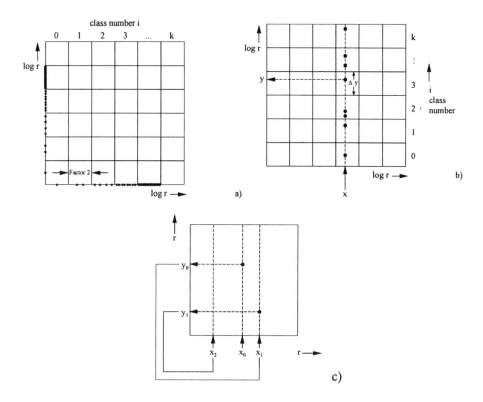

Bild 4. Skizzen zur Erläuterung des Zufallsexperimentes für die Konstruktion eines Netzwerkes, dessen nächste (Wort-) Knoten jeweils durch zwei aufeinander folgende Entscheidungsprozesse maximaler Ungewißheit bestimmt werden. Bild 4a zeigt, wie man die Matrix durch schmale vertikale und horizontale Streifen (sog. Klassen) zerlegt, deren Breite wegen der logarithmischen Skalen an den Matrixkanten alle dem Faktor 2 entsprechen. Bild 4b zeigt, wie man von einem Knoten x ausgehend, zuerst zufällig einen horizontalen Streifen (Klasse) auswählt, und dann innerhalb dieser Klasse i, aus einer Menge 2^i der möglichen gleichwahrscheinlichen Knoten, den Nachfolgerknoten y. Bild 4c zeigt, wie man von den Knoten x_0, x_1, x_2,... zu den Nachfolgern y_0, y_1, y_2... kommt, wobei mit $y_0=x_1$, $y_1=x_2$, ... jeweils der nächste Iterationsschritt in Gang gesetzt wird. Auf diese Weise füllt sich die Matrix mit Punkten.

Summiert man nämlich in den Spalten der aus Texten gewonnenen Matrix in Bild 6, die den (Wort-) Knoten auf der waagerechten Matrixkante zugeordnet sind, alle Matrixelemente einschließlich ihrer Häufigkeitswerte, die sich bei der Konstruktion des Netzwerkes ergeben haben, so findet man genau die berühmte Zipf'sche Häufigkeitskurve, wie sie in Bild 7 in einem Beispiel dargestellt ist [7, 19, 25]. Das, worüber man sich stets gewundert hat ist, daß sich in allen Texten der Welt eine abfallende Gerade mit der Steigung -1 ergibt [8 bis 18, 24]. Macht man als nächstes dieselbe Summation in den Spalten der mit dem Zufallsexperiment gewonnenen Matrix, so findet man, daß es infolge der Entstehungsbedingungen notwendigerweise eine Gerade geben muß, die mit der Steigung -1 abfallen muß. Eine solche, aus dem

Zufallsexperiment nach Bild 4 und Bild 5 gewonnene, rein mathematische Zipf-Kurve ist in Bild 8 zu sehen. Man braucht also nicht, wie bisher [8 bis 18, 24], eine Zipf-Kurve mit der Steigung -1 vorauszusetzen, um daraus den Zusammenhang mit einer maximalen Entropie unter bestimmten Zusatzbedingungen abzuleiten.

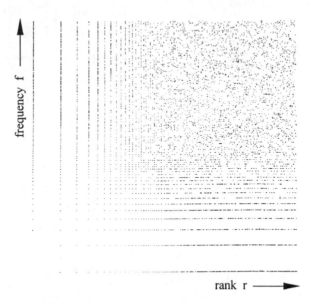

Bild 5. Das Ergebnis eines Zufallsexperimentes, welches eine zweite Art von Netzwerk maximaler Entropie darstellt (MEN 2).

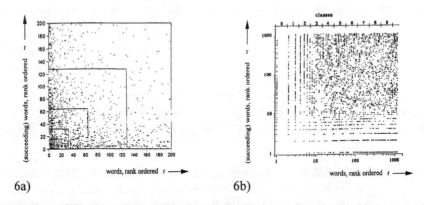

6a)   6b)

Bild 6. Keine zufällige Verteilung von Punkten in der Fläche sondern eine Verbindungsmatrix, die aus einem gegebenen Text der deutschen Sprache abgeleitet wurde. Bild 6a zeigt die Matrix mit einer linearen Skalierung der Matrixkanten, wobei die Worte nach Rang geordnet sind. Bild 6b zeigt dasselbe Ergebnis in einer Matrix mit logarithmisch geteilten Skalen. Es entsteht, abgesehen von den linken und unteren Randbereichen, in guter Näherung eine konstante Punktdichte (man vergleiche mit Bild 5).

Grundsätzlich wird im Nachhinein auch noch folgendes klar. Mit der logarithmischen Skalierung der Matrix hat man in Wirklichkeit eine Struktur vorgegeben, die näherungsweise aus einer Einteilung der Menge von Knoten in Klassen bzw. Streifen besteht (mit dem Wachstumsfaktor 2), siehe Bild 9, aus der dann das einfachste Verfahren der Biologie, nämlich das Zufallsverfahren, die Struktur der menschlichen Sprachnetzwerke erzeugt. Erst wenn diese Struktur vorhanden ist und wenn man dann hierin konkrete Textpfade statistisch untersucht, kommt man nachrangig zu dem berühmten Zipf-Gesetz!

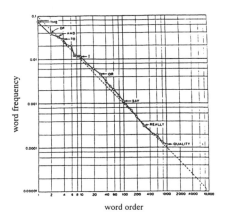

Bild 7. Beispiel einer Zipf-Kurve, das von C.E Shannon stammt. Die in allen Sprachen der Welt existierenden Zipf-Kurven mit der charakteristischen Steigung von -1 sind bis heute rätselhaft geblieben.

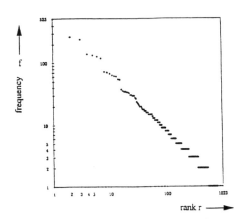

Bild 8. Das Zipf-Diagramm, das sich aus dem beschriebenen Zufallsexperiment (siehe die Bilder 4 und 5) ermitteln läßt. Je größer die Menge der Knoten ist, umso besser wird die Steigung von -1 erreicht.

Da wie gezeigt ein Sprachnetzwerk auf der Abstraktionsebene der Wortknoten die einzigartige Eigenschaft der maximalen Entropie hat, was besagt, daß die

247

Gestaltungsmöglichkeiten bzw. der Vorrat an möglichen Entscheidungen maximal groß sind, erscheint die in [3, 4] vertretene Ansicht, daß die Sprachnetzwerke auf hierarchisch höherer Abstraktionsebene ebenfalls in dieser Weise strukturiert sein sollten, sehr plausibel. Wenn aus solchen hierarchischen Netzwerken dann noch ein System gebildet werden kann, das in vieler Beziehung mit dem menschlichen System (Sprachhirn) wettbewerbsfähig ist, siehe die Eigenschaften der Abstraktion, Verdichtung, Ähnlichkeitsbündelung und Prädiktion und ihre informationstheoretische Abschätzung in [4], könnten wir auf der Basis dieser Netzwerke möglicherweise außer dem Zipfschen Gesetz bald noch weitere Rätsel der menschlichen Sprache aufklären.

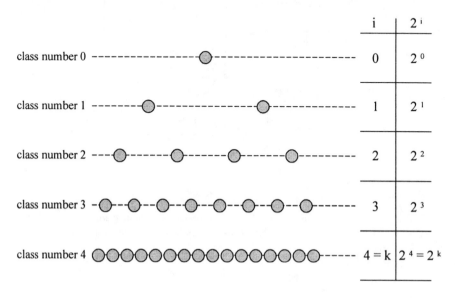

Bild 9. Veranschaulichung der Klassenaufteilung einer Menge von Knoten, die einer logarithmischen Skalierung der Achsen der Matrix und einer Breite der Streifen mit dem Faktor 2 entspricht.

4 Ein Netzwerk maximaler Entropie, gebildet mit Hilfe eines vielstufigen Entscheidungsbaumes.

Die Erzeugung einer Punktdichte mit Hilfe von gleichwahrscheinlichen Knotenklassen ist, wie gesagt, nur eine Näherung an eine konstante Punktdichte - wenn auch eine sehr gute - die sich auch noch dadurch rechtfertigen läßt, daß man damit ein Modell für eine sehr anschauliche und effiziente Struktur eines Sprachnetzwerkes gewinnt. Ein Netzwerk maximaler Entropie läßt sich aber auch noch auf der Basis einer anderen Struktur gewinnen, die von dem Gedanken eines Entscheidungsbaumes ausgeht, mit dem sogar eine im Detail noch bessere und äußerst gleichmäßige Punktdichte in der Matrix zu erreichen ist. Es sei mit MEN 3 bezeichnet.

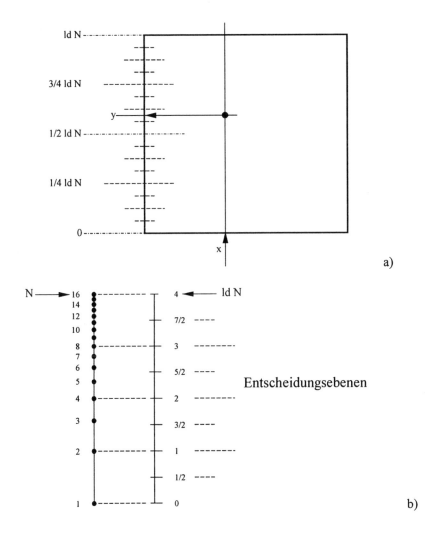

Bild 10. Das binäre Entscheidungsverfahren, mit dem zu einem Netzwerksknoten x der Nachfolgerknoten y gefunden wird. Die zufälligen Entscheidungen beziehen sich auf gleich große Intervalle auf der logarithmischen Skala. a) das Prinzip. b) ein Beispiel.

Ausgehend von einem gefundenen Knoten des Netzwerkes finden wir jetzt wie folgt den Nachfolgerknoten: In Bild 10 ist die Menge der möglichen Nachfolgerknoten N, die auf der logarithmischen Skala von 0 bis ld N aufgetragen ist, aufgeteilt in eine untere Hälfte von 0 bis $\frac{1}{2}$ ld N und in eine obere Hälfte von $\frac{1}{2}$ ld N bis ld N. Der Nachfolgerknoten ist mit gleicher Wahrscheinlichkeit in beiden Hälften der Skala zu suchen. (Befindet er sich gerade auf der Grenze, werde er stets der unteren Hälfte zugeschlagen). Die beiden Hälften der Skala enthalten ungleich große Mengen an Knoten. In der unteren Hälfte befinden sich $\sqrt{N}$ Knoten (wegen

$\dfrac{1}{2}$ ld N = ld $N^{1/2}$ = ld$\sqrt{N}$), wobei für die obere Hälfte die komplementäre Menge

($N - \sqrt{N}$) übrigbleibt, die natürlich wesentlich mehr Knoten umfaßt. Der Entscheidungsprozeß wird nun in dieser Weise nach dem Prinzip des binären Entscheidungsbaumes fortgesetzt, siehe die Veranschaulichung in Bild 11. Das heißt, hätte man sich z.B. zuerst für die untere Hälfte der Skala entschieden, wird im nächsten Schritt dort zwischen dem unteren und dem oberen Viertel entschieden. Hätte man sich dagegen im ersten Schritt für die obere Hälfte entschieden, würde man gleichfalls im zweiten Schritt dort zwischen dem oberen und dem unteren Viertel zu entscheiden haben. Das setzt sich dann so fort mit ständig kleiner werdenden Skalenintervallen bzw. den damit verbundenen Knotenmengen. Nehmen wir als Beispiel eine Menge von $N = 2^{16}$ = 64K Knoten, die auf der vertikalen Matrixkante verzeichnet sind, so findet man in der unteren Skalenhälfte $2^{16/2} = 2^8 = 256$ Knoten und in der oberen Skalenhälfte 64K - 256 Knoten. Im zweiten Schritt findet man z.B. in der unteren Hälfte zwei Skalenviertel, wobei das untere Viertel $2^{8/2} = 2^4 = 16$ Knoten enthält und das obere Viertel 256 - 16 Knoten. Verfolgen wir der Einfachheit halber nur noch die Verkleinerung des jeweils untersten Intervalls. Im dritten Entscheidungsschritt enthält es $2^{4/2} = 2^2 = 4$ Knoten, und schließlich im vierten Entscheidungsschritt noch $2^{2/2} = 2$ Knoten. Sind wir bis dahin gekommen, können wir schließlich einen davon auswählen. Man benötigt bei diesem Beispiel also im Minimum 5 Entscheidungsschritte. Der Baum in Bild 11 hat jedoch weit mehr Entscheidungsäste auf der rechten Seite als auf der linken Seite, so daß man dort sehr viel mehr Entscheidungen benötigt. Es handelt sich um einen sehr unsymmetrischen Entscheidungsbaum. Bild 12 zeigt einen Ausschnitt aus einem so gewonnenen Netzwerke mit etwa 100.000 Knoten, bei dem die Matrix zu 20% besetzt ist.

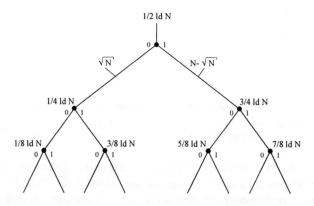

Bild 11. Veranschaulichung durch einen binären Entscheidungsbaum. Bei zufälligen binären Entscheidungen 0 oder 1 in einem bewerteten Entscheidungsknoten gehe man mit 0 nach links zu einem Knoten mit kleineren Werten weiter und mit 1 nach rechts zu einem Knoten mit größeren Werten.

Nachteilig an dieser Methode ist, daß sie sich schlecht an wachsende biologische Systeme anpassen läßt. Man muß nämlich von vornherein schon die Gesamtzahl N der Knoten kennen. Außerdem benötigen mehrere hintereinander ablaufende Entscheidungen auch entsprechend viel Zeit, was in biologischen Systemen, die im allgemeinen schnell reagieren müssen, nicht sehr günstig ist. Für den Vergleich mit Sprachnetzwerken scheint daher das zweistufige Klassenmodell das günstigste zu sein.

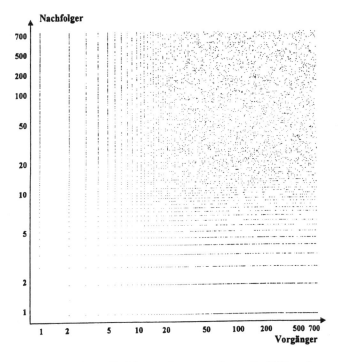

Bild 12. Das Ergebnis eines Zufallsexperimentes, das mit Hilfe eines vielstufigen Entscheidungsbaumes entstanden ist und ein Netzwerk maximaler Entropie darstellt (MEN 3). Die Anzahl der gewählten Knoten ist hier größer als in Bild 5.

Literatur

1. Meyer, J. Die Verwendung hierarchisch strukturierter Sprachnetzwerke zur redundanzarmen Codierung von Texten.Dissertation THD 1989 (PhD thesis)
2. Burschel, H.-D. Die meßtechnische Ermittlung von Assoziationen zwischen Worten in kohärentem Text und ihre Nutzung bei Prädiktionen verschiedener Reichweite. Dissertation TUD 1998 (PhD thesis)
3. Hilberg, W. Neural networks in higher levels of abstraction.Biological Cybernetics 76, S.23-40 (1997)
4. Hilberg, W. Theorie der hierarchischen Textkomprimierung.Informationstheoretische Analyse einer deterministischen Sprachmaschine.Teil I. Frequenz 51 (1997) 7-8, S.196-202 Teil II: Frequenz 51 (1997) 11-12, S.280-285

5. Hilberg, W. Das Netzwerk der menschlichen Sprache und Grundzüge einer entsprechend gebauten Sprachmaschine. ntz Archiv Bd. 10 (1988), H.6, S.133-146

6. Steinmann, F.-M. Netzwerkmodellierung und Segmentierung von Texten sowie Anwendungen zur Informationsverdichtung. Dissertation, THD 1996 (PhD thesis)

7. Zipf, G.K. Human Behavior and the Principle of Least Effort. Reading, Mass. Addison Wesley, 1949. Hafner Publishing Comp. New York 1972

8. Mandelbrot, B. An information theory of the statistical structure of language. Communication Theory (W. Jackson ed.), London 1953, 486-502

9. Rapoport A. Zipf's Law Re-Visited. in: Studies on Zipf's Law, Verlag Brockmeyer, Bochum 1982, S. 1 bis 28. Dort viele weitere Literaturzitate.

10. Mandelbrot, B. A note on a class of skew distribution functions: Analysis and critique of a paper by H.A. Simon. Information and Control, 2 (1959), 90-99

11. Mandelbrot, B. (a) Final note on a class of skew distribution functions: Analysis and critique of a model due to H.A. Simon. Information and Control, 4 (1961), 198-216

12. Mandelbrot, B. (b) Post scriptum to "Final Note". Information and Control, 4 (1961), 300-304

13. Simon, H.A. On a class of skew distribution functions. Biometrika, 42 (1955), 435-440

14. Simon, H.A. Some further notes on a class of skew distribution functions. Information and Control, 3 (1960), 80-88

15. Simon, H.A. (a) Reply to "Final Note" by Benoit Mandelbrot. Information and Control, 4 (1961), 217-223

16. Simon, H.A. (b) Reply to Dr. Mandebrot's post scriptum. Information and Control, 4 (1961), 305-308

17. Simon, H.A. Some Monte Carlo estimates of the Yule distribution. Behavioral Science, 8 (1963), 203-210

18. Li, W. Random Texts Exhibit Zipf's-Law-Like Word Frequency Distribution. IEEE Transact. on Information Theory, Vol. 38, No.6, Nov. 1992, pp. 1842-1845

19. Shannon, C.E. Prediction and Entropy of Printed English. The Bell System Technical Journal, Jan. 1951, pp. 50-64

20. Hilberg, W. Der bekannte Grenzwert der redundanzfreien Information in Texten - eine Fehlinterpretation der Shannonschen Experimente? Frequenz 44 (1990) 9-10, S.243-248

21. Nachtwey, V. Textkompression auf der Basis von Wortnetzwerken und Grammatikmodellen. Dissertation, THD 1995 (PhD thesis)

22. Casti, J. Easy does it. New Scientist, 9. May 1998, pp. 44-47.

23. Hilberg, W. Die texturale Sprachmaschine. Verlag Sprache und Technik, Groß-Bieberau 1990.

24. Gell-Mann, M. The Quark and the Jaguar. Adventures in the Simple and the Complex. Freeman, New York 1994

25. Zipf's Law. http://linkage.rockefeller.edu/wli/zipf/

26. Siedenburg, K. Symmetrische Netze für Parallelrechner. Dissertation, THD 1992 (Ph.D.thesis).

27. Kaderali, F. Poguntke, W. Graphen, Algorithmen, Netze. Vieweg Verlag Braunschweig 1995.

28. Hilberg, W. Mehrdimensionale Morse-Thue-Folgen. Physik in unserer Zeit. 22. Jahrg. 1991, S. 24-28.

29. Bollobas, B. Random Graphs. Academic Press, London 1985.

Eine Veröffentlichung des vorliegenden Aufsatzes erfolgte unter dem Titel: "Netzwerke maximaler Entropie" in der Zeitschrift Frequenz, 3-4 / 2000, S. 80-86.

13

Informationstheoretische Analyse der neuronalen Sprachmaschine.

Wie kann man ein hierarchisches System von Sprachnetzwerken schaffen, das Texte in ihre redundanzfreie Form überführt und auch realisierbar ist? Welche Notwendigkeiten ergeben sich für die erforderlichen Prozesse der Abstraktion, Prädiktion, Ähnlichkeitsbündelung und Kompression?

Kurzfassung. Zuerst werden die von Shannon stammenden und später weiter entwickelten Kurven über die redundanzfreie Entropie von natürlichsprachlichen Texten sowie einfache praktische Anwendungen betrachtet. In Form von Rekursionen dienen die Erkenntnisse dann dazu, in einem ersten Netzwerkmodell (M1) die Verdichtung und Abstraktion von inhaltlich zusammenhängendem Text beim Übergang zu immer höheren hierarchischen Schichten quantitativ zu erfassen. Dabei wird jeder zusammenhängende Text in ein kurzes Codewort (Metawort) transformiert. Die Anzahl solcher Metaworte und damit auch die Anzahl aller theoretisch möglichen zusammenhängenden Texte wird berechnet. Sie ist so groß, daß eine Realisierung des Modells (M1) ausscheidet. Mit einem zweiten Modell (M2), bei dem in jeder Netzwerkebene noch Prädiktionen zu Hilfe genommen werden, ist es jedoch möglich, dieselben Leistungen wie vorher zu erreichen und dabei dennoch die in jeder Ebene benötigte Anzahl von Metaworten auf einen Wert zu begrenzen, der dem Wortvorrat der natürlichen Sprache entspricht. Das ist technisch realisierbar. Man findet schließlich, daß sich die Prädiktion bei jedem zu codierenden Wort im Mittel nur auf 3 vorangehende Worte bzw. Metaworte einer Ebene stützen muß. Die damit erreichbare Textkompression stimmt dann genau mit der von den Shannon'schen Grenzwerten überein. Die Rechnungen wurden durch Messungen überprüft. So lassen sich z.B. die mittleren Wortlängen berechnen und messen. Umgekehrt läßt sich die experimentelle Shannon'sche Entropiekurve mit Hilfe bekannter optimaler Wortcodierungen streckenweise rechnerisch verifizieren. Insgesamt ist damit eine Theorie der Sprachmaschine entstanden, die es erlaubt, Realisierbarkeit, Aufwand, Eigenschaften, Kompressionswerte u.a. auch quantitativ zu beurteilen.

1. Einleitung

C.E. Shannon [2] hatte 1951 mit Überlegungen und Experimenten begonnen, die Frage zu klären, bis zu welchen minimalen Entropiewerten sich natürlichsprachliche Texte komprimieren lassen. Die Theorie wurde 1990 von W. Hilberg [1] auf lange, inhaltlich zusammenhängende Texte erweitert. Eine praktische Methode zur Sprachkompression mit einer hierarchisch organisierten Netzwerkmaschine wurde entwickelt [3,4]. Nach dem Prinzip dieser strukturellen sog. "Sprachmaschine" wird ein Text schrittweise abstrahiert, verdichtet und jeweils in entsprechenden Netzwerkschichten in Form von Metaworten abgespeichert. Im folgenden soll mit Hilfe von Modellen untersucht werden, wie sich die Entropie der immer höher liegenden Metaworte in ihren Schichtnetzwerken entwickelt. Dabei werden die Beziehungen von Shannon sowie Extrapolationen benutzt, die man für Klarschrift-Texte ermittelt hat.

2. Die formelmäßige Beschreibung der Shannon-Kurve für die Entropie von Texten.

Beginnen wir zuerst mit der Basisebene in der Hierarchie der Sprachmaschine, in der Text noch durch eine Folge natürlicher Worte gebildet wird. Hierfür kennt man die Shannon-Kurve für die minimale Entropie H_B eines Buchstabens in Textstücken, die aus n Buchstaben bestehen, siehe Bild 1. Diese Kurve, in der Mitte zwischen oberen und unteren Schranken liegend, kann man formelmäßig wie folgt beschreiben [1]:

$$H_B(n) = \frac{H_a}{\sqrt{n}} \qquad \text{in Bit/Buchstabe} \qquad (2.1)$$

H_a ist ein Anfangswert für Textstücke, die jeweils aus einem Buchstaben (n = 1) bestehen. Er ergibt sich für ein vorgegebenes Alphabet alleine aus dem Vorrat der verschiedenen Buchstaben. Dabei kann man noch unterscheiden, ob die Häufigkeit der Buchstaben berücksichtigt wird oder nicht. Im ersteren Fall findet man in englischen Texten [2] bei 27 Zeichen (Buchstaben) die Entropie $H_a = 4,03$ und im letzteren Fall $H_a = 4,75$.

Es sei festgehalten, daß der Verlauf der Kurve in Gl. (2.1) bis zu einem minimalen Wert von $H_B \approx 0,3$ durch Messungen gesichert ist, die Shannon selbst schon in seinem berühmten Aufsatz [2] angegeben hat. In [1] waren dann Gründe angeführt worden, weshalb bei wachsenden Textlängen diese Kurve mit gleichbleibender Steigung in Bild 1 zu noch tieferen Entropiewerten abfallen wird, bis schließlich das Zusammenhangskriterium dem ein Ende setzt und zu einem konstanten Endwert führt.

Es erscheint bemerkenswert, daß alle drei Kurven in Bild 1, also auch die Grenzkurven, sich aus dem Differentialgleichungsansatz

$$\frac{-dH}{dn} = \beta \cdot \frac{H}{n} \qquad (2.2)$$

herleiten lassen. Hierbei ist β eine Konstante. Diesen Ansatz kann man mit folgenden Worten beschreiben: An jeder Stelle der Kurven ist die Verminderung der Entropie durch Hinzunahme eines weiteren Symbols (Buchstabe) proportional zur bestehenden Entropie H und umgekehrt proportional zur Textlänge n, deren mittlere Information man ermitteln will.

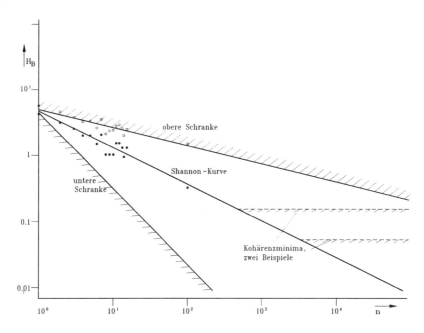

Bild 1. Die experimentell gewonnene Shannon-Kurve der minimalen Entropie H_B in gedrucktem englischen Text in Abhängigkeit der Länge n von bekanntem vorhergehenden Text. Sie liegt etwa in der Mitte zwischen der oberen und unteren Grenze.

Die Richtigkeit des Ansatzes (2.2) überprüft man am schnellsten anhand der Lösung

$$H = \frac{H_a}{n^{\beta}} \qquad \text{bzw.} \quad \ln H = -\beta \ln n + \ln Ha \qquad (2.3)$$

Die oberste Kurve (maximale Entropie) in Bild 1 ergibt sich für $\beta = 1/4$, die mittlere Kurve (Shannon'sche Kurve) für $\beta = 1/2$ und die untere Kurve (untere Schranke) für $\beta = 1$. Es stellt sich sofort der Verdacht ein, daß diese Folge von Werten, die sich nacheinander durch Multiplikation mit dem Faktor 2 ergeben, auch inhaltlich begründet ist. Bisher waren jedoch alle Versuche erfolglos, die experimentell gewonnene mittlere Kurve (Shannon'sche Kurve) in ihrer Gesamtheit direkt zu berechnen.

Der Ansatz (2.2) macht übrigens sehr deutlich, daß die Steigung der mittleren und interessantesten Kurve für $\beta = 1/2$ mit wachsendem n sehr rasch sehr klein wird. Trägt man diese Kurve daher in einem linearen Diagramm auf, wird man bald kaum noch ein weiteres Abfallen der Kurve bemerken; man wird vielmehr, wie in den meisten Lehrbüchern über Informationstheorie geschehen, fälschlicherweise glauben, daß ein konstanter Minimalwert erreicht sei.

3. Rekursionsformeln.

Zu Gl. (2.1) gehört folgende einfache Rekursionsformel:

$$H_B(2n) = \frac{H_a}{\sqrt{2n}} = \frac{H_a/\sqrt{n}}{\sqrt{2}} = \frac{H_B(n)}{\sqrt{2}} \tag{3.1}$$

Das heißt, wenn man ein Textstück auf das Doppelte verlängert, fällt die Entropie pro Buchstabe auf einen Wert ab, der dem Bruchteil $1/\sqrt{2}$ des Wertes im ursprünglichen Textstück entspricht.

Die in einem Textstück der Länge n Buchstaben enthaltene gesamte Information, die auch I genannt wird [1], beträgt das n-fache des für einen Buchstaben geltenden Wertes

$$H_{ges}(n) = I(n) = n \cdot H_B(n) = \sqrt{n} \cdot H_a , \text{ gemessen in Bit.} \tag{3.2}$$

Beispielsweise folgt daraus auch, daß, wenn man eine Geschichte, einen Roman oder einen Aufsatz der Länge n auf einen Bruchteil n/b verkürzt, die Gesamtinformation H_{ges} dann nur auf $\sqrt{n/b}$, d.h. weniger stark absinkt. Der Herausgeber einer wissenschaftlichen Zeitschrift, der Probleme mit der Unterbringung vieler Aufsätze hat, wäre also nicht schlecht beraten, wenn er z.B. die Autoren von vorneherein verpflichtete, ihren Textbeitrag auf die Hälfte zu kürzen. Dann steigt die Informationsdichte nach Gl. (2.1) um $\sqrt{2}$ an, worauf sich die verbleibende Gesamtinformation nach Gl. (3.2) nur auf den Wert $1/\sqrt{2} \approx 70\%$ reduzierte. (Aber welcher Goethe wäre damit einverstanden, daß man seinen Faust auf die Hälfte kürzt!)

Für ein Wort, welches speziell $n = \lambda$ Buchstaben enthält, gilt entsprechend zu Gl. (3.2)

$$H_{ges}(\lambda) = I(\lambda) = \sqrt{\lambda} \cdot H_a \tag{3.3}$$

Ein Textstück, welches z Worte gleicher Länge λ enthält, hat die Entropie

$$H_{ges}(z \cdot \lambda) = I(z \cdot \lambda) = \sqrt{z \cdot \lambda} \cdot H_a \tag{3.4}$$

4. Zusammenhängender Text und gleich lange Folge verschiedener Texte.

Es wird sicher das Verständnis fördern, noch ein weiteres Beispiel zu betrachten. Dazu bildet man das Produkt der Informationsdichte H_B in Gl. (2.1) und der Informationsmenge H_{ges} in Gl. (3.2).

$$H_B \cdot H_{ges} = \left(\frac{H_a}{\sqrt{n}} \right) \cdot \left(\sqrt{n} \cdot H_a \right) = H_a^2 = const. \tag{4.1}$$

Das heißt: Unabhängig von der vorliegenden Länge eines inhaltlich zusammenhängenden Textes ist - statistisch gesehen - das Produkt von Informationsdichte und gesamter Information gleich einer Konstanten. Wenn man demnach die Informationsdichte vorschreibt, gehört dazu eine bestimmte Textlänge und daraus ergibt sich zwangsläufig der Wert der zugehörigen Gesamtinformation. Wegen des konstanten Produktes gilt insbesondere, daß eine hohe Informationsdichte einem kleinen Wert der Gesamtinformation (in einem kurzen Text) entspricht und umgekehrt.

Im Einzelfall kann dies natürlich anders sein, aber die Statistik kann wohl als Hinweis auf bevorzugte Strukturen des Denkapparates angesehen werden.

Betrachten wir noch einige Anwendungen: Eine Folge von s kurzen inhaltlich verschiedenen Nachrichten gleicher Länge n mit insgesamt $s \cdot n$ Buchstaben weist die Informationsdichte $H_a / \sqrt{n}$ auf sowie die gesamte Information $s \cdot \sqrt{n} \cdot H_a$. Eine inhaltlich zusammenhängende Nachricht der gleichen Länge hätte eine unterschiedliche Informationsdichte $H_a / \sqrt{s \cdot n}$ sowie die unterschiedliche gesamte Information $\sqrt{s \cdot n} \cdot H_a$. Mit den Definitionen (Index "kurz" steht für kurzen Textabschnitt und Index "lang" für langen Textabschnitt)

$$H_{B,kurz} = \frac{H_a}{\sqrt{n}} \quad und \quad H_{B,lang} = \frac{H_a}{\sqrt{s \cdot n}} \tag{4.2}$$
$$\tag{4.3}$$

findet man noch die Abschätzung

$$H_{B,kurz} > H_{B,lang}. \tag{4.4}$$

Verabredet man noch, daß die Folge der kurzen Nachrichten die Information $H_{ges,folge}$ enthalte und der lange zusammenhänge Text die Information $H_{ges,lang}$, so folgt wegen

$$H_{ges,folge} = s \cdot \sqrt{n} \cdot H_a \quad und \quad H_{ges,lang} = \sqrt{s \cdot n} \cdot H_a \tag{4.5}$$
$$\tag{4.6}$$

noch die Abschätzung

$$H_{ges,folge} > H_{ges,lang} \tag{4.7}$$

Kurzgefaßt: Die gesamte Information der Folge kurzer Nachrichten ist ersichtlich um den Faktor $\sqrt{s}$ größer als die in einer zusammenhängenden Nachricht gleicher Länge enthaltene Information. Die Nachrichtenagenturen wissen dies im Grunde genommen schon seit langem.

5. Mittlere Wortlängen.

Betrachten wir jetzt die mittlere Länge der Worte in einem fortlaufenden Text und nennen sie $\lambda = \lambda_t$. Wegen der im allgemeinen unterschiedlichen relativen Häufigkeiten bzw. Wahrscheinlichkeiten p_i der Wortlängen λ_i in einem Text ergibt sie sich zu

$$\lambda_t = \sum_{i=1}^{W} p_i \cdot \lambda_i \tag{5.1}$$

Hierbei ist die obere Grenze W die Anzahl der verschiedenen Worte in dem Text.

Betrachten wir nicht die Worte in einem Text sondern in einem Wörterbuch, so tritt hier jedes Wort nur ein einziges Mal auf. Sei W die Anzahl der verschiedenen Wörter in dem Wörterbuch, so ergibt sich für alle Wörter die gleiche Wahrscheinlichkeit ($p_i = 1/W$) und die jetzt $\lambda = \lambda_d$ genannte mittlere Wortlänge wird zu (der Index d soll auf dictionary deuten):

$$\lambda_d = \frac{1}{W} \sum_{i=1}^{W} \lambda_i \tag{5.2}$$

6. Entropiegrößen in der Basisebene.

In der natürlichen Sprache können die Worte eine ganz unterschiedliche Länge haben. In Texten sind die kurzen Worte sehr häufig und die langen Worte verhältnismäßig selten. Für die Adressierung von Worten in der Basisebene eines hierarchischen Netzwerksystems, die in Wortknoten gespeichert sind, ist die individuelle Länge der Worte völlig ohne Belang, da die Steuersignale für den Aufruf eines Wortknotens im Netz völlig von der Beschaffenheit der Worte im Knoten entkoppelt sind. Es kommt hierbei nur auf die Anzahl der in der Basisebene benötigten Knoten bzw. der verschiedenen Worte an. Nennen wir ihre Anzahl $W^{(0)}$, (der Bezug auf die Ebenen 0,1,2,...υ werde im folgenden stets durch hochgestellte Indizes in Klammern gekennzeichnet) so kann man eine informationstheoretische Verbindung zwischen der binären Länge der benötigten Steuerworte (Adressen) und der Anzahl $W^{(0)}$ herstellen, indem man alle Worte mit gleicher Wahrscheinlichkeit $p_i = 1/W^{(0)}$

ansetzt und die Entropie bildet (dann ist die minimale Adressenlänge gleich der Entropie $H_W^{(0)}$ der Worte in der Basisebene)

$$H_W^{(0)} = -\sum_i p_i \, ld \, p_i \qquad (6.1)$$

$$= -\sum_{i=1}^{W^{(0)}} \left[\frac{1}{W^{(0)}} \, ld \, \frac{1}{W^{(0)}} \right]_i = \sum_{i=1}^{W^{(0)}} \left[\frac{1}{W^{(0)}} \, ld \, W^{(0)} \right]_i = ld \, W^{(0)}$$

(Hier bedeutet ld wie üblich den Logarithmus zur Basis 2). Dies läßt sich auch umgekehrt schreiben

$$W^{(0)} = 2^{H_W^{(0)}} \qquad (6.2)$$

Diese Beziehung läßt sich leicht meßtechnisch überprüfen. Mit der Entropie eines Wortes der Länge λ nach Gl. (3.3), der speziellen Länge $\lambda = \lambda_d$ nach Gl. (5.2) und der entsprechenden Entropie nach Gl. (6.1) findet man

$$H_W^{(0)} = ld \, W^{(0)} = \sqrt{\lambda_d} \cdot H_a . \qquad (6.3)$$

Die Auflösung nach λ_d ergibt

$$\lambda_d = \left(\frac{ld \, W^{(0)}}{H_a} \right)^2 \qquad (6.4)$$

Die Messung in Bild 3 zeigt eine gute Übereinstimmung. Andererseits zeigt Bild 6, daß für die mittlere Wortlänge in Texten, λ_t von Gl. (5.1), sehr rasch ein konstanter Endwert erreicht ist. Die statistischen Verläufe von λ_d und λ_t unterscheiden sich also ganz deutlich. Zum Vergleich seien noch Messungen in den Bildern 4 und 5 wiedergegeben.

7. Metaworte und ihre Entropie im Modell (M1).

Die Adresse mit der Entropie $H_W^{(0)}$, in Bit gerechnet, wird bei der sog. hierarchischen Verdichtung ein Teil des nächsten Metawortes. Sie soll hier "Metasilbe" genannt werden und ist ein redundanzfreies Symbol, das demnach nicht weiter reduzierbar ist (etwas systemkonformer könnte man auch "Metabuchstaben" sagen). Je zwei solcher Metasilben bilden ein Metawort in der nächsten Metaebene (der Einfachheit halber betrachten wir hier nur Paare, nicht verschieden große Textsegmente wie in der Verfeinerung des Modells [7]). Bei aufeinander folgenden Paaren solcher Metasilben, die in den Metaknoten abgespeichert sind, werden nicht alle Kombinationen ausgenutzt, sondern nur ein verhältnismäßig kleiner Teil aller theoretisch möglichen Kombinationen. Die Frage lautet, wie groß dieser Anteil ist.

Es ist auch bei dieser Frage nicht nötig, die Kombinationen der Metasilben wirklich explizit zu betrachten. Vielmehr kann man sich weiterhin auf die Diskussion von Mengenbegriffen und gemittelten Größen wie Entropie, Wortlänge und Wortvorrat beschränken. In allen Ebenen soll nämlich in den Knoten der Inhalt (Wort, bzw. Metawort) von der Adresse (Codewort) vollständig entkoppelt sein. Deshalb ist auch in allen Ebenen das explizite Codewort grundsätzlich frei wählbar. Welches Codewort mit seiner Codierung aus Nullen und Einsen gewählt wird, hängt von weiteren Erfordernissen der Sprachverarbeitung ab. Zum Beispiel, wie man Worte gleicher grammatikalischer Eigenschaften bündeln will, wie man die Worte in Ähnlichkeitsklassen zusammenfassen will, usw. Diese inhaltlichen Fragen brauchen wir hier und im folgenden nicht zu diskutieren.

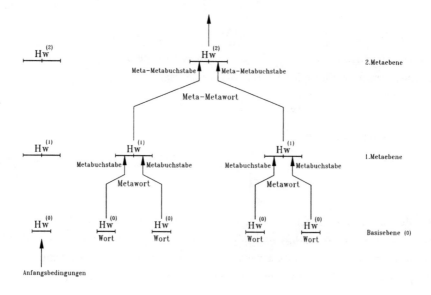

Bild 2. Baum der hierarchischen Verdichtung für das Modell (M1).

Wenden wir uns nun der Bestimmung der Entropie der Metaworte zu (siehe Bild 2): Da jede Metasilbe für ein Wort des Wortschatzes in der Basisebene steht, dessen Entropie $H_W^{(0)}$ beträgt, werden zwei zu einem Metawort zusammengefaßte Metasilben sich bezüglich ihrer gesamten Entropie, der Metawort-Entropie $H_W^{(1)}$, um denselben Faktor vergrößern wie die entsprechenden Wortpaare in der Basisebene dies nach Gl. (3.3) tun (hier ist $\lambda = 2$ zu setzen)

$$H_W^{(1)} = \sqrt{2} \cdot H_W^{(0)} \tag{7.1}$$

Im Grunde genommen besagt dieses Ergebnis, daß nicht jede Kombination von Metasilben benutzbar ist, weshalb die Entropie eines Metawortes auf jeden Fall kleiner als der Maximalwert $2 \cdot H_W^{(0)}$ ist, der alle Kombinationen erfassen würde.

Die Anzahl $W^{(1)}$ der in der Metaebene benötigten verschiedenen Metaworte folgt aus Gl. (7.1) zu

$$W^{(1)} = 2^{H_W^{(1)}} = 2^{\sqrt{2} \cdot H_W^{(0)}} \tag{7.2}$$

Sie ist also schon beachtlich größer geworden als die Anzahl der für die Basisebene benötigten Worte in Gl. (6.2). Die Überlegungen setzen sich in den weiteren Ebenen in gleicher Weise fort. So findet man in der zweiten Metaebene ein Meta-Metawort, das sich aus zwei "Silben" der Länge $H_W^{(1)}$ zusammensetzt. Die Entropie dieses Meta-Metawortes ist demnach

$$H_W^{(2)} = \sqrt{2} H_W^{(1)} = \sqrt{2^2} \cdot H_W^{(0)} \tag{7.3}$$

Für die Anzahl der verschiedenen Meta-Metaworte findet man analog zu Gl. (7.2)

$$W^{(2)} = 2^{H_W^{(2)}} = 2^{\sqrt{2^2} \cdot H_W^{(0)}} \tag{7.4}$$

Durch Verallgemeinerung folgt

$$H_W^{(\upsilon)} = \sqrt{2^\upsilon} \cdot H_W^{(0)} \tag{7.5}$$

und

$$W^{(\upsilon)} = 2^{H_W^{(\upsilon)}} = 2^{\sqrt{2^\upsilon} \cdot H_W^{(0)}} \tag{7.6}$$

Nun ist 2^υ gleich der Anzahl der Worte des betrachteten Textes, der im obersten Metawort als kurzer zusammenfassender Code vorliegt und mit dessen Hilfe der Text rekonstruiert werden kann. Allerdings wächst die Anzahl der Metaworte in den höheren Ebenen sehr stark an. Mit Gl. (6.2) findet man

$$W^{(\upsilon)} = W^{(0)\sqrt{2^\upsilon}}. \tag{7.7}$$

Jedes einzelne Wort der natürlichen Sprache, welches in den betrachteten Texten benötigt wird, ist in der Basisebene gespeichert vorhanden. Die mittlere Wortlänge berechnet sich nach der Definition von Gl. (5.2). Mit $W \rightarrow W^{(0)}$ folgt speziell für die Basisebene

$$\lambda_d = \frac{1}{W^{(0)}} \sum_{i=1}^{W^{(0)}} \lambda_i \tag{7.8}$$

Man beachte, daß die mittlere Länge der Worte des Wortvorrates in der Basisebene mit der Größe $H_W^{(0)}$ in Gl. (6.1) korrespondiert, da sie sich ebenfalls auf gleiche Wahrscheinlichkeiten stützt.

8. Die extrem großen Wortvorräte in den einzelnen Ebenen ohne Einsatz der Prädiktion.

Die Beziehung in Gleichung (7.6) für den Wortvorrat sei noch einmal der Reihe nach für einige Metaebenen aufgelistet:

$$W^{(1)} = 2^{H_W^{(1)}} = 2^{\sqrt{2} \cdot H_W^{(0)}} \tag{8.1}$$

$$W^{(2)} = 2^{H_W^{(2)}} = 2^{\sqrt{4} \cdot H_W^{(0)}}$$

$$\vdots$$

$$W^{(\upsilon)} = 2^{H_W^{(\upsilon)}} = 2^{\sqrt{2^\upsilon} \cdot H_W^{(0)}} = 2^{\sqrt{2^\upsilon} \cdot \mathrm{ld} W^{(0)}}$$

Das Ergebnis ist im Hinblick auf eine Realisierung niederschmetternd. Von Ebene zu Ebene wächst der benötigte Wortvorrat um einen Wert, der dem Exponenten $\sqrt{2}$ entspricht

$$\left(W^{"} \right) = \left(W^{'} \right)^{\sqrt{2}} \tag{8.2}$$

Ein solches exponentielles Wachstum ist für eine wachsende Zahl von Ebenen sehr rasch nicht mehr realisierbar. Das Modell M1 hat demzufolge nur theoretischen Wert. Zum Beispiel beleuchtet es die Schwierigkeiten, die sich bei der Informationsverdichtung langer Texte nach der von Shannon angegebenen Methode ergeben (Zitat aus [2]: "The redundancy may be still higher when structure extending over paragraphs, chapters, etc. is included. However, as the lengths involved are increased, the parameters in question become more erratic and uncertain, and they depend more critically on the type of text involved."). Außerdem quantifiziert es die in der Praxis nicht mehr zu erfüllenden Forderungen an einen Menschen oder eine Maschine, sofern man bei dieser Methode der Textverdichtung bleibt.

9. Die Anzahl unterschiedlicher Texte.

Es erhebt sich die Frage, ob das Sprachverarbeitungsmodell M1 einen vorgegebenen Text in seine redundanzfreie Form überführen kann. Das ist leicht zu klären, denn wir wissen schon aus Gl. (3.2), wie groß die redundanzfreie Information eines Textes der Länge n ist. Diese Größe H_{ges} ist ein binärer Vektor, der aus H_{ges} Bitstellen besteht.

Ein solcher Vektor kann aufgrund aller möglichen Binärkombinationen

$$N_t = 2^{H_{ges}} = 2^{\sqrt{n} \cdot H_a} \tag{9.1}$$

entsprechend vielen verschiedenen Texten zugeordnet werden. Das läßt sich nun vergleichen mit der Codierung eines gleich langen Textes in dem hierarchischen

Modell M1. Beginnt man mit der Entropie $H_W^{(\upsilon)}$ eines Wortes in der υ-ten Ebene, so läßt sich Gl. (7.5) mit Gl. (3.3) wie folgt schreiben

$$H_W^{(\upsilon)} = \sqrt{2^\upsilon} \cdot H_W^{(0)} = \sqrt{2^\upsilon} \cdot \lambda \cdot H_a \qquad (9.2)$$

Die Anzahl der Worte eines Textes, multipliziert mit der mittleren Wortlänge, ergibt die Anzahl der Buchstaben

$$2^\upsilon \cdot \lambda = n. \qquad (9.3)$$

Damit wird aus Gl. (9.2)

$$H_W^{(\upsilon)} = \sqrt{n} \cdot H_a \qquad (9.4)$$

Die Anzahl der Metaworte in der höchsten Ebene, die gleich der Anzahl aller möglichen verschiedenen Texte ist, erhält man daraus wie folgt

$$W^{(\upsilon)} = 2^{H_W^{(\upsilon)}} = 2^{\sqrt{n} \cdot H_a} \qquad (9.5)$$

Die Übereinstimmung mit Gl. (9.1) ist jedoch trügerisch. Es gibt nämlich 3 verschiedene Bedeutungen der Wortlänge λ. Man kann einmal darunter die Länge eines bestimmten Wortes verstehen, oder, wenn man es mit vielen Worten zu tun hat, die mittlere Anzahl von Buchstaben der Worte in einem Wörterbuch (λ_d) oder auch die mittlere Anzahl der Buchstaben der Worte in einem laufenden Text (λ_t). Sobald wir, wie in Gl. (9.3), die Anzahl der Buchstaben eines laufenden Textes (n) mit der Anzahl der Worte (2^υ) verknüpfen, müssen wir uns auch für die mittlere Wortlänge λ_t entscheiden. Nun ist aber aus den Messungen in den Bildern 4 und 6 zu entnehmen, daß insbesondere für längere Texte größenordnungsmäßig gilt

$$\lambda_d \approx 2 \cdot \lambda_t. \qquad (9.6)$$

Setzt man dies anstelle von λ in die Gln. (9.2) und (9.3) ein, so folgt zunächst

$$H_W^{(\upsilon)} = \sqrt{2n} \cdot H_a \qquad (9.7)$$

und dann

$$W^{(\upsilon)} = 2^{H_W^{(\upsilon)}} = 2^{\sqrt{2n} \cdot H_a}. \qquad (9.8)$$

Das bedeutet, daß in den Metaworten des Modells M1 keineswegs die redundanzfreie Information von Texten der Länge n gespeichert ist. Das Modell führt vielmehr zu einer Entropie $H_W^{(\upsilon)}$, die unter Bezug auf die Modellgröße λ_d um den Faktor $\sqrt{2}$ zu groß ist. Das Modell M1 ist also nicht nur praktisch unrealisierbar sondern auch theoretisch zu redundant. Man muß daher nach einem besseren Modell suchen, das auch sogleich im nächsten Kapitel vorgestellt werden wird.

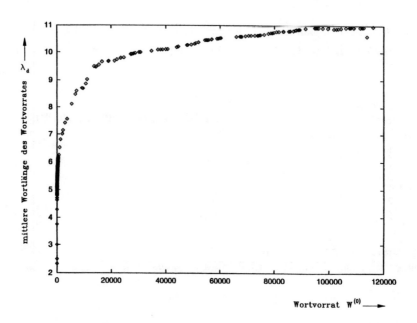

Bild 3. Die mittlere Wortlänge λ_d, gemessen in Abhängigkeit von der Größe des Wortvorrates $W^{(0)}$.

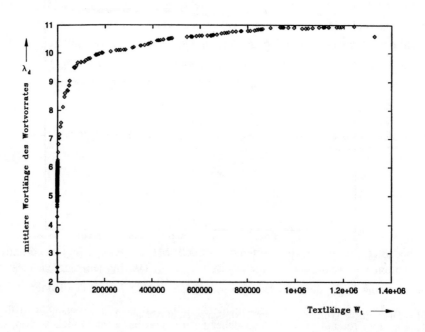

Bild 4. Die mittlere Wortlänge λ_d, gemessen in Abhängigkeit der Textlänge W_t

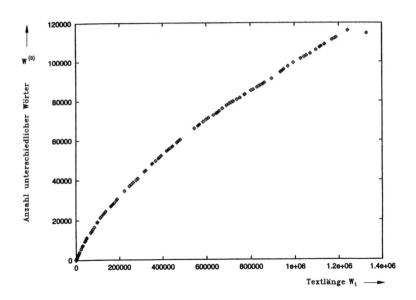

Bild 5. Der Wortvorrat $W^{(0)}$, gemessen in Abhängigkeit der Textlänge W_t.

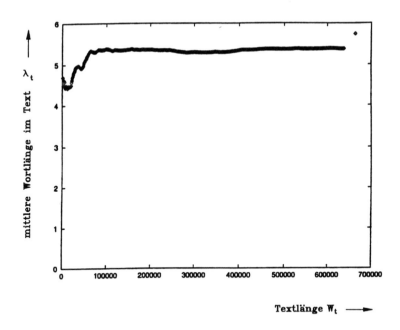

Bild 6. Die mittlere Wortlänge λ_t im Text, gemessen in Abhängigkeit der Textlänge W_t des LIMAS-Korpus

Abschließend mag es lehrreich sein, sich einmal anhand eines Beispiels zahlenmäßig zu vergegenwärtigen, wieviele verschiedene Texte durch einen redundanzfreien Code gegebener Länge N_t nach Gl. (11.1) oder durch eine Anzahl entsprechender Metaworte gebildet werden können.

Nehmen wir ein Beispiel mit einem Wortschatz von $W^{(0)} = 20\,000$. Dazu gehört nach Bild 5 die Wort-Textlänge $W_t = 100\,000$. Mit der mittleren Wortlänge $\lambda_t \approx 5{,}5$ ergibt sich die Buchstaben-Textlänge $n_t = 550\,000$. Daraus folgt zunächst wegen $W_t = 2^\upsilon$, daß sich das oberste Metawort schon in der Ebene $\upsilon = \mathrm{ld}\,W_t = 16{,}61 \approx 17$ befindet. Mit $H_a = 4{,}64$ nach Bild 1 ergibt sich weiter

$$H_{ges} = \sqrt{n_t} \cdot H_a = \sqrt{550\,000} \cdot 4{,}64 = 3441 \tag{9.9}$$

Die Anzahl verschiedener Texte errechnet sich mit Gl. (9.1) daraus zu

$$N_t = 2^{H_{ges}} = 2^{\sqrt{n_t} \cdot H_a} = 2^{3441} = 2^{10 \cdot 344} \tag{9.10}$$
$$\approx 10^{3 \cdot 344} \approx 10^{1000}$$

wobei $2^{10} \approx 10^3$ gesetzt wurde. Diese extrem großen Zahlen bestätigen unsere intuitive Überzeugung, daß man mit noch recht überschaubaren Textlängen, die größenordnungsmäßig Büchern mit etwa 250 Seiten entsprechen, doch schon fast unendlich viele unterschiedliche inhaltlich zusammenhängende Texte bilden kann. (Einen kleinen Begriff von den resultierenden großen Zahlen erhält man, wenn man vergleichsweise daran denkt, daß es im sichtbaren Universum "nur" etwa 10^{79} Atome gibt. Die Kombinatorik liefert jedoch für mögliche Wortmuster in der Regel noch größere Zahlen. Bringt man z.B. auf zwei Schreibmaschinenseiten etwa 830 Worte unter und geht von dem zur Verfügung stehenden Wortvorrat von $W^{(0)} = 20\,000$ aus, so ergeben sich $10^{4 \cdot \log 2 \cdot 830} = 10^{1000}$ unterschiedliche, aber meist sinnlose Wortfolgen. Mit anderen Worten: Die Menge der auf zwei Schreibmaschinenseiten darstellbaren verschiedenen (meist sinnlosen) Wortfolgen ist genau so groß wie die Menge der in einem Buch des genannten Umfanges darstellbaren verschiedenen, sprachlich akzeptablen Texte, vorausgesetzt, man geht von demselben Wortvorrat aus).

10. Das realisierbare System: Informationsverdichtung mit Hilfe der Prädiktion.

Wie schon verschiedentlich erläutert [3,4], ist die Prädiktion ein Mittel, den Steueraufwand für die Auswahl eines Wortes in einem Sprachnetzwerk drastisch zu verkleinern. Das heißt, innerhalb einer Netzwerkebene können wir bei Kenntnis der letzten Worte oder Metaworte eines Textpfades die Auswahl eines Folgewortes in der Menge aller möglichen Worte sehr stark eingrenzen. Wenn wir uns das Ziel setzen, die Wortvorräte in den Ebenen nicht anwachsen zu lassen, sondern sie auf einen konstanten Wert zu begrenzen, kann man errechnen, welchen Effekt die Prädiktion haben muß. Es ist nämlich nur nötig, die Vergrößerung um den Exponenten $\sqrt{2}$ in Gl. (8.2) zu kompensieren. Für die Prädiktion ist also ein weiterer Exponent $1/\sqrt{2}$ zu fordern

$$W'' = (W')^{\sqrt{2}/\sqrt{2}} \tag{10.1}$$

Die Frage entsteht, ob solch eine Forderung erfüllt werden kann. Um dies mit Zahlenwerten etwas zu veranschaulichen, nehmen wir einen Wortvorrat von $\left(W'\right)^{\sqrt{2}} = 100\,000$ an, der vermindert werden müßte auf $10^{5/\sqrt{2}} = 3432$. Wie statistische Untersuchungen zeigten, ist dies durch Berücksichtigung von Vorgängern zu schaffen.

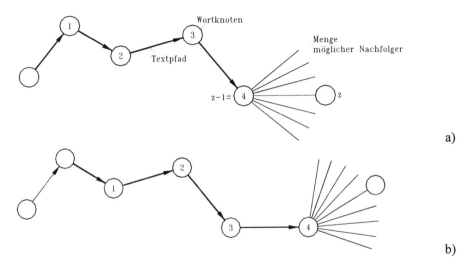

a)

b)

Bild 7. Veranschaulichung der Prädiktion aufgrund einiger weniger bekannter Vorgängerknoten, a) vier Knoten grenzen die Menge der möglichen Nachfolger ein, b) die um eine Stelle weitergerückte Vorgängerkette.

Wie kann man nun Vorgänger in der Berechnung der jeweiligen Entropie berücksichtigen? Das ist recht einfach. Man betrachte zunächst die Basisebene. Dort machen wir eine Anleihe bei den schon bekannten Worten des Textpfades der unmittelbaren Vergangenheit, berechnen die Entropie $H_B(z\lambda)$ aus einem entsprechend verlängerten Textstück aus insgesamt z Worten, d.h. einschließlich des zu codierenden Wortes, siehe Bild 7, geben jedoch nach wie vor nur die auf das letzte Wort des Textpfades bezogene Teilentropie $H_{WZ}^{(0)}$ in die Metaebene weiter, siehe Bild 8. Man kann dabei von den in Abschnitt 3 diskutierten Prinzipien ausgehen. Für z Worte in einem bekannten Textstück findet man nach dem Prinzip von Gl. (3.1), indem man dort die Anzahl z statt 2 einsetzt, eine Entropie pro Wort (wobei für das Einzelwort gilt $H_W^{(0)} = \lambda \cdot H_B(\lambda) = \sqrt{\lambda}\, H_a$ und für z Worte $H_B(z \cdot \lambda) = H_B(\lambda)/\sqrt{z}$)

$$H_{WZ}^{(0)} = \frac{H_W^{(0)}}{\sqrt{z}} \qquad\qquad (10.2)$$

Ein Code mit dieser Entropie wird als Metasilbe in die Metaebene weitergereicht. Dort wird jedes Metawort aus $\lambda' = 2$ Metasilben zusammengesetzt.

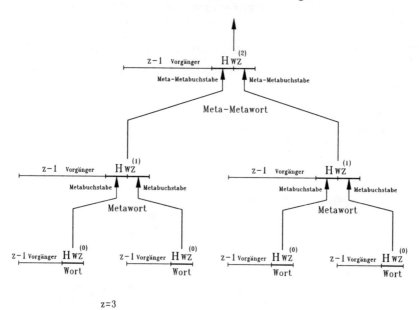

Bild 8. Baum der hierarchischen Verdichtung für das Modell (M2), das mit Prädiktionen arbeitet (Statt "Metabuchstabe" kann man auch "Metasilbe" lesen).

Bei dem Modell M1 mußte man nun daran gehen, die Redundanz aus dem Paar von Metasilben zu eliminieren, was zu Gl. (7.1) führte. Wenn wir hier bei dem Modell mit Prädiktion eine sehr stark reduzierte Entropie nach Gl. (10.2) einführen, muß man davon ausgehen, daß die kurzen Codeworte jetzt auch vielfach genutzt werden. Es werden also alle Kombinationen der von der Basisebene kommenden Codeworte zur Bildung der Metaworte ausgenutzt. Es folgt deshalb der Entropiewert pro Metawort als doppelter Metabuchstabenwert

$$H_{WZ}^{(1)} = \frac{2 \cdot H_{WZ}^{(0)}}{\sqrt{z}} = \frac{2 \cdot H_W^{(0)}}{\sqrt{z^2}} \qquad\qquad (10.3)$$

Wir beziehen jetzt auch in der ersten Metaebene z-1 Metawort-Vorgänger in die Berechnung der Entropie eines Metawortes ein. Sofern diese nur systematisch gebildet worden sind, das heißt, sofern man beim Lernen einer Sprache (Codieren) ähnliche Textabschnitte stets mit denselben Metaworten codiert hat (worauf im nächsten Abschnitt und in den folgenden Aufsätzen dieses Buches noch näher eingegangen wird), darf man erwarten, daß sich aus einer Folge mehrerer Metaworte viel bessere Rückschlüsse auf ein einzelnes Metawort (hier an letzter Stelle) ziehen lassen, als wenn man diese Folge nicht hat. Mit anderen Worten, für Metaworte, d.h. zusammenhängende Texte kann man ebenfalls eine Beziehung nach Art von Gl. (10.2) und Gl. (10.3) ansetzen. Die Entropiewerte der weiteren Metaebenen lauten deshalb:

$$H_{WZ}^{(2)} = \frac{2 \cdot H_{WZ}^{(1)}}{\sqrt{z}} = \frac{2^2 \cdot H_W^{(0)}}{\sqrt{z^3}} \tag{10.4}$$

$$H_{WZ}^{(3)} = \frac{2 \cdot H_{WZ}^{(2)}}{\sqrt{z}} = \frac{2^3 \cdot H_W^{(0)}}{\sqrt{z^4}}$$

$$\vdots$$

$$H_{WZ}^{(\upsilon)} = \frac{2 \cdot H_{WZ}^{(\upsilon-1)}}{\sqrt{z}} = \frac{2^\upsilon \cdot H_W^{(0)}}{\sqrt{z^{\upsilon+1}}}$$

Von Ebene zu Ebene wächst die Entropie um den Faktor $2/\sqrt{z}$. Die Bedingung für eine gleichbleibende Größe der Wortvorräte aller Ebenen heißt deshalb

$$\frac{2}{\sqrt{z}} = 1 \quad \text{bzw. } z = 4 \tag{10.5}$$

Das bedeutet folgendes: man kann in jeder Ebene mit Worten bzw. Metaworten arbeiten, welche - jeweils für sich - nicht eindeutig bestimmt sind, sondern einen begrenzten Vorrat ähnlicher Worte oder Textteile enthalten. Trotzdem läßt sich die Forderung nach eindeutig bestimmten Texten in einem System von Metaebenen gleicher Größe erfüllen, wenn man - statistisch gesehen - nur jeweils eine Prädiktion mit drei Vorgängerworten bzw. Kontextworten durchführt. Dafür wird im Idealfall (weil υ beliebig, wird es jetzt weggelassen)

$$H_{WZ} = H_W^{(0)} / \sqrt{z} = H_W^{(0)} / 2 \tag{10.6}$$

Je zwei dieser Entropiewerte bzw. ihre Codes, interpretiert als Metasilben, werden wiederum zu einem Metawort zusammengefaßt und an die nächste Metaebene weitergegeben. Daher bestimmt sich der Wortvorrat in jeder Ebene zu

$$W^{(1)} = W^{(2)} = ... = W^{(\upsilon)} = 2^{2 \cdot H_{WZ}} = 2^{H_W^{(0)}} = W^{(0)} \tag{10.7}$$

Das heißt, in allen Ebenen wird ein Wortvorrat benötigt, der dem Wortvorrat der Basisebene entspricht.

11. Die Notwendigkeit ähnlicher Sprachstrukturen (Grammatik).

Es erscheint interessant, daß sich bei der Codierung mit Hilfe von Prädiktionen die Notwendigkeit ergibt, in den Metaworten und infolgedessen auch in kurzen Folgen von Metaworten "ähnliche" Sprachstrukturen zusammenfassen. Die Ähnlichkeiten können dabei sowohl grammatikalischer als auch inhaltlicher Art sein. Würde man keine derartigen Zusammenfassungen vornehmen, könnte man nämlich in den Metanetzwerken sehr rasch keine sinnvollen Prädiktionen mehr durchführen. Mit anderen Worten, aus der Kenntnis mehrerer Vorgänger-Metaworte könnte man keine Schlüsse auf die möglichen Nachfolger-Metaworte ziehen. Daraus folgt, daß einzelne Metaworte ganz bestimmte sprachliche Strukturen repräsentieren müssen, die sich in der Basisebene durch eine Menge einander ähnlicher Textabschnitte ausfüllen lassen. (Es können im einfachsten Fall z.B. eine Reihe sinnverwandter Worte mit gleichen grammatikalischen Eigenschaften sein). Zum Vergleich: Metaworte des Modells M2 repräsentieren eine Mehrzahl von Metaworten des Modells M1, die einander ähnliche Textabschnitte erzeugen können.

Man kann auch argumentieren, daß die Eindeutigkeit der Abbildung von einem Metawort zu einem normalen Textabschnitt, wie sie im Modell M1 vorhanden ist, im Modell M2 durch die Ähnlichkeitsbündelungen, welche zu mehrdeutigen Metaworten führt, zunächst aufgehoben ist, aber gleich darauf durch die Hinzunahme einer begrenzten Folge solcher mehrdeutiger Metaworte wieder hergestellt wird. Eine bestimmte Folge nichteindeutiger Metaworte kann so schließlich doch wieder einem eindeutigen Klartext zugeordnet werden.

Wie stark die Ähnlichkeitsbündelung sein muß, läßt sich leicht errechnen. Dazu braucht man wegen des regelmäßigen Bildungsgesetzes der Metaworte (für Modell M1 in Gl. (8.1) und Gl. (6.2) und für Modell M2 in Gl. (10.2) bis Gl. (10.7)) nur das Verhältnis V_B der Metawortzahlen für beide Modelle M1 und M2 in der ersten Metaebene zu bilden:

$$V_B = \frac{W^{(1)}}{W^{(0)}} = \frac{2^{H_W^{(1)}}}{2^{H_W^{(0)}}} = \frac{2^{\sqrt{2} \cdot H_W^{(0)}}}{2^{H_W^{(0)}}} = 2^{H_W^{(0)} \cdot (\sqrt{2}-1)} = W_0^{\sqrt{2}-1} \qquad (11.1)$$

$$= 2^{(\sqrt{2}-1) \operatorname{ld} W^{(0)}}$$

Als Zahlenbeispiel nehmen wir einmal die Größenordnung des LIMAS-Korpus an: $W^{(0)} = 2^{17} \approx 131\,000$, woraus sich ergibt

$$V_B \approx 2^{17 \cdot 0,414} \approx 2^7 = 128 \qquad (11.2)$$

Das heißt, im Mittel müssen für ein universelles System etwa 128 verschiedene ähnliche Wortpaare in einem Metawort gebündelt werden. Da im Modell M2 alle Kombinationen der Metabuchstaben genutzt werden, bestimmt sich daraus die Größe des Ähnlichkeitsbündels für die Codierung eines Wortes in der Basisebene zu $\sqrt{V_B} \approx 12$. Das bedeutet, daß man im Mittel jeweils 12 ähnlichen Worten in der Basisebene die gleiche (Ansteuer-)Codierung geben muß. Dies führt praktisch

270

wiederum dazu, daß man im Mittel etwa 4 Bit im binärcodierten Codewort durch die Prädiktion entbehrlich machen muß.

Das Beispiel enthüllt zugleich, wie wenig Lernmaterial doch ein einzelner Text darstellt, denn bekanntlich [5,4] enthält der LIMAS-Korpus nur $5 \cdot W^{(0)}$ verschiedene Wortpaare, die maximal als Metaworte in Betracht kommen. Damit hat man nur rund 4% des "Sprachwissens" gelernt, das man für alle Texte mit demselben Wortschatz und derselben Länge braucht (errechnet aus dem Verhältnis 5/128).

An dieser Stelle der Theorie hierarchischer Netzwerksysteme, und nur hier, ist bisher die Notwendigkeit einer Grammatik und einer Ähnlichkeitsbündelung überhaupt sichtbar geworden. Zugleich erkennt man auch, wie es möglich ist, trotz gleichartiger menschlicher Gehirne in verschiedenen Sprachen ganz unterschiedliche Grammatiken vorzufinden. Man braucht keine grammatikalisch geprägten vererbbaren Gehirnstrukturen vorauszusetzen. Es genügt für einen Menschen, von Vorbildern zu lernen, welche der vielen unterschiedlichen Möglichkeiten als ähnliche Sprachstrukturen aufgefaßt werden sollen.

12. Verteilte Speicherung

Wie die raum-zeitliche Abspeicherung eines Textes im hierarchischen System erfolgt, hat sich durch die Einführung der Prädiktion ebenfalls verändert. Während bei dem Modell M1 zu einem beliebigen Zeitpunkt in jeder Ebene jeweils nur ein einziger Metaknoten aktiviert ist, dem Information zugeführt wird oder von dem Information entnommen wird, ist bei dem Modell M2 dort die aktuelle Information jeweils über eine Folge (Gruppe) von aktivierten Metaknoten verteilt. Dazu kommt noch beim Voranschreiten in den jeweiligen Netzwerkspfaden die Überlappung jeder dieser aktivierten Gruppen mit vorhergehenden und nachfolgenden Gruppen. Die Metaknoten jeder Gruppe tragen nur einen Bruchteil der Information wie die Metaknoten des Modells M1.

Ein solches Schema der verteilten Speicherung in einem hierarchischen Gesamtsystem ist weder mit dem Begriff der lokalen Speicherung (wie in den bekannten digitalen Speichern der Computer) noch mit dem Begriff der holographischen Speicherung zutreffend zu beschreiben. Wenn man aber bedenkt, was in allen Netzwerkschichten parallel gespeichert und abgefragt wird, erscheint die Speicherung im Modell M2 doch als ein sehr naher Verwandter der Speicherung in der Holographie (wenn man sie als allgemeine Methode und nicht nur als eine photographische Technik ansieht).

Literatur

1. Hilberg, W.: Der bekannte Grenzwert der redundanzfreien Information in Texten - eine Fehlinterpretation der Shannon'schen Experimente? Frequenz 44 (1990) 9-10, S.243-248
2. Shannon, C.E.: Prediction and Entropy of Printed English. The Bell System Technical Journal, Jan. 1951, pp 50-64.
3. Hilberg, W.: Die texturale Sprachmaschine als Gegenpol zum Computer. Verlag Sprache und Technik, 1990
4. Hilberg, W.: Neuronale Netze in höheren Abstraktionsebenen. Institutsbericht Nr. 180/94 Neural networks in higher levels of abstraction. Biological Cybernetics 76, S. 23-40 (1997).
5. Meyer, J.: Die Verwendung hierarchisch strukturierter Sprachnetzwerke zur redundanzarmen Codierung von Text. Darmstädter Dissertation, 1989
6. Steinmann, F.-M.: Messungen Herbst 1995
7. Steinmann, F.-M.: Netzwerkmodellierung und Segmentierung von Texten sowie Anwendungen zur Informationsverdichtung. Darmstädter Dissertation 1996
8. Nachtwey, V.: Textkompression auf der Basis von Wortnetzwerken und Grammatikmodellen. Darmstädter Dissertation 1995
9. Hilberg, W.: Kolmogoroff-Komplexität versus funktionale Komplexität. Institutsbericht Nr. 193/96

Eine Veröffentlichung des vorliegenden Aufsatzes erfolgte unter dem Titel: "Theorie der hierarchischen Textkomprimierung" in der Zeitschrift Frequenz 51 (1997) Teil I. 7-8, S. 196-202, Teil II. 11-12, S. 280-285.

14

Prädiktion im sprachlichen Bereich und ihre technische Realisierung.

Vorhersagen gibt es im sprachlichen Bereich tatsächlich, sie haben allerdings nur entfernte Ähnlichkeiten mit bekannten mathematischen Prädiktionen.

Kurzfassung. Aus der Analyse großer Textsammlungen kann man Assoziationsmatrizen verschiedener Reichweite gewinnen. Werden sie konjunktiv miteinander verknüpft, gelingen Prädiktionen wachsender Genauigkeit, die bei der Erzeugung von Text eingesetzt werden können. Es ist möglich, daß das menschliche Sprachhirn grundsätzlich ähnlich arbeitet.

1. Einleitung.

Wir alle kennen sprachliche Prädiktionen, zum Beispiel: Jemand erzählt uns etwas und, weil er vielleicht etwas älter ist, kommt er manchmal nicht gleich auf das richtige Wort. In der Regel können wir ihm spontan aushelfen und sagen ihm dieses Wort. Zuweilen können wir ihm sogar einen ganzen Satz ergänzen und es zeigt sich meist, daß das Wort oder der Satz richtig vorhergesagt, d.h. prädiziert war.

2. Veranschaulichung des technischen Problems.

Als erstes sei dargestellt, wie innerhalb einer Netzwerkschicht die Prädiktion in Abhängigkeit der Vorgängerworte funktioniert, siehe Bild 1. In der obersten Zeile ist in einem Text ein Vorgängerwort I_1 zu einem noch zu suchenden Wort I_0 als bekannt vorausgesetzt. Direkt nach I_1 können an unterschiedlichen Stellen des Textes viele verschiedene Worte folgen, aber nicht alle. Man findet sie in der Assoziationsmatrix in der Spalte oberhalb von I_1. In der in Bild 1 anschaulich in der Fläche dargestellten Auswahlmenge, die identisch ist mit der Menge aller Nachfolgerworte einer Matrixspalte, ist das gewünschte Wort I_0 zu finden. Setzt man, wie in der zweiten Zeile in Bild 1, zwei Vorgängerworte I_1 und I_2 als bekannt voraus, wird die Auswahlmenge für I_0 im allgemeinen schon etwas kleiner. Das setzt sich in dieser Weise so fort, wenn, wie in den Zeilen 3 und 4, immer noch ein weiterer bekannter Vorgänger dazu genommen wird. Bei genügend vielen Vorgängern - Größenordnung etwa ein Dutzend - findet man nur noch einen einzigen Nachfolger, den es in dem Lerntext (LIMAS-Korpus) gibt. Vernünftigerweise wird man für die Erzeugung von Text nicht mehr als etwa drei bis vier bekannte Vorgänger benutzen und dazu vielleicht ein bis zwei bekannte Nachfolger zu I_0.

Es ist wohl unmittelbar zu sehen, wie mit wachsender Prädiktionslänge die Auswahlmenge immer schärfer eingegrenzt wird, was zu einer entsprechenden Entropieverkleinerung bzw. Codeverkürzung der auszugebenden Worte führt.

3.   Ermittlung der Prädiktionen für einen fortlaufenden Text.

Das Prinzip der Prädiktion ist einfach. Kennt man ein unvollständiges Textstück, so kann man über die Existenz möglicher direkt folgender Worte umso genauere Aussagen machen, je mehr Vorgänger man in Betracht zieht. Es interessiert hierbei vor allem, wieviele Worte und welche Worte überhaupt als Nachfolger möglich sind. Im Gegensatz zur bekannten stochastischen Prädiktion wird hier nicht die Frage gestellt, mit welcher Wahrscheinlichkeit solche Nachfolgerworte auftreten.

Das Werkzeug zur übersichtlichen Bestimmung solcher Nachfolgermengen ist die Assoziationsmatrix [1,3]. Ursprünglich wurde sie zu dem Zwecke aufgestellt, die Struktur eines umfangreichen Sprachnetzwerkes aus hunderttausenden von Wortknoten zu erfassen. In dieser Matrix - sie wurde schon an anderer Stelle beschrieben - sind alle direkten Aufeinanderfolgen von Worten aufgetragen, die man in einer großen Textsammlung (LIMAS-Korpus) findet. Entlang der Achsen sind dabei die verschiedenen Worte aufgetragen, die in dem Lerntext enthalten sind und zwar mit ihrer Rangzahl. Der Rang kann auf zweierlei Weise - und zwar völlig äquivalent - definiert werden. Einmal, daß dem häufigsten Wort die kleinste Rangzahl 1 zugeordnet ist und danach den Worten mit fallender Häufigkeit entsprechend wachsende Rangzahlen, endend mit N, der Zahl aller verschiedenen Worte. Zum anderen, daß man den Rang durch einen Strukturparameter ausdrückt, der Verzweigung genannt wird. Beide Größen, Häufigkeit und Verzweigung, sind proportional zueinander. Es ist wichtig, daß die horizontalen und vertikalen Skalen logarithmisch geteilt sind. Greift man ein Wort x auf der horizontalen Skala heraus, bzw. dessen Rangzahl, findet man in der Matrixspalte einige Punkte, die zu Worten auf der vertikalen Skala führen, die im Lerntext als mögliche direkte Nachfolger des Wortes x enthalten sind.

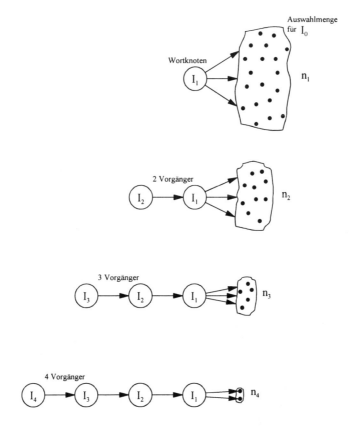

Bild 1. Veranschaulichung der Wirkung einer Prädiktion mit Hilfe mehrer Vorgänger. Die Auswahlmenge, dargestellt durch Punkte n, verkleinert sich mit zunehmender Anzahl der berücksichtigten Vorgänger.

Man überlegt sich leicht, daß hiermit nicht nur die Struktur des Netzwerkes beschrieben ist, sondern, daß man auch zugleich den Fall der Prädiktion mit genau einem bekannten Vorgänger erfaßt hat. Das heißt, kennt man das Wort x und sucht dies auf dem unteren Matrixrand auf, so gibt die Menge der Punkte auf der zugehörigen Matrixspalte gerade die Menge der möglichen Nachfolger zu dem Wort x an, und ihre Position führt zu den zugehörigen konkreten Worten.

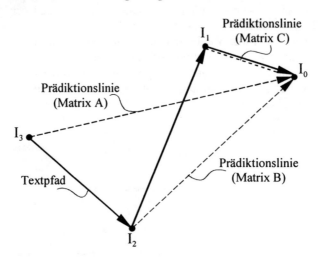

Bild 2. Veranschaulichung der Konjunktionsmethode. a) Ausschnitt aus einem Sprachnetzwerk mit dick gezeichnetem Textpfad und gestrichelt gezeichneten Prädiktionslinien.

Will man bei der Prädiktion zwei bekannte Vorgängerworte berücksichtigen, so könnte man eine größere Assoziationsmatrix benutzen, bei der auf der horizontalen Achse nicht nur die N Worte des Wortschatzes, sondern die N^2 theoretisch möglichen Vorgänger-Wortpaare aufgetragen sind. Das würde aber sehr bald mit länger werdendem Lerntext, d.h. steigender Zahl von bekannten Vorgängerworten, praktisch nicht mehr durchführbar sein. Deshalb ist eine andere Methode günstiger. Hierbei bestimmt man in Assoziationsmatrizen gleichbleibender Größe die Aufeinanderfolge von Worten, die in wachsenden Wortabständen innerhalb des Textes aufeinander folgen können [6,7]. Das Prinzip ist in Bild 2 gezeigt. Hierbei ist in Bild 2a eine Aufeinanderfolge der Wortknoten I_3 I_2 I_1 I_0 als Teil eines Textpfades aus einem dreidimensional gedachten Sprachnetzwerk zu sehen, bei dem (gestrichelt) verschiedene Prädiktionslinien von den bekannten I_3 I_2 I_1 zu dem Nachfolger I_0 führen und sich dort summieren (so wird man sich im Prinzip wohl auch die natürliche Prädiktion mit Nervenleitungen im Gehirn vorstellen können). In Bild 2b ist derselbe Textpfad als eine Aufeinanderfolge von Worten in einer Zeile dargestellt, in Bild 2c werden Matrizen A, B und C für verschiedene Wortabstände in einem Text eingeführt, in Bild 2d wird gezeigt, wie die Konjunktion der drei Matrixspalten zu bilden ist, und in Bild 2e wird schließlich die Konjunktion in einem assoziativen Speicher skizziert.

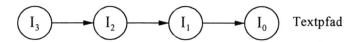

Bild 2. b) Ein Textpfad, der bis auf das letzte Wort I_0 (Bezugswort) bekannt ist.

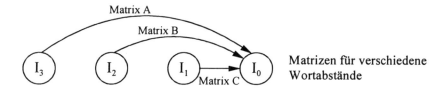

Bild 2. c) Assoziationsmatrizen für verschiedene Wortabstände im Text (verschiedene Reichweite).

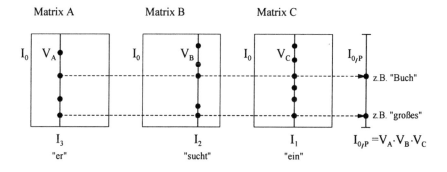

Bild 2. d) Ein prinzipielles Beispiel dafür , wie in den Matrizen die Konjunktion (UND-Funktion) aller Punkte auf den Vertikalen über den bekannten Wortvorgängern zu der Menge aller prädizierten (erlaubten) Nachfolger $I_{0,P}$ führt.

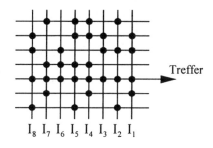

Bild 2. e) Die Übertragung aller aktivierten Matrixspalten in einen assoziativen Speicher.

Der Aufwand für dieses Verfahren ist relativ klein. Denn, hat man einige dieser Matrizen aus dem Lerntext gewonnen, braucht man in der Anwendung zur Bestimmung einer Prädiktion aus mehreren bekannten Vorgängerworten nur die Konjunktion der Spaltenbesetzungen dieser Matrizen zu bilden. Die Matrixpunkte der aktivierten Matrix-Spalten bezeichnen die Nachfolgerworte, die unter Berücksichtigung der Prädiktion als mögliche Nachfolger übrig bleiben. (Genau genommen, ist dies nur eine erste Näherung für mögliche Nachfolger, da sie auch noch einige Worte enthalten kann, die nach dem vorhandenen Lerntext-Abschnitt überhaupt nicht vorkommen, die aber in anderen Lerntexten (Korpora) auftauchen können oder die - seltener - sogar ganz falsch sind [11]).

Es zeigt sich schließlich noch, daß man mit Vorteil auch eine Prädiktion in Rückwärtsrichtung dazu nehmen sollte. Das sieht man schon bei der Verarbeitung eines Satzes ein: Wenn man mit dem ersten Wort eines Satzes beginnt, kann man nur die Prädiktion in Rückwärtsrichtung anwenden und wenn man zum letzten Wort des Satzes kommt, ist nur noch eine Prädiktion in Vorwärtsrichtung möglich. Dazwischen hat man dann die Möglichkeit, sowohl die eine als auch die andere Richtung zu nutzen.

4. Ähnlichkeitsbündelung und Prädiktion in der Netzwerkstruktur.

Ein Sprachnetzwerk muß so gestaltet sein, daß es die Prädiktionsverknüpfung eines jeden Wortes mit jedem anderen gewünschten und zugelassenen Nachfolgerwort erlaubt.

Zunächst einige Festlegungen. Ein Knoten in einem Sprachnetzwerk enthalte entweder ein Wort oder eine Mehrzahl von Worten. Im letzteren Falle erfüllen diese ein Zusammenhangskriterium. In der Basisebene mag dies die Zugehörigkeit zu einer Wortfamilie sein, z.B. die Flexionen gehe, gehst, geht, gingest, ... zu der Familie „gehen" (oder zum Wortstamm „geh"). Im Übergang zur ersten Metaebene mag es dagegen die Zugehörigkeit zu einer Spalte der Assoziationsmatrix der Basisebene sein (oder die Zugehörigkeit zu einer Wortart, z.B. den Verben). Um die Bezeichnungen auf allen Ebenen gleich zu halten, soll der umfassende (Meta-) Knoten als Gruppenknoten und die darin enthaltenen Worte als Elemente (der Gruppe) bezeichnet werden, siehe Bild 3. Alle Elemente des Gruppenknotens sind „ähnlich" im Sinne der gegenseitigen Ersetzbarkeit bei einem Prädiktionsvorgang. (Nur in den Knoten der Basisebene gibt es noch einen anderen Ähnlichkeitsbegriff. Hier können die Elemente „ähnlich" sein im Sinne einer zusammengehörigen Wortfamilie).

Für manche Zwecke erweist es sich als vorteilhaft, noch eine „Kennung" einzuführen. Dies kann z.B. die Kennzeichnung für eine Spalte der Assoziationsmatrix sein, entweder als Rangzahl r für das Wort auf der Abszisse einer Assoziationsmatrix oder als Code für dieses Wort (Leitwort). In diesem Falle enthält der Knoten mit seiner Kennung alle Worte dieser Spalte. Die Kennung wird angesprochen von einem anderen Wortknoten oder dem Element eines anderen Gruppenknotens. In Bild 4 ist dieses Element im Knoten des Vorgängers des gerade aktivierten Knotens in der Basisebene enthalten (gezeichnet für das Codieren).

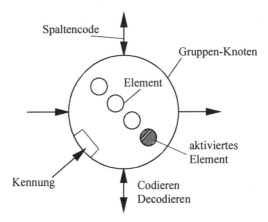

Bild 3. Symbolische Darstellung eines Knotens, der in seiner Gesamtheit Gruppenknoten genannt wird und der eine Anzahl von Elementen enthält.

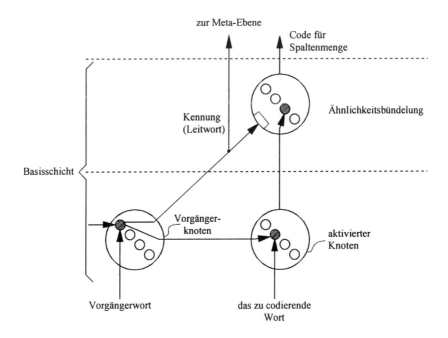

Bild 4. Darstellung der Kennung und Schema einer möglichen Einbindung von Gruppenknoten in einer Netzwerkschicht.

Man kann sowohl den Gruppenknoten als Ganzes aktivieren als auch jedes einzelne Element innerhalb des Gruppenknotens. Das geschieht in der Regel assoziativ, wobei die Aktivierung eines Elementes auch die Aktivierung des ganzen Gruppenknotens nach sich zieht. Über die Kennung (bzw. das Leitwort) kann hingegen der zugehörige Knoten in seiner Gesamtheit, d.h. mit allen seinen Elementen, gesperrt oder freigegeben werden. Der Übersichtlichkeit halber werden im folgenden bei mehreren Elementen in jedem Gruppenknoten jeweils nur vier Elemente zeichnerisch dargestellt.

Codierung.

Betrachten wir im folgenden ausschließlich den Prozeß des vertikalen Transfers der Codes von Ebene zu Ebene etwas genauer. Dabei werde die Verdichtung zunächst ausgespart. Wir gehen ferner in der Basisebene vom einfachsten Fall aus, daß dort in jedem Knoten nur ein einziges Wort gespeichert ist, siehe Bild 5. Textbeispiel ist „er geht mit großen Schritten". Von jedem dieser Knoten führt eine diagonale

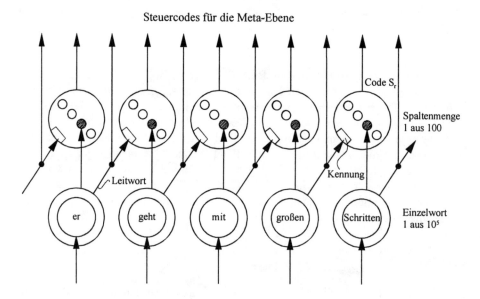

Bild 5. Netzwerkstruktur für das Codieren.

Verbindung zu der Kennung eines Knotens, der im nächsten Schritt aktiviert wird. In der Anwendung, bei einer aktuellen Codierung, enthält der Zielknoten mit der Kennung schon alle Worte, die sich in der Assoziationsmatrix auf der Senkrechten zu dem Rang r des Vorgängerknotens befinden. Er wird durch die Kennung in seiner Gesamtheit freigegeben. Dadurch wird sichergestellt, daß das nächste Wort des Textes, welches zu codieren ist, und das auch tatsächlich einmal (und nur einmal) in dem übergeordneten Gruppenknoten enthalten ist, den freigegebenen Knoten auch aktivieren kann. Man beachte, daß hierdurch eine beachtliche Codetransformation stattgefunden hat. War das Einzelwort zunächst aus einem Vorrat (Wortschatz) von z.B. 10^5 Worten zu entnehmen und zu codieren gewesen, so ist die Menge der Elemente in dem Gruppenknoten mit z.B. 100 zu codierenden Worten schon stark reduziert (Prinzip „Teile und Herrsche"). Für den Informationstransfer bei einem Codiervorgang gelten die ausgezogenen vertikalen Linien. Das heißt, ein durch einen Assoziationsvorgang aktivierter Einzelwort-Knoten in der Basis wird zuerst mit dem Code seines Gruppenknotens transferiert und dann mit seinem Code. Gibt es mehrere freigegebene Gruppenknoten mit derselben Kennung, welcher Fall noch zu besprechen ist, so wird nur der Gruppenknoten, der als einziger das aktivierte Element enthält, seinen Gruppencode an einen Metaknoten weitergeben.

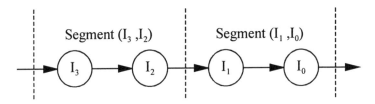

Bild 6. Segmentierung eines laufenden Textes in Wortpaare.

Wenn man einen Textpfad wie in Bild 2b codieren will, muß man ihn zuerst segmentieren, d.h. im einfachsten Fall in aufeinander folgende Wortpaare zerlegen, siehe Bild 6. Das hat den Zweck, jedes Wortpaar in ein Metawort überzuführen. Dazu kann man von jedem Wortknoten seine Kennung (Leitwort) oder seinen Gruppen-Code verwenden. In dem nachfolgenden Bild 9 ist die Netzwerkstruktur für die Basisebene und die darauf folgende Bündelung skizziert. Segmentiert man z.B. das Textbeispiel wie folgt: - er geht - mit großen - Schritten -, so könnte man z.B. von den Segmentanfängen "er, mit, Schritten" direkt mit den Kennungen in die Metaebene weitergehen und mit den Segment-Teilen "geht, großen" mit den Gruppencodes in die Metaebene.

Decodierung.

Bei der Decodierung, siehe Bild 7, kehrt sich die Richtung des vertikalen Datentransfers gerade um. Damit man aus den allgemeineren Gruppencodes wieder die spezielleren Elementcodes zurückgewinnen kann, benötigt man, wie gesagt, das Hilfsmittel der Prädiktion. Sie hat die Aufgabe, aus dem aktivierten Gruppenknoten, der im Mittel nur eine relativ kleine Menge von Elementen enthält, genau das Element zu spezifizieren, das in den zu generierenden Text gehört. Das ist möglich durch Ausnutzung der bekannten Vorgängerworte.

Bild 8 zeigt, wie man die Bündelknoten anordnen muß, um Prädiktionen mit je 3 Vorgängern realisieren zu können. Die Anzahl der Bündelknoten insgesamt entspricht dabei der Zahl der Spalten von 3 Assoziationsmatrizen. Nehmen wir als Beispiel die Prädiktion zu dem Wort "großen" in einem Basisknoten. Die drei Bündelknoten, die senkrecht darüber stehen, bekommen ihre Kennungen von den Wortknoten "er, geht, mit". Ihre Inhalte, d.h. die Spaltenbesetzungen, werden konjunktiv mit einander verknüpft, so daß nur eine sehr kleine Anzahl möglicher Elemente übrigbleibt, im Idealfall das Wort "großen".

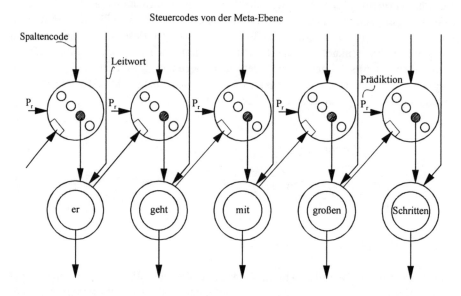

Bild 7. Netzwerkstruktur für die Decodierung. Für die Worte in den Gruppenknoten muß die Auswahl der Elemente durch eine Prädiktion erfolgen.

Wenn in einer Spalte der Assoziationsmatrix (in irgend einer Abstraktionsebene), sehr viele Nachfolgerworte enthalten sind, die nicht alle in einen einzigen Bündelungsknoten passen, kann man diese Menge auch teilen und mehrere Bündelungsknoten mit derselben Kennung daraus machen. Sie werden dann verschiedenen Metaknoten zugeführt. Die Wirkungsweise ist beim Codieren am einfachsten zu sehen. Nur in einem dieser Bündelungsknoten findet der Code, der beim Codieren von der darunter liegenden Ebene kommt, dann sein Element, er aktiviert es, und damit auch den zugehörigen Bündelungsknoten, der seinen Code an das zugehörige Metawort weitergibt.

Eine im grammatikalischen Sinn besonders gute Sortierung ist zu erwarten, wenn man die Einteilung der Spalten bzw. ihrer entsprechenden Gruppenknoten so vornimmt, daß Worte aus nahe benachbarten Klassen jeweils in einem Teilknoten zusammengefaßt werden. Benachbarte Klassen kann man einfach aus der Assoziationsmatrix ablesen und die Klassenzugehörigkeit z.B. mit einem Teilcode erfassen.

Es sei nochmals betont, daß es sich hier nur um die Darstellung einer möglichen Netzwerkrealisierung der Prädiktion handelte. Computersimulationen können einfacher, wenn auch meist nicht so schnell, durchgeführt werden.

Die Realisierung der Prädiktionen in allen Ebenen bei der Decodierung ist offensichtlich ein Vorgang, der viele Netzwerkknoten aktiviert, also aufwendig ist.

Das ist wohl analog zu unserer Überzeugung, daß „Hören" weniger Anstrengung erfordert als „Sprechen". (Codieren ist leichter als Decodieren). Bei der Texterzeugung kann man dadurch aber auch zwischen vielen unterschiedlichen Möglichkeiten auswählen, was wohl die eigentliche „Stärke" und „Flexibilität" der Sprache ausmacht.

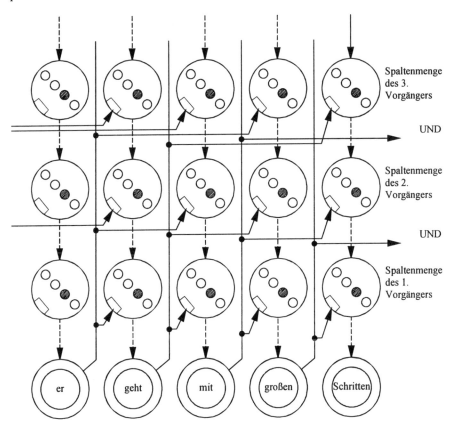

Bild 8. Netzwerkstruktur für die Decodierung unter Benutzung einer Prädiktion mit 3 Vorgängern.

5. Verdichtung.

Nun ist an dieser Stelle ganz kurz auch noch die Netzwerkrealisierung der Verdichtung zu berücksichtigen. Sie besteht nach Bild 9 darin, daß in jeder Abstraktionsebene jeweils zwei oder mehr aktivierte Knoten-Codes zu einem einzigen Knoten-Code zusammengefaßt werden. Das heißt, es handelt sich um eine Zusammenfassung von Kennungen (Leitworten) und Gruppencodes (Nicht alle

283

Möglichkeiten der Struktur in Bild 5 werden dabei benutzt). Der zusammengefaßte Code wird dann weiterhin genauso behandelt wie das für den einfachen Code dargelegt wurde. (Bild 9 zeigt im Vorgriff auf eine Beschreibung im übernächsten Aufsatz, wie mit Hilfe der in Bild 6 gezeigten Segmentierung durch Zusammenfassung von Leitwort und Spaltenmenge das Codierungsschema II realisiert wird.)

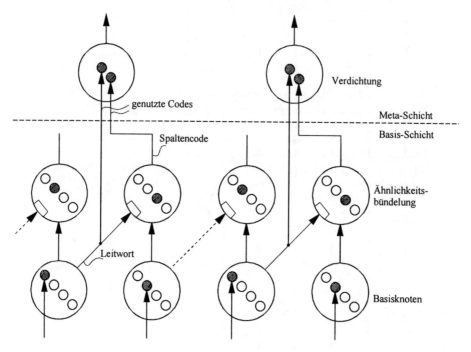

Bild 9. Netzwerkstruktur für die Codierung, wobei zur Verdichtung im laufenden Text jeweils zwei Codes zu einem Metawort zusammengefaßt werden. Die Code-Paare bestehen jeweils aus einem Leitwortcode und einem Spaltencode.

Literatur

Siehe die Liste des nächsten Aufsatzes.

15

Ähnlichkeitsbündelung, Verdichtung und Segmentierung.

Die für die intelligente Textverarbeitung notwendigen Operationen kann man nur durchführen, wenn man zuvor einige grundsätzliche Fragen beantwortet: Wie sollte man die Ähnlichkeit von Texten definieren? Behandelt man natürlichsprachlichen Text als kontinuierlichen Fluß von Einzelworten oder achtet man schon zu Beginn auf Zusammenhänge und zerteilt den Text in unterschiedlich große Segmente? Welche Methode ist für eine rasch voranschreitende Textverdichtung die einfachste und wirkungsvollste?

Kurzfassung. Nachdem behandelt wurde, wie ein hierarchisches Netzwerksystem für die Sprachverarbeitung strukturiert sein muß, wird jetzt der Blick auf die praktische Durchführung der weiteren Grundoperationen Ähnlichkeitsbündelung, Verdichtung und Segmentierung gerichtet. Durch die vorgeschlagene Ähnlichkeitsbündelung und die erlaubten Textpfade in den Metaebenen werden implizite Syntaxstrukturen erzeugt, die einerseits für das gute Funktionieren der Sprachmaschine notwendig sind, die aber andererseits auch zur Ausgabe einer expliziten Grammatik genutzt werden könnten. Es zeigt sich ferner, daß eine gute Verdichtung nur durch eine Segmentierung des laufenden Textes gelingt. Eine Segmentierung, die mit Hilfe der Assoziationsmatrizen arbeitet, wird skizziert.

1. Einleitung.

Unlängst wurde ein System aus hierarchischen Netzwerkschichten vorgestellt, mit dem es möglich ist, einen Text so stark zu komprimieren, daß in einer höher liegenden Netzwerkschicht ein relativ kurzer Code, genannt "Metawort", entsteht, der mit einem "Gedanken" vergleichbar ist [1]. Solch ein Metawort kann wieder in eine Folge von Worten, d.h. einen Text umgesetzt werden, der diesen "Gedanken" ausdrückt. Es lassen sich daraus interessante Anwendungen entwickeln wie z.B. Komprimieren eines Textes für die elektrische Übertragung, das Übersetzen eines Textes von einer Sprache in eine andere, grundsätzlich nicht entzifferbare Verschlüsselungen in der Kryptographie, usw.

Die informationstheoretische Behandlung eines solchen Systems, welches wir die Sprachmaschine nennen, wurde in [2] dargelegt. Hier wird mit der Entropie, also dem Shannon'schen Informationsbegriff gearbeitet und es zeigt sich, daß für realisierbare Systeme vier Mechanismen eingebaut werden müssen:

1. Prädiktion
2. Ähnlichkeitsbündelung
3. Verdichtung
4. Segmentierung

Hierbei bezieht sich die Prädiktion zunächst auf die Kenntnis der näheren Umgebung eines (normalen) Wortes in einem Text, und weiter ausgreifend in höheren Ebenen auf die Kenntnis relativ weniger Metaworte vor oder nach einem Metawort in einem Textpfad. Bei der Ähnlichkeitsbündelung müssen mehrere ähnliche Worte jeweils zusammen an der gleichen Stelle gespeichert werden (in den Knoten oder Metaknoten eines jeden Netzwerkes). Die Verdichtung bzw. Komprimierung ergibt sich einfach dadurch, daß die Steuersignale einiger direkt aufeinander folgender Worte (oder Metaworte) eines Textes jeweils zusammengefaßt und an einer Stelle (Knoten) der nächsten hierarchischen Schicht gespeichert werden. Bei der Segmentierung muß schließlich darüber entschieden werden, wieviele Worte des Textes jeweils zu einer Einheit "Segment" zusammengefaßt werden (typisch 2 bis 3 Worte).

Die Theorie in [2] liefert durchaus konkrete Aussagen wie z.B. die, daß bei der Prädiktion im Mittel die Kenntnis von drei Vorgängerworten genügen müßte und daß in einem Universalsystem bei der Ähnlichkeitsbündelung jeweils im Mittel 128 ähnliche Worte gebündelt werden sollten. Im folgenden soll dargelegt werden, wie man die Mechanismen für die Sprachmaschine gestalten und wie man sie in der Simulation einsetzen kann, damit man Lernprozesse ohne menschlichen Lehrer erhält und trotzdem nicht von den sehr großen Zahlen im Wortschatz einer natürlichen Sprache und der noch größeren Zahl von Wortkombinationen in Texten überwältigt wird. Eine intelligente Sprachmaschine sollte in der Praxis schließlich wenigstens so schnell funktionieren wie das menschliche Gehirn als ihr Vorbild. Da die Sprachmaschine aber elektronische Netzwerke statt biologischer neuronaler Netzwerke aufweist, sollte sie bei richtiger Konstruktion sogar weit schneller arbeiten als ihr menschliches Vorbild.

2. Ähnlichkeitsbündelung

Die Bestimmung von Ähnlichkeit ist sicher eines der ältesten, der komplexesten und meist bearbeiteten Themen in der Wissenschaft. Auch bei der intelligenten Verarbeitung von Text in der zu entwerfenden Sprachmaschine haben wir zunächst vergeblich viele unterschiedliche Definitionen ausprobiert. Schließlich hielten wir es für das Vernünftigste, das, was ähnlich sein sollte, automatisch aus dem Text heraus zu bestimmen. Hilfreich ist dabei die Vorstellung, daß alle Worte, die in einem gegebenen Kontext an einer Stelle gegenseitig ersetzbar sind, einander ähnlich sein müssen. Man beachte, daß eine so definierte Ähnlichkeit sowohl die grammatikalische Ähnlichkeit umfaßt, als auch die von der Bedeutung her bestehende Ähnlichkeit. In vielen Fällen wird es so sein, daß in dieser Sicht der Dinge die Bedeutungsähnlichkeit eine Untermenge der Grammatikähnlichkeit ist.

Bei einem strukturell bestimmten System, wie dem Netzwerk-System, sei es nun ein natürliches oder ein technisches, sollte die Bestimmung von Ähnlichkeit von dem Lerntext abhängen, aber ansonsten völlig selbsttätig ablaufen. Das ist möglich, wenn wir uns die Ergebnisse der Prädiktion zunutze machen. Hier haben wir nämlich in der verbleibenden Auswahlmenge, insbesondere, wenn die Prädiktion in Vorwärts- und in Rückwärtsrichtung durchgeführt wird, Worte gefunden, die - sprachlich gesehen - allesamt an dieser Stelle möglich sind, die also gegenseitig ersetzbar sind. Transferieren wir also solche Wortmengen bzw. ihre Steuercodes jeweils in einen Metaknoten des nächsten Schichtnetzwerkes, haben wir dort ein Ähnlichkeitsbündel deklariert und gespeichert. Die experimentellen Ergebnisse zeigen, daß wir durch Vorgabe der Zahl von bekannten Vorgängern und Nachfolgern eine unterschiedlich große gefilterte Wortmenge bekommen. Bei einem Text mit mehreren Vorgängern und Nachfolgern, deren Zahl wir vergrößern, werden zunehmend Worte gleicher Art, also z.B. Verben, Adjektive, Substantive, usw., herausgefiltert. Wenn man schließlich viel "Kontext" berücksichtigen kann, verbleiben in der Auswahlmenge vorwiegend einige wenige bedeutungsgleiche Worte derselben Art.

Es muß nun der Fall betrachtet werden, daß ein bestimmtes Wort gleich in mehreren Auswahlmengen vorkommt. Das würde beim Codieren Schwierigkeiten bereiten, denn man könnte dann ja auf mehrere Metaworte zugreifen. Es gibt verschiedene Möglichkeiten, dies zu verhindern. Ein besonders einfaches Modell ist das folgende. Wir ordnen jedem Wort (des Wortschatzes) diejenige direkte Nachfolgermenge zu, die sich aus dem Lerntext ergibt. In der Assoziationsmatrix sind das alle direkten Nachfolger zu diesem Wort, deren Matrixpunkte sich auf der Senkrechten zu dem betrachteten Wort befinden. Diese Nachfolgermenge in der Spalte nennen wir eine Ähnlichkeitsgruppe. Man ist damit sicher, daß die Zahl der Ähnlichkeitsgruppen auf N, die Zahl der verschiedenen Worte, begrenzt ist und daß jedes Nachfolgewort in einer Ähnlichkeitsgruppe nur einmal vorkommt. Bild 1 soll an einem Beispiel verdeutlichen, wie ein fortlaufender Text aus den Worten a,b,c,... paarweise in Metaworte überführt wird, wobei jeweils ein Wort (Leitwort) direkt und das Nachfolgerwort mit seinem Spaltencode verwendet wird.

Die Zahl der Elemente einer Spalte ist manchmal zu groß, um damit den Inhalt eines einzigen Metawortes zu bilden (dessen maximale Zahl wir in der Größenordnung von vielleicht 100 annehmen wollen). Dann wird man die

Ähnlichkeitsgruppe in solche Untermengen unterteilen, die für Metaworte geeignet sind, indem man z.B. bei der Prädiktion noch weitere Vorgänger berücksichtigt (man könnte auch ganz schematisch die Besetzung der Senkrechten in mehrere Untermengen passender Größe teilen). Damit erhält man einige Untermengen, d.h. mögliche Inhalte von Metaworten, die zunehmend von gleicher Wortart und Bedeutung sind.

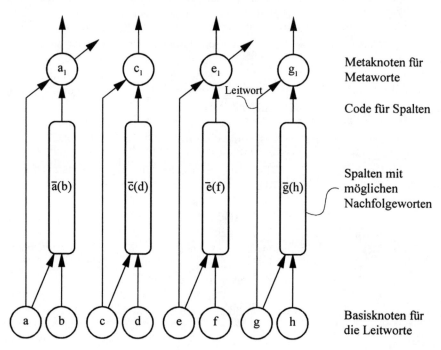

Bild 1. Veranschaulichung des Falles, daß aus Wortpaaren des laufenden Textes Metaworte werden, indem der Code eines Leitwortes und der Code einer zugehörigen Spaltenmenge jeweils zusammengefaßt werden.

Nehmen wir zur Veranschaulichung ein Zahlenbeispiel, bei dem wir Mittelwerte betrachten wollen. Wir teilen die Ähnlichkeitsgruppen, d.h. die Mengen aller Punkte auf den Senkrechten der Assoziationsmatrix im Mittel in zwei Untermengen, die dann in zwei Metaworten aufgehen. Der Mittelwert bedeutet, daß es mehrere Ähnlichkeitsgruppen geben wird, die in viele Untermengen zerlegt werden (z.B. 100), aber sehr viele, die so schlecht besetzt sind, daß man sie nur einmal oder überhaupt nicht teilen wird. Im Mittel hat man dann also 2N Metaworte für den Teil einer Netzwerkschicht geschaffen, in dem die Prädiktionen durchgeführt werden [8,9]. Wenn dann bei der auf die Verdichtung folgenden Segmentierung in der darauf folgenden Metaebene im Mittel wieder 2 Metaworte zusammengefaßt werden, ergeben sich wieder genau N Metaworte. Aus deren Nachfolgermengen kann man in der Assoziationsmatrix wieder die Besetzung der Metaworte in der 2. Metaebene gewinnen, usw.

Um zu einer gleichmäßigeren „Füllung" der Metaworte zu kommen, kann man auch daran denken, gleich mehrere Worte einer Klasse (die in einem Streifen der Assoziationsmatrix liegen) im Metaknoten zusammenzufassen. Z.B. könnte man das mit allen Worten tun, die nur ein einziges Mal im Text vorkommen (und die in der Regel Substantive sind). Macht man dies auch mit den Worten der übrigen Klassen, vermindert sich die Zahl der zu unterscheidenden Nachfolgermengen bzw. Metaworte beträchtlich. Dann hat man auch wieder mehr Freiheiten beim Bilden bedeutungsgleicher Untermengen und der Zusammenfassung bzw. Verdichtung mehrerer Segmente.

Richten wir unsere Aufmerksamkeit auf einen anderen Aspekt, der mit einer solchen Sprachverarbeitung verbunden ist. Werden alle Metaknoten in der Netzwerkschicht der 1. Metaebene mit Worten gleicher Art gefüllt, so hat das interessante Auswirkungen auf die Codierung von Text. Nehmen wir z.B. den Fall der Codierung einzelner Sätze. Ein Textpfad durch die 1. Metaebene verbindet dann Knoten, welche durch ihre Wortart gekennzeichnet sind. Die sprachlich erlaubte Aufeinanderfolge von Wortarten in einem Satz nennt man aber bekanntlich die Syntax. Das Netzwerk einer Sprache in der ersten Metaschicht mit all den erlaubten Verbindungen und Pfaden könnte man daher eine Syntaxschicht nennen. Ebenfalls die benachbarten Schichten, in denen die Metaknoten längere Satzteile enthalten.

Denkt man wieder daran, daß in jeder Netzwerkschicht der Sprachmaschine aufgrund der informationstheoretischen Analyse [2] eine Prädiktion durchgeführt werden muß, machen die Syntaxeigenschaften des Netzwerks auch einen Sinn. Es gibt nämlich in einer natürlichen Sprache nur bestimmte erlaubte Syntaxmuster. Bei gegebener Satzlänge ist diese Zahl nicht überwältigend groß, so daß eine Prädiktion in der Metaschicht überhaupt durchführbar wird und Vorteile bringt.

Die Ähnlichkeitsbündelung kann sich in der Basisebene und der Metaebene auf verschiedene Kriterien beziehen. So liegt es bei einer flexionsreichen Sprache wie der deutschen Sprache nahe, die Knoten in der Basisebene als Familienknoten zu realisieren, d.h. jeden Knoten mit allen möglichen Flexionen zu füllen, die man zu einem gegebenen Wortstamm finden kann, und in der Metaebene dann auf eine Füllung der Metaknoten mit ähnlichen Wortarten zu wechseln.

Eine interessante Frage ergibt sich bei Sprachen, die wenig oder gar keine Flexionen besitzen. Wie man schon beim Vergleich der englischen mit der deutschen Sprache feststellt, ist dann die Aufeinanderfolge der Wortarten in einem Satz stärker eingeschränkt, d.h. die Syntax ist stärker reglementiert. Das verschärft sich noch bei den Sprachen, die überhaupt keine Flexionen aufweisen.

Die Prädiktion in der Basisebene kann sich dann nicht mehr auf die Auswahl der richtigen Flexion richten. Man hat vielmehr schon auf der untersten Ebene nur noch die Auswahl der richtigen Wortart. Es bietet sich dann an, die Knoten der Basisebene jeweils mit einer Anzahl ähnlicher Worte gleicher Art zu füllen. Dies ließe sich beim Codieren so organisieren, daß man mit einfachen Lerntexten zunächst ein Sprachnetzwerk mit nur einem Wort pro Knoten entwirft und darauf auch eine mehrfache Besetzung eines Knotens zuläßt, indem bei gleicher Prädiktion, d.h. gleichen Vorgängern und Nachfolgern, die neuen Worte in dieselben Knoten eingeschrieben werden. Beim umgekehrten Vorgang, dem Decodieren, kommt von der

Metaebene der Code für die richtige Stelle in einem Basisknoten, während die Prädiktion auswählt, welcher Knoten überhaupt aktiviert werden soll.

Man beachte, daß bei einer solchen Organisation die Prädiktionen in allen Abstraktionsebenen gleich ablaufen können. Das heißt, es gibt dann keine Sonderrolle der Basisebene mehr.

3. Verdichtung

Das Verdichten eines Textes in einem hierarchischen Netzwerksystem ist die einfachste der eingangs zitierten notwendigen vier Grundoperationen. Daher wurde sie auch als erste entdeckt und realisiert [3,4,10]. Um die Betrachtungen zu vereinfachen, genügt es, die Steuercodes von je zwei direkt aufeinander folgenden Worten eines Textes zu einem Metawort zusammenzufassen und abzuspeichern. Im Laufe der Untersuchungen hat es sich gezeigt, daß es nicht vorteilhaft ist, jeweils zwei beliebige aufeinander folgende Worte eines Textes zusammenzufassen, sondern daß man dies mit sinngemäß zusammenhängenden Worten tun sollte. Zu Anfang ist also eine Segmentierung des Textes notwendig in relativ kurze Segmente, die nur wenige Worte umfassen (z.B. zwei oder drei). Wie Steinmann [5] zeigen konnte, verbessert diese Maßnahme den Kompressionsgewinn außerordentlich.

Wir müssen diese Kompression nun in die Metaebene einbauen. Das geht am einfachsten dadurch, daß man die Steuercodes von zwei oder drei Knoten einfach in einem Metaknoten zusammenfaßt. In der Metaebene werden dann wiederum Ähnlichkeitsbündelungen mit Hilfe von Assoziationsmatrizen durchgeführt, die jetzt Auswahlmengen von Metawortknoten ergeben, deren Steuercodes wieder an die nächste Metaebene weitergegeben werden und dort als "ähnliche Metaworte" in den Knoten dieser Metaebene abgespeichert werden. Darauf folgen dort wieder die Operationen "Ähnlichkeitsbündelung" und "Verdichtung", usw.

Wenn man über die Grenzen eines Satzes hinausgeht, hilft die Ähnlichkeitsbündelung auf der Basis der Syntax nichts mehr. Hier muß man dann nach anderen Möglichkeiten suchen. Eine davon besteht darin, daß man Sätze oder größere Textteile durch Stichworte bzw. typische Titelworte bzw. deren Codes charakterisiert. Alle Textteile mit gleichen Stichworten kann man dann als ähnlich ansehen. Nach unserer obigen Definition wären sie untereinander ersetzbar und bei geeignetem Lernprozeß können sie auch von gleicher Bedeutung sein.

4. Segmentierung

Es muß beim Codieren eines Textes jeweils darüber entschieden werden, wie man den fortlaufenden Text in Stücke zerteilt, bzw. welche Worte man bei der Verdichtung zusammenfaßt. Es sollten idealerweise kleine Gruppen von 1 bis 4 Worten sein, die einen inneren Zusammenhang aufweisen und in der Regel häufig zusammen auftreten. Offenbar macht es keinen Sinn, das Ende eines ersten gängigen Ausdruckes mit dem

Anfang eines zweiten gängigen Ausdruckes zu einer neuen "Verdichtungseinheit" bzw. einem Segment zusammenzufassen. (ein Beispiel zur Veranschaulichung: „in der Frankfurter Allgemeinen Zeitung stand ein interessanter Kommentar des Inhalts ...“ sollte man also wie folgt segmentieren: „in der - Frankfurter Allgemeinen Zeitung - stand - ein interessanter Kommentar - des Inhalts ...“ und nicht „in der - Frankfurter Allgemeinen - Zeitung stand - ein interessanter - Kommentar des - Inhalts.“) M. Steinmann hat gezeigt [5], wie man dieses Problem auf der Basis von Häufigkeitsanalysen lösen kann. Hier sei ergänzend noch erläutert, wie man mit Vorteil dafür auch die Assoziationsmatrizen einsetzen kann.

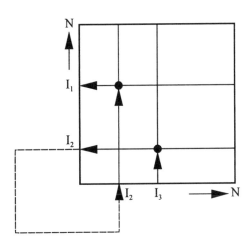

Bild 2. Assoziationsmatrix mit der Häufigkeit als dritter Koordinaten zu jedem Matrixpunkt. Ein großer Häufigkeitswert (hier Kreisflächen) deutet darauf hin, daß ein Wortpaar ein geeignetes Segment ist, aufeinander folgende hohe Häufigkeitswerte ($I_3 \rightarrow I_2$ und $I_2 \rightarrow I_1$), daß die Segmente zu vergrößern sind, niedrige Häufigkeitswerte, daß hier Segmente aneinander grenzen.

Zunächst werden wir die Assoziationsmatrizen noch um eine weitere Information bereichern, indem wir bei jedem Übergang von einem Wort zu dem nächsten nicht nur mit einem Matrix-Punkt vermerken, daß dieses Wortpaar im Text auch tatsächlich vorgekommen ist, sondern auch, wie häufig es auftrat. Das kann man sich jeweils durch eine dritte (Höhen-) Koordinate vorstellen. Wenn dieser Koordinatenwert groß ist, dieses Wortpaar also häufig aufgetreten war, wird man es am besten bei der Verdichtung zu einer Einheit zusammenfassen. Bei seltenem Auftreten wird man dies nicht tun. Die Frage, ob zu einem häufigen Ausdruck mehr als zwei Worte gehören, ist ebenfalls mit Hilfe der Assoziationsmatrix leicht zu lösen. In Bild 2 ist für die Wortfolge I_3 I_2 I_1 der Fall eines Segmentes aus drei Worten skizziert. Hierbei besteht sowohl zwischen dem ersten und dem zweiten Wort ein Häufungspunkt, als auch zwischen dem zweiten und dem dritten Wort. Würde danach z.B. die Häufigkeit der nächsten Wortverbindung deutlich abfallen, wäre dies ein Hinweis für das Ende des Segmentes. Würde die Häufigkeit nicht abfallen, umfaßt das Segment noch ein weiteres Wort, usw.

Literatur

1. Hilberg, W.; Neural networks in higher levels of abstraction. Biological Cybernetics 76, S.23-40 (1997).

2. Hilberg, W.; Theorie der hierarchischen Textkomprimierung. Informationstheoretische Analyse einer deterministischen Sprachmaschine. Teil I. Frequenz 51 (1997) 7-8, S.196-202 Teil II: Frequenz 51 (1997) 11-12, S.280-285.

3. Hilberg, W.; Die texturale Sprachmaschine als Gegenpol zum Computer - Sprachliches Denken mit assoziativen elektronischen Netzwerken. Sprache und Technik Verlag, 1990, 557 Seiten.

4. Hilberg, W.; Das Netzwerk der menschlichen Sprache und Grundzüge einer entsprechend gebauten Sprachmaschine. ntz Archiv Bd. 10 (1988), H.6, S.133-146.

5. Steinmann, F.-M.; Netzwerkmodellierung und Segmentierung von Texten sowie Anwendungen zur Informationsverdichtung. Diss. TH Darmstadt, 1996.

6. Hilberg, W.; Überlegungen zur praktischen Durchführung einer möglichst günstigen assoziativen Codierung. Institutsbericht 166/93.

7. Hilberg, W.; Systematische Bestimmung von Wortarten aus großen Textsammlungen mit Hilfe der Assoziationsmatrizen. Institutsbericht 199/97.

8. Hilberg, W.; Eine praktische Lösung des Problems der automatischen Wortartbestimmung und der Bestimmung ähnlicher Worte. Institutsbericht 201/97.

9. Hilberg, W.; Mögliche Strategien zur Bildung hierarchisch höherer Metaworte. Institutsbericht 203/97.

10. Meyer, J.; Die Verwendung hierarchisch strukturierter Sprachnetzwerke zur redundanzarmen Codierung von Texten. Dissertation TH Darmstadt, 1989.

11. Hilberg, W.; Nachtrag: Die Genauigkeit einer Prädiktion, die mit Hilfe konjunktiv verknüpfter Assoziationsmatrizen arbeitet. Institutsbericht 206/98.

16

Entwicklung bidirektionaler Modelle für die Textverdichtung und Texterzeugung.

Wie kann man ein hierarchisches System aus Sprachnetzwerken im Einzelnen so organisieren, daß beides, sowohl die Aufnahme und Speicherung eines Textes in einem Metawort als auch die erneute Erzeugung dieses Textes aus dem Metawort geschickt gelingt? Sollte man angesichts des Vorbildes des menschlichen Gehirns mit rechter und linker Gehirnhälfte nach einem Doppel-System suchen?

Kurzfassung. Mit Hilfe einer zweckmäßigen Beschreibung (Codierungs-schemata) lassen sich die unterschiedlichen Möglichkeiten der Bildung von Metaworten und umgekehrt der Erzeugung von Text beim Übergang zwischen den Metaebenen verschiedener Abstraktion einfach und übersichtlich klären. Sodann wird, angeregt durch das Vorbild des menschlichen Gehirns, das eine rechte und eine linke Hälfte besitzt, wobei die Notwendigkeit dieses doppelten Aufbaus bis heute unklar ist, auch untersucht, ob und welche Vorteile sich bei technischen Sprachsystemen ergeben, wenn zwei ähnlich strukturierte hierarchische Systeme, die unterschiedliche Informationen gespeichert haben, parallel arbeiten und dabei eng kooperieren.

1. Das Problem.

Ein intelligentes Textverarbeitungssystem, das den (vermuteten) Strukturen des menschlichen Gehirnsystems nachgebaut wird, muß auch bei langsamen Signallaufzeiten und Reaktionszeiten sehr rasch zu den gewünschten Ergebnissen kommen. Damit es physikalisch realisierbar bleibt, darf die Anzahl der beteiligten Elemente in jeder Abstraktionsebene - das sind die Metaworte - von Ebene zu Ebene nur sehr gering anwachsen. Das Ideal besteht in einer gleichbleibenden Anzahl von Metaworten pro Ebene.

Da jedoch die Anzahl der möglichen Textkonstrukte in Form von Metawort-Codes, die wir "Gedanken" nennen können, von Ebene zu Ebene stark anwächst, entsteht ein Dilemma zwischen der Aufnahme eines Textes und seiner erneuten Erzeugung. Infolge der vorgenommenen Abstraktionen beim Codieren findet man in dem vorgeschlagenen hierarchischen System rasch die Metawort-Codes in den höheren Ebenen, die durch den aufzunehmenden Text angesprochen werden. Bei dem umgekehrten Vorgang, dem Erzeugen von Text aus einem Metawort, d.h. dem sog. Decodieren, findet man aber kein eindeutiges Ergebnis. Aus einem Metawort hoher Abstraktion lassen sich nämlich recht verschiedene ähnliche Texte erzeugen. Die Aufgabe, einen Text von dem System aufzunehmen und abzuspeichern und dann bei Bedarf unverändert wieder abzugeben, was jeder heutige technische Speicher (Band oder Platte) geradezu perfekt kann, ist seltsamerweise hier die schwierigste Aufgabe. Allerdings muß man bedenken, daß das reine, wortgetreue Memorieren langer Texte auch für jeden normalen Menschen eine der schwierigsten Aufgaben ist, während die Wiedergabe ähnlicher Texte vergleichsweise gut beherrscht wird.

2. Codierungsschemata (Hauptsysteme).

Um die konkreten Möglichkeiten für das Codieren und das Decodieren systematisch untersuchen zu können, ist es unumgänglich, zuerst einen geeigneten Beschreibungsmodus festzulegen.

Die aufeinander folgenden Worte (oder Segmente) eines Textes seien in den folgenden Beispielen mit kleinen Buchstaben bezeichnet, hier der Einfachheit halber als aufeinander folgende Buchstaben des Alphabets. Diese Buchstaben können konkret die Schreibweise oder Aussprache eines Wortes bedeuten oder auch die Codierung dieses Wortes, z.B. als Rangzahl in einer Assoziationsmatrix. Diese letzte Möglichkeit ist immer dann vorzuziehen, wenn die Worte mathematisch miteinander verknüpft werden sollen.

Das schon ausgiebig diskutierte Modell, das ohne explizite Grammatikhilfe betrieben werden kann und bei dem die Metaworte einfach aus der Zusammenfassung zweier Worte oder Metaworte der vorangegangenen Ebene niedrigerer Abstraktion bestehen, kann dann beispielsweise bei einem Text a bis h mit folgendem Codierschema dargestellt werden (der Übergang von den unteren in die oberen Abstraktionsebenen ist hier und im folgenden der Einfachheit halber von oben nach unten notiert):

Codierschema I für Hauptsystem

a,   b,   c,   d,   e,   f,   g,   h,   Basisebene

$$\begin{bmatrix} a\,;b \\ a_1 \end{bmatrix} \quad \begin{bmatrix} c\,;d \\ c_1 \end{bmatrix} \quad \begin{bmatrix} e\,;f \\ e_1 \end{bmatrix} \quad \begin{bmatrix} g\,;h \\ g_1 \end{bmatrix}$$ 1. Metaebene

$$\begin{bmatrix} a_1\,;c_1 \\ a_2 \end{bmatrix} \qquad \begin{bmatrix} e_1\,;g_1 \\ e_2 \end{bmatrix}$$ 2. Metaebene

$$\begin{bmatrix} a_2\,;e_2 \\ a_3 \end{bmatrix}$$ 3. Metaebene

Hierbei wird unterschieden zwischen dem Inhalt eines Metawortes, z.B. den Codes für das Wortpaar (a ; b) und dem gemeinsamen Namen, den man diesem Wortpaar, d.h. dem Metawort geben will, z.B. a_1. Diese Größen sind in dem obigen Schema durch eine Klammer zusammengefaßt. Die Metaworte verschiedener Ebenen werden im allgemeinen voneinander verschieden sein, also z.B. $a \neq a_1 \neq a_2 \neq \ldots$ Im speziellen Fall können sie auch einmal gleich gewählt werden.

Die Codierung, d.h. die Aufnahme von Text, bietet im Prinzip keine Schwierigkeiten. Die Decodierung, d.h. das Wiedergeben oder Erzeugen von Text ist eigentlich auch unproblematisch, lediglich die Tatsache, daß die Zahl der verschiedenen Metaworte bei der Codierung von Ebene zu Ebene stark zunimmt (beim LIMAS-Korpus findet man im Mittel den Faktor 5), führt für lange Texte zu einem nicht mehr realisierbaren technischen System.

Man kann sich nun im einzelnen verschiedene Methoden der Ausgestaltung der Metawort-Codes vorstellen. Betrachten wir es wieder anhand des Beispieles (a ; b) für den gespeicherten Inhalt. Sei N die Anzahl aller verschiedenen Worte, so ergibt sich die Anzahl aller theoretisch möglichen Zahlenpaare durch das Produkt $N \cdot N$. In der natürlichen Sprache gibt es im Mittel aber nur Zahlenpaare in einem verhältnismäßig kleinen Zahlenbereich. Unter diesen Bedingungen kann man es z.B. mit folgenden Ausgestaltungen versuchen:

a)   Man speichere (a ; b) und setze $a_1 = a$. Dann wird die Zahl der verschiedenen Metawort-Codes auf die Zahl aller Worte des Wortvorrates beschränkt. Allerdings findet man dann im Verlauf einer Codierung unter demselben Metawort-Code alle Wortpaare, die mit a anfangen. Man weiß daher leider bei der Decodierung im Einzelfalle nicht, welches Wortpaar zu nehmen ist. Abhilfe kann nur die Prädiktion schaffen.

b)   Man speichere (a ; b) und setze für den Metawort-Code die Summe $a_1 = a + b$ an. Dann wird die Zahl der verschiedenen Metawort-Codes stets unterhalb der doppelten Zahl aller Worte des Wortvorrates liegen. Auch hier gilt, daß es zu einem Metawort-Code eine Mehrzahl von Summanden a und b mit demselben Summenwert gibt. Der Metawort-Code wird im allgemeinen verschieden sein von den Summanden a oder b. Es ist auch hier zu vermuten, daß erst eine zusätzliche Prädiktion das richtige Wortpaar herausfiltert.

c) Man speichere die Summe $a + b$ und gebe dem Metawort den Code $a_1 = a$. Dann ergibt sich b, indem man a von der Summe $a + b$ subtrahiert. Die Summe der Metaworte ist wie gewünscht gleich der Summe der Worte. Der Metawort-Code a ist jedoch mit unterschiedlichen Summen und damit auch mit mehreren verschiedenen Worten verbunden. Man muß deshalb alle Möglichkeiten untersuchen und dann auswählen.

d) Man speichere (a ; b) und setze für den Metawort-Code die Summe $a_1 = a \oplus b$. Mit der Binärdarstellung der Worte (Rangzahlen) a und b bedeutet dies die Summenbildung entsprechender Binärstellen modulo 2. Bei dieser Summenbildung kann die Zahl der verschiedenen Metawort-Codes die maximale Rangzahl (Anzahl aller verschiedenen Worte) nicht überschreiten. Zu einer solchen Summe gibt es ebenfalls eine Mehrzahl verschiedener Summanden, die sich bei der Decodierung eingestellt hatten, und es bleibt die Aufgabe bei der Decodierung, mit Hilfsmaßnahmen die richtigen Wortpaare herauszufinden.

e) Man speichere lediglich die Summe $a \oplus b$ und setze für den Metawort-Code $a_1 = a$. Dann ist die Zahl der Metawort-Codes wiederum auf den Wert des Wortvorrates begrenzt. Indem man nun den Metawort-Code a zur gespeicherten Summe (modulo 2) addiert, erhält man den Summanden b entsprechend der Beziehung $a \oplus (a \oplus b) = b$. Da bei der Codierung verschiedene Werte für den zweiten Summanden und damit auch für die Summe auftreten, muß man wieder mit Hilfe der Prädiktion das richtige Wort auswählen.

Aus diesen Beispielen erkennt man, daß dann, wenn man in allen Ebenen dieselbe Anzahl von Worten bzw. Metaworten fordert, die Unsicherheit bei der Decodierung grundsätzlich nicht eliminiert werden kann. Man kann lediglich unter dem Gesichtspunkt einer günstigen praktischen Durchführung eine Auswahl unter den verschiedenen Methoden treffen.

Versuchen wir es als nächstes mit einem weniger mathematischen, mehr strukturorientierten Ansatz. Ein gewisses Optimum scheint ein Modell zu sein, bei dem ein Metawort zusammengesetzt wird aus einem Wort aus der Basisebene und einem Bündel aus allen Worten, die in Texten darauf direkt folgen können. Dieses Bündel muß nicht viele Worte enthalten. Im Beispiel des LIMAS-Lerntextes käme man in die Größenordnung von im Mittel 5 Worten pro Bündel und für eine universelle Sprachmaschine erhöhte sich das dann auf im Mittel etwa 128 Worte pro Bündel. Sofern man eine Assoziationsmatrix zur Verfügung hat, ergeben sich zu einem ersten Wort auf dem unteren Matrixrand, dem Leitwort, alle direkt darauf folgenden Nachfolgerworte aus einer Matrixspalte zu diesem Wort. Bild 1 im vorhergehenden Aufsatz [2] zeigt, wie das Leitwort und das dazugehörende Spaltenbündel nach einer entsprechenden Codierung zu zwei Teilen eines Metawortes zusammengefaßt werden. Da die Assoziationsmatrix gerade N Worte mit jeweils einer zugehörigen Spalte enthält, erzielt man sofort eine Begrenzung auf die gewünschten N Metaworte. Die Bündel umfassen alle Worte in einer Spalte, die als direkte

Nachfolgerworte im Text gegenseitig ersetzt werden können, wodurch eine erste Komprimierung zustande kommt. Die zweite Komprimierung ergibt sich durch die Zusammenfassung von Leitwort und dem zugehörigen Spaltenbündel. Die Abstraktion schließlich entsteht durch die gemeinsame, frei wählbare Codierung beider Größen im Metawort.

Diese Prozesse lassen sich in der Metaebene mit ihrer Assoziationsmatrix bei der Bildung von Meta-Metaworten wieder genauso organisieren, so daß man, in der Abstraktion von Ebene zu Ebene aufsteigend, zu Metaworten kommt, die in ihrer abstrakten Codeform immer längere Textstücke darstellen. Die Codierung führt genauso problemlos zu allen höheren Metaworten wie in den bisher erörterten Schemata.

Dies sei wiederum an einem Beispiel veranschaulicht. Hierzu bezeichnen wir die aufeinander folgenden Worte eines Textes genauso wie im vorigen Codierschema mit Buchstaben

$$a, b, c, d, e, f, g, h, i, \ldots \tag{1}$$

Die Menge aller Worte, die auf das Wort a folgen können, sei mit $\bar{a}$ bezeichnet. Sie befinden sich alle in einer Matrixspalte. Wenn hierin ein Wort b vorkommt, soll dies mit $\bar{a}(b)$ bezeichnet werden. Die Zuführung von b in die Spaltenmenge soll sie bzw. den Spaltennamen $\bar{a}$ aktivieren, und darauf werden sowohl a als auch $\bar{a}$ dem Metawort zugeführt. Sie bilden den Inhalt des Metawortes a_1. Der obige Text in Gl.(1) wird also wie folgt in eine Folge von Metaworten transformiert

$$\left(a ; \bar{a}(b)\right), \left(c ; \bar{c}(d)\right), \left(e ; \bar{e}(f)\right), \ \left(g ; \bar{g}(h)\right), \ \ldots \tag{2}$$
$$\downarrow \qquad \downarrow \qquad \downarrow \qquad \downarrow$$
$$a_1 \qquad c_1 \qquad e_1 \qquad g_1, \quad \ldots \text{ Codeworte}$$

Die Codes der Metaworte sind in Anlehnung an die enthaltenen Leitworte mit gleichen Buchstaben bezeichnet, wobei der Index auf die vorliegende Metaebene hinweist. Der Zusammenhang zwischen Metawort-Namen und zugehörigem Inhalt, also z.B. zwischen a_1 und $a; \bar{a}$ muß stets abgespeichert werden. Aus solchen Metaworten der ersten Abstraktionsebene gewinnt man wie folgt die Metaworte der zweiten Abstraktionsebene:

$$\left(a_1 ; \bar{a}_1(c_1)\right), \left(e_1 ; \bar{e}_1(g_1)\right), \ldots \tag{3}$$
$$\downarrow \qquad \quad \downarrow$$
$$a_2 \qquad \quad e_2 \quad \ldots \text{ Codeworte}$$

Dies läßt sich in gleicher Weise in die höheren Metaebenen fortsetzen.

Mit dieser Methode erreicht man, daß die Anzahl der Metaworte beim Übergang von einer Ebene in die andere bei der Codierung beliebig langer Texte, deren Wortvorrat (Wortschatz) konstant ist, stets gleich bleibt und genau mit der Anzahl der Worte in der Basisebene übereinstimmt. Das Codierschema für dieses Modell lautet dann im Beispiel:

Codierschema II für Hauptsystem

a,   b,   c,   d,   e,   f,   g,   h ,... Basisebene

$$\left[\begin{array}{l} a\,;\,\bar{a}(b) \\ a_1 \end{array} \right. \qquad \left[\begin{array}{l} c\,;\,\bar{c}(d) \\ c_1 \end{array} \right. \qquad \left[\begin{array}{l} e\,;\,\bar{e}(f) \\ e_1 \end{array} \right. \qquad \left[\begin{array}{l} g\,;\,\bar{g}(h) \\ g_1 \end{array} \right.$$

,... Leitwort mit Spalte
,... 1. Metaebene

$$\left[\begin{array}{l} a_1\,;\,\bar{a}_1(c_1) \\ a_2 \end{array} \right. \qquad\qquad\qquad \left[\begin{array}{l} e_1\,;\,\bar{e}_1(g_1) \\ e_2 \end{array} \right.$$

,...
,... 2. Metaebene

$$\left[\begin{array}{l} a_2\,;\,\bar{a}_2(e_2) \\ a_3 \end{array} \right.$$

,...
,... 3. Metaebene

Wie dieses Codierschema wirkt, erkennt man am besten, wenn man entsprechende Namen in allen Ebenen gleich wählt, hier also $a = a_1 = a_2 = a_3$, $c = c_1$, $e = e_1 = e_2$, $g = g_1$. Dann erscheint der Code des Anfangswortes des Textes in allen Ebenen, darauf folgend jeder zweite Wortcode auch in der 1. Metaebene, jeder vierte Wortcode auch in der 2. Metaebene, jeder achte Wortcode auch in der 3. Metaebene, usw. Das Ganze erinnert etwas an einen Vorgang in der Signalanalyse, nämlich an das Abtasten einer Zeitfunktion in immer größeren Abständen, bei dem die Grundfrequenzen immer deutlicher hervorgehoben werden (durch Unterabtasten bzw. Tiefpaßfilterung). Vielleicht läßt dieses Codierschema aber auch an klassische Gedichte denken, bei denen ein strenges Versmaß befolgt wird, so daß man in regelmäßigen Abständen Reime sowie Betonungen und Hervorhebungen findet. Sicher helfen derartige Maßnahmen auch beim menschlichen Memorieren von Text.

Wenn man entsprechende Namen in allen Ebenen gleich wählt, hat man zudem noch eine außerordentlich wirksame Rückwärtsprädiktion zur Verfügung. Nimmt man z.B. an, daß die Decodierung des Textes nach dem Wort a mit Hilfe der Metaworte der ersten Metaebene gefordert sei. Mit den bekannten Codes a_1, c_1, e_1, g_1 ist dann auch jedes zweite Wort des noch zu bestimmenden (zukünftigen) Textes bekannt. So kann man z.B. zusätzlich zu der Vorwärtsprädiktion von dem bekannten a auf das unbekannte b auch noch eine Rückwärtsprädiktion von dem bekannten c durchführen. Die Rückwärtsprädiktion läßt sich noch ergänzen mit den weiter weg liegenden bekannten Worten e und g. Das Spiel verläuft natürlich in den anschließenden oberen Ebenen genauso. Mit den bekannten Worten $a_2 = a_1$ und $e_2 = e_1$ gibt es für das dazwischen liegende Wort c_1 sowohl eine Vorwärts- als auch eine Rückwärtsprädiktion. Nur am Ende der Textpfade aller Ebenen kann es natürlich nur eine Vorwärtsprädiktion geben. Bei langen zusammenhängenden Texten ist dies aber unerheblich. Geht es um die Erzeugung eines Textes aus einem obersten Metawort, so muß man natürlich umgekehrt vorgehen, d.h. in der Hierarchie von oben nach unten die Metaworte nach dem beschriebenen Verfahren bestimmen. Wenn man hierbei, z.B. durch Prädiktionen, alle Metaworte einer höheren Ebene ermittelt hat, braucht man in der nächsten Ebene darunter nur noch jedes zweite Metawort durch die dort geltenden Prädiktionen zu bestimmen. Diese Prädiktionen werden sogar sehr genau, wenn man viele der möglichen Rückwärtsprädiktionen unterschiedlicher Reichweite ausnutzt.

Es erhebt sich schließlich die Frage, ob das oberste Metawort ausreicht, um einen Text daraus zu erzeugen, d.h. zu decodieren, oder ob nicht doch, wie schon oft diskutiert, Anfangsbedingungen angegeben werden müssen. Nun, bei dem sehr allgemeinen Codierschema II ist man bei der Erzeugung von Text ohne Zweifel darauf angewiesen, mittels Prädiktionen stets das richtige Wort/Metawort aus einem Bündel (aus einer Matrixspalte) zu bestimmen. Das Leitwort ist zwar das direkte Vorgängerwort und daher für die Prädiktion brauchbar, aber in höheren Ebenen mag die Kenntnis eines einzigen Leitwortes für eine gute Prädiktion doch nicht ausreichen. Deshalb ist es vorteilhaft, am Beginn eines jeden Textpfades in jeder Ebene den richtigen Anfang des Textes/Metatextes durch ein weiteres Vorgängerwort sicherzustellen. In dem obigen beispielhaft angegebenen Codierschema II wären solche Anfangsbedingungen in der 2. Metaebene durch die Metaworte a_2 und e_2 gegeben, in der 1. Metaebene durch die Metaworte a_1 und c_1 und in der Basisebene durch die Worte a und b. Mit ihrer Kenntnis können die Prädiktionen sehr viel besser starten als nur mit Hilfe des ersten Wortes eines Textpfades.

Auch in den vorangegangenen Kapiteln war schon dargelegt worden, daß beim Decodieren alle die im Text gemeinten Worte bzw. Metaworte, die in den Bündeln enthalten sind (also oben die Worte b,d,f,h,c_1,g_1,e_2 in runden Klammern), mit Hilfe von Prädiktionen aus dem Zusammenhang gewonnen werden müssen. Das ist für die flexible Erzeugung von Texten sehr günstig, für die wortwörtliche Rekonstruktion eines Textes aber nicht sonderlich geeignet. Deshalb soll später untersucht werden, ob es möglich ist, dieses reine Memorieren eines Textes mit Hilfssystemen zu unterstützen.

Die hier entwickelten Codierschemata für Hauptsysteme lassen sich außer auf codierte Worte oder Rangzahlen auch auf andere Merkmale von Worten anwenden. Ein solches Merkmal zu einem Wort a kann z.B. die Wortlänge in Buchstaben oder die Klassenzugehörigkeit sein, die wir mit großen Buchstaben A, B, C, ... bezeichnen wollen. Bei der codierten Darstellung der Metaworte kann man natürlich keine Buchstaben der entsprechenden Textteile zählen. Mit dem bekannten Zusammenhang, daß kurze Worte meist häufig, seltene Worte meist lang sind, oder, was äquivalent ist, daß Worte in niederen Wortklassen meist kurz und in höheren Wortklassen meist lang sind, kann man bei Metaworten als Merkmal statt der Wortlänge sinngemäß auch den Rang oder die Klassenzugehörigkeit benutzen. Bezieht man sich z.B. auf die Klassen in den Assoziationsmatrizen der Metaebenen, so wird ihre Anzahl von Ebene zu Ebene gewiß nicht sonderlich anwachsen, so daß die Zahlen A, B, C, ... $A_1, B_1, C_1, ...$ usw. in allen Ebenen etwa in derselben relativ kleinen Größenordnung liegen dürften. Mit diesen Vereinbarungen lautet dann die Entsprechung zu dem Codierschema II wie folgt:

Codierschema III für Hauptsystem

$$
\begin{array}{cccccccc}
a, & b, & c, & d, & e, & f, & g, & h \\
A, & B, & C, & D, & E, & F, & G, & H
\end{array}
$$

$$
\begin{bmatrix} A\,;\overline{A}(B) \\ A_1 \end{bmatrix}
\begin{bmatrix} C\,;\overline{C}(D) \\ C_1 \end{bmatrix}
\begin{bmatrix} E\,;\overline{E}(F) \\ E_1 \end{bmatrix}
\begin{bmatrix} G\,;\overline{G}(H) \\ G_1 \end{bmatrix}
$$

$$
\begin{bmatrix} A_1\,;\overline{A}_1(C_1) \\ A_2 \end{bmatrix}
\qquad
\begin{bmatrix} E_1\,;\overline{E}_1(G_1) \\ E_2 \end{bmatrix}
$$

$$
\begin{bmatrix} A_2\,;\overline{A}_2(E_2) \\ A_3 \end{bmatrix}
$$

Es beschreibt einen Text als Muster von Wortlängen bzw. von Klassenzahlen. Die inhärente Information ist bei Klassenzahlen bis in die Größenordnung von etwa 16 sicher kleiner als bei Verwendung von Schema II.

3. Die Kombination zweier verschiedener Systeme. (Hauptsystem und Hilfssystem)

Will man Text aus einem Metawort erzeugen, so gibt es im allgemeinen sehr viele Möglichkeiten. Wenn das Metawort aktiviert wurde und der zugehörige gespeicherte Inhaltscode gelesen worden ist, kann z.B. der Teil, der ein Ähnlichkeitsbündel bezeichnet, dazu verwendet werden, in der darunter liegenden Metaebene dieses Ähnlichkeitsbündel zu aktivieren. Aus diesem Bündel muß dann ein Wort oder eine kleine Gruppe möglicher Worte ausgewählt werden. Als einziges Hilfsmittel hierfür bot sich bisher nur die Prädiktion an. In vielen Fällen kann sie aber die Auswahlmenge nicht genügend reduzieren. Wenn es auf das reine Memorieren von Text ankommt, wobei der Text genau so wieder abgegeben werden soll, wie er aufgenommen wurde, sollte es technische Lösungen geben mit zwei parallel arbeitenden und kooperierenden Systemen. Es ist daher zu untersuchen, ob man Hauptsysteme, die nicht oder nur schwer eine vollständige Rekonstruktion erlauben, durch den Einsatz eines geeigneten Hilfssystems verbessern kann.

Betrachten wir zuerst ein Schema, das formale Ähnlichkeit mit dem Hauptsystem I aufweist, das aber viel stärker generalisiert. Statt einzelner Worte werden nämlich stets ganze Wortbündel betrachtet, wodurch sich die sprachlichen Strukturen hervorheben lassen. Bezeichnen wir der Einfachheit halber mit $\hat{a}, \hat{b}, \hat{c},\dots$ diejenigen Wortbündel, in denen sich auch die Worte $a, b, c,\dots$ befinden (es kann die Beziehung sein: $\overline{a}(b) = \hat{b}$ usw.), so erhält man:

Codierschema 1 für Hilfsystem

$$
\begin{array}{llllllll}
a, & b, & c, & d, & e, & f, & g, & h \\
\end{array}
$$

$$
\left[\begin{array}{c} \hat{a};\hat{b} \\ a_1 \end{array}\right] \qquad \left[\begin{array}{c} \hat{c};\hat{d} \\ c_1 \end{array}\right] \qquad \left[\begin{array}{c} \hat{e};\hat{f} \\ e_1 \end{array}\right] \qquad \left[\begin{array}{c} \hat{g};\hat{h} \\ g_1 \end{array}\right]
$$

$$
\left[\begin{array}{c} \hat{a}_1;\hat{c}_1 \\ a_2 \end{array}\right] \qquad\qquad \left[\begin{array}{c} \hat{e}_1;\hat{g}_1 \\ e_2 \end{array}\right]
$$

$$
\left[\begin{array}{c} \hat{a}_2;\hat{e}_2 \\ a_3 \end{array}\right]
$$

Ersichtlich werden jeweils zwei Wortbündel zu einem Metawort zusammengefaßt. Das sind die Wortmengen von je zwei Spalten der Assoziationsmatrix. Indem stets ganze Gruppen betrachtet werden, in denen sich die Einzelworte befinden, ergeben sich Sprachstrukturen, die grundsätzlich mit grammatikalischen Strukturen zu vergleichen sind. Dies gilt wenigstens bis zu den Abstraktionsebenen, die sich auf ganze Sätze beziehen. Die Anzahl der verschiedenen Bündelpaare ist formal gleich der Anzahl der verschiedenen Wortpaare. Die Codierung läuft sehr rasch ab, da nur mit Bündeln gearbeitet wird. Einziges Problem scheint die wachsende Zahl möglicher Bündelpaare zu sein.

Betrachten wir als nächstes folgendes Schema, das zu dem Hauptsystem II zu passen scheint und das durch eine Textverschiebung gekennzeichnet ist

Codierschema 2 für Hilfssystem

$$
\begin{array}{llllllll}
b, & c, & d, & e, & f, & g, & h, & i\,,\dots \text{ verschobener Text}
\end{array}
$$

$$
\left[\begin{array}{c} b\,;\bar{b}(c) \\ b_1 \end{array}\right] \quad \left[\begin{array}{c} d\,;\bar{d}(e) \\ d_1 \end{array}\right] \quad \left[\begin{array}{c} f\,;\bar{f}(g) \\ f_1 \end{array}\right] \quad \left[\begin{array}{c} h\,;\bar{h}(i) \\ h_1 \end{array}\right] \qquad ,\dots \quad 1.\,\text{Metaebene}
$$

$$
\left[\begin{array}{c} b_1\,;\,\bar{b}_1(d_1) \\ b_2 \end{array}\right] \qquad\qquad \left[\begin{array}{c} f_1\,;\,\bar{f}_1(h_1) \\ f_2 \end{array}\right] \qquad ,\dots \quad 2.\,\text{Metaebene}
$$

$$
\left[\begin{array}{c} b_2\,;\,\bar{b}_2(f_2) \\ b_3 \end{array}\right] \qquad\qquad ,\dots \quad 3.\,\text{Metaebene}
$$

Alle Worte, die im Hauptsystem II in einem Ähnlichkeitsbündel versteckt waren (wie b, d, f, h), sind jetzt Leitworte geworden, so daß durch Kombination von je zwei zueinander passenden Metaworten die Decodierung gelingen müßte. Allerdings wäre dadurch keine Verdichtung erreicht worden, denn aus je zwei Basisworten sind stets zwei Metaworte geworden (aus a, b werden a_1, b_1 usw.). In den darauf folgenden Metaebenen sind noch nicht einmal alle in den Bündeln versteckten Metaworte so einfach und eindeutig decodierbar. So lassen sich aus den Metaworten der zweiten Metaebene a_2, b_2, e_2, f_2 nur die Metaworte a_1, b_1, e_1, f_1 direkt gewinnen. Die

Metaworte c_1, d_1, g_1, h_1 können wieder nur über eine Prädiktion bestimmt werden. Das setzt sich in der nächsten Ebene so fort. Aus den Metaworten der dritten Metaebene a_3, b_3 lassen sich nur die Metaworte a_2, b_2 direkt gewinnen. Die Metaworte e_2 und f_2 sind nur über eine Prädiktion zu bestimmen.

Vergleicht man jetzt den Prädiktionsaufwand, so ist der resultierende Vorteil durch den Einsatz dieses Hilfssystems zu vernachlässigen. Man kann jedoch vermuten, daß es bessere Hilfssysteme gibt. Versuchen wir es als nächstes mit einem Hilfssystem, das rückwärts gerichtete Prädiktionen benutzt (mit $\underline{b}(a)$ werde die Menge der direkten Vorgängerworte zu dem Wort b bezeichnet, die in der Assoziationsmatrix auf einer Zeile liegen. Unter diesen befindet sich auch das Wort a):

Codierschema 3 für Hilfssystem

a,   b,   c,   d,   e,   f,   g,   h ,... Basisebene

$\begin{bmatrix} \underline{b}(a);b \\ b_1 \end{bmatrix}$ $\begin{bmatrix} \underline{d}(c)\,;\,d \\ d_1 \end{bmatrix}$ $\begin{bmatrix} \underline{f}(e)\,;\,f \\ f_1 \end{bmatrix}$ $\begin{bmatrix} \underline{h}(g)\,;\,h \\ h_1 \end{bmatrix}$,... 1. Metaebene

$\begin{bmatrix} \underline{d}_1(b_1)\,;\,d_1) \\ d_2 \end{bmatrix}$ $\begin{bmatrix} \underline{h}_1(f_1)\,;\,h_1 \\ h_2 \end{bmatrix}$,... 2. Metaebene

$\begin{bmatrix} \underline{h}_2(d_2)\,;\,h_2 \\ h_3 \end{bmatrix}$,... 3. Metaebene

Die Bilanz der Anzahl von erforderlichen Prädiktionen ist wieder ernüchternd. Fügen wir deshalb noch eine Verschiebung hinzu.

Codierschema 4 für Hilfssystem

a,   b,   c,   d,   e,   f,   g,   h,   i ,... verschobener Text

$\begin{bmatrix} \underline{c}(b)\,;\,c \\ c_1 \end{bmatrix}$ $\begin{bmatrix} \underline{e}(d)\,;\,e \\ e_1 \end{bmatrix}$ $\begin{bmatrix} \underline{g}(f)\,;\,g \\ g_1 \end{bmatrix}$ $\begin{bmatrix} \underline{i}(h)\,;\,i \\ i_1 \end{bmatrix}$,...

$\begin{bmatrix} \underline{e}_1(c_1)\,;\,e_1 \\ e_2 \end{bmatrix}$ $\begin{bmatrix} \underline{i}_1(g_1)\,;\,i_1 \\ i_2 \end{bmatrix}$,...

$\begin{bmatrix} \underline{i}_2(e_2)\,;\,i_2 \\ i_3 \end{bmatrix}$,...

Es ergeben sich in beiden Systemen zusammen immer noch 2×7 einfache Prädiktionen, die aber auf zwei Systeme verteilt und separat entwickelbar sind.

Es bleibt also nach wie vor die Frage offen, ob man Worte, die im Codierschema II beim Decodieren zu prädizieren sind, die also im allgemeinen "unsicher" sind, mit Hilfssystemen zu "sicheren" Worten machen könnte. Nach den ersten erfolglosen Versuchen könnte man meinen, daß wenigstens eine Verbesserung zu erreichen ist wenn man dem Hilfssystem nur die "unsicheren" Worte zuführt und dabei

Assoziationsmatrizen doppelter Reichweite benutzt, usw. Aber auch hiermit zeigt sich nur ein mäßiger Erfolg.

Fazit: Angesichts dieser Beispiele scheint es so, daß man auch mit Hilfssystemen die simpel erscheinende Aufgabe, einen Text in einem hierarchischen System einfach nur zu repetieren, ausschließlich mit Hilfe von Bündeln aus bekannten Worten oder Metaworten nicht hundertprozentig lösen kann.

Es lohnt sich aber sicher, noch nach weiteren und andersartigen Möglichkeiten für die Bildung von Hilfssystemen zur Annäherung an die vollkommene Textreproduktion zu suchen. Wir suchen dabei im Grunde genommen nur nach Wegen, beim Decodieren aus einem Ähnlichkeitsbündel (eine Spalte) dasjenige Wort herauszufinden, das beim Codieren verwendet worden war. Dabei sollte man auch an andere Merkmale und Qualitäten denken als die, die im Hauptsystem verwendet wurden.

Andere Qualitäten eines Textes sind z.B. die Aussprache, die Betonung, die Melodie, aber auch so einfache Eigenschaften wie die Zahl der Silben oder die Zahl der Buchstaben eines Wortes. Werden diese Kennzeichen einer hierarchischen Verarbeitung unterworfen, könnten sie bei den Prädiktionen vermutlich hilfreich sein. Als Beispiel nehmen wir zunächst die Buchstabenzahl der Worte, die wir wiederum entsprechend mit großen Buchstaben bezeichnen wollen

$$a, \ b, \ c, \ d, \ e, \ f, \ g, \ h,$$
$$A, \ B, \ C, \ D, \ E, \ F, \ G, \ H,$$

Die Zahl der Buchstaben pro Wort variiert bekanntlich nur in einem relativ kleinen Zahlenbereich.

Bei Betrachtung des Codierschemas II läßt sich erkennen, daß man zur Erstellung eines Hilfssystems nur für jedes zweite Wort eine Zusatzinformation benötigt, da dieses zweite Wort in einem Ähnlichkeitsbündel steckt, also "unsicher" ist. Mit der Kenntnis der Buchstabenlänge wird man dieses Wort im Bündel vermutlich leichter identifizieren können als ohne diese Kenntnis. Nehmen wir einmal an, daß die Identifizierung leicht gelingt, so daß man z.B. sehr häufig aus $\overline{a}(b)$ und B sogleich auch b hat. Dann kann man in Ergänzung des Schemas II für das Hauptsystem und mit einer Vereinfachung von Schema III wie folgt codieren:

Codierschema 5 für Hilfssystem

$$a, \quad b, \quad c, \quad d, \quad e, \quad f, \quad g, \quad h$$

$$A, \quad B, \quad C, \quad D, \quad E, \quad F, \quad G, \quad H$$

$$\begin{bmatrix} A\,;B \\ A_1 \end{bmatrix} \qquad \begin{bmatrix} C\,;D \\ C_1 \end{bmatrix} \qquad \begin{bmatrix} E\,;F \\ E_1 \end{bmatrix} \qquad \begin{bmatrix} G\,;H \\ G_1 \end{bmatrix}$$

$$\begin{bmatrix} A_1\,;C_1 \\ A_2 \end{bmatrix} \qquad\qquad \begin{bmatrix} E_1\,;G_1 \\ E_2 \end{bmatrix}$$

$$\begin{bmatrix} A_2\,;E_2 \\ A_3 \end{bmatrix}$$

Hier ist statt eines Bündels, z.B. $\overline{A}(B)$ wie in Schema III, gleich die Länge B verwendet worden. Bei diesem Schema ist ersichtlich die Wahl der Namen für die Metaworte wieder kritisch. Wählt man den Namen in Übereinstimmung mit dem ersten inhaltlichen Term, also z.B. $A_1 = A$, so wird es, abhängig von den unterschiedlichen Werten für B, schließlich Metawort-Namen mit unterschiedlichem Inhalt geben. Damit ist eine eindeutige Decodierung nicht zu erreichen. Entsprechendes gilt, wenn man den Namen des Metawortes in Übereinstimmung mit dem zweiten inhaltlichen Term, also z.B. $A_1 = B$ wählen würde.

Man kann jedoch für die Namensgebung auch einen besonderen Prozeß vorschreiben. Zum Beispiel den, daß der Namenscode sich aus der Summe der Wortlängen zweier aufeinander folgender Worte ergibt. Im obigen Codierschema 5 also $A_1 = A + B$, $C_1 = C + D$, $E_1 = E + F$, $G_1 = G + H$, usw. Dieser Gedanke, ein Hilfssystem unter Ausnutzung der Wortlängen zu bilden, führte zu einer Messung mit verblüffendem Ergebnis. Hierbei wurde von den direkt aufeinander folgenden Worten eines sehr großen Textes nur jeweils ihre Wortlänge λ betrachtet und es wurde in einem Diagramm aufgetragen, welche Wortlängen direkt aufeinander folgen können, siehe Bild 1. Man sieht, daß in der Matrix mit linearer Achsenteilung nur Punkte unterhalb der Matrixdiagonalen liegen. In dem Hauptteil der Matrix mit halber Matrixkante gibt es unterhalb der dortigen Diagonalen praktisch keine Position, die nicht besetzt ist. Es erscheint sehr seltsam, daß oberhalb der großen Diagonalen überhaupt kein Punkt liegt und oberhalb der kleinen Diagonalen praktisch kein Punkt mehr, obwohl doch theoretisch hier viele Möglichkeiten bestünden. Dies Ergebnis ist zumindest genauso seltsam wie es die Existenz der Zipf-Kurve gewesen war.

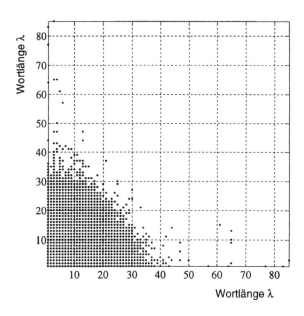

Bild 1. Wortlängen aufeinander folgender Worte in einer großen Textsammlung (LIMAS-Korpus). Nach rechts ist die Länge des jeweils ersten Wortes eines Wortpaares aufgetragen und nach oben die Länge des jeweils zweiten Wortes.

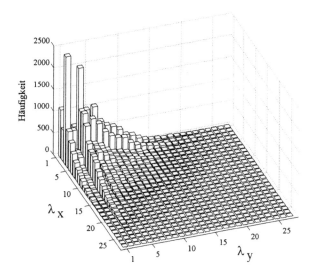

Bild 2. Die Matrix des vorigen Bildes, in der zusätzlich auch die Häufigkeiten eingetragen sind.

305

Die Bedeutung dieser Dreiecksbesetzung erkennt man, wenn man die Gleichung für die Grenzlinie aufstellt, wobei mit A jeweils die Länge des ersten Wortes, mit B jeweils die Länge des zweiten Wortes und mit L die Länge des längsten Wortes bezeichnet sei

$$B = -A + L \tag{1}$$

Daraus folgt für alle Punkte unterhalb dieser Grenzlinie

$$A + B \leq L \tag{2}$$

Die Summe der Wortlängen zweier beliebiger Worte, die in einem Text direkt aufeinander folgen, ist also statistisch gesehen nicht größer als die maximale Wortlänge, die man in diesem Text findet.

Besonders interessant wird es, wenn man auch noch die Häufigkeiten der Aufeinanderfolge von Wortlängen betrachtet, siehe Bild 2. Im Grunde zeigt es etwas, was wir qualitativ schon immer gewußt haben. Daß nämlich die Aufeinanderfolgen von kurzen und langen Worten und von langen und kurzen Worten am häufigsten sind. Quantitativ sind die Verhältnisse aber doch sehr überraschend.

Berücksichtigt man dies alles, daß die Summe der Wortlängen zweier aufeinander folgender Worte in einem Text eine Zahl ergibt, die nur äußerst selten größer als die in diesem Text zu findende maximale Wortlänge ist, und daß ferner die meisten Summen sehr kleine Zahlen sind, so zeigt sich, daß bei dem oben genannten Codierschema die Zahl der unterschiedlichen Metaworte von Metaebene zu Metaebene kaum ansteigt.

Interessant erscheint auch die Möglichkeit, nur jeweils die größte Zahl, also z.B. A oder B, als Namen eines Metawortes beizubehalten. Da man aber wohl die beiden Fälle $A > B$ oder $A < B$ unterscheiden müßte, wächst die Zahl der Metaworte doch wieder an. Die Attraktivität dieses Verfahrens besteht darin, daß sich die interessanteren Stichworte (mit der größeren Länge bzw. aus höheren Klassen) fast von selbst in den höheren Metaebenen anreichern.

Versuchen wir daher als nächstes, das Schema II mit einem günstigen Wortlängenschema zu vermischen. Wir erhalten z.B., wenn wir von zwei Worten stets die Summe ihrer Wortlängen bilden

Codierschema 6 für Haupt- und Hilfssystem

$$
\begin{array}{llllllll}
a, & b, & c, & d, & e, & f, & g, & h & , ... \; 5
\end{array}
$$

$$
\begin{bmatrix}
a\,;\bar{a}(b), \\
(A+B) \\
a_1 \\
A_1
\end{bmatrix}
\begin{bmatrix}
c\,;\bar{c}(d), \\
(C+D) \\
c_1 \\
C_1
\end{bmatrix}
\begin{bmatrix}
e\,;\bar{e}(f), \\
(E+F) \\
e_1 \\
E_1
\end{bmatrix}
\begin{bmatrix}
g\,;\bar{g}(h) \\
(G+H) \\
g_1 \\
G_1
\end{bmatrix}
\quad
\begin{array}{l}
, ... \; II \\
, ... \; 5 \\
, ... \; II \\
, ... \; 5
\end{array}
$$

$$
\begin{bmatrix}
a_1\,;\bar{a}_1(c_1) \\
(A_1+C_1) \\
a_2 \\
A_2
\end{bmatrix}
\qquad
\begin{bmatrix}
e_1\,;\bar{e}_1(g_1) \\
(E_1+G_1) \\
e_2 \\
E_2
\end{bmatrix}
\quad
\begin{array}{l}
, ... \; II \\
, ... \; 5 \\
, ... \; II \\
, ... \; 5
\end{array}
$$

$$
\begin{bmatrix}
a_2\,;\bar{a}_2(e_2) \\
(A_2+E_2) \\
a_3 \\
A_3
\end{bmatrix}
\quad
\begin{array}{l}
, ... \; II \\
, ... \; 5 \\
, ... \; II \\
, ... \; 5
\end{array}
$$

Der besseren Übersicht wegen sind hier die vom Haupt- und Hilfssystem zusammenfließenden Merkmale zusammen aufgeführt. Die Größen A, B, C, ... sind die Wortlängen bzw. Klassenzugehörigkeiten. Die Größen a, b, c, ... sind die Worte bzw. ihre Codes. Von ihnen allen, auch in den Metaebenen, sind die Längen bekannt. Deshalb bietet das Codieren in beiden Systemen keine Schwierigkeiten. Beim Decodieren steht man vor der Aufgabe, bei Kenntnis eines Codewortes, z.B. a_3, und seiner Länge, die gleich der Summe $A_3 = A_2 + E_2$ ist, den Summanden E_2 aus dem Hilfs-System zu finden. Hierzu geht man im Haupt-System von a_2 auf A_2 zurück, zieht diesen Wert von A_3 ab und erhält damit E_2. Damit verbunden ist wieder durch Auswertung von $\bar{a}_2(e_2)$ das Codewort e_2, usw.

Sicher gibt es noch einfachere und bessere Codierschemata für die Aufgabe der perfekten Rekonstruktion eines aufgenommenen Textes. Daß man dabei zu dem Hauptsystem wenigstens noch ein Hilfssystem bereitstellen muß, ist mangels anderer Möglichkeiten wohl anzunehmen. Es ist unwahrscheinlich, daß jetzt schon alle günstigen Lösungen gefunden wurden.

4. Inhaltsorientierte und grammatikorientierte Ähnlichkeitsbündel.

Wir wissen aus Erfahrung, daß wir beim Erzeugen von Text eine aktuelle Wort-Auswahl sehr stark auch unter inhaltlichen Gesichtspunkten treffen. Wenn der Text z.B. von der Seefahrt handelt, werden wir vorzugsweise Worte in Betracht ziehen, die in diesem Zusammenhang auch vorkommen können. Dies führt zu dem Gedanken, daß wir die Menge der Worte, die in einem Spaltenähnlichkeitsbündel enthalten sind, zum Schnitt bringen sollten mit einer anderen Menge von Worten, die (an dieser Stelle des Textes) inhaltsorientiert oder situationsorientiert sind, bzw. die einen semantischen Bezug haben. Einen passenden Durchschnitt solcher Mengen, siehe Bild 3, kann man erreichen, indem man zwei parallel arbeitende hierarchische Systeme vorsieht, von denen eines die grammatikalischen Zusammenhänge erfaßt, das andere die inhaltlichen Zusammenhänge, siehe Bild 4, wobei die Ergebnisse zwischen beiden Systemen auf allen Ebenen ständig ausgetauscht werden.

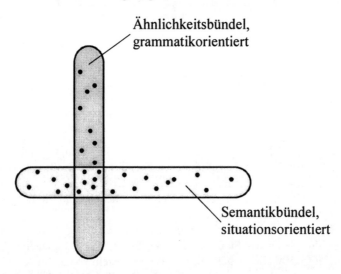

Bild 3. Grammatikorientierte und situationsorientierte Ähnlichkeitsbündel, deren Durchschnitt gebildet wird.

Man kann sich denken, daß man anstelle der Ähnlichkeitsbündel, die sich aus der Ersetzbarkeit von Worten an einer bestimmten Stelle des Textes ableiten und die sich daher letzten Endes auf die (implizite) Grammatik stützen, auch andere Kriterien einführen kann. Solche Kriterien könnten z.B. auf die Bedeutung, die Semantik, das Szenario, den Inhalt usw. zielen. Im Beispiel des Wortes "Garten" ergäbe sich so ein zusammenfassendes Bündel aus Worten, die inhaltlich oder semantisch bezüglich der Situation mit "Garten" zusammenhängen, z.B. "Spaten, Erde, Salat, Bäume, Blumen, Zaun," usw. In den sog. "semantischen Netzwerken" werden ähnliche Zusammenhänge erfaßt und veranschaulicht. Es erscheint jedoch nicht leicht, solche

"Szenarien" - wir wollen sie verallgemeinernd "Situationsfelder" nennen - ohne menschlichen Lehrer für alle Worte einer Sprache zu ermitteln, zumal ein Wort ja auch verschiedenen Situationsfeldern angehören kann. Deshalb wird es für den Beginn der Untersuchungen wohl genügen, eine Methode zu entwickeln, die lediglich in Richtung von echten Situationsfeldern geht.

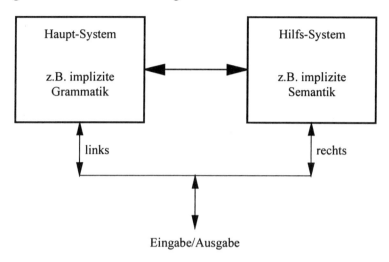

Bild 4. Blockschaltbild eines Hauptsystems, das mit einem Hilfssystem kooperiert.

Wenn man insbesondere Situationsfelder automatisch aus Text ermitteln will, gibt es die Möglichkeit, beim Codieren eines Wortes aus einem zugeführten Text im Anschluß an dieses Wort nachzusehen, welche situationsbeschreibenden Worte nachfolgen. Man kann annehmen, daß diese wegen der Textnachbarschaft auch inhaltlich mit dem zu codierenden Wort etwas zu tun haben. Nehmen wir wieder das Beispiel "Garten". Es möge in einem größeren zusammenhängenden Text mehrfach vorkommen. Jedesmal notieren wir die darauf folgenden 12 Worte. Dann scheiden wir die Allerweltsworte aus wie "und, oder, der, die, das" usw., was sich auch einfach dadurch erreichen läßt, daß wir die Worte streichen, die z.B. zu den ersten 100 häufigsten Worten des Wortschatzes gehören. Übrig bleibt dann eine Sammlung von Wortgruppen mit unterschiedlich vielen Worten, z.B. bis zu 12 Worten. Sie beziehen sich alle auf das zu codierende Wort "Garten". In wenigstens einer der Gruppen befindet sich neben dem zu codierenden Wort "Garten" auch noch das im aktuellen Textabschnitt nächstfolgende inhaltlich relevante Wort, z.B. "Blume". Man könnte nun solch eine ganze Gruppe, bzw. ihren Code, zusammen mit ihrem Leitwortcode zu einem vollständigen Metawort erklären und es in die Metaebene transferieren. Damit die Anzahl der situationsorientierten Gruppen nicht zu groß wird, kann man schließlich noch die Vereinigungsmenge aller gefundenen verschiedenen Gruppen zu einem Wort des Wortschatzes bilden, und dieses ein Situationsfeld nennen. Es gibt dann maximal nur N Situationsfelder, weil genau N verschiedene Leitworte am Beginn der Situationsfelder stehen können. Damit gibt es auch wieder genau N verschiedene Metaworte in einem so gebildeten System.

Man kann nun für das Hauptsystem die Grammatik-Assoziationen in einer Matrix darstellen, siehe Bild 5, und für das Hilfssystem die Semantik-Assoziationen in einer Matrix, siehe Bild 6. Dann lassen sich die Durchschnittsbildungen sehr anschaulich mit den Spaltenbesetzungen durchführen.

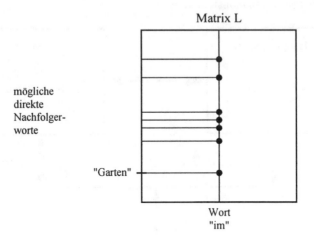

Bild 5. Assoziationsmatrix L mit Grammatik-Beziehungen. Gezeigt sind mögliche direkte Nachfolgerworte zum Wort "im".

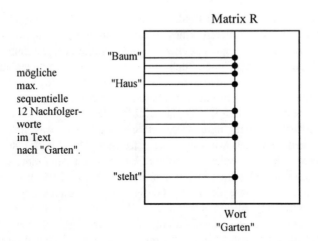

Bild 6. Assoziationsmatrix R mit Semantik-Beziehungen. Gezeigt sind mögliche Nachfolgerworte auf maximal 12 Nachfolgerpositionen zum Wort "Garten".

Bezeichnet man ein Bündel aus situationsorientierten Worten, die zu einem Leitwort a gehören und unter denen sich auch das Folgewort b befindet, mit a*(b), so kann man für das Hilfssystem folgendes Codierschema aufstellen:

Codierschema 7 für Hilfssystem

$$
\begin{array}{llllllll}
a, & b, & c, & d, & e, & f, & g, & h, \\
\left[\begin{array}{l} a\,;\,a*(b) \\ a_1 \end{array}\right] & & \left[\begin{array}{l} c\,;\,c*(d) \\ c_1 \end{array}\right] & & \left[\begin{array}{l} e\,;\,e*(f) \\ e_1 \end{array}\right] & & \left[\begin{array}{l} g\,;\,g*(h) \\ g_1 \end{array}\right] \\
& \left[\begin{array}{l} a_1\,;\,a_1^{*}(c_1) \\ a_2 \end{array}\right] & & & & \left[\begin{array}{l} e_1\,;\,e_1^{*}(g_1) \\ e_2 \end{array}\right] \\
& & & \left[\begin{array}{l} a_2\,;\,a_2^{*}(e_2) \\ a_3 \end{array}\right]
\end{array}
$$

Beim Vergleich mit dem Schema II des Hauptsystems erkennt man, daß sich beim Decodieren grammatikalisch richtige und situationsrichtige Texte erzeugen lassen, wenn man die Konjunktion aus den entsprechenden Bündeln von Haupt- und Hilfssystem bildet (sofern das Nachfolgerwort nicht ein Allerweltswort" ist). Wir wollen das wie folgt schreiben: $\bar{a}(b) \cdot a*(b)$, woraus sich in vielen Fällen b ergeben bzw. leicht zu prädizieren sein wird.

5. Eine alternative Methode zur Reduzierung hoher Verzweigungsgrade.

Bei dem Codierschema II kann das Speichern von Spalten mit hoher Besetzung technische Schwierigkeiten machen. Diese Spaltenbesetzungen lassen sich aber wie folgt vermindern. Betrachten wir zuerst ein Beispiel: "Mit großer Freude haben wir vernommen, daß ..." Das Leitwort "mit" besitzt mit Sicherheit eine dicht besetzte Spalte von Nachfolgerworten. Eine Segmentierung wird zunächst wahrscheinlich einige Segmente wie z.B. "mit dem" oder "mit einem" usw. erbringen. Nach Abzug dieser speziellen Segmente werden aber vermutlich noch viele verschiedene Wortpaare übrig bleiben, die mit "mit" beginnen und sich dann in viele verschiedene zweite Worte verzweigen. Hier ist es dann günstig, ein einfaches Segment "mit" zu definieren und dies allein in die Metaebene zu transferieren. In der formalen Darstellung hat man dann z.B. das folgende Codierschema:

"Mit   großer   Freude   haben   wir   vernommen   daß ..."
a   b   c   d   e   f   g

$$\begin{bmatrix} \\ a_1 \end{bmatrix} \quad \begin{bmatrix} b\,;\,\bar{b}(c) \\ b_1 \end{bmatrix} \qquad\qquad \begin{bmatrix} d\,;\,\bar{d}(e) \\ d_1 \end{bmatrix} \quad \begin{bmatrix} f\,;\,\bar{f}(g) \\ f_1 \end{bmatrix}$$

$$\begin{bmatrix} a_1\,;\,\bar{a}_1(b_1) \\ a_2 \end{bmatrix} \qquad\qquad\qquad \begin{bmatrix} d_1\,;\,\bar{d}_1(f_1) \\ d_2 \end{bmatrix}$$

Hierbei ist zu setzen $a_1 = a$. Inhaltlich ist damit folgendes geschehen. Unter Vermeidung der zahlreich besetzen Spalte $\bar{a}(b)$ liegt in der zweiten Metaebene jetzt nur noch die Zusammenfassung vor: $a_2 = $ ("mit ; großer Freude") sowie weiterer ein- oder zweistelliger Ausdrücke. Sie sind längst nicht mehr so zahlreich, wie die direkt nach "mit" folgenden Einzelworte. Sofern dies aber noch nicht genügt, kann man den Code für "mit" auch in noch höhere Ebenen transferieren. Schließlich kann man dieses Verfahren noch systematisieren, indem man z.B. die einzelnen Worte entsprechend ihrem unterschiedlichen Rang in unterschiedlich hohe Ebenen transferiert. Rang 1 in die höchste Ebene, usw. Dies sollte jedoch nur bis zur Satzebene vorgenommen werden, weil danach die Pragmatik beginnt.

Der Vorteil dieser Methode ist offensichtlich die Reduzierung hoher Spaltenbesetzungen bzw. ihre Nivellierung. Weil dadurch auch unsinnige Segmentierungen vermieden werden und eine Zusammenfassung in höheren Ebenen gleich mit größeren Ähnlichkeitsbündeln geschieht, könnte es auch sein, daß sich auf diese Weise die Anzahl der Metaworte pro Ebene soweit verringern läßt, daß man bei nicht zu langen Texten wieder zu dem Codierschema I übergehen kann.

6.   Stichworte für Inhalte eines längeren Textes.

Worte sind nicht nur Codeformen (Buchstabenkombinationen), sondern sie bezeichnen auch Inhalte bzw. Bedeutungen. (Wörter sind dagegen in der hier benutzten Terminologie nur Codeformen, also formale Zeichen).

Der Inhalt wichtiger Worte sollte in Form von Stichworten bzw. Schlüsselworten in die höheren Ebenen, vorzugsweise oberhalb der Satzebene gelangen. Wie gewinnt man aber Stichworte für einen Text, z.B. einen Aufsatz? Eine Möglichkeit ist, sie aus Worten zu gewinnen, die öfter auftauchen als sie in der Statistik normalerweise anzutreffen sind. Das nächste Problem ist, wie man Stichworte in die höheren Ebenen bringt? Nun, das ist einfach möglich, indem man ihren Namen in die höheren Ebenen transferiert und dort ebenfalls als Meta-Namen benutzt (z.B. $a = a_1 = a_2 = a_3 = \dots$). Zweckmäßig werden sicher einige weitere Verfügungen sein, zum Beispiel: Die 200 häufigsten Worte können sicher keine guten Stichworte sein. Es ist vielmehr zu vermuten, daß Stichworte meist in die Gruppe der Substantive fallen, die sich bekanntlich vorwiegend in den höheren Klassen einer Assoziationsmatrix befinden.

Ausgehend von der bekannten Tatsache, daß grammatikalische Regeln nur für Sätze und ihre Bestandteile gelten und daß sich oberhalb der Satzgrenze das Gebiet der Pragmatik eröffnet, kann man auch die Stichwortgewinnung bei der Satzgrenze beginnen lassen. Zum Beispiel wie folgt: Jeder Satz bekommt einen Namen, der identisch mit dem Namen des wichtigsten Stichwortes ist. Damit hat man gewissermaßen eine zweite Basisebene, auf deren Grundlage ein pragmatischer Text (höherer Abstraktion) aufgebaut wird. Die Organisation muß dann so erfolgen, daß die wichtigsten Satznamen bis in die höchsten Ebenen vordringen. Mit dem Abrufen bzw. Aktivieren der obersten Metaworte ist dann sichergestellt, daß man sofort eine stichwortartige Inhaltsangabe über den Text bekommt, der dann nur noch in eine Folge von Worten, d.h. einen zusammenhängenden Text umzusetzen ist.

Nach dem hier skizzierten Prinzip wird es natürlich auch mehrere Sätze mit demselben Stichwort geben. Sie stellen ein auf dieses Stichwort bezogenes Bündel von Sätzen dar und bei der Decodierung muß ähnlich wie beim Codierschema II daraus eine Auswahl getroffen werden. Der Grundgedanke läßt sich wie folgt darstellen.

Bezeichnen wir im Beispiel das Satz-Stichwort mit sa (wobei sa auch eine begrenzte Zahl von Stichworten sein kann) bezeichnen mit $\overline{sa}$ die Menge aller direkt darauf folgenden Stichworte und setzen das gerade im besonderen zutreffende Stichwort in Klammern dazu, zum Beispiel $\overline{sa}(sb)$. Konkret könnte sa z.B. "Universität, Vorlesung" bedeuten. Da man solche Satz-Stichworte bzw. Satz-Namen genauso gut als Elemente von Texten ansehen und behandeln kann, wie die Worte in der Basisebene, wiederholt sich einfach der Formalismus für das Codieren. Nehmen wir als Beispiel das Codierschema II, so folgt

Codierschema IV für Hauptsystem

$$
\begin{array}{llllllll}
sa, & sb, & sc, & sd, & se, & sf, & sg, & sh
\end{array}
$$

$$
\begin{bmatrix} sa\,;\,\overline{sa}(sb) \\ sa_1 \end{bmatrix} \quad
\begin{bmatrix} sc\,;\,\overline{sc}(sd) \\ sc_1 \end{bmatrix} \quad
\begin{bmatrix} se\,;\,\overline{se}(sf) \\ se_1 \end{bmatrix} \quad
\begin{bmatrix} sg\,;\,\overline{sg}(sh) \\ sg_1 \end{bmatrix}
$$

$$
\begin{bmatrix} sa_1\,;\,\overline{sa}_1(sc_1) \\ sa_2 \end{bmatrix} \quad\quad\quad
\begin{bmatrix} se_1\,;\,\overline{se}_1(sg_1) \\ se_2 \end{bmatrix}
$$

$$
\begin{bmatrix} sa_2\,;\,\overline{sa}_2(se_2) \\ sa_3 \end{bmatrix}
$$

Betrachten wir hier die Decodierung, ausgehend vom obersten Metawort. Sein Name sa_3 ist identisch mit dem wichtigsten Stichwort des Textes. Sein Inhalt $sa_2\,;\,\overline{sa}_2(se_2)$ enthält dagegen noch das zweitwichtigste Stichwort se_2, welches durch Prädiktion auszuwählen ist, und so weiter.

Dieses Verfahren, welches auf Inhalte und Bedeutungen zielt, ist womöglich besser zu instrumentalisieren als das oben diskutierte Codierschema 7 für ein Hilfssystem.

Man kann das Verfahren aber auch noch erweitern. Eine Möglichkeit wäre, Sätzen gleichen Inhalts aber verschiedener Form, welche u.U. keine übereinstimmenden Stichworte haben, denselben Satznamen zu geben. Das kann aber sicher nicht durch eine rein automatische Abarbeitung von Text geschehen, sondern hier müssen Informationen über gleiche Inhalte beschafft werden, z.B. mit Hilfe eines Lernvorgangs. Die Problemstellung ist hier ähnlich wie bei einer Textübersetzung, bei der gelernt werden muß, daß z.B. ein deutscher Satz inhaltlich mit einem englischen Satz übereinstimmt, der oft grammatikalisch ganz anders strukturiert ist und dessen Worte nicht wörtlich zu übersetzen sind. Natürlich gibt es Unterschiede bei diesen beiden Aufgabenstellungen, welche die Übersetzung von Text leichter erscheinen lassen. So braucht man im allgemeinen bei Übersetzungen nur bis in die Satzebene vorzudringen. Außerdem geht es um konkrete, fertig formulierte Sätze, deren Syntax meist in Ordnung ist, und um deren Übertragung in die Zielsprache. Gelernt wird einfach anhand von inhaltlich gleichem Text, der in beiden Sprachen vorliegt. Es ist schließlich offensichtlich, daß das, was hier über Stichworte und inhaltlich gleiche Sätze in der Satzebene vorgeschlagen wurde, sich auch in höhere Ebenen übertragen läßt.

Eine höchst interessante Frage richtet sich schließlich darauf, wie man denn einen raschen Überblick über einen in das System aufgenommenen Text erhalten kann. Nun, dazu muß man, z.B. in der Satzebene, nur den zugehörigen Textpfad in dem entsprechenden Sprachnetzwerk durchlaufen. In jedem Knoten wird dabei ein Stichwort aktiviert, das auf direktem Weg in die Basisebene gelangt und dort im Klartext ausgegeben werden kann. Bei einem langen Text mit vielen Sätzen sind das natürlich entsprechend viele und manchmal zuviele Stichworte. Für einen schnellen Überblick ist es dann besser, in eine höhere Ebene zu gehen, dort einen Textpfad zu durchlaufen, die dort kürzere Folge von Stichworten in die Basisebene zu transferieren und dann dort ausgeben zu lassen.

Die Folge von Stichworten aus der Basisebene ist dann gleichzeitig zu betrachten und zu bewerten, vergleichbar damit, wie man rasch den Inhalt eines Bildes betrachtet und deutet.

7. Aktualisierungsmatrix.

In vielen Fällen kann man bei der Codierung eines Textes sogleich vermerken, welche Worte des Wortschatzes überhaupt darin vorkommen. Alle diese Worte bzw. ihre Knoten kann man dann in einen Zustand der Bereitschaft versetzen. In der Aktualisierungsmatrix, die man sowohl für die Hauptmatrix wie auch für die Hilfsmatrix bilden kann, bleiben dann nur verhältnismäßig wenige Verbindungen übrig, wie dies in Bild 7 für eine Spalte mit aktuellen, d.h. eingekreisten Punkten veranschaulicht ist. Damit werden auch die Wortmengen in den Ähnlichkeitsbündeln kleiner und die Aufgabe der eindeutigen Decodierung eines Textes mit Hilfe der

Durchschnittsbildung der Spalten von Haupt- und Hilfsmatrizen wird stark vereinfacht.

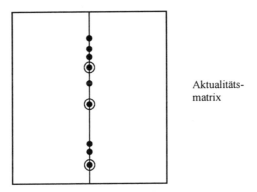

Aktualitäts-
matrix

Bild 7. Eine Spalte in einer Aktualitätsmatrix, bei der die in einem gerade gelesenen Text vorkommenden Worte durch kleine Kreise kenntlich gemacht sind.

8.   Ständige Durchführung der Kooperation.

Damit die grammatikalischen und semantischen Teile einer intelligenten Textmaschine sich voll unterstützen können, muß man eine enge und ständige Kooperation auf allen Metaebenen vorsehen. Das heißt, die Ähnlichkeitsbündel in Hauptsystem und Hilfssystem müssen eine genaue Entsprechung aufweisen und sie müssen gleichzeitig arbeiten. Das führt zu einer Vielzahl von Verbindungen zwischen den Metaworten und Ähnlichkeitsbündeln in jeder Ebene bzw. Metaebene, die in der üblichen Darstellung der hierarchisch angeordneten Ebenen jetzt waagerecht zwischen entsprechenden Metaebenen verlaufen, siehe auch Bild 4.

9.   Schlußbemerkung

Die Notwendigkeit, oder besser gesagt, der Wunsch, Denkfunktionen technisch zu realisieren, wie dies z.B. das Erzeugen von Sprache ist, muß uns nach einigem Nachdenken unweigerlich zur Entdeckung von unbekannten Prinzipien führen. Zu vieles ist uns bei dem Prozeß des Denkens ja noch grundsätzlich unbekannt. Eines dieser Prinzipien scheint nach den obigen Überlegungen zu sein, daß Abstraktionen nicht in einer, sondern in wenigstens zwei verschiedenen hierarchischen Systemen erfolgen, daß die Abstraktionsmechanismen inhaltlich verschieden voneinander sind und daß sie beim Erzeugen von Sprache eng zusammen wirken. Es bleibt eine Hypothese, daß die vorhandene Aufteilung des menschlichen Gehirns in eine rechte und eine linke Hälfte aus ähnlichen Gründen notwendig ist.

Die hier entwickelte Sprachmaschine hat offensichtlich dieselben Stärken und Schwächen wie der menschliche Sprachapparat. Flexibel im Erzeugen vieler Texte, schwach beim exakten Repetieren großer Texte. Der Verdacht liegt nahe, daß beide Systeme, das menschliche und das technische, tatsächlich nach den gleichen bzw. ähnlichen Prinzipien arbeiten.

Literatur

1. Hilberg, W.: Prädiktion im sprachlichen Bereich und ihre technische Realisierung.
2. Hilberg, W.: Ähnlichkeitsbündelung, Verdichtung und Segmentierung.

Es handelt sich um eine verkürzte Fassung zweier Institutsberichte vom Sommer 1999.

Danksagung:
Die Messungen über die Aufeinanderfolge von Wortlängen, in denen sich der Verdacht erhärtete, daß es in der Sprache gesetzmäßige Zusammenhänge zwischen aufeinanderfolgenden langen und kurzen Worten gibt, wurden von Herrn Dipl.-Ing. Thomas Ries durchgeführt. Dafür und für die angemessene graphische Darstellung bin ich ihm zu großem Dank verpflichtet.

17

Die Sprachmaschine als philosophisches Modell.

Hat sich die Philosophie jemals mit einem rein sprachlichen Objekt, d.h. einer Sprachmaschine beschäftigt, bei der man von allen menschlichen Einflüssen wie Vernunft, Bewußtsein, Geist, Gefühl, Willen, Sinneseindrücken usw. absehen kann? In einem solchen Modell lassen sich z.B. Probleme der Wortschöpfung, der Begriffsbestimmung und der Unbestimmtheit des Wissens netzwerktheoretisch klären.

Kurzfassung. Für eine in absehbarer Zeit zur Verfügung stehende Sprachmaschine wird untersucht, wie ein autonomes System zu neuen Worten und Begriffen kommt und wie der Übergang von Worten zu Begriffen und umgekehrt gestaltet werden kann. Dann wird das Wissen als Summe aller jemals aufgenommenen Texte und ihrer inhaltsgleichen ähnlichen Varianten definiert. Es wird in Abhängigkeit von unterschiedlich vielen Sprachsystemen untersucht, woraus sich Aussagen über die Schärfe und Unschärfe der Sprache gewinnen lassen. Es zeigt sich, daß man philosophische und linguistische Begriffe in einer modellhaften Einschränkung auch auf der technischen Ebene diskutieren kann.

1. Einleitung.

Wie Wortschöpfungen in der Sprache entstehen, ist wohl jedem gegenwärtig. Eine neue Erscheinung, ein neuer Tatbestand usw. kann zunächst nur mit Hilfe bekannter Worte in einem Text beschrieben werden. Sind die neuen Erscheinungen von allgemeinem Interesse, kann man die oft nur langwierige und umständliche Beschreibung in einem neuen kurzen Wort zusammenfassen. Die Schöpfung neuer Worte erfolgt also gerade umgekehrt zu der Benutzung der Lexika. Denn hier geht man gerade von einem Wort aus, das bekannt sein muß, und findet dazu die Beschreibung mit dem Charakter einer Definition.

Betrachten wir ein willkürlich herausgegriffenes Beispiel aus dem Bereich der wissenschaftlichen Entdeckungen und zwar die Entdeckung der Luftzusammensetzung (durch Priestley 1771 und Lavoisier 1774). Experimente ergaben, daß die Luft hauptsächlich aus zwei Elementen besteht. Die Experimente wurden beschrieben, der wissenschaftlichen Gesellschaft in Veröffentlichungen vorgestellt, es wurde dargelegt, wie man die beiden Elemente gewinnt und welche Eigenschaften sie besitzen. All dieses Wissen konnte man dann unter speziellen neuen Bezeichnungen für diese Stoffe, d.h. unter den zwei neuen Worten "Stickstoff" und "Sauerstoff" aufschreiben. Die Beschreibung bzw. die Definition war damit in Lehrbüchern und Lexika jederzeit zur Hand, bzw. wird von den nachfolgenden Wissenschaftler-Generationen in der Ausbildungszeit gelernt. Der Gebrauch der beiden neuen Worte in wissenschaftlichen Texten bringt so eine erhebliche Verdichtung der Information mit sich. Hätte man die neuen Worte nicht, müßte man die beiden elementaren Luftbestandteile stets wortreich umschreiben.

Ein weiteres Beispiel aus dem Bereich der Technik mag den Mechanismus der Wortschöpfung und seine Folgen noch weiter veranschaulichen. Jedermann kennt heute das technische Gebilde "Computer". Natürlich wäre eine zutreffende Umschreibung mit anderen Worten sehr umständlich. Der Tatsache, daß dieses Gebilde zuerst für die Durchführung von Rechnungen eingesetzt wurde, ist es bekanntlich zu verdanken, daß dafür die Wortneuschöpfungen "Rechenmaschine" oder "Computer" eingeführt wurden.

Solche Wortneuschöpfungen treten natürlich nicht nur in Wissenschaft und Technik auf, sondern auch ständig im täglichen Leben. Eines der neuesten lustigen Beispiele, die der Autor hörte, war die Bezeichnung "Jeansbügler", mit denen junge Menschen heute, wie man hört, die altgewordenen "Achtundsechziger" bezeichnen. Auch dies wiederum eine weithin bekannte neue Wortschöpfung, die aber noch nicht in allen Wörterbüchern verzeichnet ist.

2. Mögliche Realisierungen in der Sprachmaschine.

Beschreibungen von Entdeckungen, Erfindungen, Einfällen usw. sind zusammenhängende Textstücke. Sie werden bei der Eingabe (Codierung) in die Sprachmaschine in einer höheren Abstraktionsebene in einem Metawort zusammengefaßt. Man kann sich vorstellen, dabei so vorzugehen, daß alle möglichen

Beschreibungen desselben Tatbestandes zu einem einzigen Metawort führen. Die Wahl des Kontextes und der jeweils in den Netzwerken benutzten Prädiktionen entscheidet dabei, welche der Beschreibungen bei der Umsetzung in verständlichen Text schließlich generiert wird. Enthält der Kontext z.b. den Hinweis "Definition", sollte die Sprachmaschine einen Text herausgeben, der in einem Lexikon zu dem Begriff, den das Metawort bezeichnet, in zumindest ähnlicher Form zu lesen ist.

Sobald man sich dazu entschlossen hat, das Konzentrat des Ganzen, d.h. ein Metawort zu einem neuen Wort der Umgangssprache zu machen, was man aus der Häufigkeit des Auftretens ableiten kann, muß zur Erweiterung des Netzwerkes in der Basisebene ein entsprechendes, direkt verständliches Wort in einem noch freien Wortknoten dieser Ebene eingespeichert werden, natürlich in einer Art und Weise, die auf die Text-Herkunft hinweist, z.B. wie bei "Jeansbügler". Im Einzelnen kann das so vor sich gehen, daß in der Basisebene assoziativ ein freier Wortknoten gesucht und dort die neue Wortschöpfung abgespeichert wird. Später kann man dann bei der Codierung eines Textes sofort auf dieses neue Wort zugreifen und im Netz die Textpfad-Verbindungen zu anderen Worten herstellen, so wie das mit allen anderen vorhandenen Worten schon geschieht. Das Netzwerk wird dadurch also weiter ausgebaut und ist somit in der Lage, eine komprimiertere Information in direkt lesbaren und verstehbaren Texten zu liefern. Gleichzeitig muß jedoch die Möglichkeit erhalten bleiben, aus der ursprünglichen Textbeschreibung in der Basisebene ohne Benutzung der neuen Wortschöpfung nach wie vor durch aufeinander folgende Abstraktionen auf das der Wortschöpfung entsprechende letzte Metawort zu kommen. Zur Umkehrung des Vorganges kann dort noch ein besonderer Verweis auf die in der Basisebene vorhandene Wortschöpfung angebracht sein, zu der man wieder, wenn gewünscht, assoziativ hingeführt wird. Für diesen Fall, daß man von einem bekannten Metawort ausgeht und verständliche Worte erzeugen will, sollten also wenigstens zwei Betriebsarten möglich sein: 1.) die Erzeugung einer Beschreibung (als lexikalische Definition) und 2.) die Ausgabe eines verständlichen Wortes, welches den Inhalt des Metawortes stichwortartig darstellt.

Es bleibt noch die Möglichkeit zu diskutieren, wie man von einem Stichwort in der Basisebene ohne Umwege zu dem entsprechenden Metawort kommt. Dies ist wiederum mit dem Mittel der assoziativen Abfrage am leichtesten durchzuführen. Hierbei muß das Suchwort allen relevanten Metaebenen gleichzeitig zugeführt werden. Befinden sich gleichlautende aktivierte Metaworte (Treffer) in verschiedenen Abstraktionsebenen, wird man vorzugsweise mit der Auswertung des aktivierten Metawortes in der höchsten Abstraktionsebene anfangen. Sie liefert den umfangreichsten Text, der z.B. eine lexikalische Beschreibung zu dem vorgegebenen Stichwort sein kann.

Das Analogon zu den Fähigkeiten des menschlichen Gehirns ist offensichtlich: Da wir Menschen in der Lage sind, zu den meisten Worten auf Anforderung auch eine mehr oder weniger gute Beschreibung zu finden - man probiere es mit einem beliebigen Wort, z.B. dem Wort "Buch" - sollte es auch im menschlichen Gehirn von der lokalen Abspeicherung einzelner Stichworte in neuronalen Knoten einen direkten assoziativen "Draht" zu einem damit verbundenen lokalen Netzwerkknoten in höheren Abstraktionsbereichen geben, der Zugriff auf einen erläuternden Text hat.

3. Übergang zu autonomen Systemen.

Die Entwicklung der sog. Sprachmaschine beschränkte sich bisher auf die Aufgabe, daß ein ankommender, zu bearbeitender Text in einem hierarchischen Netzwerksystem zu einem relativ kurzen Metawort verdichtet wird und daß bei Kenntnis dieses Metawortes ein ausführlicher, von Menschen verstehbarer Text (möglicherweise derselbe Text) wieder erzeugt und nach außen abgegeben werden kann. Mit der oben beschriebenen Einführung eines ständig wachsenden Wortvorrates durch Wortneuschöpfungen bewegt man sich jedoch von dem maschinenhaften Abarbeiten eines Textes ein Stück weiter in Richtung eines "denkenden" Apparates. Das menschliche Gehirn kann ja sehr viel mehr als nur vorgegebenen Text aufnehmen oder mit Hilfe eines Gedankens (Metawortes) ähnliche Texte erzeugen. Vor allem kann der Mensch ja auch "autonom denken". Natürlich wird er dabei auch von außen angeregt - angefangen vom kindlichen Spracherwerb, der auf Vorbilder nicht verzichten kann, bis zum Hören, Sehen, Lesen, Lernen und zu den Diskussionen im Erwachsenenalter. Entscheidend für das Denken ist jedoch die Fähigkeit, ganz von alleine etwas zu tun. Die Frage stellt sich, ob das auch eine verbesserte Sprachmaschine könnte.

Ein erster Ansatz könnte darin bestehen, daß man in der Basisebene einfach Stichworte herausgreift bzw. mit der Umgangssprache spielt, daß man damit zu den zugehörigen Metaworten kommt, daß man in den höheren Ebenen diese Metaworte im Kontext-Zusammenhang sieht, sie wiederum als Text in die Basisebene transportiert, dort bewertet, daraufhin wieder hinaufsteigt, die Netzpfade in den Metaebenen weiterverfolgt, usw.

Bei einem zweiten Ansatz könnte man sich auch vorstellen, daß man gleich in einer Metaebene mit den verdichteten Informationsinhalten hantiert und daß einem die Ergebnisse nur noch dadurch klar zum Bewußtsein kommen, wenn nach erfolgtem Übergang zur Basisebene die Textpfade dort durchschritten, die Worte der Umgangssprache erkannt und damit z.B. auch mitgeteilt werden können.

Alle diese Überlegungen führen dazu, daß es für ein autonomes System noch eine Bewertungsinstanz geben muß, daß die Bewertung in das verarbeitende Netzwerksystem eingreift und daß dieses wieder Wirkungen auf die Bewertungsinstanz hat. Wir kommen damit auch im reinen Informationsbereich auf Systeme, die man technisch Rückkopplungssysteme nennt, ohne die sämtliche biologischen Systeme überhaupt nicht autonom funktionieren können. Simple Beispiele sind Regelungen im Menschen, motorische Prozesse, usw.

4. Worte, Begriffe, Gedanken.

Was ist der Unterschied zwischen einem Wort und einem Begriff? Im Rahmen unseres Modells scheint die Antwort einfach. Wenn das Wort der Umgangssprache zugleich auch ein Metawort in einer Metaebene hat und von dort Definition und Sprachgebrauch abgerufen werden kann, ist solch ein Wort grundsätzlich mit Leben erfüllt. Es ist anschaulich darstellbar und damit zu einem Begriff geworden. Wir können ein derartiges Wort der Umgangssprache verdeutlichend auch als "Begriffswort" im Gegensatz zu dem meist verborgenen "Begriffsmetawort" bezeichnen.

Überprüfen wir das mit üblichen lexikalischen Definitionen für "Begriff". Im Bedeutungswörterbuch für Schüler [1] liest man z.B.: "Der Begriff ist etwas Bestimmtes, was sich mit einem Wort, einem Namen oder ähnlichem an Vorstellungen, Inhalten verbindet; geistiger, abstrakter Gehalt". Philosophische Wörterbücher bieten natürlich schon kompliziertere Definitionen. Beginnt man wiederum mit einem Schülerduden [2] so liest man u.a. folgendes: "Begriff: umgangssprachlich das Ergebnis eines Denkakts, eine allgemeine Vorstellung oder eine Idee; im engeren Sinne stellt ein Begriff - als Ergebnis einer Abstraktion - das abstrakte Allgemeine im konkreten einzelnen dar". Das scheint der aus dem Sprachmaschinen-Modell kommenden Vorstellung nicht zu widersprechen, denn das Metawort ist ja ebenfalls das Ergebnis einer Abstraktion.

Weitere Zitate aus [2] können ebenfalls als Bestätigung dieser Ansicht herangezogen werden. Zum Beispiel: "... Nach der antiken und scholastischen Lehre enthält ein Begriff das, was vielen einzelnen gemeinsam ist ...". Oder: "... Die Position des Nominalismus stellte die überkommene Begriffslehre in Frage, indem sie behauptete, Begriffe seien lediglich abkürzende Bezeichnungen für Klassen gleichgearteter Gegenstände ...". Oder: "... Da Abstraktionen aus der Rede über invariante Eigenschaften von Gegenständen hervorgehen, sind Begriffe sprachlicher Natur. Dies ist die moderne Variante des Nominalismus: Begriffe existieren weder real (als Dinge der objektiven Welt) noch mental (als abstrakte Vorstellungen), sondern sprachlich (als Prädiktoren) ...". Zu der von R.Frege vertretenen Meinung heißt es schließlich: "Die den Begriffen zugrundeliegende Abstraktion wird jetzt als eine mengentheoretisch-logische und nicht mehr als eine mentale Operation aufgefaßt ... Begriffe werden verstanden als Namen für Klassen von Gegenständen, die mindestens ein invariantes gemeinsames Merkmal besitzen ...".

Eine kurze und knappe Definition findet man im Lexikon der Sprachwissenschaft [4]. "Begriff: Durch Abstraktion gewonnenes gedankliches Konzept, durch das Gegenstände oder Sachverhalte aufgrund bestimmter Eigenschaften und/oder Beziehungen klassifiziert werden. Begriffe werden durch Termini repräsentiert. Sie lassen sich wie Mengen definieren: (a) extensional durch Aufzählen der Objekte, die unter einen bestimmten Begriff fallen, und (b) intensional durch Angabe ihrer spezifischen Merkmale."

Daß schließlich ein Begriff auch vernünftig gebildet werden muß, wissen wir von Kant: "Begriff ohne Anschauung ist leer, Anschauung ohne Begriff ist blind". In der Sprache der Technik heißt das: Ein Metawort, das sich nicht in einen anschaulichen Text entwickeln läßt, ist ein inhaltsleeres Codezeichen und ein Text, aus dem sich nicht ein vernünftiges Metawort abstrahieren läßt, wird nicht in den "Gedankenraum" der Metaebenen aufgenommen werden können.

Es erhebt sich schließlich die Frage, ob in der Sprachmaschine jedes Metawort einem "Begriff" entspricht. Das ist natürlich nicht der Fall. Das folgt aus dem Umstand, daß letzten Endes alle Textstücke zu Metaworten werden, daß aber nicht alle Textstücke so häufig und charakteristisch sind, daß sich die Definition eines "Begriffs-Wortes" in der Basisebene lohnt. Zwischenformen mit einem Metawort und mehreren zugehörigen Worten der Umgangssprache können den Prozeß der Begriffsbildung noch erhellen, wie man an bekannten Ausdrücken wie z.B. "bis zum geht nicht mehr" erkennt.

Auf jeden Fall enthalten Textstücke aber einen Inhalt, eine Essenz, einen Sinn, eine Idee, eine Bedeutung - hier zusammenfassend "Gedanken" genannt. Das ist sicher eine verständliche Verallgemeinerung, denn erst muß man einmal Gedanken haben, und dann erst kann man Unterscheidungen treffen. Ein dem Textstück entsprechendes Metawort kann, muß aber nicht einen Standard-Begriff beinhalten. Ein Metasatz im Textpfad einer höheren Abstraktionsebene läßt sich dann im allgemeinen als eine Folge solcher "Gedanken", das heißt, als eine Folge von Metaworten verschiedener Art auffassen. Die komplexe Struktur eines solchen Metasatzes wird in einer noch höheren Abstraktionsebene wieder zu einem einzigen Metawort verdichtet. Es kann wieder ein Begriff sein oder ein ganz eigener Gedanke, der im allgemeinen nicht häufig auftritt. Grundsätzlich wichtig ist noch das Folgende, was zwar aus den bisherigen Darlegungen schon hervorgeht, was aber noch einmal deutlich ausgesprochen werden sollte: Beim Menschen sind die "Gedanken" grundsätzlich im Gehirn verborgen; im Modell der Sprachmaschine sind die entsprechenden Metaworte zwar dem Benutzer auch verborgen, dem Techniker aber direkt zugänglich. Darauf beruhen im Grunde genommen alle Möglichkeiten des technischen Modells für eine phantasievolle Forschung und Entwicklung.

Der Autor liebt die Vorstellung, daß es sich dabei um die Fortsetzung von Gedanken handelt, die schon vor rund 300 Jahren der Philosoph G.W. Leibniz angestoßen hatte. Bekanntlich machte er sich schon mit 20 Jahren Gedanken über eine sog. "Ars Combinatoria". Es müßte sich, so meinte er "eine Art Alphabet der menschlichen Gedanken erfinden und durch die Verknüpfung seiner Buchstaben und die Analysis seiner Worte, die sich aus ihnen zusammensetzen, alles andere entdecken und beurteilen lassen". Daraus folgt auch, zitiert nach [6] "wir sollten für alle Begriffe charakteristische Zahlen feststellen und dann versuchen, nach dem Vorbild des mathematischen Kalküls einen logischen Kalkül auszubilden, eine Art Algebra der Begriffe". Selbstverständlich differieren im Einzelnen seine Vorstellungen von dem Modell einer hierarchischen Netzwerkmaschine. Aber was vollbringt die Sprachmaschine denn anders als "eine Art Rechenkunst mit Begriffen statt wie sonst mit Zahlen oder logischen Symbolen?" [6].

Fassen wir zusammen: Ein Begriff ist zunächst ein Wort, das in der Basisebene als Code dargestellt wird und das wir das Begriffswort nennen. Es besitzt ein Gegenstück in Form eines Metawortes, das in einer Metaebene wiederum als Code dargestellt wird und das wir das Begriffsmetawort nennen. Es enthält zum einen einen Hinweis auf das Begriffswort und kann zum anderen einen Text erzeugen, der eine Beschreibung des Begriffswortes darstellt. Die Codes beider Worte können gleich oder voneinander verschieden sein.

Nicht alle Metaworte sind Begriffsmetaworte. Denn jedes Textstück läßt sich nach genügend vielen Abstraktionsschritten als ein Metawort darstellen. Der entsprechende Code kann ganz allgemein als ein "Gedanke" interpretiert werden. Er ist entweder ein "Begriff", wenn es dazu ein eigenes Wort in der Basisebene gibt, oder er ist lediglich eine komprimierte individuelle Aussage, die sich mit einer Folge von Worten wieder zum Ausdruck bringen läßt.

Gedanken sind Bestandteile des Denkens bzw. Denkprodukte, und unter diesen findet man als Untermenge auch die Begriffsmetaworte (und Hinweise auf die damit verbundenen Begriffsworte).

Von den konkreten einzelnen Gedanken in Form der Metaworte zu unterscheiden ist das Wort "Gedanke". Es ist natürlich als solches ein Begriff, und weist ein Gegenstück in Gestalt eines einzigen Begriffsmetawortes aus.

5. Verifikation von Worten und Begriffen.

In einem reinen Sprachsystem gibt es zunächst keinen Unterschied zwischen Begriffen, die auf etwas Reales und anderen, die auf etwas Nichtreales hinzielen. Will man eine solche Unterscheidung machen, muß zunächst gelernt werden, daß Dinge und Gegenstände real sind, z.B. "der Baum". In der deutschen Sprache lernt man dankenswerterweise, daß alle solche Worte auch inmitten eines Satzes groß geschrieben werden. Allerdings gibt es noch andere Wörter, die keine Gegenstände bezeichnen und die ebenfalls groß geschrieben werden. Neben den reinen Namen sind dies z.B. Begriffe wie "Freude" und "Trauer", usw. Ein Mensch kann oft nachvollziehen, daß Satzaussagen, in denen solche Begriffe vorkommen, durchaus als Ereignisse oder Sachverhalte der realen Welt verifizierbar sind. Wir können z.B. beobachten, wie sich das äußert, wenn ein Mensch von Trauer erfüllt ist, usw.

Es ist eine gängige Vorstellung, daß wir in unserem Sprachhirn die reale Welt als Modell abbilden. Dabei wenden wir in hohem Maße eine Methode zur Verallgemeinerung bestimmter Phänomene an, die man Klassifizierung nennt. Der "Baum" bezeichnet eine ganze Klasse von Pflanzen, die aus Wurzel, Stamm, Ästen, Zweigen und Blättern bestehen. Als Wort der Umgangssprache steht "Baum" in einem Knoten der Basisebene, in einem Metaknoten steht es, wie schon dargelegt, in irgend einem geeigneten Code als Begriffsmetawort.

Es liegt nahe, das, was als Metawort in einer höheren Abstraktionsebene vorhanden ist, also "Baum", nicht nur als einen Begriff, sondern auch als eine Idee aufzufassen. Was das ist, darüber gibt es unterschiedliche Meinungen. Insbesondere darüber, ob ein Ding oder aber seine Idee real sind, denken seit Platon die Philosophen nach. Heute scheint klar: Nur der vor mir stehende spezielle Baum, den ich betrachte, ist eine Realität und keine Idee. In den philosophischen Wörterbüchern beschreibt man die Idee als einen Allgemeinbegriff. In [5] liest man z.B. unter anderem: "... seit Descartes und Locke bedeutet Idee vielfach nur noch das Bild, das sich der Geist von einem Dinge macht, die Vorstellung; das im Begriff erfaßte Wesen eines Dinges, einer Sache, ...". In dieselbe Richtung geht auch die Erklärung in [2]: "So ist die Geschichte des Begriffs Idee gekennzeichnet von dem Problem der Bewältigung des Gegensatzes zwischen Realität (der Dinge) und Erkenntnis (von den Dingen) und zwischen Sein und Denken ...".

Es scheint, daß man sich mit den Vorstellungen von einer hierarchischen Sprachmaschine einerseits der ursprünglichen Platon'schen Ideenlehre nähert, weil in der Maschine die Idee als Metawort (Code) wirklich eine Realität ist und andererseits wieder von ihr entfernt, weil ein Mensch dieses Metawort als Code im Prinzip auch direkt anschauen kann. Mit dem Metawort verknüpft ist ein zugehöriges Wort der Umgangssprache, das ebenfalls real als Code existiert. Wort und Metawort für das Ding und die Idee sind, sprachlich gesehen, also beide real.

Davon zu unterscheiden ist die Frage, ob bestimmte Begriffe auch außerhalb des Sprachsystems eine Existenz haben, d.h. ob sie auch dort real sind. So gibt es Begriffe, die experimentell als Erscheinungen der realen Welt verifizierbar sind, aber auch Begriffe, die nicht von dieser Art sind. Als Beispiel betrachten wir den Begriff "Seele". Sie ist naturwissenschaftlich nicht verifizierbar. Deshalb wird ihre Existenz von vielen Menschen auch bestritten. Andere Menschen glauben dagegen fest an die Existenz der Seele. Im Rahmen der Sprachwelt ist diese Frage nicht entscheidbar. Jedenfalls gibt es viele Texte, die von der Seele handeln, so daß wir auch zu einem Metawort "Seele" und damit zu einem entsprechenden Begriff und seinen unterschiedlichen Definitionen kommen. Deshalb muß man diesem Begriff wenigstens in der sprachlichen Welt (Modellwelt) eine Existenz zubilligen. Viele ähnliche Beispiele ließen sich hier nennen: Engel, Teufel, Geister, usw. Man sieht, daß man alleine aus der Existenz der Begriffe in der Sprachwelt nicht auf ihre Existenz in der realen Welt schließen kann. Andererseits gibt es aber zweifellos Übereinstimmungen von realer Welt und Begriffen der Modellwelt, was uns vor allem die Naturwissenschaft lehrt. Trotzdem kommt aber auch sie nicht ohne Ideen aus, die als solche oft nicht Bestandteile der realen Welt sind. Sogar große wissenschaftliche Bereiche, wie z.B. die Mathematik, arbeiten fast nur mit Begriffen, die einerseits nicht Bestandteile der realen Welt sind, andererseits aber sehr genau definiert sind, wobei sich ihre "Wahrheit" im Grunde nur auf die Logik stützt.

Zur besseren Unterscheidung nennt man bekanntlich in der Mathematik die logisch begründeten Begriffe und Aussagen (Beweise) "objektiv verifizierbar", so daß für alles übrige nur die "naturwissenschaftlich verifizierbaren" und darüber hinaus die nur "subjektiv verifizierbaren" Aussagen übrig bleiben. Schließlich gibt es auch die "nicht verifizierbaren" Aussagen. Alle finden ihren Platz in Metaworten des hierarchischen Sprachsystems und unterscheiden sich nur durch den sie erzeugenden speziellen Abstraktionsprozeß. Schließlich hat ja auch der Mensch eine bunte Mischung all dieser verschiedenen Qualitäten von Begriffen, Gedanken, Aussagen, Ideen usw. in seinem Denkapparat, dem Sprachhirn, gesammelt.

6. Das Wissen.

Es ist schon häufig unter Philosophen diskutiert worden, was "Wissen" eigentlich sei. Eine Einigung hat es dabei nie gegeben, wie sich erst wieder bei einem kürzlichen Kolloquium in der Hochschule des Autors deutlich zeigte. Beschränken wir uns darauf, welches Wissen mit Sprache zum Ausdruck zu bringen ist, so liefert die Sprachmaschine ein geeignetes Modell zur Klärung dieser Frage.

Die Sprachmaschine enthält zunächst alle Worte des Wortschatzes. Sodann alle Sätze und Textstücke, die damit möglich sind. Werden nun Textstücke aufgenommen oder abgegeben, und behalten alle dabei aktivierten Netzwerkelemente auch danach noch einen gewissen Aktivitätswert (benutzte Textpfade im jeweiligen Netzwerk sind gewissermaßen "angewärmt" bzw. die betroffenen "Synapsen" sind verändert), so läßt sich auch einige Zeit danach die Frage beantworten, ob man diese Textstücke auch "kennt" und damit den Inhalt "weiß". Ist dies der Fall, so kann man sagen "ich weiß es". Das heißt, es handelt sich um einen Teil des persönlichen Wissens. Die Gesamtheit aller Aussagen, bei denen ich sagen kann "ich weiß es", ist die Gesamtheit meines persönlichen Wissens. Quantitativ ergibt es sich aus dem redundanzfreien Text, bzw. aus dem Code der Metaworte.

Betrachtet man nun eine Gruppe von Menschen, z.B. alle Physiker Deutschlands, so läßt sich ebenfalls zu allen möglichen Texten die Frage stellen, ob es jemanden in der Gruppe gibt, der sie kennt und damit den Inhalt weiß. Es handelt sich also um die Vereinigungsmenge des jeweils persönlichen Wissens. Bei solchen wissenschaftlichen Gebieten muß man natürlich einen größeren Wortschatz als den individuellen, dazu viele Sonderzeichen und z.B. auch die mathematische Sprache zulassen. Damit läßt sich das Wissen dieser Gruppe umreißen.

Man kann das Ganze natürlich noch erweitern auf viele Gruppen, auf viele Sprachen und auf das, was in allen Bibliotheken der Welt zusammengetragen worden ist. Dann käme man auf ein Wissen, das man das Wissen der Welt nennen könnte.

Eine gewisse Schwierigkeit bei der Definition von persönlichem Wissen ergibt sich dadurch, daß ein großer Teil davon ziemlich offen vor uns liegt und damit unmittelbar verfügbar ist, ein anderer Teil aber verborgen und noch zu entdecken ist. Um das noch Verborgene zu finden, muß man nicht neue Informationen aufnehmen, sondern kann auf der Basis des bekannten Wissens mit Hilfe der Logik die gewünschte Offenlegung bzw. Entdeckung vorantreiben. Sherlock Holmes brauchte schließlich die bekannten Tatsachen nur richtig zu ordnen und zusammenzufügen, um den noch unbekannten Täter zu identifizieren. Ein gewichtigeres Beispiel ist die Mathematik, die aus bekannten Axiomen alle ihre Gesetze ableitet. Wegen der gemeinsamen Basis sind diese dann sogar allgemeinverbindlich, das heißt, dieses Wissen ist in allen Menschen in gleicher Weise angelegt.

Im Anhang findet man noch eine kleine Betrachtung über den Humor aus der Sicht des Sprachmodelles, die vielleicht, weil die Ursache des Humors ein häufig diskutiertes Thema ist, für manchen Leser auch interessant sein mag.

7.   Schärfe und Unschärfe der Sprache.

Wenn ein Redner in seiner Ansprache ein unpassendes oder gar falsches Wort gebraucht, merken es meist alle Zuhörer. Es sei denn, es handelt sich um eine jener vielen Ansprachen, bei denen man bald in Schlaf versinkt. (Aber selbst dann wird mancher gerade durch das falsche Wort oft sofort wieder hellwach). In einem entsprechenden Experiment, bei dem man in fortlaufendem Text an beliebiger Stelle ein Wort entnommen und durch ein zufällig bestimmtes Wort des Wortschatzes ersetzt hat, ist dieser Fehler fast immer eindeutig zu identifizieren. Es ergibt sich fast nie eine Situation, bei der man die Fehlerhaftigkeit mit einer kontinuierlichen Größe, z.B. mit einer prozentualen Wahrscheinlichkeit angeben könnte. Diese Eigenschaft der Sprache kann man als ihre Schärfe oder ihre Bestimmtheit bezeichnen.

Davon zu unterscheiden ist die Frage, wie genau denn das Wissen definiert ist. Gibt es eine Unbestimmtheit des Wissens? Betrachten wir dazu zwei Menschen und danach zwei Sprachmaschinen, die in beiden Fällen unabhängig voneinander dieselbe Sprache erworben haben. Dann wird man schon bei den Wortbegriffen feststellen, daß sie verschiedene Definitionen aufweisen können, ähnlich wie in den Lexika, in denen man zu einem Begriff oft verschiedene Definitionen angeboten bekommt. Ein und dasselbe Textstück wird dann vielleicht recht unterschiedlich interpretiert. Bei den Sprachmaschinen: Ein und dasselbe Metawort wird auf unterschiedliche Art mit u.U. verschiedener Bedeutung in einen normalen Text umgesetzt. Daher ist das Wissen von zwei Menschen oder zwei Sprachmaschinen bei Betrachtung desselben Textes, sofern es unterschiedliche Lernprozesse gegeben hat, nicht dasselbe. Es gibt eine gewisse Unschärfe. Das läßt sich wie folgt erweitern. Betrachtet man immer größere Gruppen von Menschen, so werden zwei Effekte zu beobachten sein. Erstens, daß die Menge der unterschiedlichen Begriffsbestimmungen im allgemeinen zunimmt und zweitens, daß es davon eine Häufigkeitsverteilung gibt, vielleicht nach Art einer Normalverteilung. (Wäre es so, so würde eine interessante Parallele zur Heisenberg'schen Unschärferelation in der Physik entstehen, deren Grenzfunktionen bekanntlich auch Gauß'sche Glockenkurven, also Normalverteilungskurven, sind).

Es stellt sich weiterhin die Frage, ob die Vielzahl an Texten einer Sprachmaschine, die zwar sprachlich richtig gebildet sind, die aber nicht mit unserem Weltwissen übereinstimmen, ebenfalls ein Wissen darstellen (Beispiel: Die Sonne ist eckig). Da es hier keine Übereinstimmung zwischen Text und unserem Weltwissen gibt, könnten wir diese Texte als "nicht wahr" betrachten. Das würde uns zu der Unterscheidung zwischen "wahrem Wissen" und "nicht wahrem Wissen" führen (das "nicht wahre" Wissen ist allerdings nicht ganz so sinnlos wie zufällig aus Wörtern des Sprachschatzes ausgewürfelter Text). Es gibt Beispiele aus dem Bereich der Poesie, in dem man ausgiebig mit solchen "nicht wahren" Texten spielt.

8. Schlußbemerkung

Bei der Arbeit an der Sprachmaschine setzten wir zunächst große Hoffnungen darauf, von neueren wissenschaftlichen Erkenntnissen der Linguistik profitieren zu können. Die Zipf'schen Kurven aus den vierziger Jahren berechtigten ja zu den größten Hoffnungen. Leider haben wir nichts gefunden, was uns in unserer Arbeit wesentlich geholfen hätte. Vielleicht, weil wir als Techniker weder die Sprache der modernen Linguistik verstehen, noch gar einen Überblick über dieses Gebiet haben. Verdächtig ist immerhin, daß wir uns vor allem von den einführenden Büchern unterstützt fühlten, wie sie z.B. in den Schüler-Duden Philosophie, Deutsche Grammatik, Bedeutungswörterbuch usw. oder in den Fischer-Taschenbüchern Deutsche Grammatik, Fehlerfreies Deutsch, Deutsch-Kolleg, usw. vorliegen. Seltsamerweise brachten uns andere Bücher mit zunächst vielversprechenden Titeln wie z.B. das Buch von U.Tietz "Sprache und Verstehen" [3] so gut wie nichts. Wir erklären uns das damit, daß hier Linguistik und Philosophie auf einem sehr hohen abstrakten Niveau betrieben werden, das nur den Eingeweihten mühelos verständlich wird. Im Bild der hierarchischen Sprachmaschine gesehen, könnten wir uns vorstellen, daß der Text gewissermaßen aus einer Fülle sehr abstrakter Begriffe besteht, deren notwendige Verbindung von Begriffswort zu Begriffsmetawort nur dem Fachmann bzw. dem Wissenden gegenwärtig ist. Bei dem Entwurf einer geeigneten Struktur für die Sprachmaschine ist es aber sinnvoll, zu Anfang nur die einfacheren Worte und Texte zu betrachten, deren Begrifflichkeit nicht in sehr hohe Abstraktionsebenen reicht. Sie vor allem müssen zuerst einmal strukturell realisiert werden.

Es gibt allerdings einen Philosophen, Ludwig Wittgenstein, von dem wir uns besonders angesprochen fühlen [7]. Statt vieler einzelner Zitate aus dem Originalwerk möge hier ein kurzer Auszug aus einem bekannten Lexikon genügen [8], der schon zeigt, warum wir hier Gemeinsamkeiten sehen: "Die sinnliche Wahrnehmung des Gedankens drückt sich im Satz aus. Gleichzeitig aber verkleidet der Satz, d.h. die Sprache, den Gedanken. Der Satz ist daher nur ein Bild der Wirklichkeit, ein Modell. Philosophie hat deshalb Sprachkritik zu sein".

Anhang

Ein kürzliches Erlebnis brachte den Autor dazu, auch einmal über den Zusammenhang von allgemeinem Wissen und Humor in einem reinen Sprachsystem nachzudenken. Kann die Ursache von Humor rein sprachlich erklärt werden? Am besten sieht man das an unfreiwilligem Humor. Ein eigenes Beispiel: Ein Baum im Vorgarten hatte einen starken Befall von Blattläusen, wogegen ich etwas tun will. In der Giftabteilung einer Drogerie beginne ich meinen Wunsch wie folgt: "Ich habe ziemlich viele Blattläuse auf meiner Tante". Nach einer Schrecksekunde prasselndes Gelächter aller Umstehenden. Wäre das in einer Sprachmaschine abgelaufen, hätte aufgrund des allgemeinen Wissens die Prädiktion natürlich auf "Tanne" getippt. Mit den sieben bekannten Vorgängerworten und unter Berücksichtigung des Kontextes wäre das eine ziemlich klare Sache gewesen (sie war es auch für die Umstehenden). Dann kommt aber ganz zum Schluß - hier aus Unachtsamkeit - eine unvermutete Wendung, die sprachlich erlaubt, irgendwie auch vorstellbar, aber gänzlich unsinnig und lächerlich ist. Unser Wissen ist mit einer Variante überrascht worden, die sich im Gegensatz zu unseren üblichen Prädiktionen befindet. Die Maschine könnte bei einem aufgenommenen Text diese Tatsache feststellen und damit eine humorvolle Wendung oder einen Witz erkennen (auch wenn es fraglich ist, ob sie jemals dabei Vergnügen empfinden wird).

Literatur

1. Müller, W.: Bedeutungswörterbuch. Schülerduden, Mannheim, 1986.
2. Kwiatkowski, G.: Die Philosophie. Schülerduden, Mannheim, 1985.
3. Tietz, U.: Sprache und Verstehen. Akademie Verlag Berlin, 1995.
4. Bußmann, H.: Lexikon der Sprachwissenschaft. Alfred Kröner Verlag Stuttgart, 1990.
5. Schischkoff, G.: Philosophisches Wörterbuch Alfred Kröner Verlag Stuttgart, 1991.
6. Hirschberger, J.: Geschichte der Philosophie, Bde. I, II Herder Verlag, Freiburg, 1952.

7. Wittgenstein, L.: Tractatus logico-philosophicus Suhrkamp Taschenbuch, 6. Aufl. 1989
8. Brauneck, M.: Autoren Lexikon. Rowohlt Verlag, Hamburg 1984

18

Sind die Ausdrucksmöglichkeiten der Sprache wirklich unendlich?
Welche Texte kann man komprimieren?

Wir "normalen" Menschen haben meist kein Gefühl für die Abschätzung sehr großer Zahlen.

Kurzfassung. Es wird immer wieder behauptet, daß es unendlich viele Möglichkeiten gibt, einen Text zu erzeugen. Eine genauere Betrachtung zeigt jedoch, daß dann, wenn es verstehbare Texte sein sollen, die Zahl der Möglichkeiten begrenzt und weit kleiner ist als man es aufgrund der reinen Kombinatorik über Textelemente erwarten sollte. Sodann wird diskutiert, welche minimalen Entropiewerte in unterschiedlich langen zusammenhängenden Texten zu erwarten sind.

1. Die Größenordnung der Vielfalt von Texten.

Wir stellen uns gerne vor, daß wir mit unserer Sprache unendlich viele Möglichkeiten haben, etwas zu sagen oder zu schreiben. Um dies zu veranschaulichen, ist es insbesondere in der Linguistik üblich, Beispiele zu konstruieren, mit denen man unversehens schon eine unvorstellbar große Menge an Ausdrucksmöglichkeiten bekommt. Betrachten wir ein solches Beispiel, nämlich den Satz:
"Es gibt eine Vorstellung bei Vermietern, selbst dann, wenn sie im bayrischen Schwaben leben, Mieter, die sich gegen die Kehrwoche bei dem Gemeindesekretariat beschweren, zu dem sie gehören, als Nörgler zu betrachten, für die sie kein Verständnis aufbringen." In diesem Satz kann man viele Teile gegen gleichartige andere austauschen, ohne daß die Satzkonstruktion eine andere wird. Wir wollen diese Teile im folgenden zuerst durch einen Strich kenntlich machen:
"Es gibt eine _1_, selbst dann wenn _2_, _3_, die _4_ bei dem _5_ zu dem _6_ als _7_ zu _8_, _9_ die _10_ kein _11_."
Die Satzkonstruktion bleibt unverändert, wenn die numerierten Striche für folgende grammatikalischen Eigenschaften stehen

  1: Nomen Präposition Nomen
  2: Pronomen Präposition Adjektiv Nomen Verb
  3: Nomen
  4: Pronomen Präposition Artikel Nomen
  5: Nomen Verb
  6: Pronomen Verb
  7: Nomen
  8: Verb
  9: Präposition
  10: Pronomen
  11: Nomen Verb

Da die auszutauschenden Satzteile recht allgemeine Eigenschaften haben, wird es sicher möglich sein - so wird argumentiert - für jede der genannten grammatikalischen Begriffe wenigstens zehn verschiedene zu finden, mit denen ein sprachlich akzeptabler Satz entsteht. Wir können uns das bildlich durch Verzweigungen wie folgt vorstellen, siehe den Anfang des Satzes in Bild 1.

Mit insgesamt 23 Austauschwörtern lassen sich dann 10^{23} verschiedene Sätze erzeugen. Dies ist eine sehr große Zahl. Man pflegt sie dann wie folgt zu veranschaulichen: Würde man für die Erzeugung eines jeden dieser Sätze gerade eine Sekunde benötigen, müßte man für die Erzeugung aller dieser verschiedenen Sätze eine Zeit von $3 \cdot 10^{15}$ Jahren aufbringen. Das ist ersichtlich weit mehr Zeit, als man für das Alter der Welt schätzt.

Es besteht kein Zweifel, daß solche Beispiele über die Vielfalt der Sprache sehr eindrucksvoll sind. Denn wenn dies schon für eine einzige Satzkonstruktion gilt, wie wird sich dies erst für die vielen anderen möglichen Satzmuster fortsetzen! Versuchen wir trotzdem, das Beispiel noch ein wenig fortzuspinnen. Nehmen wir z.B. eine Million verschiedener Satzmuster an, die jede für sich etwa 10^{23} verschiedene inhaltliche Ausgestaltungen haben. Das sind dann $10^6 \cdot 10^{23} = 10^{29}$ mögliche Formen.

Man ist wahrscheinlich verblüfft. Die Erhöhung des Exponenten von 23 auf 29 scheint nicht sehr viel zu sein. Wir können das Spiel leicht fortsetzen. Selbst wenn wir im Beispiel nicht nur eine Million sondern eine Million Millionen d.h. 10^{12} verschiedene Satzmuster betrachten, stiege die Gesamtzahl nur von 10^{23} auf 10^{35}. Auch das erscheint nicht sehr beeindruckend. In Wirklichkeit kommt hier zum Vorschein, daß wir uns nur recht unvollkommene Vorstellungen von großen Mengen, die in Form von Zehnerpotenzen gegeben sind, machen können. Bekanntestes Beispiel dafür ist die gern als Denkaufgabe gestellte Frage, wieviele Atome wohl das sichtbare Universum enthalte. Man kann dies recht gut abschätzen [3]. Es kommt die Zahl 10^{79} heraus!

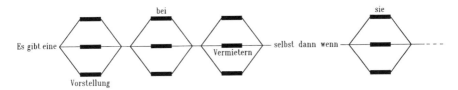

Bild 1. Schema eines Satzes mit Austauschmöglichkeiten für einzelne Wörter.

Das Beispiel der Gesamtheit verschiedener Sätze läßt sich wie folgt noch etwas systematischer ausgestalten, sofern man alle Worte des Wortschatzes einschließlich aller Wortformen zur Konstruktion eines Satzes gegebener Länge zuläßt. In Bild 2 sind zum Beispiel eine ganze Reihe von Wörterbüchern als Säulen skizziert. Aus jedem Wörterbuch soll man eindeutig ein Wort auswählen können. Sobald es ausgewählt ist, kann jedoch das nachfolgende Wort nicht mehr völlig frei aus dem ganzen Wortschatz gewählt werden. Es existiert nämlich nur eine begrenzte Untermenge an möglichen Nachfolgern. Die Nachfolgermenge ist jeweils eine zu dem vorangehenden Wort ganz individuelle Wortmenge. Wir können auch hier wieder eine sich aus der Größe der Menge ergebende Verzweigung V_n definieren. Betrachten wir jetzt die Menge an möglichen verschiedenen Sätzen der Länge M. Wir lassen dabei nicht nur den einen Anfang wie in Bild 1 zu, sondern jeden Anfang, der mit einem Wort des Wortschatzes W beginnt. Die Anzahl N_s der verschiedenen Sätze ergibt sich dann zu

$$N_S = W \cdot V_n^{M-1} \qquad (1)$$

Wählen wir als Beispiel wieder wie oben $V_n = 10$ und $M = 23$, und setzen den Wortschatz mit $W = 10^5$ an, so ergibt sich

$$N_S = 10^5 \cdot 10^{22} = 10^{27} \qquad (2)$$

Die Menge der verschiedenen Wortfolgen ist offensichtlich vergleichbar mit der des anfänglichen Beispiels.

Die Festlegung auf Sätze einer bestimmten Länge ist natürlich noch unbefriedigend. Dieses Problem läßt sich aber leicht lösen, wenn man statt einer Vielzahl von Wörterbüchern ein einziges, dann aber rückgekoppeltes Wörterbuch verwendet, siehe Bild 3. Als technisches Gebilde benötigt es im Rückkopplungsweg lediglich noch eine Zeitverzögerung, die mit Hilfe eines Pufferspeichers erreicht wird. Wollen wir jetzt noch weitere und auch realistischere Beispiele über die in der deutschen Sprache zu erwartenden Zahlen möglicher Sätze bilden, sollte man die mittlere Verzweigung nach einem beliebigen Wort kennen. Sie beträgt nach einer groben Abschätzung $V_n = \text{ld } W$. Nun haben wir Sätze verschiedener Länge zu berücksichtigen. Wir können dieses Problem auf zwei verschiedenen Wegen umgehen. Auf dem ersten Weg ermitteln wir zuerst die mittlere Länge eines Satzes der Sprache. Nehmen wir an, sie sei wieder $M = 23$ Worte. Dann findet man für den schon recht beachtlichen Wortschatz von $W = 10^6 \approx 2^{20}$ nach Gl.(1) und der obigen Abschätzung die folgende Anzahl von Sätzen:

$$N_S = 10^6 \cdot 20^{22} = 10^6 \cdot 2^{22} \cdot 10^{22} \approx 10^6 \cdot 4 \cdot 10^6 \cdot 10^{22} \tag{3}$$
$$\approx 4 \cdot 10^{34}$$

Dieses Ergebnis sollte man vergleichen mit der Zahl aller theoretisch möglichen Wortfolgen derselben Länge. Sie beträgt

$$N_{s,tot} = W^M = 10^{6 \cdot 23} = 10^{138} \tag{4}$$

Die Zahl der Sätze mit zugelassenen Verzweigungen in Gl.(3) ist ersichtlich ein winziger Teil all dieser Wortkombinationen in Gl.(4).

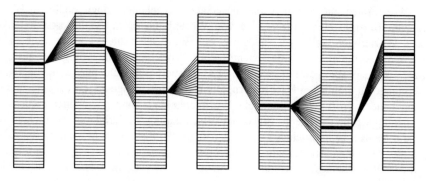

Bild 2. Schema eines Satzes, bei dem man nach jedem Wort aus der Menge der möglichen direkten Nachfolgewörter jeweils eines auswählen kann. Es sind soviele Wörterbücher wie Wörter vorhanden.

Ein zweiter Weg der Abschätzung besteht darin, daß man auch den Punkt, der die Schnittstelle zwischen je zwei Sätzen bezeichnet, als ein besonderes Wort des Wortschatzes definiert, und auf diese Weise eine Abschätzung über einen Text beliebiger Länge gewinnen kann. In einem ersten Schritt findet man dann tatsächlich erstaunlich große Zahlen über die Menge aller verschiedenen möglichen Texte, die z.B. auf einer Seite (DIN A4) geschrieben werden könnten. Es würde sich jedoch herausstellen, daß die meisten derart konstruierten Texte dennoch sprachlich nicht akzeptiert werden können, denn wir haben bei der obigen Abschätzung nur beachtet, welche Worte unmittelbar aufeinander folgen dürfen. Welche größeren Wortgruppen aber (grammatikalisch) aufeinander folgen dürfen, haben wir nicht beachtet. (Auch bei dem Unsinnstext: "als ein totgeschossener Hase auf der Sandbank Schlittschuh lief" wird man z.B. nicht abstreiten können, daß hierbei ganz strenge grammatikalische Regeln beachtet sind, daß der Text also sprachlich akzeptabel ist).

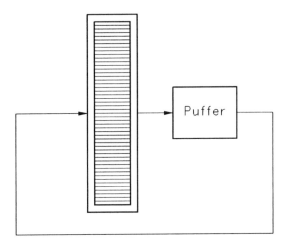

Bild 3. Das Schema von Bild 2, das anstelle vieler gleicher Wörterbücher mit einem einzigen rückgekoppelten Wörterbuch realisiert ist.

Da es hier lediglich darauf ankam, den üblichen Gedankengang zur Veranschaulichung der "Unendlichkeit der natürlichen Sprachen" etwas zu zerpflücken, und da die ermittelten Zahlen auch noch weit genug von der "Unendlichkeit" entfernt sind, sei darauf verzichtet, hier frühere Überlegungen noch zu dem Punkt weiterzuführen, an dem sich die erstaunlich niedrig liegende Größenordnung aller sprachlich akzeptablen Texte in Abhängigkeit der Textlänge ergibt.

2. Die Kriterien der sprachlichen Akzeptanz und des Textzusammenhangs.

Texte sollen hier ganz allgemein als endliche Sequenzen von Worten verstanden werden. Man kann dabei unterscheiden zwischen sinnvollen und nicht sinnvollen Texten. Dies stand anfangs bei der Diskussion der Sprachmaschine im Vordergrund. Man kann aber auch unterscheiden zwischen Texten, die den Regeln der Grammatik genügen und Texten, die das nicht tun. Schließlich gibt es noch Texte, die inhaltlich zusammenhängend sind und andere, die es nicht sind. Im folgenden soll geklärt werden, was eine Sprachmaschine bei der Verarbeitung von Text im Hinblick auf solche Unterscheidungen leisten kann.

Betrachten wir eine Folge von Worten wie z.B.

Auto, besitzen, die, ein, meisten, Ärzte

Aus diesen 6 Worten kann man 6! = 720 verschiedene Sequenzen bilden. Nehmen wir ein paar Beispiele:

(1)   die meisten Ärzte besitzen ein Auto
(2)   ein Auto besitzen die meisten Ärzte
(3)   besitzen die meisten Ärzte ein Auto
(4)   die Ärzte besitzen meisten ein Auto
(5)   die Auto besitzen ein meisten Ärzte
(6)   meisten die ein Ärzte Auto besitzen

Sprachlich akzeptable Folgen wird man als Sätze bezeichnen [1], so also die Folgen (1) bis (3). Die Folgen (4) bis (6) wird man dagegen nicht mehr als Sätze bezeichnen. Der Grammatiker wird sagen, weil sie die Regeln der Syntax verletzen. Eine strukturelle Sprachmaschine wird aber, genauso wie ein Mensch, nicht nur mit der Verarbeitung syntaktisch richtiger Sätze zu tun haben. So ist es bekannt, daß die systematische Aufzeichnung gesprochener Sprache, z.B. in Interviews mit Hilfe eines Recorders, in den meisten Fällen enthüllt, daß der sprechende Mensch nicht immer die Regeln der Syntax beachtet und dennoch meist verständlich bleibt. Bei Menschen, welche die deutsche Sprache nicht gut beherrschen, wird dies besonders deutlich. "Sergej gutes Handwerker sein" ist inhaltlich sofort verständlich, obwohl die Syntax zweifellos völlig falsch ist. Die Syntax ist also kein ausreichendes Mittel, um die Information in einem Satz richtig zu erfassen. Zweifellos sind aber die meisten der oben im Beispiel betrachteten 720 Wortsequenzen von einer solchen Art, daß weder die Regeln der Syntax noch die der (Satz-) Semantik erfüllt sind, so daß wir solche Sätze als nicht sinnvoll ansehen müssen.

Trotzdem können wir natürlich als Menschen bewußt solche sinnlosen Wortfolgen erzeugen und sie auch aufnehmen, auch wenn es bekanntlich äußerst schwierig ist, sich sinnlos erscheinende Wortfolgen zu merken. Das heißt, der Mensch ist nicht an sinnlose Wortfolgen adaptiert, er hat sie nicht gelernt und er sieht meist keinen Nutzen in ihrem Gebrauch. Eine Universelle Sprachmaschine sollte jedoch, ebenso wie der Mensch, in einem gewissen Umfang auch mit syntaktisch falschen oder gar sinnlosen Wortfolgen umgehen können, d.h. sie aufnehmen und abgeben können. Schließlich sind die Worte, die der Leser bis hierher gelesen hat, auch ein Text und der enthält zweifellos auch einige "sinnlose" Sätze. Wären jedoch alle Sätze bis hierher sinnlose Sätze, hätte der Leser sicher schon längst mit dem Lesen aufgehört. Die wesentliche Information steckt also zweifellos sowohl in den Sätzen, sofern sie sinnvoll erscheinen, als auch in der Sequenz von Sätzen, sofern sie in einer akzeptablen Weise aufeinander folgen.

Wenn wir nun etwas genauer Folgen von Sätzen betrachten wollen, können wir die vorangehenden Betrachtungen über die Worte in einem Satz grundsätzlich wiederholen, indem wir nämlich statt der Worte die Sätze setzen. Zum Beispiel alle Sätze, die man im vorliegenden Text bis hierhin gelesen hat. Dann werden wir alle nur möglichen Sequenzen aus diesen einzelnen, meistens sinnvollen Sätzen bilden. Das wird sicher wieder eine sehr große Zahl sein, und es wird sich wiederum herausstellen, daß die weit überwiegende Zahl aller Satzsequenzen, auch wenn jeder einzelne der betrachteten Sätze den Regeln der Syntax und vielleicht auch der Satzsemantik entspricht, nicht akzeptabel wäre. Wir würden nämlich keinen Sinn darin entdecken.

Sehen wir uns die Situation jetzt einmal unter informationstheoretischen Gesichtspunkten an. Unsinnige Sätze und unsinnige Satzfolgen können wir in aller Regel nicht gebrauchen. Sie sind redundant. Im Normalfall ist eine Information nur in einem Satz mit erkennbarem Inhalt und in einer Folge von Sätzen enthalten, deren Inhalt in semantischer und pragmatischer Hinsicht von uns aufgenommen werden können, die uns also sinnvoll erscheinen, an die wir adaptiert sind.

Wir wollen uns dabei vorerst ganz auf den sprachlichen Aspekt beschränken und Sätze oder Satzfolgen auch dann als akzeptabel ansehen, wenn sie unserem "Weltwissen" nicht entsprechen. "Die Sonne ist ein Würfel" wäre z.B. ein Satz, der sprachlich akzeptabel aber mit unserem Weltwissen nicht vereinbar ist.

Wir können von der Hypothese ausgehen, daß alle nicht akzeptablen Satzfolgen für die Bildung eines "vernünftigen" Textes entbehrlich sind, also bis auf wenige Ausnahmen, siehe oben, nicht gebildet werden müssen. Bezüglich der Information sind sie also redundant. Für die redundanzfreie Darstellung von solchem übrigbleibenden sinnvollen Text, der eine sehr kleine Untermenge aller theoretisch möglichen Wortfolgen und Satzfolgen darstellt, kommen wir also mit einem sehr viel kürzeren Code aus, als wenn von uns gefordert würde, auch alle sprachlich unsinnigen Folgen codieren zu müssen. Wir können also den folgenden Grundsatz formulieren: *Die Menge der unsinnigen Wortfolgen oder Satzfolgen, die mit vorgegebenen Worten oder Sätzen gebildet werden können, ist ein Maß für die Redundanz, die in dem betrachteten Text enthalten ist.* (Man könnte die Redundanz natürlich auch noch auf das Verhältnis der nicht akzeptablen Wortfolgen oder Satzfolgen zu den akzeptablen Wortfolgen oder Satzfolgen beziehen).

Die Forderungen, die wir an einen aus einer Mehrzahl von Texten ausgewählten akzeptablen oder sinnvollen Text stellen, können wir auch anders, nämlich als Zusammenhangskriterium formulieren. Sobald ein uns bekannt werdender Text eine solche Länge erreicht hat, bei der die neu hinzukommenden Worte oder Sätze in syntaktischer, semantischer oder pragmatischer Hinsicht nichts mehr mit dem vorangegangenen Text zu tun haben, bei dem also nicht die geringsten Schlüsse vom vorangehenden Text auf den folgenden Text gezogen werden können, ist der Text-Zusammenhang beendet. Das könnte z.B. der Fall ein, wenn wir in der Zeitung von einem Aufsatz auf der Politikseite zu einem Aufsatz auf der Sportseite oder der Feulletonseite usw. übergehen. Eine beachtliche Redundanz kann in sehr großen Textzusammenhängen vorhanden und damit eliminierbar sein, z.B. in umfangreichen Romanen. Bei Kriminalromanen ist dies vielleicht noch am augenfälligsten. Wenn der Autor uns eine Lösung präsentiert, die überhaupt nichts mit den vorher mitgeteilten Verhältnissen zu tun hat, wird er wohl keine Leserschaft finden. Der Kriminalroman lebt geradezu von versteckten Hinweisen, deren Zusammenhänge sich erst am Schluß des Buches offenbaren. Daher muß seine Entropie weit mehr reduziert werden können als z.B. im Falle von vielen einzelnen Kriminalgeschichten, die insgesamt dieselbe Seitenzahl aufweisen, die aber keinen Zusammenhang miteinander haben.

3. Redundanz-Elimination in einer Sprachmaschine.

Eine Maschine, die unterschiedliche Texte in einer intelligenten Weise verarbeiten soll, d.h. in einer ähnlichen Weise wie es der Mensch tut, muß in der Lage sein, ganz unterschiedlich große Zusammenhangsbereiche zu verarbeiten, und z.B. bei der Aufnahme von Text ganz unterschiedliche Redundanzmengen zu beseitigen. Dies ist in einer hierarchischen Anordnung von Netzwerkschichten möglich. Die Abstraktions- und Verdichtungsvorgänge steigen dann jeweils nur bis in eine gewisse Höhe der Metaebenen auf. Bleibt das Metawort für einen gegebenen relativ kurzen zusammenhängenden Text in einer unteren Metaebene, so ist die beseitigbare Redundanz relativ klein und die erzielbare Datenkompression entsprechend schlecht. Der ungünstigste Fall ist wohl der, daß eine zufällige Buchstabenfolge zu codieren ist. Handelt es sich um einen relativ langen zusammenhängenen Text, kann man aber grundsätzlich eine hohe Datenkompression erreichen.

Betrachten wir als Beispiel die Textsammlung des LIMAS-Korpus. Die gesamte Textlänge beträgt etwa 1,2 Millionen Worte, wobei sich der Text aus 24 Teilen aus verschiedenen Gebieten zusammensetzt. Zusammenhänge bestehen nur innerhalb der Teile, was zu komprimierbaren Texten einer Länge von etwa 50 000 Worten führt. Setzt man die mittlere Wortlänge einschließlich des Zwischenraumes mit 6,3 Buchstaben pro Wort an, und geht in die extrapolierte Shannon-Kurve für die redundanzfreie Entropie $(H_B = H_a / \sqrt{n})$, so ergibt sich für $H_a = 5$ Bit und $n = 315\,000$ ein Wert von $H_B \approx 0,01$. Dieser Wert ist um den Faktor 1/30 kleiner als der kleinste von Shannon bei einer Textlänge von $n = 100$ noch gemessene Wert. Dies erscheint nicht unrealistisch.

4. Entwicklungsziele für die Sprachmaschine.

Hauptziel muß sein, zuerst einmal die Funktionsfähigkeit einer Sprachmaschine experimentell zu zeigen. Dazu genügt es, geeignete Spezialfälle wie z.B. zusammenhängende Texte gleicher Länge zu betrachten. Sie müssen segmentiert werden, d.h. in natürliche Textbausteine zerlegt werden, und die Codierung muß mit Hilfe der Prädiktion organisiert werden, damit man überhaupt ein im Aufwand beherrschbares System bekommt [2]. Natürlich ist ein wichtiges Kennzeichen jeder Realisierung, wie weit man sich den theoretischen minimalen Entropiewerten nähern kann. Insofern ist ein solches System auch zur Datenkompression einsetzbar. Da es jedoch immer nur für eine bestimmte Sprache realisiert wird, ist ein universeller technischer Einsatz eines solchen Datenkompressors eher unwahrscheinlich. Es gibt aber übergeordnet Ziele. So ist z.B. bei Benutzung von zwei Sprachmaschinen für zwei verschiedene Sprachen eine sehr gute Übersetzung von Texten aus einer Sprache in die andere möglich, wenn man die Metaworte so bildet, daß sie ähnliche Texte umfassen. Was ähnlich ist, wird dabei nur durch den Lernvorgang festgelegt. Ein solches Metawort kann in Analogie gesetzt werden dazu, was man in natürlichen

Sprachen einen "Gedanken" nennt. Da das Metawort (Gedanke) in einem Metanetzwerk untergebracht ist, hat es viele Verbindungen zu assoziierten anderen Metaworten (Gedanken). Ist man erst einmal bis dahin vorgestoßen, wird die Simulation von "Denkvorgängen" das beherrschende Thema werden!

Literatur

1. Vennemann, Th.; Jacobs, J.: Sprache und Grammatik. Wiss. Buchgem. Darmstadt, 1982
2. Hilberg, W.: Informationstheoretische Deutung der Grundfunktionen hierarchischer Sprachnetzwerke. Institutsbericht 187/95
3. Emiliani, C.: The Scientific Companion. Wiley, New York, 1988

19

Ist die Grammatik oder das Sprachnetzwerk das natürliche Ordnungssystem der Sprache?

Ist die Kenntnis von Grammatik und ihren Regeln unabdingbar für die Realisierung von sprachkundigen technischen Systemen? Für die Aufgabe des Aufnehmens, Verstehens und der Erzeugung von Text kann man im Gegensatz zur herrschenden Meinung auf die expliziten Grammatikregeln verzichten, wenn man Wege findet, Grammatik in einer Netzwerkstruktur implizit zu realisieren.

Kurzfassung. Für die Sprachwissenschaft ist die Grammatik seit Jahrhunderten das Ordnungssystem der Sprache. Die Sprachschemata sind hierbei als Regeln gefaßt. Das Sprachnetzwerk als alternatives Ordnungssystem weiß zunächst nichts von Regeln, aber aus den Besetzungsmustern der Assoziationsmatrizen lassen sich Regeln ableiten. Mit einer Zitatensammlung von Whorf wird belegt, daß seit langem auch Sprachforscher über die klassische Grammatik hinausgehen wollten und dabei sogar schon qualitative Vorstellungen über ein Netzwerk entwickelten.

1. Grammatik versus Sprachnetzwerk.

Jedermann weiß schon seit seiner Schulzeit, daß das Ordnungssystem der natürlichen Sprache die Grammatik ist. Entwicklungsgeschichtlich gesehen, ist diese Erkenntnis aber noch nicht sehr alt, denn von den ersten Anfängen im Altertum ausgehend hat sich die Grammatik als Lehre vom Bau und den Regeln der Sprache erst in den letzten Jahrhunderten richtig entwickelt.

Die Grammatik ist also eine menschliche Erfindung. Sie ist zudem lediglich eine idealisierte Lehre in dem Sinne, daß uns immer nur eine begrenzte, relativ kleine Anzahl von Regeln vor Augen steht, wie erst jüngst die Praxis der automatischen Sprachverarbeitung nach dem Prinzip der "künstlichen Intelligenz" klar gemacht hat, bei der man wirklich alle Regeln berücksichtigen muß. Alle "Ausnahmen von der Regel" müssen dabei als Spezialregeln begriffen werden. Es gibt Zweifel daran, daß man für eine lebendige Sprache jemals eine vollständige Grammatik wird erstellen können.

Gänzlich neu ist eine andere Betrachtung der Sprache, bei der die Netzwerkstruktur aus Texten ermittelt und die Generierung von Sprache als ein in der Zeit ablaufender Prozeß innerhalb eines solchen Netzwerks aufgefaßt wird. Diese Netzwerkstruktur ist zuerst für die Wortebene ermittelt worden, dann aber auch für aufeinander folgende Ebenen wachsender Abstraktion. Das Ordnungssystem der Sprache ist dann in einer Mehrzahl von Netzwerken enthalten, die voneinander abhängen und sich gegenseitig steuern. In dem Netzwerk jeder Abstraktionsstufe sind nur die Wege innerhalb des jeweiligen Netzwerks erlaubt. Die erlaubten Wege aller Netzwerke bezeichnen die Möglichkeiten für eine sinnvolle Sprache. Sie sind das (netzwerkorientierte) Ordnungssystem. Es stellt sich heraus, daß beim Übergang von einer Abstraktionsstufe zur anderen, bzw. von einem Netzwerk zum anderen, viele verschiedene Möglichkeiten der Textverknüpfung bestehen. D.h. wir haben hier eine relativ lose Kopplung der einzelnen Ordnungsebenen untereinander. Dies kann für eine sehr redundanzarme Codierung genutzt werden. Der Codierungsmechanismus erinnert dabei an die Matrixfaktorisierung in der Mathematik, mit der man durch Zerlegung in Faktoren ebenfalls eine beachtliche Reduzierung des Rechenaufwandes erreicht.

Wie sehr wir, sprachlich gesehen, Gefangene dieser Sprachnetzwerke sind, wird aus dem oben gesagten deutlich, insbesondere, wenn wir davon ausgehen, daß bei der Generierung von Text in jedem der Netzwerke eine Aktivität nur innerhalb eines eng begrenzten Gebietes möglich ist, und daß die jeweiligen Aktivitätsgebiete nur entlang vorhandener Verbindungen von Knoten zu Knoten wandern können. Die Strukturen aller Netzwerke zusammen stellen das zu beachtende Ordnungssystem dar, die individuellen Pfade den jeweils erzeugten Text. Die Zahl der Möglichkeiten für die Generierung von Text ist damit ersichtlich begrenzt und keineswegs, wie in der Vergangenheit oft zu hören war, unendlich groß.

Wir sollten nun betrachten, wie leicht oder schwer die verschiedenen Ordnungssysteme - die grammatikalischen Regeln einerseits oder die Netzwerkstruktur andererseits - zu gewinnen sind. Nun, grammatikalische Regeln gewinnt man durch Analyse von Texten, die Netzwerkstruktur dagegen einfach durch assoziative Speicherung von Texten. Wir wissen alle, wie zeit- und arbeitsaufwendig solche Analysen sind. Sie benötigen den intelligenten menschlichen Bearbeiter und lassen sich bis jetzt kaum automatisieren. Die assoziative Speicherung von Texten kann dagegen, wenn erst einmal das allgemeine Verfahren ausgearbeitet ist, ohne weitere menschliche Hilfe automatisch ablaufen. Das ist insbesondere dann von Vorteil, wenn man Texte mit einem großen Wortvorrat (Vokabular) verarbeiten will. Dazu wird man nämlich in einer modernen Sprache einige Millionen unterschiedlicher Worte (Wortformen) berücksichtigen müssen.

Schließlich sollten wir uns fragen, ob die regelorientierten und die netzwerkorientierten Ordnungsprinzipien wirklich so grundverschieden sind, daß sie praktisch nichts miteinander zu tun haben, da sie doch dasselbe Objekt, die natürliche Sprache, gemeinsam haben. Es wäre sicher sehr befriedigend, wenn in der einen Ordnung grundsätzlich die andere Ordnung enthalten wäre. Es scheint nun sehr schwierig, von dem Ordnungsprinzip der grammatikalischen Regeln zum Ordnungsprinzip des Netzwerkes zu gelangen. Andererseits scheint es naheliegender und einfacher zu sein, die Netzwerkstrukturen, insbesondere in höheren Abstraktionsebenen, daraufhin zu untersuchen, ob es hier charakteristische Muster gibt (typische Besetzungen der Assoziationsmatrix).

Vielleicht hat man in der obigen Betrachtung die sog. "klassische quantitative Linguistik" vermißt. Hier beschäftigt man sich bekanntlich schon seit langem mit der Herausarbeitung statistischer Eigenschaften oder statistischer Regeln der Sprache. Man könnte daher auch von einem statistischen Ordnungsprinzip sprechen. Zwar wird den statistischen Ansätzen gerne entgegengehalten, daß sie die Eigenschaften der Sprache natürlich nur statistisch beschreiben, wie das zum Beispiel beim Zipf'schen Gesetz der Fall ist, aber das stimmt nicht ganz. Mit Hilfe der bedingten Wahrscheinlichkeiten für Buchstaben und Wörter in einem Markoff-Modell hat z.B. schon C.E.Shannon in den fünfziger Jahren gezeigt, wie man ganz vernünftige (kurze) Sätze mit bekannten Wahrscheinlichkeiten konstruieren kann. Der immense Aufwand, der zur Bestimmung aller benötigten Wahrscheinlichkeiten getrieben werden muß, hat aber wohl dazu geführt, daß diese Richtung in der Praxis nicht weiterverfolgt wurde. Bei der jüngsten Ausarbeitung des alternativen Netzwerkansatzes zeigte sich zudem, daß ein Sprachnetzwerk sicher die grundlegendere Struktur ist, weil man darin auch statistische Vorgänge betrachten kann. So wurden z.B. die Zipf'schen Kurven aus einem im Netzwerk (der untersten Abstraktionsebene) zufällig umherwandernden Aktivitätspunkt abgeleitet. Daher sollte man das statistische Ordnungssystem nicht als gleichberechtigt neben dem Grammatik-Ordnungssystem und dem Netzwerk-Ordnungssystem betrachten.

Nachdem wir nun verschiedene Aspekte a) eines regelorientierten und b) eines netzwerkorientierten Ordnungssystems betrachtet haben, kehren wir zur anfänglich gestellten Frage zurück, welches denn das natürlichere bzw. das grundlegendere Ordnungssystem sei. Man kann aus folgenden Gründen vermuten, daß dies das Netzwerk ist. Es ist in seiner Struktur für alle Sprachen gleich (was man von den Grammatiken keineswegs behaupten kann), Grammatiken sind zudem menschliche Abstraktionsleistungen (über die man manchmal auch verschiedener Meinung sein kann) und grammatikalische Beziehungen können außerordentlich kompliziert sein. Die Netzwerkstruktur kann man dagegen erstens einfach messen und sie ist zweitens auch immer unkompliziert (wenn auch sehr umfangreich). Das wichtigste Kriterium, das für das Sprachnetzwerk als das grundlegendere Ordnungsprinzip spricht, ist jedoch die (noch zu beweisende) Möglichkeit, die Grammatik aus dem Kollektiv der Assoziationsmatrizen aller Abstraktionsebene vollständig zu gewinnen.

Wenn man dieses hier einmal als richtig unterstellt, daß sich die grammatikalischen Regeln aus den Besetzungsmustern aller Assoziationsmatrizen ergibt, kann man sogleich auch noch den Schluß ziehen, daß im Grunde genommen die Grammatik ein Ordnungssystem ist, das vor allem die Individualität einer besonderen natürlichen Sprache erfaßt. Sowohl das Netzwerk als auch die implizite Grammatik sind dabei natürliche Systeme (das steht nicht im Gegensatz zu der anfänglichen Behauptung, daß die explizite Grammatik eine menschliche Erfindung sei). Beide Ordnungssysteme sind nicht unabhängig voneinander, da ja das Netzwerk die Grundvoraussetzung für die Grammatik ist. Die explizite Grammatik betrifft vorwiegend die feineren Details des Netzwerks, d.h. das, was man vielleicht als das "Flechtmuster" (Textur) der Sprache bezeichnen könnte.

2. Kann man Whorf als den Propheten des neuen Ordnungsprinzips "Sprachnetzwerke" betrachten?

Von Benjamin Lee Whorf gibt es ein sehr bekanntes Buch "Language, Thought and Reality" (MIT Press 1956), das auch ins Deutsche übersetzt wurde (Sprache - Denken - Wirklichkeit, Rowohlts Enzyklopädie 1988) und das erstaunlich viele Auflagen erlebte. In diesem Buch macht Whorf viele Andeutungen über unbekannte Strukturen, die unsere sprachlichen und denkerischen Fähigkeiten steuern, und die uns nicht bewußt sind. Da seine Ausführungen inzwischen aber schon über drei Jahrzehnte alt sind und Whorf auch Themen behandelt, die seiner Vorliebe für östliche und fernöstliche Mysterien entspringen und die wohl inzwischen nicht mehr so interessieren, sei abschließend der Versuch unternommen, diejenigen Stellen in seinem Buch zu zitieren, die als Vorhersagen für die Existenz eines "Sprachnetzwerkes" aufgefaßt werden können.

Im Kapitel IV. "Sprache, Geist und Wirklichkeit" findet man:

- "Einer der wichtigsten zukünftigen Schritte der westlichen Wissenschaft ist also eine Überprüfung des sprachlichen Hintergrundes ihrer Denkweisen und überhaupt allen Denkens."

- "In der Sprachwissenschaft dagegen zwingen die Tatsachen ihres Forschungsgebietes zur Anerkennung einer Reihenordnung von Ebenen, deren jede durch ein feststellbares Gefüge von Strukturen definiert ist."

- "In Wirklichkeit ist das Denken eine höchst rätselhafte Sache, über die wir durch nichts soviel erfahren wie durch das vergleichende Sprachstudium. Dieses Studium zeigt, daß die Formen des persönlichen Denkens durch unerbittliche Strukturgesetze beherrscht werden, die dem Denkenden nicht bewußt sind. Die Strukturschemata sind die unbemerkten komplizierten Systematisierungen in seiner eigenen Sprache, die sich recht einfach durch unvoreingenommene

Vergleiche und Gegenüberstellungen mit anderen Sprachen, insbesondere solchen einer anderen Sprachfamilie, zeigen lassen. Das Denken selbst geschieht in einer Sprache - in Englisch, in Deutsch, in Sanskrit, in Chinesisch. Und jede Sprache ist ein eigenes riesiges Struktursystem, in dem die Formen und Kategorien kulturell vorbestimmt sind, aufgrund deren der einzelne sich nicht nur mitteilt, sondern auch die Natur aufgliedert, Phänomene und Zusammenhänge bemerkt oder übersieht, sein Nachdenken kanalisiert und das Gehäuse seines Bewußtseins baut."

- "Wie wir sehen werden sind die Schemata der Satzstrukturen, durch die unsere Wörter regiert werden, wichtiger als die Wörter"

- "Solche Strukturschemata sind nicht mit Wortbedeutungen vergleichbar, sondern allenfalls und nur ungefähr mit der Art und Weise, wie Bedeutung in Sätzen erscheint. Sie sind aber nicht individuelle Sätze, sondern Schemata von Sätzen und Muster von Satz-Strukturen. Unser personaler bewußter Geist kann solche oder grammatikalische Formeln erfassen und verstehen, in die Wörter, Werte, Quantitäten usw. eingesetzt werden können."

- "... die Wahrheit, daß diejenigen, welche die komplizierten Systeme der Sprache leicht und flüssig gebrauchen, völlig blind und taub sind für das bloße Dasein dieser Systeme, solange sie noch nicht - unter mancherlei Schwierigkeiten - aufgedeckt worden sind. Hier gilt zudem das Sprichwort "wie oben, so unten". Wie unten, auf der phonologischen Ebene der Sprache, unser bedeutendes Verhalten von Strukturmustern außerhalb des Brennpunktes unseres persönlichen Bewußtseins regiert wird, so geschieht das auch auf den höheren Ebenen der Sprache, die wir Ausdruck des Denkens nennen. Wie wir in Teil 2 sehen werden, folgt auch das Denken einem Netzwerk von Geleisen, die in der jeweiligen Sprache festgelegt sind, einer Ordnung, die gewisse Züge der Realität systematisch hervorhebt, gewisse Seiten des Verstandes begünstigt und andere systematisch abtut, die von anderen Sprachen herausgestellt werden. Das Individuum ist sich dieser Ordnung gar nicht bewußt und deshalb völlig in ihren unzerreißbaren Fesseln gefangen."

- "... daß alles ... Verhalten ... im Bereich der Sprache und des Geistes durch besondere Ordnungssysteme geregelt wird, durch eine Art "Geometrie" von Formprinzipien, die jeweils für eine Sprache gelten und für sie charakteristisch sind. Diese Ordnung ist dem individuellen Bewußtsein außerhalb seines engen Umkreises gesetzt und macht aus diesem Bewußtsein eine bloße Marionette, deren sprachliche Manöver von den unbemerkten und unzerreißbaren Fäden der Strukturschemata geführt werden. Es ist, als ob der personale Geist, der die Wörter wählt, für Struktur aber weithin blind ist, im Griff eines höheren, sehr viel intellektuelleren Geistes wäre, der wenig Vorstellung von Häusern, Betten und Suppentöpfen hat, dafür aber in einem Grade und in einem Ausmaß systematisieren und mathematisieren kann, die kein Schulmathematiker je annähernd erreicht hat."

- "Aufgrund der systematischen, konfigurativen Natur des höheren Geistes beherrscht und kontrolliert das strukturelle Moment der Sprache immer das Moment der "Lexation" (Naæma) oder der Namengebung. Daher sind die Bedeutungen der einzelnen Wörter weniger wichtig, als wir uns gern einbilden. Sätze, nicht Wörter sind das Wesen der Sprache, geradeso wie Gleichungen und Funktionen, nicht bloße Zahlen der eigentliche Gehalt der Mathematik sind. Wir alle irren uns in unserem gemeinsamen Glauben, irgendein Wort habe eine "genaue Bedeutung". Wie wir gesehen haben, befaßt sich der höhere Geist mit Symbolen, die keine feste semantische Beziehung (reference) zu irgend etwas haben."

- "Der in den Wörtern liegende Teil der Bedeutung (meaning), den wir "semantische oder gegenständliche Bedeutung" (reference) nennen können, ist nur relativ fixiert. Die gegenständliche Bedeutung der Wörter hängt von den Sätzen und grammatischen Strukturschemata ab, in denen sie vorkommen. Es ist überraschend, auf welch geringen Anteil dieses Element der Bedeutung reduziert sein kann. Der Satz "I went all the way down there just in order to see Jack" (Ich bin den ganzen Weg hinuntergegangen, bloß um Jack zu sehen) enthält nur eine festgelegte konkrete Bedeutung, nämlich "Jack". Der Rest ist Strukturschema und von sich aus mit nichts in besonderer Weise verknüpft. Selbst "see" (sehen) bedeutet offensichtlich nicht, was man meinen könnte, nämlich, einen Gesichtseindruck zu empfangen."

- "Sinn oder Bedeutung resultieren nicht aus Wörtern oder Morphemen, sondern aus geordneten Zusammenhängen zwischen ihnen."

- "Denken - eine weitgehend sprachliche Funktion."

20

Finden wir glaubwürdige Antworten auf die Frage, in welchen Zeiträumen sich das Wissen der Menschheit verdoppelt?

Wir müssen doch nicht alles glauben, was uns die Statistiker über die zukünftigen übergroßen Anforderungen an unsere Wissenschaftler erzählen! Schon Nestroy sagte: "Überhaupt hat der Fortschritt das so an sich, daß er viel größer ausschaut als er wirklich ist."

1. Das Problem

Immer mehr prasselt die Informationsflut in Beruf und Privatleben auf uns nieder. Wir kommen kaum damit zurecht und müssen uns bemühen, wenigstens das Wichtigste zu verarbeiten. Und dies soll in Zukunft, wie man hört, noch schlimmer werden. Der seinerzeitige Präsident der Deutschen Forschungsgemeinschaft, Prof. Wolfgang Frühwald, prophezeite uns z.B. [2] "In den nächsten zehn Jahren wird auf der Welt genausoviel geforscht und mehr publiziert werden als in den fast 2500 Jahren seit Demokrit und Aristoteles". Auch hört man häufig Bemerkungen der Art wie "Das Wissen der Menschheit verdoppelt sich alle 5 Jahre"? Wer wird wohl an solchen Aussagen über die rasante Zunahme des Wissens zweifeln?

Doch halt, stimmt es eigentlich, wenn sich die Menge aller wissenschaftlichen Druckerzeugnisse derart vermehrt, daß dann auch das "Wissen" in der gleichen Weise zunimmt? So ganz klar ist das jedenfalls nicht.

Möglicherweise werden wir gleich an folgendes denken: Neben der originären Literatur, der sog. Primärliteratur, gibt es noch eine Vielzahl an Publikationen, die sich nur der Aufgabe der Verbreitung und Popularisierung primärer wissenschaftlicher Werke widmen. Wenn diese Sekundärliteratur aber prozentual gleich geblieben ist und in jüngster Zeit nicht überproportional zugenommen haben sollte, fällt sie bei der Frage der Verdopplung durch die Verhältnisbildung wieder aus der Betrachtung heraus. Würde z.B. die Primärliteratur ein Viertel des Umfanges der gesamten Literatur betragen, so ergäbe sich unter den genannten Voraussetzungen nach einer Verdopplung des Gesamtumfanges für die Primärliteratur wieder ein anteiliges Viertel.

Sind neue technisch-wissenschaftliche Wissensgebiete entstanden, wie z.B. die Mikroelektronik und die Informatik, so wird die absolute Menge des Menschheitswissens hierdurch zweifellos stärkere Zuwächse verzeichnen. Aber gerade dann gibt es offensichtlich auch ein stärkeres Bedürfnis nach Sekundärliteratur als in älteren klassischen Bereichen, wie man zum Beispiel unschwer an der großen Menge neuer Lehr- und Sachbücher über Informatik ablesen kann, die in den letzten Jahren erschienen sind. Lediglich Datenbanken als neue Art von Wissensspeichern bedürfen einer gesonderten Berücksichtigung, wobei genau wie bei den Büchern natürlich nicht die Größe der Auflagen bzw. die Verbreitung der Datenbanken und ihrer Programme zählen, sondern nur Originalversionen. Ihre Berücksichtigung erscheint schwierig.

Dem Wissenschaftler fällt noch folgendes ein: Der Zwang zu publizieren, insbesondere in den USA (publish or perish), hat dazu geführt, daß viele Autoren ihre Forschungsberichte gleich mehrfach unter verschiedenen Titeln und in verschiedenen Zeitschriften veröffentlichen. Zweifellos steigt dadurch die Papierflut beachtlich an, ohne daß ein größerer Nutzen bzw. ein Ansteigen des Wissens damit verbunden wäre. Diese Verhaltensweise hat sich erst in jüngster Zeit verstärkt herausgebildet und wird die Verhältnisse bei der Frage der Verdopplung des Wissens sicher beeinträchtigen.

Von einer ganz grundsätzlichen Bedeutung erscheint aber folgender Umstand: Jedesmal, wenn ein neues wissenschaftliches Ergebnis veröffentlicht wird, muß zuerst dargelegt werden, wie der bisherige Erkenntnisstand der Wissenschaft ist und in welchem Zusammenhang das Ergebnis zu sehen ist. Es wird also notwendigerweise viel wiederholt. Der Leser braucht jedoch diese Wiederholungen, er muß die neuen Ergebnisse aus dem Zusammenhang heraus verstehen. Er ist auch daran interessiert, bei dieser Gelegenheit genau zu erfahren, wie groß der angepriesene Fortschritt wirklich ist. Wie jedermann weiß, stellen sich die wirklichen Fortschritte häufig als recht bescheiden heraus, siehe Nestroy.

Nach alle diesen Zweifeln fragt man sich, ob es denn nicht eine sichere wissenschaftliche Methode gibt, zu bestimmen, was das eigentlich Neue in einer Publikation ist, was wirklich einen Zuwachs an Wissen für die Menschheit darstellt. Am liebsten eine Methode, die angesichts der uns bedrängenden Informationsflut vielleicht auch von einem Computer ausgeführt werden könnte. Leider gibt es das nicht. Bisher können das nur besonders ausgebildete und fähige Menschen in ihrem Spezialgebiet. So müssen z.B. bei der Auswahl von Nobelpreisträgern und der Bewertung ihrer Arbeit hochqualifizierte Gutacher herangezogen werden, die viel Geist und Arbeit in die Prüfung einer meist relativ kleinen Zahl von Publikationen stecken müssen. Und selbst ausgewiesene Fachleute irren sich manchmal bei der Beurteilung des Zuwachses an Wissen in einer Publikation. Aus der Fülle von Beispielen, die man hier zitieren könnte, nur ein wohlbekanntes: Als Konrad Zuse, der Erfinder des Computers, seine Ideen in Deutschland zum Patent anmeldete, gab ihm der Patenrprüfer den Bescheid, daß seine "programmgesteuerte elektronische Rechenmaschine" nichts Neues darstelle, demnach also nicht patentiert werden könne.

Angesichts dieser Schwierigkeiten wollen wir uns hier darauf beschränken, in den uns vorliegenden Texten lediglich den redundanzfreien Anteil der Information zu betrachten. Das ist der Teil, den man aus dem Text gewinnt, indem man bei ihm alle Weitschweifigkeiten und Selbstverständlichkeiten beseitigt und aus dem man den ursprünglichen Text wieder rekonstruieren könnte. Daraus folgt, daß hier neben dem eigentlich neuen Wissen noch weitere Informationen verbleiben, die zwar nicht redundant, aber für viele Leser auch nur Wiederholungen sind oder die man irgendwo aus dem Schrittum entnehmen kann, die also gerade nicht einen weiteren Zuwachs an Wissen für die Menschheit darstellen.

Es erscheint daher nicht unvernünftig, zunächst das zu tun, wofür es eine Basis gibt, d.h. den Zuwachs an redundanzfreier Information zu bestimmen. Der Zuwachs an Wissen für die Menschheit läßt sich dann als ein (vielleicht kleiner) Prozentsatz davon ansetzen. Um es noch einmal zu betonen: Wir setzen ihn nicht als einen Prozentsatz des angehäuften Bücherberges bzw. der Menge von publizierten Buchstaben oder Worten an, denn darin ist ja noch die ganze Redundanz enthalten. (Und sicher ist, in der eliminierten Redundanz kann ja ganz gewiß kein neues Wissen gesteckt haben). Da dies für die Ermittlung prozentualer Anteile einen großen Unterschied macht, werden wir gut daran tun, uns im Folgenden nur für die Menge an redundanzfreier Information und ihre Vermehrung im Laufe der Zeit zu interessieren. Selbstverständlich dürfen wir zum Schluß nicht vergessen, daß die Menge an eigentlichem "Wissen der Menschheit" noch unterhalb der ermittelten Werte für die redundanzfreie Information liegen wird.

Im Folgenden werden wir also nach den in [1] beschriebenen Prinzipien die für die Rekonstruktion eines Textes benötigte minimale Information in Abhängigkeit seiner Länge betrachten. Unter der Voraussetzung eines inhaltlichen Zusammenhangs findet man als Extrapolation der Shannon'schen Theorie für die gesamte redundanzfreie Information I in einem Text gegebener Länge

$$I = \sqrt{n} \cdot H_0 .$$ (1)

Hierbei ist n die in Buchstaben gemessene Länge des Textes und H_0 ein Anfangswert (Anfangsentropie). Überträgt man dieses Ergebnis auf die Gesamtheit aller Texte eines Wissensgebietes und in weiterer Verallgemeinerung noch auf alle Texte der Wissenschaft, so erkennt man, daß es immer schwieriger wird, die spezifische Informationsausbeute mit dem Umfang der Texte zu steigern. Das Maß dafür ist die Entropie H pro Symbol, meistens in Bit pro Buchstaben gemessen, die sich aus Gl.(1) ergibt, indem man durch n teilt:

$$H = \frac{H_0}{\sqrt{n}} .$$ (2)

Mit der Annahme, daß die Produktion wissenschaftlicher Texte, die noch die Redundanz enthält, in ihrer Zahl und damit auch in der Gesamtlänge in gleichen Zeiten um denselben Faktor und damit exponentiell mit der Zeit wächst (im Grunde genommen ist die wachsende Zahl aller Beteiligten dafür verantwortlich), findet man

$$n = const \cdot e^{t/\tau} .$$ (3)

Wir interessieren uns noch für die dazu gehörenden Verdopplungszeiten. Schreibt man Gl.(3) für zwei Zeitpunkte t_1 und t_2 an, wobei $t_2 > t_1$

$$n_1 = const \cdot e^{t_1/\tau} ,$$ (4)

$$n_2 = const \cdot e^{t_2/\tau} ,$$ (5)

so findet man (mit $t_2 - t_1 = T$) das Verhältnis

$$\frac{n_2}{n_1} = e^{(t_2-t_1)/\tau} = e^{T/\tau} .$$ (6)

Für den Fall einer Verdopplung des Textes, $n_2/n_1 = 2$, ergibt sich die zugehörige Zeitspanne $T_{2/1}$ zu

$$T_{2/1} = \tau \cdot \ln 2 .$$ (7)

Daraus kann man die Zeit für eine Verdopplung der redundanzfreien Gesamtinformation rasch berechnen. Zunächst ist ersichtlich: Nach Gl.(1) verdoppelt sich I, wenn sich die Textlänge vervierfacht.

Bei dieser Vervierfachung des Textumfanges mit einer Verdopplung der redundanzfreien Information findet man die zugehörige Zeitspanne $T_{4/1} = t_4 - t_1$, wenn man noch τ von Gl.(7) einsetzt, zu

$$T_{4/1} = \tau \cdot \ln 4 = \frac{T_{2/1}}{\ln 2} \cdot \ln 4 = \frac{T_{2/1}}{\ln 2}(\ln 2 + \ln 2) = 2 \cdot T_{2/1}. \tag{8}$$

Angenommen, die Zeit für eine Verdopplung des Volumens der wissenschaftlichen Literatur sei wirklich $T_{2/1} = 5$ Jahre, so dauert es demnach noch einmal so lange, also 10 Jahre, bis sich auch die nicht redundante "Information" verdoppelt hat.

2. Abschätzungen über die Vermehrung der Texte.

Die bisher ungeprüft übernommene Aussage, daß sich die wissenschaftliche Literatur alle 5 Jahre verdoppelt (und die der Autor vor wenigen Tagen erst wieder in einem Rundfunkvortrag hörte), erscheint als solche sehr suspekt und muß noch einmal sorgfältig überprüft werden.

Denken wir an eine typische Wissenschaft wie z.B. die Physik. Hier gibt es seit langem eine begrenzte Anzahl von angesehenen Fachzeitschriften und Tagungen. Diese Zahl wächst nur sehr langsam an, denn die Zeitschriften sollen ja auch gelesen werden und die Tagungen müssen genügend Teilnehmer anziehen, damit es keine defizitären Veranstaltungen werden. Auch wenn man bedenkt, daß die Zeitschriftenbände und die Tagungsbände von Jahr zu Jahr im Umfang etwas zunehmen, kann doch keine Rede davon sein, daß die wissenschaftliche Literatur in den maßgebenden Zeitschriften und Tagungsbänden sich in jeweils 5 Jahren verdoppelt.

Man darf, wenn es um "das Wissen" einer Wissenschaft geht, bei der Ermittlung des Volumens auf keinen Fall die Sekundärliteratur mitzählen. Sie schafft kein neues Wissen, sondern sie wird sie bestenfalls verteilen und populär machen. Auch dies ist natürlich eine wichtige Aufgabe, die mit steigendem Aufwand wahrgenommen wird. Die Menge an bedrucktem Papier, die hierzu gebraucht wird, darf aber nicht bei der Frage der absoluten Menge von eigentlichen Menschheitswissen berücksichtigt werden.

Etwas anderes ist es dagegen, wenn man die relativen Mengen betrachtet und z.B. die Frage auf die Verdopplungszeiten beschränkt. Hier darf man aus den oben genannten Gründen bei einer Verhältnisbildung auch die Sekundärliteratur oder auch den gesamten Umfang der Literatur heranziehen.

Wir können also - pars pro toto - den Bestand und den Zugang an Büchern bedeutender Bibliotheken für die Beantwortung unserer Fragen heranziehen. In Deutschland sind wohl die Zahlen der Deutschen Bibliothek am besten geeignet. Man findet aus ihren statistischen Jahresübersichten, die sie freundlicherweise dem Autor zur Verfügung gestellt hat, jährliche prozentuale Zugänge, die über viele Jahre hin gesehen zwischen 5% und 7% streuen. Für unsere Zwecke genügt es, einmal den maximalen Wert und dann den minimalen Wert zu betrachten.

Für einen jährlichen Zuwachs von 7% ergibt sich aus Gl.(6), wobei $T = 1$ und $n_2/n_1 = 1,07$ zu setzen sind, die Zeitkonstante zu

$$\tau_{7\%} = T / \ln \frac{n_2}{n_1} \approx 15 \, \text{Jahre} \, . \tag{9}$$

Die Verdopplungszeit ergibt sich dann aus Gl.(7) zu

$$T_{2/1 \; 7\%} \approx 10 \, \text{Jahre} \, . \tag{10}$$

Für den minimalen Wert des jährlichen Zuwachses von 5% erhält man entsprechend

$$\tau_{5\%} \approx 20 \, \text{Jahre} \tag{11}$$

$$T_{2/1 \; 5\%} \approx 15 \, \text{Jahre} \, . \tag{12}$$

Das bedeutet, daß sich das Literaturvolumen, und damit auch die uns interessierende relevante wissenschaftliche Literatur, nicht in 5 Jahren sondern etwa in 10 bis 15 Jahren verdoppelt. Die redundanzfreie Information hat dann jedoch, wie oben gezeigt, eine Verdopplungszeit $T_{4/1}$ von 20 bis 30 Jahren. Das ist verblüffenderweise eine Zeit in der Größenordnung einer Generation!

3. Schlußbemerkung

Es erscheint tröstlich, daß die Ansammlung von Wissen doch nicht so rasch vor sich geht wie die Ansammlung von entsprechender Materie zur Informationsspeicherung. Einer Generation ist es zuzumuten, daß sie in ihrer aktiven Zeit die redundanzfreie Information und - bei sicher kleinem und prozentual gleichbleibendem Anteil - auch das eigentliche Wissen der Welt gerade verdoppelt. Sie braucht auch nicht von diesen Informationsmengen überwältigt zu werden, sofern sie sich genügend Mühe gibt, das Neue auch zu verarbeiten und einzuordnen. Das heißt unter anderem auch, daß man der Lehre gegenüber der Forschung einen größeren Stellenwert als heute gibt.

Wir brauchen grundsätzlich nicht vor den Herausforderungen der Zukunft zu verzweifeln. Weder als lernende noch als forschende Personen. Denn die Lehrenden, z.B. die Professoren, haben ja nicht die Aufgabe, uns alles Wissen der Menschheit in die Köpfe zu trichtern - das würde uns schon seit geraumer Zeit völlig überfordern - sondern ihre vornehmste Aufgabe ist es, aus dem Wissensstoff auszuwählen und die Studenten exemplarisch lernen zu lassen. Das ist aber keine neue Erkenntnis. Schon die alten griechischen Philosophen haben dies gewußt. Man sieht dies deutlicher, wenn man ihre Sprüche zeitgemäß einkleidet, so wie man dies mit einem Spruch von Heraklit tun kann: "In der Lehre geht es darum, ein Feuer zu entfachen und nicht, ein Faß zu füllen".

Auch die forschenden Personen brauchen nicht die Gesamtheit allen Wissens parat zu haben - was man benötigt, kann man sich aus Büchern besorgen oder aus dem Internet - sie brauchen nur den Bereich zu überblicken, in dem sich wirklich etwas verändert. Das ist stets der Rand eines Wissensgebietes. Der ganz außerordentliche

Forscher Justus von Liebig hat das einmal so ausgedrückt "Die Wissenschaft fängt eigentlich erst da an, interessant zu werden, wo sie aufhört."

Literatur

1. Hilberg, W.: Der bekannte Grenzwert der redundanzfreien Information in Texten - eine Fehlinterpretation der Shannonschen Experimente? Frequenz 44 (1990) 9-10, S.243-248.
2. Frühwald, W.: zitiert im Magazin der Deutschen Bahn, mobil 1/1996, Seite 42.

21

Karl Steinbuch, ein zu Unrecht vergessener Pionier der künstlichen neuronalen Systeme.

War und ist die Forschungsförderung in Deutschland so gut wie sie sein könnte?

Kurzfassung. Im Jahre 1961 veröffentlichte Karl Steinbuch einen Aufsatz über ein neuartiges neuronales System, das er die "Lernmatrix" nannte. Sie erregte eine gewisse Aufmerksamkeit, fiel aber nach einigen Jahren in Vergessenheit, nachdem Anhänger der künstlichen Intelligenz wie z.B. Minsky "überzeugend" nachgewiesen hatten, daß diese Strukturansätze nicht viel taugten. Eine gewisse Berechtigung hatte das zwar für die damals bekannten einschichtigen Perceptrons, Adalines usw., nicht jedoch für die Lernmatrix. Dies läßt sich zeigen, indem die ungewohnte Matrixdarstellung in die heute übliche Darstellung neuronaler Netze umgewandelt wird. Man erkennt ein Netzwerk, das fast identisch ist mit dem Haupttyp der heute so erfolgreichen mehrschichtigen Perceptrons. Es ist das Ziel dieses Aufsatzes, zum einen dem Erfinder Steinbuch noch zu Lebzeiten Gerechtigkeit widerfahren zu lassen und zum anderen, die verantwortlichen deutschen Forschungsförderer zum Nachdenken darüber zu bringen, wie man es in Zukunft vermeiden kann, Forschungspflänzchen zu rasch verdorren zu lassen, nur weil sie zu exzentrisch erscheinen.

1. Einleitung

Es hat Jahrzehnte gedauert, bis Konrad Zuse in der angelsächsischen Welt als der Erfinder des Computers, genauer gesagt, der "programmgesteuerten elektronischen Rechenmaschine" anerkannt wurde. Ähnliche Zeiträume sind wohl auch nötig, bis Karl Steinbuch mit seiner grundlegenden Erfindung eines elektronischen neuronalen Systems, das er "Lernmatrix" nannte, Gerechtigkeit widerfährt. All das hat vermutlich mehrere Gründe. Dazu zählen a) daß man in der angelsächsischen Welt keine deutschen Zeitschriften und Bücher liest, aber auch b) daß deutsche Wissenschaftler inzwischen fast nur noch die angelsächsische Fachliteratur lesen.

Wie ist der Stand der Technik dieser "intelligenten" Systeme? Die künstlichen neuronalen Netze werden in aller Welt intensiv erforscht, entwickelt und eingesetzt. Ein Indikator dafür ist die große Zahl von Büchern, die weltweit über dieses Thema geschrieben und offensichtlich auch gelesen werden. Seltsamerweise kann man in kaum einer dieser oft sehr umfangreichen Darstellungen den Namen "Karl Steinbuch" lesen. Dies ist eine große Ungerechtigkeit, denn er hat um das Jahr 1960 die ersten technisch brauchbaren neuronalen Systeme erfunden, erprobt und beschrieben [1,27].

Seine erste Veröffentlichung über dieses Thema erschien im Januar 1961 in der Zeitschrift Kybernetik und hatte den Titel "Die Lernmatrix" [1]. Dem heutigen Sprachgebrauch folgend würde man ihn jetzt, rund 30 Jahre später, wohl anders wählen, vielleicht: "Das adaptive künstliche neuronale Netzwerk". Genau das, nämlich ein technisch brauchbares elektronisches System zur parallelen Verarbeitung analoger oder digitaler Datenmengen nach dem Vorbild biologischer Systeme hat er nämlich damals vorgestellt. Wie man erkennen wird, werden mit seinem System die Begrenzungen überwunden, die einem Vorgängermodell, dem sogenannten (ursprünglichen) "Perceptron" noch anhafteten. F. Rosenblatt, der Erfinder des Perceptrons hatte kurz zuvor, 1958, unter dem Titel "The Perceptron: A probabilistic model for information storage and organization in the brain" [2] ein System vorgestellt, das eine nicht unwesentliche Verbesserung der sehr frühen Ansätze von McCulloch und Pitts aus den vierziger Jahren [3] darstellte. Zusätzlich zu den Neuronen und ihren Schwellwerten hatte er noch "Gewichte" (lineare Widerstände) vorgeschlagen. Dieses ursprüngliche Perceptron, ebenfalls wie die sehr ähnliche Anordnung ADALINE von B. Widrow aus dem Jahre 1960 [20] unterscheidet sich in einem wichtigen Detail von den heutigen praktisch eingesetzten Perceptrons. Es ist nur eine einschichtige Anordnung, die, wie man heute genau weiß, nur eine beschränkte Leistungsfähigkeit hat. Hätte man in der internationalen wissenschaftlichen Welt damals die publizierten Überlegungen und Vorschläge von Karl Steinbuch genügend studiert und beachtet, wäre es nicht 1969 zu dem bekannten vernichtenden Verdikt von Minsky und Papert über die neuronalen Netzwerke gekommen [10], welches die Entwicklung auf diesem Bereich der Technik, wie man heute allseits beklagt, um Jahrzehnte verzögert hat.

Die fünfziger und sechziger Jahre waren eine Zeit reger Aktivität bei interessierten Technikern und Wissenschaftlern auf dem Gebiet der "intelligenten" elektronischen Systeme, die nicht sehr zahlreich und zudem noch über die ganze Welt verstreut waren. So ist in Deutschland vor allem Karl Steinbuch zu nennen, der den meisten heutigen Computertechnikern wohl nur noch als Erfinder des Begriffs "Informatik" bekannt sein dürfte. (Diese Wortschöpfung präsentierte er im Jahre 1957 in einem entsprechenden Aufsatz [21] als Kurzform für "automatische Informationsverarbeitung". Sie hat sich in der Folgezeit sehr rasch durchgesetzt und zu gleichnamigen Fachbereichen an den Universitäten geführt. Ihr Erfinder verblieb aber später als Hochschullehrer zeitlebens in der heimatlichen Elektrotechnik). Auch Karl Küpfmüller ist als einer von denen zu nennen, die sich frühzeitig dem Problem der Informationsverarbeitung durch den Menschen zugewandt hatten. Er veröffentlichte z.B. 1959 in der NTZ einen diesbezüglichen Aufsatz [9]. In seinem Institut wurden seinerzeit in diskreter Technik elektronische "Neuronen" entwickelt und gebaut, je ein Neuron auf einer Platine, wie sie später Franz Jenik beschrieben hat [12,16,17].

2. Die Lernmatrix.

Wir brauchen hier an dieser Stelle nicht die umfangreichen Erklärungen zu wiederholen, mit denen Karl Steinbuch damals sein neuartiges System begreiflich machen mußte, denn wir können heute sein System einfach in die Sprache der jetzt weithin bekannten neuronalen Netzwerke übersetzen. Insbesondere brauchen wir nicht auf den "Pawlow'schen bedingten Reflex" näher einzugehen, eine Vorstellung, die auf ein berühmtes Experiment eines russischen Forschers zum Thema "Lernen" zurückgeht [13], siehe Bild 1 aus [1], welche auch den Ausgangspunkt der

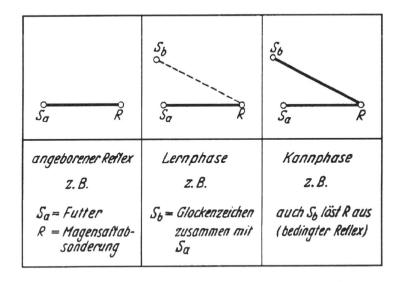

Bild 1. Schema zum Versuch von I.P. Pawlov nach [1]

Überlegungen von Steinbuch bildete. Heute dagegen scheint der "Pawlow'sche Reflex" seine Attraktivität eingebüßt zu haben und nicht mehr die Leitidee zu sein, welche die Phantasie von Wissenschaftlern und Technikern beflügelt, die sich mit "intelligenten Maschinen" beschäftigen. Dies mag man beklagen, aber es ist offensichtlich eine Tatsache.

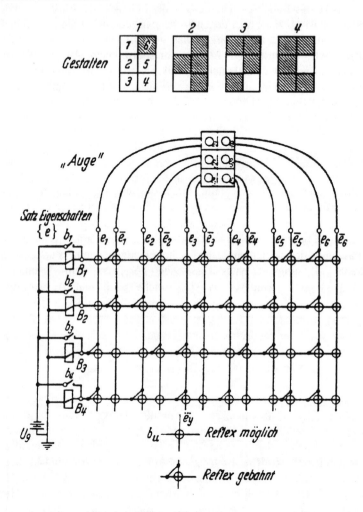

Bild 2. Prinzip der Lernmatrix nach [1]

Bild 2 zeigt die originale Darstellung aus Steinbuchs Aufsatz, mit der das Prinzip der "Lernmatrix" erläutert wird. Man erkennt eine Matrix aus Zeilen und Spalten und an den Kreuzungspunkten kreisförmige Elemente, deren Funktion in Bild 3 näher erläutert wird. Bleiben wir zunächst bei Bild 2. Hier fällt auf, daß die vertikalen Leitungen paarweise ausgebildet sind, um mit komplementären Signalen (sie heißen im betrachteten Aufsatz verallgemeinernd "kontradiktorisch") arbeiten zu können.

Mehrere Objekte, die hier "Gestalten" heißen, werden von einem elektronischen Auge betrachtet, welches die Bildelemente (schwarze oder weiße Quadrate) in elektrische Signale e umwandelt. Das sind jetzt die eigentlichen elektronischen Eingangssignale, die "Eigenschaften" genannt werden. An den Spaltenleitungen werden nach links die Ausgangssignale abgegeben. Sie heißen "Bedeutungen" b. Nach Zuführen eines Satzes von "Eigenschaften" e entsteht ein Satz von "Bedeutungen" b. Das jeweils größte Bedeutungssignal wird von einem besonderen (Relais-) Mechanismus ausgewählt, die kleineren Signale werden unterdrückt.

Für den binären Fall sind solche Matrizen heute als "assoziative Festwertspeicher" bekannt [5]. In den fünfziger Jahren hießen sie "Zuordner" oder "Decodierschaltungen". Das Neue an Steinbuchs Lernmatrix ist aber, daß als Matrixelemente nicht nur Dioden mit der bekannten Richtwirkung und den exponentiellen Kennlinien zugelassen werden, sondern auch Elemente mit ganz anderen Kennlinien. Ferner, daß die Ausgangssignale sich aus einer Summe von Strömen ergeben, wobei sich jeder Strom aus dem Eingangssignal e und dem zugehörigen nichtlinearen Matrixelement bestimmt. Schließlich werden auch analoge Eingangssignale zugelassen. Man erkennt in Bild 2, daß alle Ströme, die von einer Zeile von Matrixelementen kommen, von einer zugeordneten Zeilenleitung gesammelt werden. Die Zeilenleitung gibt die Summe der Ströme nach links an den Ausgang weiter.

Realisiert werden die Matrixelemente durch veränderbare Leitwerte. Bild 3 zeigt unter c einige Kennlinien. Hier findet man lineare Widerstände, Elemente mit einer horizontal verschiebbaren Treppenstufencharakteristik (Sprungfunktion) und Elemente mit einem abgerundeten Treppenstufenverlauf, ebenfalls mit einstellbarer Schwelle und Begrenzung nach oben. Insbesondere die letztgenannte Kennlinie, die heute die "Sigmoidfunktion" heißt, ist wegen ihrer Differenzierbarkeit bei der Ausgestaltung von Lernalgorithmen interessant und z.B. auch bei den heute angewandten neuronalen Netzwerken von großer Wichtigkeit geworden (Stichwort Backpropagation), siehe z.B. in [6] oder [8].

Wir können jetzt daran gehen, die Schaltung von Bild 2 in einer Weise umzuzeichnen, wie sie heute für neuronale Netze üblich geworden ist. Man findet, daß jede Zeile einer Lernmatrix einem sog. "Neuron" entspricht, denn dieses künstliche Neuron hat im wesentlichen die Funktion der Summation von Eingangsströmen. Wir zeichnen es wie üblich als Kreis, siehe Bild 4a. Die veränderbaren und im allgemeinen nichtlinearen Leitwerte, welche die Eingangsströme bestimmen, sind in diesem Bild als vorgeschaltete Kästchen mit nichtlinearen Kennlinien dargestellt (diese Kennlinien können in einem Lernprozeß in beiden Koordinatenrichtungen verändert, d.h. skaliert werden). Vom "Neuron" geht es direkt an den Ausgang b (Bedeutung), wobei wir den Mechanismus der Klassifizierung in der Menge der Ausgangssignale aller Neuronen (Hervorheben des größten Signals und Unterdrückung der übrigen) zunächst nicht betrachten müssen. Zum Vergleich ist die bekannte "Neuronenschaltung" des Perceptrons von Rosenblatt in Bild 4b dargestellt, wobei die Eingangssignale e jetzt "Merkmale" heißen und das Ausgangssignal d Bestandteil des "Klassenvektors" ist. Es sei auch darauf hingewiesen, daß erst Minsky und Papert 1969 die heute übliche formalisierte Darstellung des Grundgedankens des Rosenblatt'schen Perceptrons

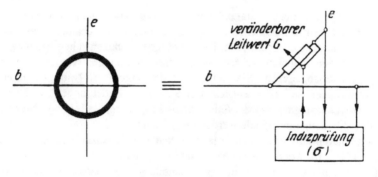

a. Ersatzschaltbild

b	0	0	1	1
e	0	1	0	1

Indiz σ	unverändert	verkleinert	vergrößert (maximal $\sigma=1$)

b. Funktionstabelle

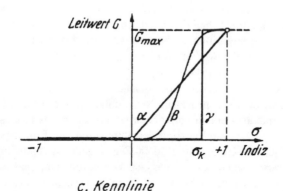

c. Kennlinie

Bild 3. Zur Erklärung des "Bedingten Reflexes" nach [1]

eingeführt hatten [10]. (Diese historischen Zusammenhänge wurden von R. Rojas in dem Buch "Theorie der neuronalen Netze" [6] ausführlich dargestellt). Man erkennt beim Vergleich der Bilder 4a und 4b, daß der wesentliche Unterschied zwischen den Grundschaltungen der "Lernmatrix" und des "Perceptrons" darin besteht, daß die nichtlinearen Elemente sich einmal an den Eingängen und einmal am Ausgang befinden. Zudem werden die linearen Gewichte und die Sigmoid-Funktion, die man

358

bei dem Perceptron findet, bei der Lernmatrix gewissermaßen in einer einheitlichen Sorte von Elementen, den nichtlinearen sog. "Leitwerten" zusammengefaßt, die aber - und das ist ein wichtiger Unterschied - in allen Parametern individuell einstellbar sind. Das ergibt eine größere Variabilität als beim Perceptron. Man erkennt spätestens an dieser Stelle, daß Karl Steinbuch von Hause aus ein Elektronik-Praktiker ist, denn im Gegensatz zu manchen anderslautenden Bemerkungen in der Literatur lassen sich nichtlineare Widerstände in der Praxis meist recht einfach realisieren, sie sind geradezu der Normalfall, während lineare Widerstände, insbesondere in der integrierten Halbleiter-Technik, wegen des großen Platzbedarfes nach Möglichkeit vermieden werden müssen. Andererseits ist es für die heute von Theoretikern fast ausschließlich angewandte Simulation solcher künstlichen Neuronen und Neuronensysteme günstiger, eine nichtlineare Kennlinie wie beim Perceptron nur ein einziges Mal pro Neuron nachbilden zu müssen.

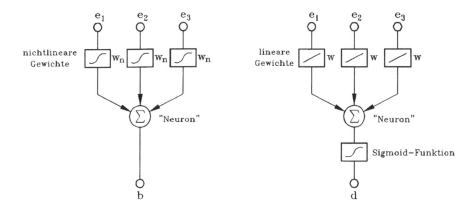

Bild 4. Gegenüberstellung der Prinzipien von a) Lernmatrix und b) Perceptron

Wir sind jetzt soweit, die gesamte Lernmatrix als eine einzige "Neuronenschicht" zeichnen zu können, siehe Bild 5. Zur übersichtlicheren Darstellung sind statt der Leitungspaare e und e wiederum wie in Bild 4a nur einfache Leitungen gezeichnet worden. Man vergewissert sich leicht, daß jede Eigenschaft bzw. jedes Merkmal, das in der Lernmatrix von Bild 2 als Leitungspaar e_i und e_i von oben kommend jeder Zeile zugeführt wird, jetzt auch allen durch Kreise dargestellten "Neuronen" zugeführt worden ist. Wie bei Perceptrons üblich, wurde auch in dieser Darstellung auf die Zeichnung von Kästchensymbolen für die Gewichte verzichtet. Gewichte sind gewissermaßen Eigenschaften der Verbindungsleitungen. Man pflegt sie lediglich durch das Symbol "w" anzudeuten. Es sei noch nachgetragen, daß der von Steinbuch beschriebene Relais-Mechanismus am Ausgang jedes Neurons zur Hervorhebung des größten Signals und der Unterdrückung der übrigen Signale einem besonders intelligenten Schwellenelement entspricht. Es ist auch nicht eigens gezeichnet. Sein Schwellenwert ist an das jeweilige Maximum angepaßt und die übrigen Ausgangssignale werden von ihm vollständig unterdrückt. Das ist ersichtlich das heute viel zitierte Prinzip "winner takes all". (Der Relais-Mechanismus wurde später mit einfachen Transistorschaltungen realisiert. [22,23,24]).

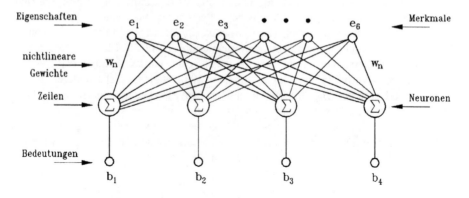

Bild 5. Darstellung der Lernmatrix als Neuronenschicht

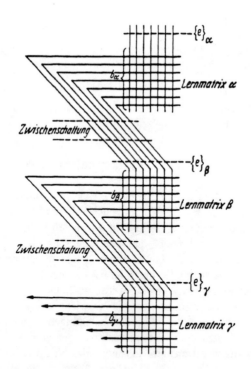

Bild 6. Schichtung von Lernmatrizen nach [1]

360

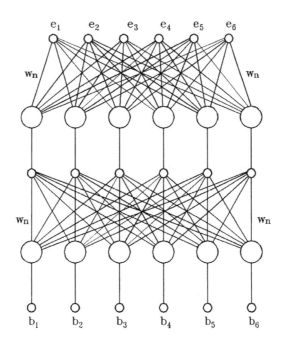

Bild 7. Mehrebenen-Modell von Bild 6 in der Neuronendarstellung

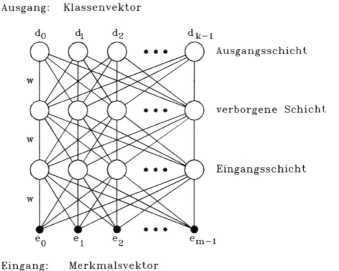

Bild 8. Prinzip des Perceptrons mit einigen verdeckten Schichten

Ein weiterer wichtiger Punkt in dem betrachteten Aufsatz von Steinbuch ist der Vorschlag, solche Lernmatrizen hierarchisch in Schichten zu realisieren, siehe Bild 6. Zeichnen wir dieses Bild ebenfalls mit den üblichen Neuronenkreisen um, so finden wir die Darstellung von Bild 7. Ein Vergleich mit den heutigen Darstellungen eines mehrschichtigen Perceptrons, siehe z.B. in Bild 8, zeigt die Übereinstimmung. Wir sollten dabei nicht übersehen, daß in Bild 7 die Widerstände (Gewichte w_n) nichtlinear sind und die Sigmoidfunktion deshalb am Ausgang fehlen darf, während in Bild 8 die Widerstände (Gewichte w) linear sind und die Sigmoidfunktion nach jedem Neuron zwar vorhanden, aber nicht ausdrücklich gezeichnet ist. Vielfach wird speziell bei Perceptrons auch die Verabredung getroffen, daß diese Sigmoidfunktion in dem Kreissymbol des Neurons eingeschlossen sei. Entsprechend kann man bei den Lernmatrizen verabreden, daß in der vereinfachten Zeichnung der Neuronen auch die Maximumbestimmung eingeschlossen ist.

Man beachte, daß erst Rumelhardt 1986 solche Schichten in die Diskussion eingeführt hat [7], womit er die Einwände von Minsky und Papert widerlegen konnte.

3. Der Lernalgorithmus

Die Darstellung der Lernphase beschränkt sich bei Steinbuch zunächst auf das Prinzipielle [1]. Dem System müssen sowohl die Eigenschaften e als auch die Bedeutungen b zugeführt werden. Dabei werden die Matrixelemente in ihren Werten verändert. Erst wenn eine Vielzahl von solchen Lernvorgängen abgelaufen ist, wird sich eine ausreichende Veränderung der Matrixelemente ergeben haben, die zur Folge hat, daß zu jedem gelernten Eigenschaftssatz die zugeordnete Bedeutung ausgegeben wird. Die beiden "kontradiktorischen" Leitungen für jedes Eigenschaftssignal e repräsentieren dabei die fördernden und hemmenden Einflüsse, die man auch von den biologischen Neuronen kennt (Hebb'sche Lernregel).

In seinem Buch [4] zeigt Steinbuch einige Jahre später eine Möglichkeit auf, wie man den Lernprozeß noch steuern kann. Dabei wird die Größe der Lernschritte durch einen sog. h-Eingang mit einem kontinuierlich veränderbaren Signal eingestellt. Die Intensität des Lernens wird auch heute in den Lernalgorithmen berücksichtigt. Allerdings findet man nicht mehr so schöne Sprachschöpfungen wie "Lustfunktion" [4].

Die physikalischen Mechanismen einer Adaption der nichtlinearen Gewichte in der Matrix werden von Steinbuch in seinem Aufsatz gegen Ende noch ausführlich behandelt. Bedenkt man die seither erfolgte jahrzehntelange Weiterentwicklung der Technologien der Informationstechnik, so wird uns dieser Teil seiner Arbeiten heute nicht mehr so sehr interessieren. Manches ist obsolet geworden wie z.B. die Ferritkerntechnik, und anderes wiederum, wie z.B. die Halbleitertechnik, hat sich in ungeahnter Weise fortentwickelt. Dennoch hatten auch diese Überlegungen von Steinbuch damals ihren Wert. Zeigten sie doch jedem Fachmann, daß die vorgeschlagenen Systeme, wenn man den Aufwand nicht scheute, sich tatsächlich in Hardware realisieren ließen. Dies war ein entscheidender Gesichtspunkt, denn die kleinen billigen Computer für die Simulation solcher Systeme gab es ja damals noch nicht. In diesem Zusammenhang ist auch folgendes zu sehen. Rosenblatt und Steinbuch haben beide noch keine Algorithmen angegeben, mit denen man zielstrebig eine optimale Besetzung der Gewichtsmatrix findet. Das ist erst in neuerer Zeit gelungen, siehe unter dem Stichwort "Backpropagation" in [6,7,8,14]. Seien wir nicht unbescheiden. Schließlich kann man nicht gleich alles von den Pionieren einer neuen Technik verlangen!

4. Die Kann-Phase. Erkennung von ähnlichen Gestalten.

Sobald die Lernphase abgeschlossen ist, kann das Steinbuch'sche System eingesetzt werden. Dann ist das System in der "Kannphase". Steinbuch ist gewissermaßen gezwungen gewesen, einen solchen Begriff einzuführen, weil man sonst logisch vermuten könnte, daß seine "Lernmatrix", wie der Name sagt, nur lernen könne. Das

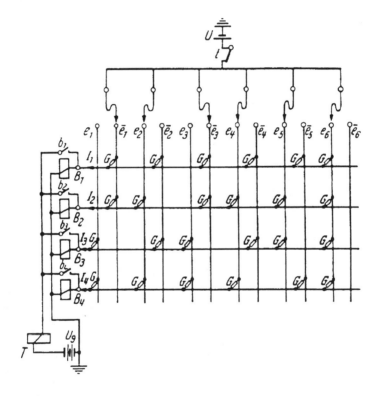

Bild 9. Prinzip der Bedeutungsmatrix nach [1]

ist natürlich nicht der Fall, denn es wird hier nur "gelernt", um nachher etwas zu "können". Es ist nur konsequent, wenn Steinbuch der Lernphase die Lernmatrix zuordnet und der Kannphase eine Bedeutungsmatrix, siehe Bild 9. Trotzdem ist eine solche Unterscheidung für den Leser zuerst eher verwirrend, denn die Matrix bleibt dieselbe. Dies wird Steinbuch wohl auch im Grunde gewußt haben, denn er hat den Aufsatz ja mit "Die Lernmatrix" überschrieben.

Es ist interessant, daß man bei den Perceptrons eine entsprechende Begriffsunterscheidung mit prägnanten Worten nicht durchgeführt hat, obwohl die Vorgänge des Lernens und Könnens hier natürlich genauso aufeinander folgen.

Die besondere Eigenschaft der Perceptrons und Lernmatrizen, nicht nur die erlernten Muster (Gestalten, Merkmalsätze) zu erkennen, sondern auch ähnliche Muster, hat die Fachwelt wohl am meisten fasziniert. Dies ist ein Punkt, der auch heute noch nicht abschließend erforscht ist, denn so frappierend auch manche Leistungen der Erkennung von ähnlichen Objekten sind, siehe z.B. S.Vey [19], so unbefriedigend bleibt es doch, wenn das System unvermutet eine falsche Zuordnung eines vorgegebenen Musters vornimmt oder überhaupt nicht erkennt, daß es sich um etwas handelt, das nicht in den vorgegebenen Zusammenhang paßt. Hier sind auch die heutigen "geschichteten Neuronensysteme" einfach nicht intelligent genug, woraus sich erklären läßt, daß weltweit immer neue Varianten des Perceptrons oder des Hopfield-Netzes vorgeschlagen werden, siehe z.B. in [6,8]. Wirklich grundsätzlich neue Strukturen findet man in der Literatur selten.

5. Rückkopplung

Es ist ein altes und bewährtes Prinzip der Nachrichtentechnik, bei einem System mit gegebenem Eingang und Ausgang auch immer einmal zu untersuchen, welches Verhalten sich ergibt, wenn man den Ausgang wieder mit dem Eingang verbindet. Dieses Prinzip nennt man die Rückkopplung, wobei hier auf die Feinheiten wie pos. oder neg. Rückkopplung nicht eingegangen werden soll. Auf diese Weise hat man z.B. die Oszillatoren erfunden, oder die binären Speicherelemente (Flipflops) oder, wenn man auf höhere Abstraktionsstufen geht, das Modell eines digitalen Rechenautomaten, siehe z.B. in [15]. Wie sieht es nun bei den neuronalen Netzen aus?

Betrachten wir das Netzwerk in Bild 9. Es ist offensichtlich eine einzelne Neuronenschicht des Perceptrons, bei dem diesmal die Schicht senkrecht gezeichnet ist und bei der die Ausgänge mit den Eingängen verbunden sind. Diese Schaltung läßt sich auch in Matrixform darstellen, siehe Bild 10. Die rückgekoppelte Schaltung hat selbstverständlich auch wiederum Eingänge und Ausgänge, die hier, wie zu sehen, hinzugefügt worden sind. Bedeuten die Matrixelemente lineare Widerstände (Gewichte w) und sollen in den Neuronensymbolen jeweils außer der Summenfunktion noch eine Sigmoidfunktion mit einer verschiebbaren Schwelle enthalten sein, nennt man das resultierende neuronale Netzwerk nach seinem in der angelsächsischen Literatur bekannten Erfinder ein Hopfield-Netz [11,28], siehe Bild 11. Interpretieren wir jedoch die Matrixelemente als nichtlineare Widerstände w_n mit Schwellen, so verbleibt im Neuron nur noch die Summenfunktion. Es ist dann eine äquivalente rückgekoppelte "Lernmatrix". Solche Schaltungen finden wir in der Tat in Steinbuchs Schriften, siehe z.B. Bild 12 [4]. Eine Pufferschaltung zwischen Eingang

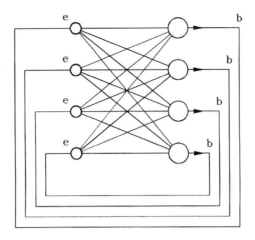

Bild 10. Neuronen-Schicht mit Rückkopplung

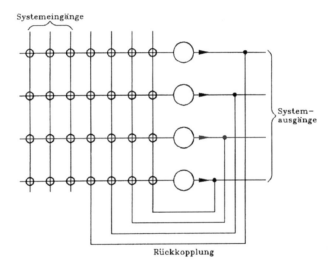

Bild 11. Darstellung der rückgekoppelten Schaltung von Bild 10 in Matrixform

und Ausgang ist für synchrone Schaltungen eine praktische Notwendigkeit und hat keine grundsätzliche Bedeutung. (Nur bei asynchronen Schaltungen wie beim Hopfield-Netz können solche Puffer bei Vorhandensein von Laufzeiten entfallen). Die Einführung einer weiteren Neuronenschicht in einem Hopfield-Netz wird heute als eine Verallgemeinerung dieses Modells bezeichnet und seltsamerweise mit dem Namen "Bidirectional Associative Memory (BAM)" belegt. Offenbar hat man bei der Erfindung dieses Namens nicht gleich gesehen, daß sich eine bidirektionale Anordnung sofort in eine rückgekoppelte Anordnung umzeichnen läßt, siehe die jetzt übliche Darstellung in Bild 15 [26]. Natürlich sind solche Schaltungen von großem Vorteil, weil damit verschiedene Einflüsse getrennt voneinander verarbeitet werden können. Steinbuch hatte dies offensichtlich als erster erkannt und in vielen Variationen diskutiert [1,4]. So findet man z.B. Serienschaltungen von jeweils zwei, vier oder mehr Lernmatrizen, die mit einer Rückkopplung versehen sind, siehe z.B. Bild 13.

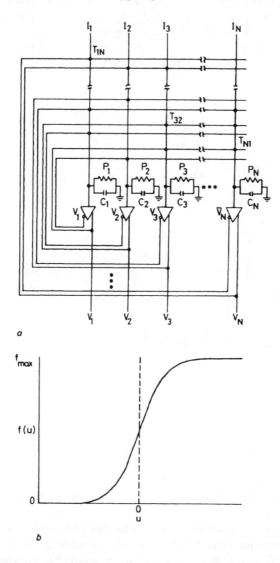

Bild 12. Ausführlichere Darstellung eines neuronalen Netzwerkes nach [28] a) elektrisches Schaltbild, b) Schwellenfunktion

Zwischen dem Perceptron und dem Hopfield-Netz gibt es Gemeinsamkeiten und Unterschiede. Will man mehr die Unterschiede betonen, hört man oft die Bemerkung, daß das Hopfield-Netz eigentlich ein Abkömmling des klassischen assoziativen digitalen Speichers sei. Dem kann man zwar grundsätzlich zustimmen, aber diese Bemerkung läßt gleichzeitig auch erkennen, daß man offenbar, vertraut mit der üblichen Perceptron-Darstellung, in einer Matrixdarstellung wohl immer noch etwas Fremdes sieht. Das ist nicht gerechtfertigt. Die Darstellungsform ist vielmehr grundsätzlich bedeutungslos und kann beliebig gewählt werden. Lediglich bei großen Systemen mit sehr vielen Gewichten ist die übliche Perceptron-Darstellung nicht durchführbar und es empfiehlt sich die übersichtlichere Matrixdarstellung.

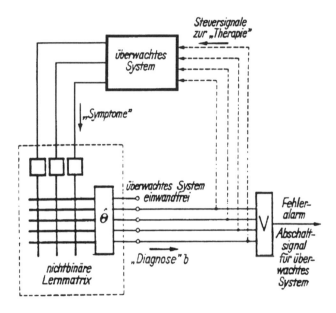

Bild 13. Prinzip eines selbstprüfenden und selbstreparierenden Systemens nach [4]

In allen Fällen werden übrigens im neuronalen System Daten bzw. Informationen gespeichert. Bei dem Perceptron und dem Hopfield-Netz in den linearen Gewichten (jeweils ein Wert w) und bei der Lernmatrix in den nichtlinearen Gewichten mit ihren wenigstens zwei Kennlinienparametern (Verschiebung und Stufenhöhe). Bei rückgekoppelten Systemen darf man jedoch folgendes nicht außer acht lassen. Auch in den verschiedenen Konfigurationen, in denen eine Rückkopplung stabil sein kann, d.h. in denen sie gewissermaßen "einrastet", wird Information gespeichert. Das ist die zusätzliche Information über den Zustand des Systems. Da es viele solcher Zustände gibt, kann man sich das als eine Verallgemeinerung der bistabilen Kippschaltungen (Flipflop) vorstellen. Das Hopfield-Netz oder die rückgekoppelte Lernmatrix, digital betrieben, wäre demnach einfach eine n-dimensionale Erweiterung des bekannten Flipflop-Prinzips, eine Vorstellung, die sicherlich für den Elektrotechniker viel anschaulicher ist als die dem Physiker so hilfreiche Veranschaulichung mit Spin-Mechanismen, siehe z.B. in [18].

Im übrigen findet man bei Steinbuch noch eine Fülle von verschiedenen Kombinationen der Lernmatrizen [4], von denen heute, rund dreißig Jahre nach seiner Veröffentlichung, gewiß die meisten wohl noch nicht näher untersucht sind.

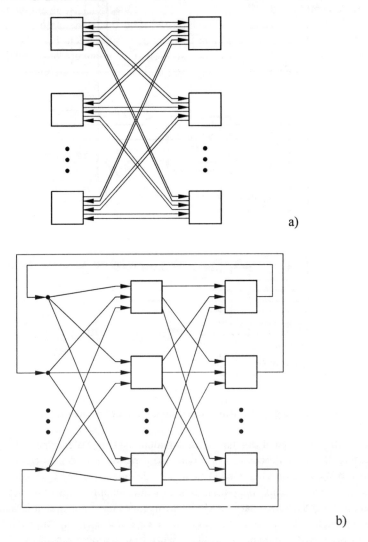

a)

b)

Bild 14. Veranschaulichung der Äquivalenz eines a) bidirektionalen neuronalen Systems (BAM) mit b) einem rückgekoppelten neuronalen System.

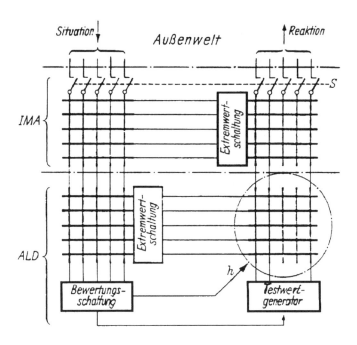

Bild 15. Lernsystem mit anpassungsfähigem internen Modell der Außenwelt nach [4]

6. Zusammenfassung und Schlußbemerkung

Es wurde dargelegt, daß die Lernmatrix, die Karl Steinbuch Anfang des Jahres 1961 vorstellte, in ihren Elementen zwar nicht identisch, aber doch mindestens äquivalent mit dem Perceptron von Rosenblatt ist. Berücksichtigt man, daß die nichtlinearen Elemente im Gegensatz zu den linearen Gewichten sogar zwei freie Parameter haben (Schwellwert und Maximalwert bzw. Steigung) so ist die Lernmatrix für komplexe Aufgaben grundsätzlich sogar anpassungsfähiger und damit leistungsfähiger als das Perceptron. Als System hatte das ursprüngliche Perceptron Schwächen. Minsky und Papert deckten sie auf, und es gelang ihnen, den Beweis zu führen, daß Rosenblatts Perceptron die hochgesteckten Erwartungen nicht erfüllen, sondern nur verhältnismäßig einfache Aufgaben lösen kann. Dies hat die Wissenschaft der künstlichen neuronalen Systeme über Jahrzehnte hin fast zum Erliegen gebracht. Dabei wäre es doch so einfach gewesen, diesem Dilemma zu entgehen, denn die von Karl Steinbuch vorgestellten Systeme hatten die kritisierten Schwächen des Perceptrons nicht. Steinbuch hat nämlich insbesondere mit den geschichteten Strukturen schon ein hochgradig nichtlineares System beschrieben. Sie entsprechen genau den "geschichteten Perceptrons", mit denen heute überwiegend gearbeitet wird und die in der Tat ungleich leistungsfähiger sind als das Einschicht-Perceptron, das

Minsky und Papert betrachtet und kritisiert haben, siehe Rumelhart u.a. 1986 [7]. Sogar das Hopfield-Netz, eine Schaltung, die erst im Jahr 1982 in den USA vorgestellt wurde und bei der es sich im Grunde um ein rückgekoppeltes assoziatives bzw. neuronales System handelt, wurde von Steinbuch im Grundsatz schon in seinem Buch "Automat und Mensch" aus dem Jahre 1965 beschrieben [4]. Angesichts dieser Tatsache ist es nicht zu vertreten, daß der Name "Steinbuch" in den diesbezüglichen Lehrbüchern überhaupt nicht vorkommt. Man kann nur hoffen, daß die Gilde der Lehrbuchschreiber (wie im Falle von Konrad Zuse) dieses Versäumnis schließlich doch bemerkt und die offensichtliche Ungerechtigkeit beseitigt. Damit sollte man zuerst in Deutschland anfangen.

Ein letztes Wort noch zur Forschungsförderung in Deutschland. Karl Steinbuchs Arbeiten wurden zunächst von der DFG gefördert. Dies ist lobenswert. Die Gutachter der DFG, so hört man es heute, waren allerdings nach einigen Jahren der Ansicht, die Förderung erheblich zu vermindern, was in der Reaktion des verletzten Forschers nach einer kurzen Zwischenförderung bei der Fraunhofer-Gesellschaft schließlich zur Einstellung aller Arbeiten führte. Rückblickend ist dies ein Unglück für die deutsche Forschungslandschaft gewesen. Leider hat man die grundsätzliche Bedeutung im Ansatz von Karl Steinbuch nicht erkannt. Man kann vielmehr vermuten, daß man sich ohne gründliche Prüfung den Ansichten von Minsky, Papert und deren Anhängern angeschlossen hat, die öffentlich alle Strukturkonzepte in Bausch und Bogen verdammten [25], so daß man dann auch in Deutschland sehr einseitig nur noch eine ganz bestimmte Richtung, die sog. "Künstliche Intelligenz" förderte, die nach damaligem Verständnis eine reine Computerangelegenheit mit symbolischer Wissensdarstellung war. Hier haben die Gutachter der DFG einiges gutzumachen. Nicht so sehr in der Förderung der "neuronalen Netze", die inzwischen die gebührende Zuwendung erfahren haben, aber vielleicht in der Behandlung neu auftauchender exzentrischer Forschungsthemen[1]. Ein Vorschlag wäre, die Gutachter davon zu überzeugen, in Zukunft nur einen bestimmten Anteil von "Mainstream"-Forschung zur Förderung zu empfehlen, gleichzeitig aber nicht die modischen Forschungsthemen zu bevorzugen, sondern, ein höheres Risiko einzugehen und mehr als bisher originelle deutsche Forschungen zu berücksichtigen (insbesondere auch aus dem Bereich der hardware-orientierten Informationstechnik, die von Gutachtern meist zu Unrecht im Schatten der Hochschul-Informatik gesehen wird). Wie das Beispiel von Steinbuch zeigt, werden sonst leichtfertig große Chancen in der deutschen Forschung vertan.

Man glaube nicht, daß dieses Thema heute nicht mehr aktuell ist. Auch heute werden von der deutschen Forschungsförderung originelle deutsche Forschungsthemen kaum in dem Maße unterstützt wie Themen, die international schon in einem gewissen Maße abgesegnet sind. Wollen wir so fortfahren und uns auf diese Weise mutwillig in die Zweitklassigkeit steuern? Um dann nach Jahren oder Jahrzehnten wieder wehmütig solche Aufsätze wie diesen hier über Karl Steinbuch zu schreiben und zu beklagen, was uns in Deutschland beinahe gelungen wäre. Ich meine, daß man die Dinge ändern sollte.

---

[1]Bertrand Russel: Jede heutige gängige Meinung war einmal exzentrisch.

Danksagung:

Zwei geschätzte Kollegen und ehemalige Mitarbeiter von Karl Steinbuch, Prof. Dr.-Ing. Winfried Görke, und Prof. Dr.-Ing. Hans Martin Lipp, beide Uni Karlsruhe, die das gesamte Lernmatrix-Drama fast von Anfang an miterlebt haben und selbst an der Weiterentwicklung der Lernmatrizen beteiligt waren, haben mir wesenliche Hinweise auf historische Details gegeben, wofür ich ihnen herzlich danken möchte. (Herr Görke hat zum Schluß, im Jahre 1967, nach seiner Dissertation noch eine umfassende Dokumentation im Taschenbuch der Nachrichtenverarbeitung erstellt. Herr Lipp verfügt noch über Originaldemonstrationsobjekte der Lernmatrizen). Es war gewiß damals eine schwierige Situation, angesichts vieler gewichtiger Kritiker gerade auch in Deutschland gegen den Strom zu schwimmen. Glücklicherweise gab es Leute wie Werbos und Rumelhart in den USA, die in aller Stille weiter machen konnten, die die wissenschaftliche Basis verbreiterten, effiziente Lernstrategien wie den Backpropagation-Algorithmus entwickelten und, als das Glück ihnen schließlich in Gestalt der plötzlich verfügbaren kleinen Computer noch half, in vielen Anwendungen durch Computer-Simulationen rasch den praktischen Nutzen solcher neuronaler Systeme nachweisen konnten.

Schließlich darf ich auch noch Herrn Prof. Dr. Raul Rojas, der in seinem kürzlich erschienenen hervorragenden Buch "Theorie der neuronalen Netze" auch die historische Entwicklung aus der Sicht der angelsächsischen Literatur umfassend dargestellt hat [6], für die kritische Durchsicht des vorliegenden Aufsatzes und für einige hilfreiche Bemerkungen danken. Er ist einer der wenigen Lehrbuchautoren, der überhaupt etwas von Steinbuch und seiner Lernmatrix zu sagen wußte (siehe in [6] Seite 197) und der, von den obigen Argumenten überzeugt, ihn in Zukunft in seinem Lehrbuch in angemessenerer Weise würdigen will.

Literatur

1. Steinbuch, K.: Die Lernmatrix. Kybernetik, Bd.1, H.1, Januar (1961), S.36-45.
2. Rosenblatt, F.: The perceptron: a probabilistic model for information storage and organization in the brain. Psychological Review, Vol. 65, (1958), S.386-408.
3. Mc Culloch, W.; Pitts, W.: A logical calculus of the ideas immanent in nervous activity. Bulletin of Mathematical Biophysics, Vol.5, (1943), S.115-133.
4. Steinbuch, K.: Automat und Mensch. Springer Verlag, Berlin (1965).
5. Hilberg W.: Digitale Speicher I. Oldenbourg Verlag, München (1987).
6. Rojas, R.: Theorie der neuronalen Netze. Springer Verlag, Berlin (1993).
7. Rumelhart, D.; Mc Clelland, J.: Parallel Distributed Processing. MIT Press, Cambridge Massachusetts (1986).
8. Schürmann, J.; Kressel, U.: Mustererkennung mit statistischen Methoden. Vorlesungsskriptum THD, (1992).
9. Küpfmüller, K.: Informationsverarbeitung durch den Menschen. Nachrichtentechn.Z. 12, (1959), S.68-74.
10. Minsky, M.; Papert, S.: Perceptrons: An Introduction to Computational Geometry. MIT Press, Cambridge, Massachusetts (1969).

11. Hopfield, I.: Neural Networks and physical systems with emergent collective computational abilities. Proc. Nat. Acad. Sciences, Vol.79 (1982), S.2554-2558.

12. Küpfmüller, K.; Jenik, F.: Über die Nachrichtenverarbeitung in der Nervenzelle. Kybernetik 1, (1961), 1.

13. Pawlow, I.P.: Conditioned Reflexes. Oxford University Press, London (1927).

14. Werbos, P.: Beyond Regression. Diss. Harvard University (1974).

15. Wendt, S.: Entwurf komplexer Schaltwerke. Springer Verlag, Berlin (974).

16. Jenik, F.: Electronic Neuron Models. Ergebn. Biol. 25 (1962), S.206.

17. Jenik, F.; Hoehne, H.: Über die Impulsverarbeitung eines mathematischen Neuronenmodells. Kybernetik 3, (1966), S.109.

18. Rubner, J.: Neuronale Netze. Physik in unserer Zeit, 22. (1991) 6, S.255-259.

19. Vey, St.: Objekterkennung in Grauwertbildern. Darmstädter Dissertation, (1993).

20. Widrow, B.; Hoff, M.E.: Adaptive switching circuits. IRE WESCON Convention Record, New York NY (1960).

21. Steinbuch, Karl: Informatik: Automatische Informationsverarbeitung. SEG-Nachrichten (1957), 5, S. 171.

22. Hönerloh, H.J. Kraft,H.: Technische Verwirklichung der Lernmatrix in Billing, H. (Ed.) Lernende Automaten. Oldenbourg Verlag München (1961).

23. Görke, W. Kazmierczak, H. Wagner, S.W.: Anwendung der Lernmatrix. in Billing, H. (Ed.) Lernende Automaten. Oldenbourg Verlag München (1961).

24. Görke, W.: im Taschenbuch der Nachrichtenverarbeitung. Ed. K. Steinbuch Kapitel 12.6.2 Die Lernmatrix (dort umfassende Literaturübersicht). Springer Verlag (1967).

25. Persönliche Mitteilung von Prof.Dr.-Ing. H.M.Lipp, Universität Karlsruhe, über die Erfahrungen auf dem Bionics-Symposium 1966 in den USA.

26. Wassermann, Ph.D.: Neural Computing. Theory and Practice. Van Nostrand New York (1989).

27. Steinbuch, K.; Jänicke, W.; Reiner, H.: Elektrischer Zuordner mit Lerncharakter. Deutsche Patent-Auslegeschrift 1 179 409 vom 23.09.1960.

28. Hopfield, I.I.: Artificial Neural Networks. IEEE Circuits Devices Mag. (1988) 5, pp.3-10.

Eine Veröffentlichung des vorliegenden Aufsatzes erfolgte unter dem Titel: "Karl Steinbuch, ein zu Unrecht vergessener Pionier der künstlichen neuronalen Systeme" in der Zeitschrift Frequenz 49 (1995) 1-2, S. 28-36.

Biographisches

Der Autor ist den meisten wohl nur als Erfinder der Funkuhr, d.h. als ein Ingenieur bekannt. Einige werden ihn auch als Professor an der Technischen Universität Darmstadt, als Verfasser und Übersetzer von Lehrbüchern, und als Herausgeber wissenschaftlicher Buchreihen über Schaltungstechnik und Datenverarbeitung kennen. Die Lust am Erfinden hat ihm seit den sechziger Jahren ein halbes Hundert erteilte Patente eingetragen. Manche davon haben in die Praxis Eingang gefunden, aber bei einem großen Projekt war ihm leider kein Erfolg beschieden: Seinem Aufruf in der Darmstädter Hochschulzeitung auf Einführung des "persönlichen Datenspeichers", eines Vorläufers der damals noch unbekannten Chipkarte, ist leider weder ein Fachkollege noch irgend eine deutsche Firma gefolgt.

Sein Lebenslauf scheint zunächst nicht sehr typisch für einen Techniker zu sein. Eine frühe Hinwendung zur Musik (Geige) war fast schon professionell, gefolgt von einer großen Begeisterung für die Architektur. Nach dem Erlebnis einer Vorlesung für Elektrotechniker von Prof. Lebrecht in Darmstadt erfolgte aber - fasziniert von den klaren Begriffen und Vorstellungen - die Entscheidung für ein Studium der Nachrichtentechnik. Diplomarbeit und Promotion ergaben sich bei Professor Küpfmüller. Danach verbrachte er etwa fünfzehn Jahre in einer geradezu idealen Forschungsumgebung bei der Firma Telefunken in Ulm. Schließlich Wechsel zur Technischen Hochschule in Darmstadt als Professor für das Fach Digitaltechnik, mit der speziellen Aufgabe der Ausbildung von Elektrotechnikstudenten auf dem Gebiet der Computertechnik. Mit einer Vielzahl von Doktoranden und Studenten wurden in hunderten von Studien- und Diplomarbeiten ganz unterschiedliche Themen der Digitaltechnik bearbeitet. Für das Thema des vorliegenden Buches sind vielleicht gerade die frühen Projekte mit neuronalen Netzen und neuartigen Computernetzen (Parallelrechner) bestimmend gewesen.

Prof. Dr.-Ing. W. Hilberg
Technische Universität Darmstadt
Fachgebiet Digitaltechnik
Merckstr. 25, 64283 Darmstadt

Tel.: +49-6151-163566
Fax.: +49-6151-163331
E-Mail: hil@dtro.tu-darmstadt.de
http://www.dtro.e-technik.tu-darmstadt.de